ŒUVRES COMPLÈTES
DE
LAMARTINE

PUBLIÉES ET INÉDITES

VIES

DE QUELQUES HOMMES ILLUSTRES

I

HOMÈRE — CICÉRON — CÉSAR

TOME TRENTE-QUATRIÈME

PARIS
CHEZ L'AUTEUR, RUE DE LA VILLE-L'ÉVÊQUE, 43.
M DCCC LXIII

ŒUVRES COMPLÈTES

DE

LAMARTINE

TOME TRENTE-QUATRIÈME.

VIES

DE QUELQUES HOMMES

ILLUSTRES

—

HOMÈRE

HOMÈRE

DIXIÈME SIÈCLE AVANT J.-C.

C'est une des facultés les plus naturelles et les plus universelles de l'homme que de reproduire en lui, par l'imagination et la pensée, et en dehors de lui par l'art et par la parole, l'univers matériel et l'univers moral au sein duquel il a été placé par la Providence. L'homme est le miroir pensant de la nature. Tout s'y retrace, tout s'y anime, tout y renaît par la poésie. C'est une seconde création que Dieu a permis à l'homme de feindre en reflétant l'autre dans sa pensée et dans sa parole; un *verbe* inférieur, mais un *verbe* véritable, qui crée, bien qu'il ne crée qu'avec les éléments, avec les images et avec les souvenirs, des choses que la nature a créées avant lui : jeu d'enfant, mais jeu divin de notre âme avec les impressions qu'elle reçoit de la nature; jeu par lequel nous reconstruisons sans cesse cette figure passagère du monde extérieur et du monde intérieur, qui se peint, qui s'efface et qui se renouvelle sans cesse devant nous. Voilà pourquoi le mot *poésie* veut dire *création*.

La mémoire est le premier élément de cette création, parce qu'elle retrace les choses passées et disparues à notre âme; aussi les *Muses*, ces symboles de l'inspiration, furent-elles nommées les *filles de mémoire* par l'antiquité.

L'imagination est le second, parce qu'elle colore ces choses dans le souvenir et qu'elle les vivifie.

Le sentiment est le troisième, parce qu'à la vue ou au souvenir de ces choses survenues et repeintes dans notre âme, cette sensibilité fait ressentir à l'homme des impressions physiques ou morales presque aussi intenses et aussi pénétrantes que le seraient les impressions de ces choses mêmes, si elles étaient réelles et présentes devant nos yeux.

Le jugement est le quatrième, parce qu'il nous enseigne seul dans quel ordre, dans quelle proportion, dans quels rapports, dans quelle juste harmonie nous devons combiner et coordonner entre eux ces souvenirs, ces fantômes, ces drames, ces sentiments imaginaires ou historiques, pour les rendre le plus conformes possible à la réalité, à la nature, à la vraisemblance, afin qu'ils produisent sur nous-mêmes et sur les autres une impression aussi entière que si l'art était vérité.

Le cinquième élément nécessaire de cette création ou de cette poésie, c'est le don d'exprimer par la parole ce que nous voyons et ce que nous sentons en nous-mêmes, de produire en dehors ce qui nous remue en dedans, de peindre avec les mots, de donner pour ainsi dire aux paroles la couleur, l'impression, le mouvement, la palpitation, la vie, la jouissance ou la douleur qu'éprouvent les fibres de notre propre cœur à la vue des objets que nous imaginons. Il faut pour cela deux choses : la première, que les langues soient déjà très-riches, très-fortes et très-nuancées d'expressions, sans quoi le poëte manquerait de couleurs sur sa palette ; la seconde, que le poëte lui-même soit un instrument humain de sensations, très-impressionnable, très-sensitif et très-complet ; qu'il ne manque aucune fibre humaine à son imagination ou à son cœur ; qu'il soit une véritable lyre vivante à toutes cordes ; une gamme humaine aussi étendue que la nature, afin que toute chose, grave ou légère, douce ou triste, douloureuse ou délicieuse, y trouve son retentissement ou son cri. Il faut plus encore, il faut que les notes de cette gamme humaine soient très-sonores et très-vibrantes en lui, pour communiquer leur vibration aux autres ; il faut que cette vibration intérieure enfante sur ses lèvres des expressions fortes, pittoresques, frappantes, qui se gravent dans l'esprit par l'énergie même de leur accent. C'est la force seule de l'impression qui crée en nous le mot, car le mot n'est que le contre-coup de la pensée. Si la pensée frappe fort, le mot est fort ; si elle frappe doucement, il est doux ; si elle frappe faiblement, il est faible. Tel coup, tel mot ; voilà la nature !

Enfin, le sixième élément nécessaire à cette création intérieure et extérieure qu'on appelle poésie, c'est le sentiment musical dans l'oreille des grands poëtes, parce que la poésie chante au lieu de parler, et que tout chant a besoin de musique pour le noter et pour le rendre plus retentissant et plus voluptueux à nos sens et à notre âme ; et si vous me demandez : « Pourquoi le chant est-il une condition de la langue poétique ? » je vous répondrai : « Parce que la parole chantée est plus belle que la parole simplement parlée. » Mais si vous allez plus loin, et si vous me demandez : « Pourquoi la parole chantée est-elle plus belle que la parole parlée ? » je vous répondrai que je n'en sais rien, et qu'il faut le demander à Celui qui a fait les sens et l'oreille de l'homme plus voluptueusement impressionnés par la cadence, par la symétrie, par la mesure et par la mélodie des sons et des mots que par les sons et les mots inharmoniques jetés au hasard ; je vous répondrai que le rhythme et l'harmonie sont deux lois mystérieuses de la nature, qui constituent la souveraine beauté ou l'ordre dans la parole. Les sphères elles-mêmes se meuvent aux mesures d'un rhythme divin, les astres chantent; et Dieu n'est pas seulement le grand architecte, le grand mathématicien, le grand poëte des mondes, il en est aussi le grand musicien. La création est un chant dont il a mesuré la cadence et dont il écoute la mélodie.

Mais le grand poëte, d'après ce que je viens de dire, ne doit pas être doué seulement d'une mémoire vaste, d'une imagination riche, d'une sensibilité vive, d'un jugement sûr, d'une expression forte, d'un sens musical aussi harmonieux que cadencé; il faut qu'il soit un suprême philosophe, car la sagesse est l'âme et la base de ses chants; il faut qu'il soit législateur, car il doit comprendre les lois qui régissent les rapports des hommes entre eux, lois qui sont aux sociétés humaines et aux nations ce que le ciment est aux édifices; il doit être guerrier, car il chante souvent les batailles rangées, les prises de villes, les invasions ou les défenses de territoires par les armées; il doit avoir le cœur d'un héros, car il célèbre les grands exploits et les grands dévouements de l'héroïsme; il doit être historien, car ses chants sont des récits; il doit être éloquent, car il fait discuter et haranguer ses personnages; il doit être voyageur, car il décrit la terre, la mer, les montagnes, les productions, les monuments, les mœurs des différents peuples; il doit connaître la nature animée et inanimée, la géographie, l'astronomie, la navigation, l'agriculture, les arts, les métiers même les plus vulgaires de son temps, car il parcourt dans ses chants le ciel, la terre, l'Océan, et il prend ses comparaisons, ses tableaux, ses images dans la marche des astres, dans la manœuvre des vaisseaux, dans les formes et dans les habitudes des animaux les plus doux ou les plus féroces; matelot avec les matelots, pasteur avec les pasteurs, laboureur avec les laboureurs, forgeron avec les forgerons, tisserand avec ceux qui filent les toisons des troupeaux ou qui tissent les toiles, mendiant même avec les mendiants aux portes des chaumières ou des palais. Il doit avoir l'âme naïve comme celle des enfants, tendre, compatissante et pleine de pitié comme celle des femmes, ferme et impassible comme celle des juges et des vieillards, car il récite les jeux, les innocences, les candeurs de l'enfance, les amours des jeunes hommes et des belles vierges, les attachements et les déchirements du cœur, les attendrissements de la compassion sur les misères du sort : il écrit avec des larmes ; son chef-d'œuvre est d'en faire couler. Il doit inspirer aux hommes la pitié, cette plus belle des sympathies humaines, parce qu'elle est la plus désintéressée. Enfin, il doit être un homme pieux et rempli de la présence et du culte de la Providence, car il parle du ciel autant que de la terre. Sa mission est de faire aspirer les hommes au monde invisible et supérieur, de faire proférer le nom suprême à toute chose, même muette, et de remplir toutes les émotions qu'il suscite dans l'esprit ou dans le cœur de je ne sais quel pressentiment immortel et infini, qui est l'atmosphère et comme l'élément invisible de la Divinité.

Tel devrait être le poëte parfait ; homme multiple, résumé vivant de tous les dons, de toutes les intelligences, de tous les instincts, de toutes les sagesses, de toutes les tendresses, de toutes les vertus, de tous les héroïsmes de l'âme ; créature aussi complète que l'argile humaine peut comporter de perfection.

Aussi qu'une fois cet homme apparaisse sur la terre, déplacé, par sa supériorité même, parmi le commun des hommes, l'incrédulité et l'envie s'attachent à ses pas comme l'ombre au corps. La fortune, jalouse de la nature, le fuit ; le vulgaire, incapable de le comprendre, le méprise comme un hôte importun de la vie commune ; les femmes, les enfants et les jeunes gens l'écoutent chanter en secret et en se cachant des vieillards, parce que ces chants répondent aux fibres encore neuves et sensibles de leurs cœurs. Les hommes mûrs hochent la tête, et n'aiment pas qu'on enlève ainsi leurs fils et leurs femmes aux froides réalités de la vie ; ils appellent rêves les idées et les sentiments que ces génies inspirés font monter à la tête et au cœur de leurs générations ; les vieillards craignent pour leurs lois et leurs mœurs, les grands et les puissants pour leur domination, les courtisans pour leurs faveurs, les rivaux pour leur portion de gloire. Les dédains affectés ou réels étouffent la renommée de ces hommes divins, la misère et l'indigence les promène de ville en ville, l'exil les écarte, la persécution les montre du doigt ; un enfant ou un chien les conduit, infirmes, aveugles ou mendiant de porte en porte ; ou bien un cachot les enferme, et on appelle leur génie démence, afin de se dispenser même de pitié !

Et ce n'est pas seulement le vulgaire qui traite ainsi ces hommes de mémoire ; non, ce sont des philosophes tels que Platon, qui font des lois ou des vœux de proscription contre les poëtes ! Platon avait raison dans son anathème contre la poésie ; car si l'aveugle de Chio était entré à Athènes, le peuple aurait peut-être détrôné le philosophe ! Il y a plus de politique pratique dans un chant d'Homère que dans les utopies de Platon !

Homère est cet idéal, cet homme surhumain, méconnu et persécuté de son temps, immortel après sa disparition de la terre. Voici l'histoire de sa vie :

Quelques savants ont prétendu et prétendent encore qu'il n'a pas existé, et que ses poëmes sont des *rapsodies* ou des fragments de poésie recousus ensemble par des *rapsodes*, chanteurs ambulants qui parcouraient la Grèce et l'Asie en improvisant des chants populaires. Cette opinion est l'athéisme du génie : elle se réfute par sa propre absurdité. Cent Homères ne seraient-ils donc pas plus merveilleux qu'un seul ? L'unité et la perfection égale des œuvres n'attestent-elles pas l'unité de pensée et la perfection de main de l'ouvrier ? Si la Minerve de Phidias avait été brisée en morceaux par les barbares, et qu'on m'en rapportât un à un les membres mutilés et exhumés, s'adaptant parfaitement les uns aux autres, et portant tous l'empreinte du même ciseau, depuis l'orteil jusqu'à la boucle de cheveux, dirais-je, en contemplant tous ces fragments d'incomparable beauté : « Cette statue n'est pas d'un seul Phidias, elle est l'œuvre de mille ouvriers inconnus qui se sont rencontrés par hasard à faire successivement ce chef-d'œuvre de dessin et d'exécution » ? Non ; je reconnaîtrais, à l'évidence de l'unité de conception, l'unité d'artiste, et je m'écrierais : « C'est Phidias! » comme le monde entier s'écrie : « C'est Homère! » Passons donc sur ces incrédulités, vestiges de l'antique envie qui a poursuivi ce grand homme jusque dans la postérité, et disons comment il a vécu :

Homère est né neuf cent sept ans [1] avant la naissance du Christ. Il était de race grecque, soit qu'il eût vu le jour à Chio, île de l'archipel grec qui touche à l'Asie Mineure, soit qu'il eût reçu la vie à Smyrne, ville asiatique, mais colonisée par des Grecs.

Les Grecs sortaient alors de la période primitive de leur formation, période pastorale, guerrière, agricole, navale, pour entrer dans la période intellectuelle et morale; semblables en cela aux neiges de leur Thessalie et de leur mont Olympe, qui roulent leurs eaux troubles et impétueuses avant de s'apaiser et de se clarifier dans leurs vallées. Ce peuple, destiné à occuper, sur un si petit espace, une si grande place dans le monde de l'histoire, de la pensée et des arts, était une agrégation de cinq ou six races, les unes européennes, les autres africaines, les autres asiatiques, que la contiguïté de l'Europe, de l'Asie et de l'Afrique avait mêlées ensemble dans ce carrefour du monde ancien, frontière indécise de trois continents. Leur

---

[1] Selon la chronologie des marbres de Paros.

noyau natal était dans les rochers de l'Épire et de la Macédoine; mais la rudesse du montagnard, l'esprit d'aventure du marin, la douceur de l'Asiatique, la religion de l'Égyptien, la pensée de l'Indien, la mobilité du Perse, étaient si bien fondus dans leur physionomie physique et dans leur génie multiple, que ce peuple était par sa beauté, son héroïsme, sa grâce, son caractère à la fois entreprenant et flexible, comme un résumé de tous les peuples. Les forêts de l'Europe lui avaient donné leurs mœurs héroïques et sauvages, l'Égypte ses prêtres et ses divinités, les Phéniciens leur alphabet, les Perses et les Lydiens leurs arts et leur poésie, les Crétois leur Olympe et leurs lois, les Thraces leurs armes, les Hellènes leur navigation et leur fédération en tribus indépendantes, les Hindous leurs mystères et leurs allégories religieuses; en sorte que leur ciel était une colonie de dieux, comme leurs continents et leurs îles étaient une colonie d'hommes de toutes sources. Leurs aptitudes étaient aussi diverses que leurs origines.

La mer de l'archipel grec, c'est le lac Léman de l'Orient. Ayant pour contours ces golfes, ces anses, ces détroits qui s'insinuent entre les caps de ces terres dentelées, il baigne les côtes les plus âpres et les plus gracieuses tour à tour, et semble avoir été creusé pour amollir le choc entre les deux continents où Byzance s'assoit indécise sur les deux rivages. Les voiles, aussi multipliées que les oiseaux de la mer, naviguent sans cesse d'une île à l'autre, et de l'Afrique à l'Asie, et de l'Asie à l'Europe, comme des essaims d'une même famille qui vont s'entre-visiter au printemps sur leurs divers rochers.

Le climat de cette contrée montagneuse et maritime est aussi varié que ses sites et aussi tempéré que sa latitude. Depuis les neiges éternelles de la Thessalie jusqu'à l'été perpétuel des vallées de la Lydie et jusqu'à la fraîche ventilation des îles, toutes les rigueurs, toutes les chaleurs et toutes les tiédeurs de température s'y touchent, s'y contrastent ou s'y confondent sur les montagnes, dans les plaines et sur les flots. Le ciel y est limpide comme en Égypte, la terre féconde comme en Syrie, la mer tantôt caressante et tantôt orageuse comme aux tropiques. Les sites et les scènes de la nature y sont, à peu de distance et dans un cadre qui les rapproche, grands, bornés, sublimes, gracieux, alpestres, maritimes, recueillis ou sans bornes, comme l'imagination des hommes. Tout s'y peint en traits imposants, pittoresques, éblouissants, dans les yeux. Tantôt hymne, tantôt poëme, tantôt élégie, tantôt cantique, tantôt strophe voluptueuse, cette terre est la terre qui peint, qui parle et qui chante le mieux à tous les sens. Les écueils murmurants du Péloponèse, les caps foudroyés d'éclairs du Taurus, les golfes sinueux de l'Eubée, les larges canaux du Bosphore, les anses mélancoliques de l'Asie Mineure, les îles vertes ou bleuâtres égrenées sur les flots comme les bouées flottantes d'une ancre qui rattacherait les deux rivages; l'île de Crète avec ses cent villes; Rhodes, qui a pris son nom de la rose ou le lui a donné; Scyros, reine des Cyclades; Naxos; Hydra, sentinelle avancée de la Grèce continentale; l'île de Chypre, assez vaste pour deux royaumes; Chalcis, qu'un pont sur l'Euripe réunit à l'Europe; Ténédos, qui ouvre ou qui ferme les Dardanelles; Lemnos, Mytilène ou Lesbos, qui semble imiter sur une petite échelle les monts, les vallées, les gorges et les golfes du continent d'Asie, qu'elle regarde en face; Chio, qui présente, comme une double terrasse de fleurs sur ses deux flancs opposés, ses oliviers à l'Europe et ses orangers à l'Asie; Samos, qui creuse ses ports et qui élève ses cimes aussi haut que le mont Mycale, avec lequel elle entrelace ses pieds; d'innombrables groupes d'autres îles encore, dont chacune avait son peuple, ses mœurs, ses arts, ses temples, ses dieux, ses fables, son histoire, sa renommée dans la famille grecque, mais dont toutes parlaient déjà la même langue et chantaient dans les mêmes vers : telle était la Grèce au temps de cette incarnation de la poésie dans la personne d'Homère. Elle attendait un historien, un chantre national, le poëte de ses dieux, de ses héros, de ses exploits, pour constituer son unité d'imagination et de célébrité dans le présent et dans l'avenir.

Dans son hymne à l'*Apollon de Délos*, dieu de l'inspiration grecque, Homère lui-même décrit en quelques vers géographiques ces groupes d'îles et de continents, qui contenaient toute la poésie de la nature :

« Vous aimez, dit-il au dieu, les sommets des hautes montagnes, les lieux éthérés d'où le regard plonge et plane au loin ; les fleuves qui courent à la mer, les promontoires inclinés vers les flots et les larges ports !... Oui, depuis que votre mère Latone, s'appuyant sur le mont Cynthus, vous enfanta au murmure des vagues bleuâtres que l'haleine sonore des vents poussait vers les deux rivages, vous régnez sur ces lieux et sur leurs habitants,

» Sur ceux de Crète et d'Athènes,

» Sur ceux qui peuplent l'île d'Égine et l'Eubée, célèbre par ses vaisseaux ; Égée, Irésie et la maritime Péparèthe ; l'Athos, Samos de Thrace et les sommets du Pélion ; les montagnes boisées de l'Ida ; Imbros, aux édifices répandus sur sa côte ; l'inaccessible Lemnos ; Chio, la plus belle des îles de l'Archipel ; le Mimas escarpé et les pics du Coryce ; Claros, qui éblouit les matelots, et Ésagée, dont le regard cherche la cime dans le ciel ; Samos, ruisselante de sources, et le mont Mycale, aux gradins de collines ; Milet et Cos, le séjour des Méropes ; Gnide, où règnent les orages ; Naxos et Paros, où la mer blanchit sur les écueils ! Cette Délos, continue-t-il, où Latone, saisie des douleurs de l'enfantement, entoure le palmier de ses bras, et presse de ses genoux l'herbe molle ; la terre qui la portait en sourit... Aussitôt Délos se couvre d'or, comme la tête d'une montagne couronnée de forêts. C'est dans cette île que se rassemblent les Ioniens (peuple de Smyrne) aux robes flottantes, avec leurs enfants et leurs chastes épouses. En les voyant réunis en face du temple, on les prendrait pour des immortels exempts de vieillesse. L'âme s'épanouit en contemplant la beauté des hommes, la stature majestueuse des femmes, leurs rapides vaisseaux, leurs merveilleuses richesses... »

Puis le poëte se repliant sur lui-même, à la fin de cette énumération, et s'adressant aux filles de Délos : « Si jamais, leur dit-il dans la dernière strophe, si jamais parmi les mortels quelque voyageur malheureux aborde ici, et qu'il vous dise : « Jeunes filles, quel est le plus inspiré des « chantres qui visitent votre île, et lequel aimez-vous le « mieux écouter ? » répondez alors toutes, en vous souvenant de moi : « C'est l'homme aveugle qui habite dans la mon- « tagneuse Chio ; ses chants l'emporteront éternellement « dans l'avenir sur tous les autres chants ! »

Voilà, en quelques vers d'Homère lui-même, le site, le temps, les peuples, les mœurs de la Grèce à son avénement.

Nous empruntons naïvement le récit de sa vie aux traditions antiques et locales qui se sont transmises de bouche en bouche parmi les hommes les plus intéressés à se souvenir de lui, puisqu'il était leur gloire. Les traditions, toutes merveilleuses qu'elles paraissent, sont l'érudition des peuples ; nous y croyons plus qu'aux savants qui viennent après des siècles les contester ou les démentir. En l'absence de livres écrits, la mémoire des nations est le livre inédit de leur race. Ce que le père a raconté au fils, et que le fils a redit à ses enfants d'âge en âge, n'est jamais sans fondement dans la réalité. En remontant de génération en génération à l'origine de ces traditions de famille ou de race qui se grossissent de quelques fables dans leur cours, on ressemble à un homme qui remonte le cours d'un fleuve inconnu : on finit par arriver à une source petite sans doute, mais à la source d'une vérité!

Disons donc ce qu'ont dit les Grecs contemporains et postérité d'Homère sur le génie le plus antique et le plus national de leur race.

Il y avait dans la ville de Magnésie, colonie grecque de l'Asie Mineure, séparée de Smyrne par une chaîne de montagnes, un homme originaire de Thessalie, nommé Mélanopus. Il était pauvre, comme le sont en général ces hommes errants qui s'exilent de leur pays, où ne les retiennent ni maison ni champs paternels. Il se transporta donc de Magnésie dans une autre ville neuve et peu éloignée de Magnésie, où cette vallée, déjà trop peuplée, jetait ses essaims. Cette ville s'appelait Cymé. Mélanopus s'y maria avec une jeune Grecque aussi pauvre que lui, fille d'un de ses compatriotes, nommé Omyrethès. Il en eut une fille unique, à laquelle il donna le nom de Crithéis; il perdit bientôt sa femme; et, se sentant lui-même mourir, il légua sa fille, encore enfant, à un de ses amis qui était d'Argos, et qui portait le nom de Cléanax.

La beauté de Crithéis porta malheur à l'orpheline, et porta bonheur à la Grèce et au monde. Il semble que le plus merveilleux des hommes fût prédestiné à ne pas connaître son père, comme si la Providence avait voulu jeter un mystère sur sa naissance, afin d'accroître le prestige autour de son berceau.

Crithéis inspira l'amour à un inconnu, se laissa surprendre ou séduire. Sa faute ayant éclaté aux yeux de la famille de Cléanax, cette famille craignit d'être déshonorée par la présence d'un enfant illégitime à son foyer. On cacha la faiblesse de Crithéis, et on l'envoya dans une autre colonie grecque qui se peuplait en ce temps-là au fond du golfe d'Hermus, et qui s'appelait Smyrne.

Crithéis, portant dans ses flancs celui qui couvrait son front de honte, et qui devait un jour couvrir son nom de célébrité, reçut asile à Smyrne chez un parent de Cléanax, né en Béotie, et transplanté dans la nouvelle colonie grecque ; il se nommait Isménias. On ignore si cet homme connaissait ou ignorait l'état de Crithéis, qui passait sans doute pour veuve, ou pour mariée à Cymé.

Quoi qu'il en soit, l'orpheline ayant un jour accompagné les femmes et les filles de Smyrne au bord du petit fleuve Mélès, où l'on célébrait en plein champ une fête en l'honneur des dieux, fut surprise par les douleurs de l'enfantement. Son enfant vint au monde au milieu d'une procession à la gloire des divinités dont il devait répandre le culte, au chant des hymnes, sous un platane, sur l'herbe, au bord du ruisseau.

Les compagnes de Crithéis ramenèrent la jeune fille et rapportèrent l'enfant nu, dans leurs bras, à Smyrne, dans la maison d'Isménias. C'est de ce jour que le ruisseau obscur qui serpente entre les cyprès et les joncs autour du faubourg de Smyrne a pris un nom qui l'égale aux fleuves. La gloire d'un enfant remonte, pour l'éclairer, jusqu'au brin d'herbe où il fut couché en tombant du sein de sa mère. Les traditions racontent et les anciens ont écrit qu'Orphée, le premier des poëtes grecs qui chanta en vers des hymnes aux immortels, fut déchiré en lambeaux par les femmes du mont Rhodope, irritées de ce qu'il enseignait des dieux plus grands que les leurs ; que sa tête, séparée de son corps, fut jetée par elles dans l'Hèbre, fleuve dont l'embouchure est à plus de cent lieues de Smyrne ; que le fleuve roula cette tête encore harmonieuse jusqu'à la mer ; que les vagues, à leur tour, la portèrent jusqu'à l'embouchure du Mélès ; qu'elle échoua sur l'herbe, près de la prairie où Crithéis mit au monde son enfant, comme pour venir d'elle-même transmettre son âme et son inspiration à Homère. Les rossignols, près de sa tombe, ajoutent-ils, chantent plus mélodieusement qu'ailleurs (1).

Soit qu'Isménias fût trop pauvre pour nourrir la mère et l'enfant, soit que la naissance de ce fils sans père eût jeté quelque ombre sur la réputation de Crithéis, il la congédia de son foyer. Elle chercha pour elle et pour son enfant un asile et un protecteur de porte en porte.

Il y avait en ce temps-là, à Smyrne, un homme peu riche aussi, mais bon et inspiré par le cœur, tels que le sont souvent les hommes détachés des choses périssables par l'étude des choses éternelles. Il se nommait Phémius ; il tenait une école de chant. On appelait le chant, alors, tout ce qui parle, tout ce qui exprime, tout ce qui peint à l'imagination, au cœur, aux sens, tout ce qui chante en nous, la grammaire, la lecture, l'écriture, les lettres, l'éloquence, les vers, la musique ; car ce que les anciens entendaient par musique s'appliquait à l'âme autant qu'aux oreilles. Les vers se chantaient et ne se récitaient pas. Cette musique n'était que l'art de conformer les vers à l'accent et l'accent aux vers. Voilà pourquoi on appelait l'école de Phémius une école de musique. Musique de l'âme et de l'oreille, qui s'emparait de l'homme tout entier.

Phémius avait, pour tout salaire des soins qu'il prenait de cette jeunesse, la rétribution, non en argent, mais en nature, que les parents lui donnaient pour prix de l'éducation reçue par leurs fils. Les montagnes qui encadrent le golfe d'Hermus, au fond duquel s'élève Smyrne, étaient alors, comme elles sont encore aujourd'hui, une contrée pastorale, riche en troupeaux ; les femmes filaient les laines pour faire ces tapis, industrie héréditaire de l'Ionie. Cha-

---

1 M. de Marcellus, *Épisodes littéraires en Orient*, t. II.

cun des enfants, en venant à l'école de Phémius, lui apportait une toison entière ou une poignée de toison des brebis de son père. Phémius les faisait filer par ses servantes, les teignait et les échangeait ensuite, prêtes pour le métier, contre les choses nécessaires à la vie de l'homme. Crithéis, qui avait entendu parler de la bonté de ce maître d'école pour les enfants, parce qu'elle songeait d'avance sans doute à lui confier le sien quand il serait en âge, conduisit son fils par la main au seuil de Phémius. Il fut touché de la beauté et des larmes de la jeune fille, de l'âge et de l'abandon de l'enfant ; il reçut Crithéis dans sa maison comme servante ; il lui permit de garder et de nourrir avec elle son fils ; il employa la jeune Magnésienne à filer les laines qu'il recevait pour prix de ses leçons ; il trouva Crithéis aussi modeste, aussi laborieuse et aussi habile qu'elle était belle ; il s'attacha à l'enfant, dont l'intelligence précoce faisait présager je ne sais quelle gloire à la maison où les dieux l'avaient conduit ; il proposa à Crithéis de l'épouser, et de donner ainsi un père à son fils. L'hospitalité et l'amour de Phémius, l'intérêt de l'enfant, touchèrent à la fois le cœur de la jeune femme ; elle devint l'épouse du maître d'école et la maîtresse de la maison dont elle avait abordé le seuil en suppliante, quelques années auparavant.

Phémius s'attacha de plus en plus au petit Mélésigène. Ce nom, qu'on donnait familièrement à Homère, veut dire *enfant de Mélès*, en mémoire des bords du ruisseau où il était né. Son père adoptif l'aimait à cause de sa mère, et aussi à cause de lui. Instituteur et père à la fois pour cet enfant, il lui prodiguait tout son cœur et tous les secrets de son art. Homère, dont l'âme était ouverte aux leçons de Phémius par sa tendresse, et que la nature avait doué d'une intelligence qui comprenait et d'une mémoire qui reproduisait toutes choses, récompensait les soins du vieillard et réjouissait l'orgueil de Crithéis. On le regardait comme bientôt capable, malgré sa tendre jeunesse, d'enseigner lui-même dans l'école, et de succéder un jour à Phémius. Les dieux lui destinaient à son insu moins de bonheur et une autre gloire : le monde à enseigner, et la gloire immortelle à hériter. L'enfant adorait son père dans son maître; et, pour éterniser sa reconnaissance, il donna, plus tard, le nom de Phémius à un chantre divin dans ses poëmes.

Phémius mourut, laissant pour héritage à l'enfant son modique bien et son école. Crithéis, privée de l'appui qu'elle avait trouvé dans la tendresse de cet homme hospitalier qui lui avait ouvert jusqu'à son cœur, s'attrista jusqu'à la mort, et suivit le vieillard au tombeau. Homère resta seul, à peine adolescent, dans cette maison où il avait tout reçu et tout perdu. Sa sagesse suppléa en lui les années; il continua à tenir l'école de Phémius, et il en accrut bientôt la renommée, ainsi que Phémius lui-même l'avait présagé en mourant. Le chantre futur de l'*Iliade* et de l'*Odyssée* enseignant la musique aux enfants, presque enfant lui-même, parlant et chantant dans une langue inspirée par les dieux, parut aux habitants de Smyrne un oracle qui vérifiait le prodige de sa naissance divine auprès de leur fleuve Mélès. Les hommes mûrs, les mères de famille, les vieillards eux-mêmes, allaient s'étonner et s'attendrir à ses leçons. Les marchands de blé et de laine, les étrangers que le commerce ou la curiosité attirait de toutes les îles de la Grèce ou de toutes les villes maritimes de l'Ionie, sur leurs vaisseaux, dans la rade fréquentée de Smyrne, entendaient parler de ce phénomène. Après leurs vaisseaux chargés, ils ne voulaient pas repartir sans avoir entendu une de ses leçons. Ils reportaient la renommée du jeune maître d'école dans leur pays.

Un de ces étrangers se nommait Mentès; il était possesseur et pilote à la fois de son navire. Il venait chercher du froment de Lydie, pour le transporter à Leucade, dans l'île montagneuse de Lesbos. Plus amoureux des chants divins que les autres navigateurs de la rade, il ne cherchait pas seulement la fortune, mais la sagesse et la science, sur les terres qu'il visitait. Frappé du génie et de la supériorité d'Homère sur tous les hommes qu'il avait entendus dans les écoles ou dans les temples de la Grèce et de l'Ionie, il se lia d'amitié avec le jeune Mélésigène; il lui dépeignait les terres, les îles, les mers, les cultes, les villes, les ports des rivages divers où son commerce de grains le conduisait; il le convainquit que le livre vivant et infini de la nature était la véritable école de toute vérité, de toute poésie, de toute sagesse; il enflamma l'esprit du jeune homme du désir de lire par ses propres yeux dans ce livre des dieux. Homère, à qui les images et les couleurs manquaient pour rendre sensibles les inépuisables conceptions de son esprit, renonça généreusement à la fortune et à la renommée domestique qui lui souriaient dans sa patrie, pour aller enrichir son imagination, nourrir son âme, et recueillir des impressions et des images sur toute la terre. Il ferma son école, vendit la maison et les laines de Phémius; et, prenant pour maison le vaisseau de Mentès, il lui paya le prix de ce foyer errant pour plusieurs années.

Homère, en compagnie de son ami et de son pilote Mentès, naviga ainsi pendant un espace de temps inconnu. Voyageur, trafiquant, matelot, chantre tour à tour ou tout à la fois, il visita l'Égypte, source alors de toute lumière, et patrie originelle de tous les dieux du paganisme; l'Espagne, l'Italie, les rivages de la mer Adriatique, ceux du Péloponèse, les îles, les écueils, les continents; conversant avec tous les peuples, prenant leçon de tous les sages, et recueillant, sur des notes perdues depuis, les descriptions, les souvenirs, les histoires, les symboles dont il construisit plus tard ses poëmes. Il revenait pauvre de biens, riche d'impressions, pour se reposer enfin dans sa patrie, et pour s'y reconstruire une existence mercenaire, quand une maladie des yeux, qu'il avait fatigués de soleil, de contemplations et d'études, l'arrêta dans l'île d'Ithaque, où Mentès avait abordé pour son trafic.

Mentès, obligé de porter la cargaison de son navire à Lesbos, confia Homère malade à un habitant d'Ithaque, riche, compatissant et ami des poëtes, nommé Mentor, fils d'Alcinoüs. Mentor prodigua au chantre divin tous les soulagements de la médecine et toutes les tendresses de l'hospitalité. Homère, qui payait de gloire les dettes de son cœur, immortalisa bientôt Mentor et Alcinoüs, en faisant de l'un l'oracle de toute sagesse, de l'autre le modèle de la félicité de l'homme champêtre, recueilli, après une vie agitée, dans la culture de ses jardins. Il fit d'Ithaque la scène de son poëme de l'*Odyssée;* il y trouva les traditions de son héros Ulysse, il les grava dans ses souvenirs, et il fit de cette petite île une grande mémoire.

Le repos dans le domaine d'Alcinoüs, les soins de Mentor, les baumes des médecins d'Ithaque, dont il donna le nom à ces hommes divins qui guérissent les blessures des mortels, lui rendirent la vue et la santé.

Mentès, fidèle à sa promesse, traversa la mer Égée pour venir le reprendre à Ithaque. Homère navigua encore plusieurs années avec lui. Frappé une seconde fois de cécité dans le port de Colophon, il y fut laissé pour se guérir par Mentès, comme il avait été déposé à Ithaque. Mais ni le séjour sur terre ni l'art du médecin ne purent prévaloir contre la volonté des dieux : il devint aveugle, et le tableau de la nature qu'il avait tant contemplé s'effaça complétement devant ses yeux. Mais ce tableau n'en fut que plus coloré, plus vif et plus en relief dans son imagination. Ce qu'il ne voyait plus au dehors, il le revit en dedans; la mémoire lui rendit tout. Le regret même de cette lumière du jour, de cette face des mers et des terres, des hommes qu'il cessait de voir, donna quelque chose de plus pénétrant et de plus mélancolique à ce souvenir du monde disparu. Il retourna sa vision en lui-même, et il peignit mieux ce qu'il s'affligeait de ne plus regarder.

La première image qui lui remonta au cœur après avoir perdu tout espoir de guérison fut celle de la patrie. L'oiseau blessé cherche à s'abattre sur le nid qui l'a vu naître. Il se fit rapporter à Smyrne, dans la maison de Phémius, et près du tombeau de Crithéis, sa mère. Il y rouvrit une école; mais sa longue absence avait fait oublier son nom et son art à ses concitoyens; d'autres avaient pris sa place dans la renommée. Sa cécité semblait un signe de la colère des dieux. On ne croyait pas qu'un homme privé du plus nécessaire de ses sens pût enseigner le plus sublime des arts. Sa voix retentit dans le vide, son école resta déserte, ses anciens amis ne le reconnurent pas. L'indigence le força de chanter de porte en porte des vers populaires, pour arracher à l'indifférence de ses compatriotes le pain nécessaire à sa subsistance et au salaire de l'enfant qui servait de guide à ses pas. Toujours noble et majestueux d'expressions et d'attitude dans cette humiliante condition de mendiant aveugle, il ressemblait à un dieu de ses fables se souvenant de sa supériorité divine en demandant l'aumône aux mortels. Ulysse, sous les haillons d'un mendiant dans l'*Odyssée*, est un souvenir de ce temps de sa vie immortalisé par le poëte.

Mais, soit que ses concitoyens devinssent sourds à ses chants, soit que la honte, qui chasse les hommes déchus des villes où ils ont été heureux, rendît le séjour de Smyrne plus cruel que la faim au cœur d'Homère, il en sortit pour aller chercher de ville en ville des auditeurs plus compatissants. Il traversa à pied la plaine de l'Hermus pour aller d'abord à Cymé, patrie de sa mère et de son aïeul, où il espérait, sans doute, retrouver quelques souvenirs d'eux dans des vieillards amis des parents de son nom. La lassitude l'arrêta d'abord à Neotichos, petite ville naissante, colonie de Cymé, bâtie au pied du mont Sédène et au bord de l'Hermus. Comme il est d'usage parmi les mendiants, qui lient conversation avec les pauvres artisans plutôt qu'avec les riches, parce que les uns travaillent en plein air et que les autres sont à l'abri dans leurs maisons ou dans leurs jardins, Homère entra dans l'atelier d'un corroyeur qui tannait le cuir, et il improvisa ses premiers vers aux fils de Cymé :

« O vous qui habitez la ville répandue sur la colline, au pied du mont Sédène couronné de sombres forêts, et qui buvez les ondes fraîches de l'Hermus au lit écumant, plaignez l'homme errant qui n'a point de demeure à lui, et prêtez-lui le seuil et le foyer de l'hospitalité ! »

Le corroyeur, ému de compassion et sensible à l'accent de cette supplication chantée en vers à sa porte, fit entrer Homère, lui offrit un siége dans son atelier et un asile dans sa maison. La merveille de ce mendiant qui parlait la langue des dieux se répandit de bouche en bouche dans la ville; la foule s'attroupa à la porte du corroyeur; les principaux d'entre le peuple entrèrent dans la boutique, et, s'asseyant autour de l'aveugle, ils se complurent à l'interroger et à lui faire réciter ses vers bien avant dans la nuit. Il récita un poëme héroïque sur la ville de Thèbes, chère aux Grecs, et des hymnes aux dieux immortels, qui remplirent ses auditeurs de patriotisme et de piété. La patrie et le ciel sont les deux notes qui résonnent le plus universellement dans l'âme des hommes réunis. Ils le prirent pour un mendiant divin qui cachait le dieu sous l'humanité. L'entretien se prolongea et se détourna ensuite, entre Homère et les sages de la ville, sur les plus belles poésies qu'Orphée et ses disciples avaient répandues dans la mémoire du peuple. Il les jugea et les loua en homme capable de les égaler. Il révéla dans le sublime inspiré le souverain artiste. Ses auditeurs le supplièrent d'honorer leur ville par un long séjour ; ils envièrent au corroyeur la gloire d'avoir été le premier hôte de cet inconnu ; ils lui envoyèrent des présents pour avoir leur part et leur gloire dans l'hospitalité que le tanneur de cuir donnait au chantre des dieux.

Il vécut de sa lyre un certain temps à Neotichos. On montrait encore, du temps d'Hérodote, la place où il s'asseyait pour réciter ses vers, et le peuplier antique dont les premières feuilles étaient tombées sur son front.

Ayant épuisé l'étonnement et l'admiration des habitants, il craignit qu'une plus longue hospitalité ne leur fût importune, et il partit aussi pauvre qu'il était arrivé, ne leur ayant emprunté que la vie. Il dirigea ses pas vers Cymé, et composa, en marchant, quelques vers à l'honneur des Cyméens, pour mériter d'eux un bon accueil. Il passa par Larisse. A la demande des citoyens, il leur dicta une inscription en vers sur une colonne élevée à la mémoire d'un roi qui leur était cher : ces vers subsistent encore. Arrivé aux portes de Cymé, il se nomma, se fit reconnaître pour un descendant des Cyméens. Introduit devant l'assemblée des vieillards, il les enchanta par ses poëmes. Charmé lui-même de rencontrer des hommes si amoureux de la lyre, il prit l'engagement de rester au milieu d'eux et de donner l'immortalité à leur patrie, si la ville voulait seulement lui assurer l'abri et la subsistance. Les vieillards l'engagèrent à se présenter devant le sénat, pour faire ratifier ce contrat entre ses concitoyens et lui. Un cortége d'admirateurs l'y accompagna. Debout devant les sénateurs, il renouvela sa demande, et se retira, après avoir chanté, pour attendre la décision des grands. Tous inclinaient à nourrir Homère pour ce salaire de mémoire et de gloire qu'il promettait à la ville. Mais un de ces hommes chagrins qui se croient plus sages que la foule, parce qu'ils n'ont ni ses enthousiasmes ni son cœur, se leva. Il représenta que si la ville s'engageait ainsi à recueillir et à nourrir tous les chantres aveugles errants dans l'Ionie, elle ruinerait le trésor public. Le sénat, ne voulant pas paraître moins sage et moins économe des deniers du peuple que ce sénateur, changea d'avis, et refusa l'hospitalité à Homère. Le chef du sénat fut chargé d'aller communiquer cette dure réponse au poëte : il s'assit sur une pierre à côté de lui, et tâcha d'adoucir ce refus par les considérations de prudence et d'intérêt public qui avaient déterminé le vote du sénat. Homère, contristé et indigné de la dureté de ses concitoyens, éclata en gémissements et en reproches devant la foule attendrie qui l'entourait :

« A quel sort misérable, s'écriait-il en chantant et pleurant à la fois, les dieux m'ont-ils abandonné? Bercé sur les genoux d'une tendre mère, j'ai sucé son lait dans cette ville, dont les plages sont baignées par les flots de la mer, et dont le Mélès, désormais sacré, arrose les jardins. Poursuivi par l'infortune, et les yeux privés de la lumière du jour, je venais ici, patrie de ma mère, pour y conduire avec moi les Muses, filles aimables de Jupiter, et pour assurer une éternelle renommée à Cymé!... et ses habitants refusent d'entendre leurs voix divines? Qu'ils soient déshérités de tout souvenir, et qu'ils subissent les peines dues à ceux qui insultent au malheur et qui repoussent l'indigent! Mais moi, reprit-il, je saurai d'un cœur ferme supporter, quel qu'il soit, le destin que les dieux m'ont fait en m'infligeant la vie! Déjà mes pieds impatients m'entraînent d'eux-mêmes loin de cette ville ingrate. »

Il partit, en demandant aux dieux que Cymé ne donnât jamais naissance à un chantre capable de léguer la renommée à sa patrie.

Il se traîna jusqu'à Phocée, autre colonie grecque de

l'Ionie, qui devint le berceau de Marseille. Le golfe, entouré de rochers et ombragé de platanes, ressemble à un port creusé par la seule nature pour attirer sur les bords un peuple de navigateurs. La poésie fleurissait à Phocée plus qu'ailleurs, parce que la mer inspire la rêverie et le chant. Il y avait une école de chant célèbre dans la ville, tenue par un homme éloquent, mais jaloux et astucieux, qui connaissait le génie d'Homère par les récits des marchands de Smyrne, voisine de Phocée. Il se nommait Thestoride. En apprenant l'arrivée du pauvre aveugle, Thestoride feignit d'être ému d'une généreuse pitié. Il alla au-devant de lui, et lui offrit dans son école le toit et la table, à condition qu'Homère transcrirait pour lui les poëmes qu'il avait chantés dans ses voyages, et tous ceux que les muses lui inspireraient à l'avenir. Homère, contraint par la misère et la cécité, consentit à ces dures exigences de Thestoride, et vendit son génie pour gagner sa vie.

Ce fut là qu'il écrivit le plus accompli de ses poëmes, l'*Iliade*, œuvre à la fois nationale et religieuse, où les mœurs des Grecs, les exploits de leurs héros et les fables de leurs dieux sont chantés dans des vers qu'aucune langue n'égala jamais.

Cependant Thestoride ayant enrichi sa mémoire d'un grand nombre de vers achetés de son hôte, et craignant que le larcin ne fût trop facilement découvert, s'il les récitait comme siens à Phocée, alla établir une école dans l'île de Chio. Là il s'enrichit en chantant et en vendant les dépouilles d'Homère, pendant que le véritable auteur languissait et mendiait lui-même à Phocée. Mais c'était peu d'être dérobé de sa gloire, il fut accusé de dérober lui-même celle de Thestoride. Des matelots revenant de Chio, où ils avaient entendu ce rapsode, et entendant Homère réciter sur le port de Phocée les mêmes vers, déclarèrent que ces chants étaient d'un poëte de Chio. A ce dernier coup du sort, Homère, patient jusque-là, s'indigna contre cette dérision des dieux. Il voulut aller confondre son calomniateur à Chio. Il supplia des matelots qui partaient pour cette île de le recevoir sur leur barque, promettant de leur payer le prix de sa traversée en poëmes, dont les Grecs des plus humbles professions étaient amoureux. Ces matelots compatissants le prirent à bord, comme un gage de la protection des dieux. Il chanta pour eux tout le jour. Ils le déposèrent, la nuit, sur un écueil de l'île, où ils ne descendirent pas eux-mêmes. Il s'endormit près du rivage sous un pin, dont un fruit secoué par le vent tomba sur sa tête. Ce pin lui rappela les bois de Cymé, sa patrie, et l'ingratitude de la ville à l'ombre de laquelle il était allé en vain chercher l'abri de sa vie. Il exprima un amer souvenir dans des vers adressés à l'arbre. Se levant enfin, il essaya de trouver à tâtons sa route vers la ville. Le bêlement d'un troupeau de chèvres l'attire par le bruit, qui lui fait espérer le voisinage d'un berger. Des chiens de garde se jettent sur ses haillons en aboyant. Le berger, nommé Glaucus, les rappelle, et court vers le voyageur pour le délivrer de la dent des chiens. Ému de pitié, il ne put comprendre comment un homme privé de la vue avait pu gravir seul cette côte escarpée. Il prit Homère par la main, le conduisit dans sa cabane, alluma du feu, prépara sa table frugale, et y fit asseoir avec lui le poëte; les chiens aboyaient à leurs pieds pour demander leur part du repas.

Homère improvisa en vers des conseils aux bergers, pour discipliner ces vigilants gardiens des troupeaux. Il se souvint plus tard de cette aventure, et il se retraça lui-même, dans l'*Odyssée*, sous la figure d'Ulysse grondé, puis reconnu par son chien. L'imagination ne se compose que des lambeaux de la mémoire.

Après le repas, Homère entretint le berger des lieux, des choses, des hommes qu'il avait vus dans ses longs voyages, et il lui chanta les plus belles parties de ses poëmes qui retracent la vie pastorale ou la vie des matelots. Le berger, fasciné par la science, la sagesse et la poésie de son hôte, oubliait les heures de la nuit. Ils s'endormirent enfin sur les mêmes feuilles.

Avant l'aurore, le berger, laissant Homère endormi dans sa cabane, alla à la ville voisine raconter à son maître la rencontre qu'il avait faite de ce divin vieillard, et l'hospitalité qu'il lui avait donnée. Le maître lui reprocha son imprudence de s'être fié ainsi aux belles paroles d'un inconnu. Il ordonna cependant à Glaucus de lui amener son hôte à Bolisse, pour qu'il jugeât lui-même des merveilles de cet étranger. Homère suivit le berger, charma le maître par son entretien et par ses vers. On lui confia l'éducation des enfants de la maison. Au bruit de son arrivée dans l'île de Chio, Thestoride, tremblant d'être démenti et confondu par la présence de celui dont il avait volé la gloire, s'enfuit de l'île, et alla cacher ailleurs sa honte et son nom.

Après avoir élevé les enfants du maître de Glaucus à Bolisse, Homère, de plus en plus célèbre, alla fonder une école publique dans la ville maritime de Chio, capitale de l'île. Il retrouva sur cette terre étrangère toute la faveur populaire qu'il n'avait pu retrouver à Smyrne, sa patrie. La jeunesse de l'île se pressait en foule à ses leçons; il devint assez riche des dons des pères et des mères pour se donner à lui-même la douceur d'une famille. Il épousa une fille de l'île, qui préféra en lui la lumière divine du génie à la lumière des yeux. On peut juger de l'amour qu'il eut pour elle par les délicieuses peintures de la tendresse conjugale dont il attendrit partout ses récits. Il eut pour fruits de cet amour tardif deux filles : l'une mourut dans sa fleur; l'autre se maria à Chio, et perpétua son sang dans cette île, devenue la patrie de sa vieillesse.

Ce fut dans la douce aisance et dans le loisir de sa vie

d'époux et de père à Chio, qu'il composa l'*Odyssée*, poëme de sa vieillesse, résumé de ses voyages, de ses impressions, de ses infortunes et de son bonheur, dans lequel il fait revivre, agir et parler, sous des noms chers à sa mémoire, lui-même et tous les personnages qui revivaient par leurs bienfaits dans son cœur : Phémius, « son cher maître et son second père, qui l'emporte sur tous les mortels dans l'art des chants, et qui, pressant du doigt les fibres de la lyre, prélude à ses récits mélodieux » ;

Mentès, son ami et son pilote de mer en mer, dont il dit : « Je me glorifie du nom de *Mentès*, fils du généreux Anchyale ; je commande aux Taphiens consommés dans l'art de gouverner les navires sur les flots » ;

Pénélope, sous le nom de laquelle il célèbre « la beauté et la fidélité d'une chaste épouse que ni les séductions, ni l'or des jeunes prétendants, ni les bruits répandus de la mort d'Ulysse, ni les absences, ni les adversités, ni les haillons de son mari, ne peuvent détacher de son amour et de sa religion du lit conjugal » ;

Tychius, l'ouvrier tanneur qui lui donna le premier l'hospitalité à Neotichos, et dont il éternise, en passant, le nom sur le bouclier d'Ajax : « Ajax porte un bouclier d'airain semblable au flanc arrondi d'une tour ; sept peaux de bœuf, les unes sur les autres, recouvrent le bouclier. Elles sortent des mains de Tychius, le plus habile des enfants de Neotichos dans l'art de tanner, de couper et de coudre le cuir. »

Il n'oublia pas même ses esclaves ; et le fidèle vieillard Eumée est sans doute le souvenir poétisé d'un de ces vieux serviteurs que l'attachement et les années incorporent dans la famille, et qui en suivent les prospérités et les décadences comme l'ombre de l'arbre domestique croît et décroît sur le seuil avec les printemps et les hivers.

Le bruit de sa renommée se répandit tard, mais

immense, avec ses vers, d'île en île, de port en port, dans l'Ionie et dans toute la Grèce. Chaque navire, en partant de Chio, emportait un lambeau de ses poëmes dans la mémoire des matelots ou des guerriers ; chaque voile, en abordant l'île dont il avait fait son séjour, lui amenait des admirateurs et des disciples. Il vieillissait dans la gloire plus que dans les années. Historien de la Grèce autant que son poëte, chaque ville, chaque colonie, chaque famille du continent ou des îles le suppliait de donner la mémoire à son nom, à ses exploits ou à ses fables. Il était, comme Minos, juge des vivants et des morts ; il tenait les clefs de l'avenir ; grand prêtre de la postérité, cette divinité qui passionne tous les grands cœurs. Jamais la poésie sur la terre n'exerça une telle souveraineté avant les prophètes. Le génie s'était fait plus que roi, il s'était fait dieu, le dieu de l'immortalité humaine.

Chaque terre de la Grèce voulait garder la trace du pied de cet aveugle, que chaque terre avait repoussé quelques années auparavant. Les citoyens et les envoyés des villes venaient en députation le chercher sur leur vaisseau et le supplier de visiter la Grèce, pleine de son nom.

Il céda, au terme de ses années, à ces instances de sa patrie. Il avait sans doute perdu la compagne de sa vie, qui l'aurait retenu, si elle eût vécu encore, dans le foyer de ses jours heureux, dont le vieillard ne doit pas s'écarter, de peur d'égarer son tombeau. Il partit pour visiter une dernière fois toute la Grèce, patrie de ses vers et de son nom. Il navigua d'abord vers l'île montueuse de Samos. Il y débarqua le jour où l'on y célébrait une fête en l'honneur des dieux. Reconnu, au moment où il descendait sur la plage, par un habitant de l'île qui l'avait entendu à Chio, le bruit de l'arrivée du poëte se répandit à l'instant dans la ville ; les Samiens accoururent, et le prièrent d'illustrer de sa présence leur cérémonie. Il se

rendit au temple avec le cortége; et, étant arrivé sur le seuil, au moment où l'on venait d'allumer le feu sacré :
« O Samiens, chanta-t-il en vers inspirés par la lueur du feu domestique, les enfants sont la gloire des pères, les tours sont la force des villes, les coursiers sont la beauté des prairies où ils bondissent, les vaisseaux sont la grâce des mers, les richesses sont la prospérité des maisons; les chefs et les vieillards, assis sur leurs trônes dans la place publique, sont un des plus majestueux spectacles que les yeux des hommes puissent contempler : mais il n'est rien sur la terre de plus auguste et de plus pieux que la demeure d'une famille éclairée par le feu du foyer. »

Les Samiens, ravis de l'honneur que cet hôte faisait à leur île, lui donnèrent la place la plus élevée au festin, et le reconduisirent en pompe à la maison où son lit était préparé.

Le lendemain, en se promenant dans l'île, dont il se faisait décrire les sites et les villes pour reconnaître avec l'esprit ce qu'il avait vu jadis avec les yeux, il passa près d'un four allumé où des potiers de terre façonnaient en vases et cuisaient l'argile. Il fut encore reconnu et entouré par ces ouvriers. Ils le prièrent de s'arrêter un moment auprès de leur atelier, et de leur chanter quelques vers propres à immortaliser leur art; ils lui offrirent, pour prix de sa condescendance, les plus belles œuvres de leurs mains. Homère sourit, s'assit sur une amphore renversée, et leur chanta ces vers, célèbres depuis, dans les ateliers des mouleurs d'argile, sous le titre de *la Fournaise* :

« O vous qui pétrissez l'argile et qui m'offrez une coupe en salaire de mes vers, écoutez un de mes chants!

» Je t'invoque, ô Minerve, déesse industrieuse! Daigne descendre au milieu de ces hommes, et prêter ta main habile à leur travail! Que les vases qui vont sortir de cette fournaise, et surtout ceux qui sont destinés aux autels des dieux, se colorent également sous la vapeur enflammée des briques! Qu'ils se durcissent par degrés à un feu sagement gradué, et qu'ils se vendent, recherchés pour leur élégance et leur solidité, dans les rues et dans les marchés de la Grèce, afin que leur prix fasse l'aisance de l'ouvrier et ne démente pas l'éloge du poëte! Mais si vous voulez me tromper, moi, aveugle, et ne pas me donner les coupes offertes, j'invoque contre votre fourneau les fléaux des dieux!... Que le feu dévore votre poterie! que le four fasse entendre un bruit semblable aux grincements de dents d'un cheval furieux!... Que le potier gémissant contemple en larmes sa ruine... et que personne ne puisse se baisser pour regarder dans le four, sans avoir le visage rongé par la réverbération de la flamme qui consumera vos vases!... »

Il séjourna l'hiver entier à Samos. Bien qu'il ne fût plus contraint par l'indigence à vendre ses chants pour un morceau de pain, il continua à chanter de temps en temps, par reconnaissance pour les habitants hospitaliers de l'île, des vers appropriés aux fortunes ou aux conditions des maisons qu'il visitait dans ses doux et derniers loisirs. Un enfant le guidait dans les rues des villes ou dans les sentiers des campagnes. La mémoire des Samiens a gardé de père en fils quelques-unes de ces bénédictions poétiques de l'aveugle de Chio, comme des médailles qu'on retrouve, çà et là, dans le sable de ces plages.

Homère, en souvenir de son ancienne mendicité, portait à la main, à l'exemple des mendiants antiques, une branche d'arbre garnie de ses feuilles. « Nous voici arrivés, chantait-il à l'enfant son guide, près de la vaste maison qu'habite un citoyen opulent, maison qui retentit sans cesse du bruit des clients et des serviteurs. Que ses portes s'ouvrent pour laisser entrer la fortune, et, avec elle, la sérénité et le loisir! Qu'aucune amphore ne reste jamais vide dans cette heureuse demeure, et que la huche y soit toujours pleine de fleur de farine! Que la jeune épouse du fils de la maison, toutes les fois qu'elle en sort, soit traînée sur un char, et que les mules aux pieds durs la ramènent de même dans sa demeure, où, les pieds posés sur un tabouret incrusté d'ambre, elle travaille de l'aiguille à ourdir un riche tissu. Quant à moi, je reviendrai à ce toit, seulement comme y revient l'hirondelle au retour de l'année... »

Les petits enfants de Samos ont chanté longtemps ces vers de porte en porte, en allant quêter aux fêtes religieuses consacrées à la bienfaisance et à la mendicité.

Au retour du printemps, des vagues aplanies et des vents tièdes, il reprit sa navigation vers le golfe d'Athènes. Les matelots du navire qui le portait ayant été retenus par la tempête dans la rade de la petite île d'Ios, Homère sentit que la vie se retirait de lui. Il se fit transporter au bord de l'île pour mourir plus en paix, couché au soleil, sur le sable du rivage. Ses compagnons lui avaient dressé une couche sous la voile, auprès de la mer. Les habitants riches de la ville éloignée du rivage, informés de la présence et de la maladie du poëte, descendirent de la colline pour lui offrir leur demeure, et pour lui apporter des soulagements, des dons et des hommages. Les bergers, les pêcheurs et les matelots de la côte accoururent pour lui demander des oracles, comme à une voix des dieux sur la terre. Il continua à parler en langage divin avec les hommes lettrés, et à s'entretenir, jusqu'à son dernier soupir, avec les hommes simples dont il avait décrit tant de fois les mœurs, les travaux et les misères dans ses poëmes. Son âme avait passé tout entière dans leur mémoire avec ses chants; en la rendant aux dieux, il ne l'enlevait pas à la terre. Elle était devenue l'âme de toute la Grèce; elle allait devenir bientôt celle de toute l'antiquité.

Après qu'il eut expiré sur cette plage, au bord des flots,

comme un naufragé de la vie, l'enfant qui servait de lumière à ses pas, ses compagnons, les habitants de la ville et les pêcheurs de la côte lui creusèrent une tombe dans le sable, à la place même où il avait voulu mourir. Ils y roulèrent une roche, sur laquelle ils gravèrent au ciseau ces mots : « Cette plage recouvre la tête sacrée du divin Homère. » Ios garda à jamais la cendre de celui à qui elle avait donné ainsi la suprême hospitalité. La tombe d'Homère consacra cette île jusque-là obscure, plus que n'aurait fait son berceau, que sept villes se disputent encore. La tradition de la plage où le vieillard aveugle fut enseveli se perdit heureusement dans la suite des temps et dans les vicissitudes de l'île. Nulle rivalité de funérailles, de monument ou de vaine piété ne troubla son dernier sommeil. Sa sépulture fut dans tous les souvenirs, son monument dans ses propres vers. On montre seulement dans l'île de Chio, près de la ville, un banc de pierre semblable à un cirque, et ombragé par un platane qui s'est renouvelé, depuis trois mille ans, par ses rejetons, qu'on appelle l'École d'Homère. C'est là, dit-on, que l'aveugle se faisait conduire par ses filles, et qu'il enseignait et chantait ses poëmes. De ce site on aperçoit les deux mers, les caps de l'Ionie, les sommets neigeux de l'Olympe, les plages dorées des îles, les voiles se pliant en entrant dans leurs anses, ou se déployant en sortant des ports. Ses filles voyaient pour lui ces spectacles, dont la magnificence et la variété auraient distrait ses inspirations. La nature, cruelle et consolatrice, semblait avoir voulu le recueillir tout entier dans ces spectacles intérieurs, en jetant ce voile sur sa vue. C'est depuis cette époque, dit-on dans les îles de l'Archipel, que les hommes attribuèrent à la cécité le don d'inspirer le chant, et que les bergers impitoyables crevèrent les yeux aux rossignols, pour ajouter à l'instinct de la mélodie dans l'âme et dans la voix de ce pauvre oiseau.

Voilà l'histoire d'Homère. Elle est simple comme la nature, triste comme la vie. Elle consiste à souffrir et à chanter. C'est, en général, la destinée des poëtes. Les fibres qu'on ne torture pas ne rendent que peu de sons. La poésie est un cri : nul ne le jette bien retentissant, s'il n'a été frappé au cœur. Job n'a crié à Dieu que sur son fumier et dans ses angoisses. De nos jours comme dans l'antiquité, il faut que les hommes qui sont doués de ce don choisissent entre leur génie et leur bonheur, entre la vie et l'immortalité.

Et, maintenant, la poésie vaut-elle ce sacrifice? Quelle fut l'influence d'Homère sur la civilisation, et en quoi mérita-t-il le nom de civilisateur?

Pour répondre à cette question, il suffit de lire.

Supposez, dans l'enfance ou dans l'adolescence du monde, un homme à demi sauvage, doué seulement de ces instincts élémentaires, grossiers, féroces, qui formaient le fond de notre nature brute, avant que la société, la religion, les arts, eussent pétri, adouci, vivifié, spiritualisé, sanctifié le cœur humain; supposez qu'à un tel homme, isolé au milieu des forêts et livré à ses appétits sensuels, un esprit céleste apprenne l'art de lire les caractères gravés sur le papyrus, et qu'il disparaisse après en lui laissant seulement entre les mains les poésies d'Homère! L'homme sauvage lit, et un monde nouveau apparaît page par page à ses yeux. Il sent éclore en lui des milliers de pensées, d'images, de sentiments qui lui étaient inconnus; de matériel qu'il était un moment avant d'avoir ouvert ce livre, il devient un être intellectuel, et bientôt après un être moral. Homère lui révèle d'abord un monde supérieur, une immortalité de l'âme, un jugement de nos actions après la vie, une justice souveraine, une expiation, une rémunération selon nos vertus ou nos crimes, des cieux et des enfers; tout cela altéré de fables ou d'allégories sans doute, mais tout cela visible et transparent sous les symboles, comme la forme sous le vêtement qui la révèle en la voilant. Il lui apprend ensuite la gloire, cette passion de de l'estime mutuelle et de l'estime éternelle, donnée aux hommes comme l'instinct le plus rapproché de la vertu. Il lui apprend le patriotisme dans les exploits de ces héros qui quittent leur royaume paternel, qui s'arrachent des bras de leurs mères et de leurs épouses pour aller sacrifier leur sang dans les expéditions nationales, comme la guerre de Troie, pour illustrer leur commune patrie; il lui apprend les calamités de ces guerres dans les assauts et les incendies de Troie; il lui apprend l'amitié dans Achille et Patrocle, la sagesse dans Mentor, la fidélité conjugale dans Andromaque, la piété pour la vieillesse dans le vieux Priam, à qui Achille rend en pleurant le corps de son fils Hector; l'horreur pour l'outrage des morts dans ce cadavre d'Hector, traîné sept fois autour des murs de sa patrie; la piété dans Astyanax, son fils, emmené en esclavage, dans le sein de sa mère, par les Grecs; la vengeance des dieux dans la mort précoce d'Achille; les suites de l'infidélité dans Hélène; le mépris pour la trahison du foyer domestique dans Ménélas; la sainteté des lois, l'utilité des métiers, l'invention et la beauté des arts; partout, enfin, l'interprétation des images de la nature, contenant toutes un sens moral révélé dans chacun de ses phénomènes sur la terre, sur la mer, dans le ciel; sorte d'alphabet entre Dieu et l'homme, si complet et si bien épelé dans les vers d'Homère, que le monde moral et le monde matériel, réfléchis l'un dans l'autre comme le firmament dans l'eau, semblent n'être plus qu'une seule pensée, et ne parler qu'une seule et même langue à l'intelligence de l'aveugle divin! Et cette langue encore cadencée par un tel rhythme de la mesure, et pleine d'une telle musique des mots, que chaque pensée semble entrer dans l'âme par l'oreille, non-seulement comme une intelligence, mais aussi comme une volupté!

N'est-il pas évident qu'après un long et familier entretien avec ce livre, l'homme brutal et féroce aurait disparu, et l'homme intellectuel et moral serait éclos dans ce barbare auquel les dieux auraient enseigné ainsi Homère?

Eh bien, ce qu'un tel poëte aurait fait pour ce seul homme, Homère le fit pour tout un peuple. A peine la mort eut-elle interrompu ses chants divins, que les *rapsodes* ou les *homérides*, chantres ambulants, l'oreille et la mémoire encore pleines de ses vers, se répandirent dans toutes les îles et dans toutes les villes de la Grèce, emportant à l'envi chacun un des fragments mutilés de ses poëmes, et les récitant de génération en génération aux fêtes publiques, aux cérémonies religieuses, aux foyers des palais ou des cabanes, aux écoles des petits enfants; en sorte qu'une race entière devint l'édition vivante et impérissable de ce livre universel de la primitive antiquité. Sous Ptolémée Philopator, les Smyrnéens lui érigèrent des temples, et les Argiens lui rendirent les honneurs divins. L'âme d'un seul homme souffla pendant deux mille ans sur cette partie de l'univers. En 884 avant J.-C., Lycurgue rapporta à Sparte les vers d'Homère, pour en nourrir l'âme des citoyens. Puis vint Solon, ce fondateur de la démocratie d'Athènes, qui, plus homme d'État que Platon, sentit ce qu'il y avait de civilisation dans le génie, et qui fit recueillir ces chants épars comme les Romains recueillirent plus tard les pages divines de la *Sibylle*. Puis vint Alexandre le Grand, qui, passionné pour l'immortalité de sa renommée, et sachant que la clef de l'avenir est dans la main des poëtes, fit faire une cassette d'une richesse merveilleuse pour y enfermer les chants d'Homère, et qui les plaçait toujours sur son chevet, pour avoir des songes divins. Puis vinrent les Romains, qui, de toutes leurs conquêtes en Grèce, n'estimèrent rien à l'égal de la conquête des poëmes d'Homère, et dont tous les poëtes ne furent que les échos prolongés de cette voix de Chio. Puis vinrent les ténèbres des âges barbares, qui enveloppèrent près de mille ans l'Occident d'ignorance, et qui ne commencèrent à se dissiper qu'à l'époque où les manuscrits d'Homère, retrouvés dans les cendres du paganisme, redevinrent l'étude, la source et l'enthousiasme de l'esprit humain. En sorte que le monde ancien, histoire, poésie, arts, métiers, civilisation, mœurs, religion, est tout entier dans Homère; que le monde littéraire, même moderne, procède à moitié de lui, et que, devant ce premier et ce dernier des chantres inspirés, aucun homme, quel qu'il soit, ne pourrait sans rougir se donner à lui-même le nom de poëte. Demander si un tel homme peut compter au rang des civilisateurs du genre humain, c'est demander si le génie est une clarté ou une obscurité sur le monde; c'est renouveler le blasphème de Platon; c'est chasser les poëtes de la civilisation; c'est mutiler l'humanité dans son plus sublime organe, l'organe de l'infini! c'est renvoyer à Dieu ses plus souveraines facultés, de peur qu'elles n'offusquent les yeux jaloux, et qu'elles ne fassent paraître le monde réel trop obscur et trop petit, comparé à la splendeur de l'imagination et à la grandeur de la nature!

CICÉRON

CICÉRON

ANNÉE 107 AVANT J.-C. — 647 DE LA FONDATION DE ROME.

Ce n'est pas le nom d'un orateur, c'est le nom de l'éloquence.

L'éloquence, telle que nous l'entendons et telle que Cicéron l'entendait lui-même, n'est pas seulement l'art de parler aux hommes sur la place publique : c'est le don de sentir fort, de penser juste, de savoir tout, d'imaginer avec splendeur, d'exprimer avec puissance, et de communiquer, par la parole écrite ou parlée, aux autres hommes, l'idée, le sentiment, la conviction de la vérité, l'admiration du beau, le goût de l'honnête, l'enthousiasme de la vertu, le dévouement au devoir, l'héroïsme de la patrie, la foi dans l'immortalité, qui rendent l'âme honnête, le cœur sensible, l'esprit juste, la raison saine, la science populaire, l'imagination artiste, le patriotisme ardent, le courage viril, la liberté chère, la philosophie pieuse, la religion conforme à l'idée la plus haute de la Divinité, en un mot, qui font l'individu bon, le peuple grand, l'humanité sainte.

Voilà ce que nous entendons par l'idéal de l'éloquence. Elle suppose pour nous la possession et l'exercice de toutes les facultés intellectuelles et morales de l'homme résumées dans la parole : la puissance du verbe humain.

Aucun homme peut-être ne les réunit autant en lui que

Cicéron, dont nous entreprenons de vous raconter l'histoire. Poëte, philosophe, citoyen, magistrat, consul, administrateur de provinces, modérateur de la république, idole et victime du peuple, théologien, jurisconsulte, orateur suprême, honnête homme surtout, il eut de plus le rare bonheur d'employer tous ces dons divers, tantôt à l'amélioration, au délassement et aux délices de son âme dans la solitude, tantôt au perfectionnement des arts de la parole par l'étude, tantôt au maniement du peuple, tantôt aux affaires publiques de sa patrie, qui étaient alors les affaires de l'univers, et d'appliquer ainsi ses dons, ses talents, son courage et ses vertus au bien de son pays, de l'humanité, et au culte de la Divinité à mesure qu'il les perfectionnait pour lui-même!

On ne put lui reprocher que deux fautes : la vaine gloire dans la contemplation de lui-même, et des faiblesses réelles, ou plutôt des indécisions regrettables à la fin de sa vie envers les tyrans de sa patrie. Mais ces deux fautes, si on étudie bien son histoire, ne sont pas les fautes de son caractère, elles sont surtout les fautes de son temps.

La vaine gloire était la vertu des grands hommes à ces époques où la religion, plus magnanime et plus épurée des vanités humaines, n'avait pas encore enseigné aux hommes l'abnégation, la modestie, l'humilité, qui déplacent pour nous la gloire de la terre, et qui la reportent dans la satisfaction muette de la conscience ou dans la seule approbation de Dieu.

Et quant aux compositions avec les événements et avec les tyrannies qu'on reproche de loin à Cicéron, il faut se reporter à l'état de la république romaine, à la corruption des mœurs, à la lâcheté du peuple, à l'énervation des caractères de son temps, pour être juste envers ce grand homme. A aucune époque de sa carrière civile il n'a montré devant son devoir une hésitation. S'il faiblit devant

César, il ne faiblit pas devant la mort. Mais pour appuyer le levier de cette force d'âme qu'on lui demande, et pour soutenir seul la république contre César, il lui fallait un point d'appui dans la république. Il n'y en avait plus. Ce ne fut pas le levier qui manqua à Cicéron, ce fut le point d'appui. On peut plaindre le temps, mais non accuser le citoyen.

Aucune forme de gouvernement autant que la république romaine ne fut propre à former ces hommes complets, tels que nous venons de les définir dans le plus grand orateur de Rome. On n'avait pas inventé alors ces divisions de facultés et ces spécialités de professions qui décomposent un homme entier en fraction d'homme, et qui le rapetissent en le décomposant. On ne disait pas : Celui-ci est un citoyen civil, celui-là est un citoyen militaire, celui-ci est poëte, celui-ci est orateur, celui-ci est un avocat, celui-là est consul. On était tout cela à la fois, si la nature et la vocation vous avaient donné toutes ces aptitudes. On ne mutilait pas arbitrairement la nature, comme nous faisons si malheureusement aujourd'hui, au grand détriment de la grandeur de la patrie et de l'espèce humaine. On n'imposait pas à Dieu un *maximum* de facultés qu'il lui était défendu de dépasser quand il créait une intelligence plus universelle ou une âme plus grande que les autres. César plaidait, faisait des vers, écrivait l'*Anti-Caton*, conquérait les Gaules. Cicéron écrivait des poëmes, faisait des traités de rhétorique, défendait les causes au barreau, haranguait les citoyens à la tribune, discutait le gouvernement au sénat, percevait les tributs en Sicile, commandait les armées en Syrie, philosophait avec les hommes d'étude, et tenait école de littérature à Tusculum. Ce n'était pas la profession, c'était le génie qui faisait l'homme; et l'homme alors était d'autant plus homme qu'il était plus universel : de là la grandeur de ces hommes multiples de l'antiquité.

Quand, mieux inspirés, nous voudrons grandir comme elle, nous effacerons ces barrières jalouses et arbitraires que notre civilisation moderne place entre les facultés de la nature et les services qu'un même citoyen peut rendre sous diverses formes à sa patrie. Nous ne défendrons plus à un philosophe d'être un politique, à un magistrat d'être un héros, à un orateur d'être un soldat, à un poëte d'être un sage ou un citoyen. Nous ferons des hommes, et non plus des rouages humains. Le monde moderne en sera plus fort et plus beau, et plus conforme au plan de Dieu, qui n'a pas fait de l'homme un fragment, mais un ensemble.

Cicéron, tel que nous le retrouvons dans les portraits et dans les lettres de ses contemporains ou de lui-même, était de taille haute, telle qu'elle est nécessaire à un orateur qui parle devant le peuple, et qui a besoin de dominer de la tête ceux qu'il doit dominer de l'esprit. Ses traits étaient sévères, nobles, purs, élégants, éclairés par l'intelligence intérieure qui les avait pour ainsi dire façonnés à son image. Le front élevé, et poli comme une table de marbre destinée à recevoir et à effacer les mille impressions qui le traversaient; le nez aquilin, très-resserré entre les yeux; le regard à la fois recueilli en lui-même, ferme et assuré sans provocation quand il s'ouvrait et se répandait sur la foule; la bouche fine, bien fendue des lèvres, sonore, passant aisément de la mélancolie des grandes préoccupations à la grâce d'étendue du sourire; les joues creuses, pâles, amaigries par les contentions de l'étude et par les fatigues de la tribune aux harangues. Son attitude avait le calme du philosophe plutôt que l'agitation du tribun. Ce n'était pas une passion, c'était une pensée qui se posait et qui se dessinait en lui sous les yeux du peuple. On voyait qu'il aspirait à illuminer, non à égarer la foule. Toute l'autorité de la vertu publique, toute la majesté du peuple romain, se levaient avec lui quand il se levait pour prendre la parole.

Un nombreux et grave cortége de rhéteurs grecs, d'affranchis, de clients, de citoyens romains sauvés par ses talents, l'accompagnait quand il traversait la place pour monter aux *rostres*. Il tenait à la main un rouleau de papier et un stylet de plomb pour noter ses exordes, ses démonstrations, ses péroraisons, parties préparées ou inspirées de ses discours. Son costume, soigneusement conforme à la coupe antique, n'avait rien de la négligence du cynique ou de la mollesse de l'épicurien. Il n'attirait pas les yeux par la recherche, et ne les offensait pas par la sordidité. Il était vêtu, non paré, de sa robe à plis perpendiculaires serrée au corps. Il ne voulait pas que les couleurs, en attirant les yeux, donnassent des distractions aux oreilles. Son aspect maladif, surtout dans sa jeunesse, intéressait à cette langueur du corps dompté par l'esprit. On y lisait ses insomnies et ses méditations. Excepté sa voix grave et façonnée par l'exercice, toute son apparence extérieure était celle d'une pure intelligence qui n'aurait emprunté de la matière que la forme strictement nécessaire pour se rendre visible à l'humanité. Mais le peuple romain, comme le peuple grec, accoutumé par la fréquentation du Forum à juger ses orateurs en artiste, appréciait dans César, dans Hortensius, cette exténuation du corps qui attestait l'étude, la passion, les veilles, la consomption de l'âme. La maigreur et la pâleur de Cicéron étaient une partie de son prestige et de sa majesté.

Il était né dans une petite ville municipale des environs de Rome nommée Arpinum, patrie de Marius. Sa mère, Helvia, femme supérieure par le courage et la vertu, comme toutes les mères où se moulent les grands hommes, l'enfanta sans douleur. Un génie apparut à sa nourrice, dit la rumeur antique, et lui prédit qu'elle allaitait dans cet enfant le salut de Rome; ce qui signifie que la physionomie et le regard de cet enfant répandaient dans le cœur de sa mère et de sa nourrice on ne sait quel pressentiment de grandeur et de vertu innées. Helvia était d'un sang illustre. Sa famille paternelle cultivait obscurément ses domaines modiques dans les environs d'Arpinum, sans rechercher les charges publiques et sans venir à Rome, contente d'une fortune modique et d'une considération locale dans sa province. Malgré la nouveauté de son nom, que Cicéron fit le premier éclater dans Rome, cette famille remontait, dit-on, par filiation jusqu'aux anciens rois déchus du Latium. Le grand-père et les oncles de Cicéron s'étaient distingués déjà par l'aptitude aux affaires et par quelques symptômes inattendus d'éloquence dans des députations envoyées par leur ville à Rome pour y soutenir de graves intérêts. Il est rare que le génie soit isolé dans une famille; il y montre presque toujours des germes avant d'y faire éclore un fruit consommé. En remontant de quelques générations dans une race, on reconnaît à des symptômes précurseurs le grand homme que la nature semble y préparer par degrés. Cela fut ainsi dans la famille poétique du Tasse, dont le père était déjà un poëte de seconde inspiration; ainsi dans la famille de Mirabeau, dont le père et surtout les oncles étaient des orateurs naturels et sauvages, plus frustes, mais peut-être plus natifs que le neveu; ainsi de Cicéron et de beaucoup d'autres. La nature élabore longtemps et sourdement ses chefs-d'œuvre dans l'humanité comme dans les minéraux et les végétaux. L'homme est un être successif qui retrace et contient peut-être dans une seule âme les vertus des âmes de cent générations.

Ces aptitudes et ces goûts oratoires et littéraires de la famille de Cicéron, et la tendresse qui se change en ambition pour son fils dans le cœur d'une noble mère, firent élever dans les lettres grecques et romaines l'enfant qui promettait de bonne heure tant de gloire à sa maison. La littérature grecque était alors pour les jeunes Romains ce que la littérature latine a été depuis pour nous : la tradition de l'esprit humain, le modèle de la langue, le grand ancêtre de nos idées. La rapide et universelle intelligence de l'enfant fit une explosion plutôt que des progrès aux premières leçons qu'il reçut en sortant du berceau, sous les yeux de sa mère. Sa vocation aux choses intellectuelles fut si prompte, si merveilleuse et si unanimement reconnue autour de lui, dans les écoles d'Arpinum, qu'il goûta la gloire, dont il devait épuiser l'ivresse, presque en goûtant la vie. Les petits enfants, ses compagnons d'école, le proclamèrent d'eux-mêmes *roi des écoliers;* ils racontaient à leurs parents, en rentrant des leçons, les prodiges de compréhension et de mémoire du fils d'Helvia, et ils lui faisaient d'eux-mêmes cortége jusqu'à la porte de sa maison, comme au patron de leur enfance. Quand la supériorité est démesurée parmi les enfants et parmi les hommes, elle ne suscite plus l'envie : on la subit et on l'acclame comme un phénomène; et comme les phénomènes sont isolés et ne se renouvellent pas, ils n'humilient pas la jalousie, ils l'étonnent. Tel était le sentiment qu'inspirait le jeune Cicéron aux enfants d'Arpinum. Que n'en inspira-t-il un aussi noble et aussi honorable plus tard à Clodius, à Octave et à Antoine?

La poésie, cette fleur de l'âme, l'enivra la première. Elle est le songe du matin des grandes vies; elle contient en ombres toutes les réalités futures de l'existence; elle remue les fantômes de toutes choses avant de remuer les choses elles-mêmes; elle est le prélude des pensées et le pressentiment de l'action. Les riches natures, comme César, Cicéron, Brutus, Solon, Platon, commencent par l'imagination et la poésie : c'est le luxe des séves surabondantes dans les héros, les hommes d'État, les orateurs, les philosophes. Malheur à qui n'a pas été poëte une fois dans sa vie?

Cicéron le fut de bonne heure, longtemps et toujours. Il ne fut si souverain orateur que parce qu'il était poëte. La poésie est l'arsenal de l'orateur. Ouvrez Démosthène, Cicéron, Chatham, Mirabeau, Vergniaud : partout où ces orateurs sont sublimes, ils sont poëtes. Ce qu'on retient à jamais de leur éloquence, ce sont des images et des passions dignes d'être chantées et perpétuées par des vers.

En sortant de l'adolescence, Cicéron publia plusieurs poëmes qui le placèrent, disent les historiens, parmi les poëtes renommés de son temps. Plutarque affirme que sa poésie égala son éloquence.

Il étudiait en même temps la philosophie sous les maîtres grecs de cette science qui les contient toutes. Il suivait surtout les leçons de Philon, sectateur de Platon. Il ouvrait ainsi son âme par tous les pores à la science, à la sagesse, à l'inspiration, à l'éloquence. Recueillant tout ce qui avait été pensé, chanté ou dit de plus beau avant lui sur la terre, pour se former à lui-même dans son âme un trésor intarissable de vérités, d'exemples, d'images, d'élocution, de beauté morale et civique, il se proposait d'accroître et d'épuiser ensuite ce trésor pendant sa vie, pour la gloire de sa patrie et pour sa propre gloire, immortalité terrestre dont les hommes d'alors faisaient un des buts et un des prix de la vertu.

Il suivait assidûment aussi, à la même époque, les séances des tribunaux et les séances du Forum, ce tribunal des délibérations politiques devant le peuple, écoutant, regardant agir les grands maîtres de la tribune de son temps : Scévola, Hortensius, Cotta, Crassus, et surtout Antoine, dont il a depuis immortalisé lui-même l'éloquence dans ses traités sur cet art. Il s'honorait d'être leur disciple, et il s'étudiait en rentrant chez lui à reproduire de mémoire, sous sa plume, les traits de leurs harangues qui avaient ému la multitude ou charmé son esprit. Ignoré encore lui-même comme orateur, sa renommée comme poëte s'étendait à Rome par la publication d'un poëme épique sur les guerres et les destinées de Marius, son grand compatriote.

Rome était alors à une de ces crises tragiques et suprêmes qui agitent les empires ou les républiques au moment où leurs institutions les ont élevés au sommet de vertu, de gloire et de liberté auquel la Providence permet à un peuple de parvenir. Arrivées à ce point culminant de leur existence et de leur principe, les nations commencent à chanceler sur elles-mêmes avant de se précipiter dans la décadence, comme par un vertige de la prospérité ou par une loi de notre imparfaite nature. C'est le moment où les peuples enfantent les plus grands hommes et les plus scélérats, comme pour préparer des acteurs plus sublimes et plus atroces à ces drames tragiques qu'ils donnent à l'histoire. Cicéron apparaissait dans la vie précisément à ce moment de l'achèvement et de la décomposition de la république romaine; en sorte que son histoire, mêlée à celle de sa patrie depuis sa naissance jusqu'à son supplice, est à la fois celle des hommes les plus mémorables ou les plus exécrables de l'univers, celle des plus grandes vertus et des plus grands crimes, des plus éclatants triomphes et des plus sinistres catastrophes de Rome. La liberté, la servitude de l'univers, se conquièrent, se perdent, se jouent pendant un demi-siècle en lui, autour de lui, ou avec lui. L'âme d'un seul homme est le foyer du monde, et sa parole est l'écho de l'univers.

Le principe de la république romaine était l'adjonction successive d'abord de l'Italie, puis de l'Europe, puis enfin du monde alors connu, à la domination des Romains. Grandir était leur loi; on ne grandit en territoire que par la guerre : la guerre était donc la fatalité de ce peuple. D'abord défensive dans ses commencements, la guerre romaine était devenue offensive, puis universelle. La guerre altère de gloire, la gloire donne la popularité; la popularité donne aux ambitieux la puissance politique. Le triomphe à Rome était devenu une institution; cette institution donnait pour ainsi dire un corps à la renommée, et faisait des triomphateurs des candidats à la tyrannie.

Pour entretenir cette concurrence de triomphes et cette guerre universelle et perpétuelle, de grandes armées presque permanentes aussi étaient devenues nécessaires. De grandes armées permanentes sont l'institution la plus fatale à la liberté et au pouvoir tout moral des lois. Celles qui restaient rassemblées en légions dans les provinces conquises ou en Italie commençaient à élever leurs généraux au-dessus du sénat et du peuple, et à former pour ou contre ces généraux de grandes factions militaires, armées bien autrement dangereuses que les factions civiles. Celles qui étaient licenciées après qu'on leur avait partagé des terres formaient dans l'Italie même et dans les campagnes de Rome des noyaux de mécontents prêts à recourir aux armes, leur seul métier, et à donner des bandes ou des légions aux séditions politiques, aux tribuns démagogues ou aux généraux ambitieux. Le sénat et le peuple étaient donc tout prêts à être dominés et subjugués dans Rome même par la guerre et par la gloire qu'ils avaient destinées à subjuguer le monde. Ils avaient envoyé des tyrans au monde, et le monde vaincu leur renvoyait des tyrans domestiques. Déjà l'épée se jouait des lois; déjà, sous un respect apparent pour l'autorité nominale du sénat, les généraux et les triomphateurs se marchandaient entre eux les charges, les consulats; les gouvernants de provinces troquaient leurs légions ou se prêtaient leurs armées, pour se les rendre après le temps voulu par les lois. Rome n'était plus qu'une grande anarchie dominatrice du monde au dehors, mais où les citoyens avaient cédé la réalité de la souveraineté aux légions, où la constitution ne conservait plus que ses formes, où les généraux étaient des tribuns, et où les factions étaient des camps.

Tel était l'état de la république romaine quand le jeune Cicéron revêtit la robe virile, pour prendre son rôle de citoyen, d'orateur, de magistrat dans la scène du temps.

Marius, plébéien d'Arpinum, après s'être illustré dans les camps et avoir sauvé l'Italie de la première invasion des barbares du Nord, avait pris parti à Rome pour le peuple contre les patriciens et contre le sénat. Démagogue armé et féroce, il avait prêté ses légions à la démocratie pour immoler l'aristocratie. Ses proscriptions et ses assassinats avaient décimé Rome et inondé de sang l'Italie. Sylla, patricien de Rome, d'abord lieutenant, puis rival de Marius, lui avait à son tour enlevé sa gloire et ses légions, les avait ramenées contre sa patrie, avait proscrit les proscripteurs, égorgé les égorgeurs, assassiné en masse le peuple, asservi le sénat en le rétablissant, élevé les esclaves au rang de citoyens romains, partagé les terres des proscrits entre ses cent vingt mille légionnaires, puis abdiqué sous le prestige de la terreur qu'il avait inspirée au peuple, et remis en jeu les ressorts de l'antique constitution, faussés, subjugués, ensanglantés par lui. Une guerre qu'on appelait la *guerre sociale*, guerre des auxiliaires de la république contre Rome elle-même, avait compliqué encore, par l'insurrection de l'Italie, cette mêlée d'événements, de passions, de proscriptions, de sang et de crimes. Sylla en triompha. Les bons citoyens de Rome s'enrôlèrent, pour défendre la patrie, même sous la dictature d'un tyran. Cicéron y suivit son modèle et son maître, l'orateur Hortensius. Il en revint avec les légions victorieuses de Sylla, pour assister avec horreur à l'éclipse de toute liberté, aux dictatures, aux proscriptions, aux égorgements de Rome. Son extrême jeunesse et sa vie studieuse à Arpinum le dérobèrent non au malheur, mais au danger du temps. Il reparut à Rome après le rétablissement violent mais régulier des choses et du sénat par Sylla. Il se prépara à la tribune politique et aux charges de la république par l'exercice du barreau, noviciat des jeunes Romains qui aspiraient ainsi à l'estime et à la reconnaissance du peuple, avant de briguer ses suffrages pour les magistratures. Il publia en même temps des livres sur la langue, sur la rhétorique, sur l'art oratoire, qui décelaient la profondeur et l'universalité de ses études. Ses premiers plaidoyers pour ses clients étonnèrent les orateurs les plus consommés de Rome. Sa parole éclata comme un prodige de perfection inconnu jusqu'à ce jeune homme dans la discussion des causes privées. Invention des arguments, enchaînement des faits, conclusion des témoignages, élévation des pensées, puissance des raisonnements, harmonie des paroles, nouveauté et splendeur des images, conviction de l'esprit, pathétique du cœur, grâce et insinuation des exordes, force et foudre des péroraisons, beauté de la diction, majesté de la personne, dignité du geste, tout porta, en peu d'années, le jeune orateur au sommet de l'art et de la renommée. Ses discours, préparés dans le silence de ses veilles, notés, écrits à loisir, effacés, écrits de nouveau, corrigés encore, comparés studieusement par lui aux modèles de l'éloquence grecque, appris fragments par fragments, tantôt aux bains, tantôt dans ses jardins, tantôt dans ses promenades autour de Rome, récités devant ses amis, soumis à la critique de ses émules ou de ses maîtres, prononcés en public sur le ton donné par des diapasons apostés dans la foule, enrichis de ces inspirations soudaines qui ajoutent la merveille de l'imprévu et le feu de l'improvisation à la sûreté et à la solidité de la parole réfléchie, étaient des événements dans Rome. Ils existent revus et publiés par l'orateur lui-même; ils sont encore des événements pour la postérité. Nous n'en parlerons pas; ils forment des volumes. Ils sont restés monuments de l'esprit humain.

Ces discours furent la base de la renommée et de la vie publique du jeune Cicéron. Mais il fut consumé par sa propre flamme : son corps fragile ne put supporter ces excès d'études, de parole publique, de clientèle et de gloire dont il était submergé. Sa maigreur, sa pâleur, ses évanouissements fréquents, l'insomnie, la voix brisée par l'effort pour répondre à l'avidité et aux applaudissements de la foule, son exténuation précoce, qui, pour une gloire du barreau et des lettres trop tôt cueillie, menaçait une vie avide d'une plus haute et plus longue gloire, peut-être aussi les conseils que lui donnèrent ses amis d'échapper à l'attention de Sylla, qu'une si puissante renommée pouvait offusquer dans un jeune favori du peuple, et que Cicéron avait légèrement blessé en défendant un de ses proscrits que personne n'avait osé défendre; toutes ces causes, et plus encore la passion d'étudier la Grèce en Grèce même, décidèrent Cicéron à quitter Rome et le barreau, et à visiter Athènes.

Il s'y livra presque exclusivement, sous les philosophes grecs les plus renommés, à l'étude de la philosophie. Sous le charme de ces études, qui dépaysent l'âme des choses terrestres pour l'élever aux choses immatérielles, il avait pour un temps renoncé à Rome, à l'ambition et à la gloire. Lié avec Atticus, riche Romain, voluptueux d'esprit, qui n'estimait les choses que par le plaisir qu'elles donnent, Cicéron se proposait de recueillir son modique patrimoine en Grèce, et de s'établir à Athènes pour y passer obscurément sa vie dans l'étude du beau, dans la recherche du vrai, dans la jouissance de l'art. Mais sa santé se rétablissait; les maîtres des écoles d'éloquence les plus célèbres d'Athènes, de Rhodes, de l'Ionie, accouraient pour l'entendre discourir dans les académies de l'Attique; et, pénétrés d'admiration pour ce jeune barbare, ils confessaient avec larmes que Rome les avait vaincus par les armes, et qu'un Romain les dépassait par l'éloquence. Il leur donnait des leçons de pensée, et ils lui en donnaient de diction, d'harmonie, d'intonation, de geste. La nouvelle de la mort de Sylla, qui arriva en ce moment à Athènes, et qui présageait de nouvelles destinées à la liberté de Rome, enleva Cicéron à lui-même. Il se sentit appelé par des événements inconnus, et il partit pour Rome en passant par l'Asie, pour visiter toutes les grandes écoles de littérature et d'éloquence, et pour s'assurer aussi si ces temples fameux, d'où le paganisme avait envoyé ses superstitions et ses fables à Rome, ne contenaient pas le mot caché sur la Divinité, objet suprême de ses études. Il consulta les oracles. Celui du temple de Delphes lui dit la grande vérité des hommes de bien destinés à prendre part aux événements de leur pays dans les temps de révolution.

« Par quel moyen, lui demanda Cicéron, atteindrai-je la plus grande gloire et la plus honnête?

» — En suivant toujours tes propres inspirations, et non l'opinion de la multitude, » lui répondit l'oracle.

Cet oracle le frappa; et c'est en y conformant sa vie qu'il mérita en effet sa réputation d'homme de bien, sa gloire et sa mort.

Rentré à Rome, il y vécut quelques années dans l'ombre, ne s'attachant à aucune des factions qui divisaient la république, ne faisant cortége à aucun des chefs de parti dont la faveur poussait les jeunes gens aux candidatures, et ne sollicitant rien du peuple. On le méprisait, disent les historiens, pour ce mépris qu'il faisait des hommes et des richesses, et pour cette estime qu'il gardait aux choses immatérielles. On l'appelait poëte, lettré, homme *grécisé*, philosophe spéculatif, noyé dans la contemplation des choses inutiles. Le vulgaire méprise dans tous les siècles tout ce qui n'est pas vulgaire comme lui. Il ne s'émut pas de ces railleries, et continua à se perfectionner en silence, pour le seul amour du beau et du bien. Il vivait alors familièrement avec le plus grand acteur de la scène romaine, Roscius; ils s'étudiaient ensemble : l'acteur, à imiter les intonations, les attitudes et les gestes que la nature inspirait d'elle-même à Cicéron; l'orateur, à imiter l'action que l'art enseignait à Roscius : et de cette lutte entre la nature qui inspire et l'art qui achève résultait pour l'acteur et pour l'orateur la perfection, qui consiste, pour l'acteur à ne rien feindre au théâtre qui ne jaillisse de la nature, et pour l'orateur à ne rien professer à la tribune qui ne soit avoué par l'art et conforme à la suprême convenance des choses, qu'on nomme le beau.

Cependant le père, la mère, les oncles de Cicéron et ses amis le conjuraient de faire violence à son goût pour la retraite, et de ne pas priver la république, dans des temps difficiles, des dons que les dieux, l'étude, les lettres, les voyages, avaient accumulés en lui. « La vertu et l'éloquence ne lui avaient été données, lui disaient-ils, que comme deux armes divines pour la grande lutte qui se balançait entre les hommes de bien et les scélérats, entre la république et la tyrannie, entre l'anarchie des démagogues et la liberté des bons citoyens. » Il céda à leurs instances, et sollicita la questure la même année où les deux plus grands orateurs du temps, ses maîtres et ses modèles, Hortensius et Cotta, sollicitèrent le consulat, première magistrature de Rome, qui durait un an. Le peuple, lassé des hommes de guerre qui avaient ensanglanté assez longtemps Rome, voulut relever la liberté et la tribune en les nommant tous les trois. La questure était une magistrature secondaire qui donnait entrée dans le sénat. Les questeurs étaient chargés de percevoir les tributs et d'approvisionner Rome. Le sort, qui distribuait les provinces entre les questeurs, donna la

Sicile à Cicéron. Tout en prévenant par ses mesures la disette qui menaçait le peuple romain, il ménagea la Sicile et s'y fit adorer; il la parcourut tout entière, moins en proconsul qu'en philosophe et en historien curieux de rechercher dans ses ruines les vestiges de sa grandeur antique. Il y découvrit le tombeau d'Archimède, un des plus grands génies que la mécanique ait jamais donnés aux hommes, et il fit restaurer à ses frais le monument de cet homme presque divin.

Plein du bruit que son nom, son éloquence et sa magistrature heureuse faisaient en Sicile, il s'étonna, en revenant à Rome, de trouver ce nom et ce bruit étouffés par le tumulte tous les jours nouveau d'une immense capitale absorbée dans ses propres rumeurs, dans ses passions, dans ses intérêts, dans ses jeux, et divisée entre ses tribuns, ses agitateurs et ses orateurs. Il comprit que, pour influer sur ce peuple mobile et sensuel, il ne fallait pas disparaître un jour de ses yeux. Il épousa Térentia, femme d'illustre extraction et de fortune modique. Il acheta une maison plus rapprochée du centre des affaires que sa maison paternelle, située dans un quartier d'oisifs. Il ouvrit cette maison à toute heure à la foule des clients ou des plaideurs qui assiégeaient à Rome le seuil des hommes publics. Il apprit de mémoire le nom et les antécédents de tous les citoyens romains, afin de les flatter par ce qui flatte le plus les hommes, l'attention qu'on leur marque dans la foule, et de les saluer tous par leur nom quand ils l'abordaient dans la place publique. Il n'eut plus besoin ainsi d'un affranchi qu'on appelait le *nomenclateur*, et qui suivait toujours les candidats aux charges, ou les magistrats, pour leur souffler à voix basse le nom des citoyens.

Parvenu à l'âge de quarante et un ans, possesseur, par ses héritages personnels et par la dot de Térentia, sa femme, d'une fortune qui ne fut jamais splendide, car il ne plaida jamais que gratuitement, pour la justice ou pour la gloire, jugeant que la parole était de trop haut prix pour être vendue; lié d'amitié avec les plus grands, les plus lettrés et les plus vertueux citoyens de la république, Hortensius, Caton, Brutus, Atticus, Pompée; père d'un fils dans lequel il espérait revivre, d'une fille qu'il adorait comme la divinité de son avenir; n'employant son superflu qu'à l'acquisition de livres rares que son ami le riche et savant Atticus lui envoyait d'Athènes; distribuant son temps entre les affaires publiques de Rome et ses loisirs d'été dans ses maisons de campagne, à Arpinum, dans les montagnes de ses pères; à Cumes, sur le bord de la mer de Naples; à Tusculum, au pied des collines d'Albe, séjours cachés et délicieux; mesurant ses heures dans ces retraites comme un avare mesure son or; donnant les unes à l'éloquence, les autres à la poésie, celles-ci à la philosophie, celles-là à l'entretien avec ses amis ou à ses correspondances, quelques-unes à la promenade sous les arbres qu'il avait plantés et parmi les statues qu'il avaient recueillies, d'autres aux repas, peu au sommeil; n'en perdant aucune pour le travail, le plaisir d'esprit, la santé; se couchant avec le soleil, se levant avant l'aurore pour recueillir sa pensée avant le bruit du jour dans toute sa force, sa santé se rétablissait, son corps reprenait l'apparence de la vigueur, sa voix ces accents mâles et cette vibration nerveuse que Démosthène faisait lutter avec le bruit des vagues de la mer, et plus nécessaires aux hommes qui doivent lutter avec les tumultes des multitudes. Il était sage, honoré, aimé, heureux, pas encore envié. La destinée semblait lui donner tout à la fois, au commencement de sa vie, cette dose de bonheur et de calme qu'elle mesure à chacun dans sa carrière, comme pour lui faire mieux savourer, par la comparaison et par le regret, les années de trouble, d'action, de tumulte, d'angoisse et de mort dans lesquelles il allait bientôt entrer.

Six ans après sa questure en Sicile, Cicéron fut élu édile, à l'unanimité, par le peuple rassemblé en tribus. L'édile était chargé des embellissements de Rome et des spectacles à donner au peuple. Le peuple, avide de spectacle, pensa que la Sicile, dont Cicéron avait conquis l'affection et la reconnaissance, lui enverrait des gladiateurs, des comédiens et des bêtes féroces qui illustreraient son édilité. Cette magistrature donnait aux édiles le droit d'étaler dans le vestibule de leur maison les images et les statues de leurs ancêtres. Cicéron, qui n'avait pas d'ancêtres, n'étala point d'images. Il accepta, sans s'en humilier, le nom d'homme nouveau, qu'on donnait à Rome à ceux qui faisaient leur propre nom, au lieu d'en hériter. Il se trouvait placé ainsi entre l'aristocratie et la démocratie, dans ce milieu favorable à l'équité, entre les deux factions qui se disputaient Rome; plébéien par la naissance, patricien par les charges et par les sentiments. Ce fut l'époque où il écrivit, à l'instigation des Siciliens, ses harangues mémorables contre Verrès, qui avait spolié la Sicile de ses objets d'art et de ses monuments nationaux : ces harangues, qui ne furent jamais prononcées, firent à jamais, du nom de Verrès, le nom des illustres concussionnaires de nation. Plus tard, Cicéron, se repentant sans doute d'avoir infligé au delà du juste une si flétrissante immortalité au préteur de Sicile, le secourut de sa bourse dans l'indigence où ce proconsul était tombé.

Deux ans après son édilité, il brigua la préture, magistrature qui n'avait au-dessus d'elle que la première, c'est-à-dire le consulat. Il soutenait alors, dans le sénat, Pompée, l'idole de l'aristocratie romaine, qui demandait un pouvoir illimité pour purger la mer des pirates de Cilicie, qui assiégeaient les côtes d'Italie. L'éloquence de Cicéron l'emporta sur la résistance des démagogues : Pompée fut dictateur, et Cicéron préteur.

Sa renommée d'incorruptibilité était telle, qu'un accusé de concussion, nommé Macer, ami et protégé de Crassus, le plus riche des Romains, ayant appris que Cicéron était décidé à voter sa condamnation, lui fit dire qu'il se sentait jugé d'avance, puisque Cicéron était contre lui; et, rentrant dans sa maison, sans permettre à ses avocats de plaider sa cause, il se coucha, et mourut d'une mort volontaire, estimant que la condamnation de Cicéron était la condamnation des dieux.

Jusque-là cependant, et malgré la maturité de son âge et l'obstination de ses études pour perfectionner en lui le don de la parole, il n'avait plaidé que devant les tribunaux ou devant le sénat; mais il ne s'était pas cru capable encore d'aborder la tribune aux harangues, et de plaider des causes publiques devant le peuple. Le peuple lui semblait le plus redoutable et le plus délicat des auditoires. Il lui fallait, disait-il, une éloquence aussi intrépide, aussi diverse, aussi soudaine et aussi toute-puissante que lui. Ce n'était pas trop de la moitié d'une vie pour s'y préparer.

Il s'y hasarda, pour la première fois, pour soutenir l'espèce de dictature navale et militaire qu'on avait donnée à Pompée, et qu'on proposait de restreindre. Il triompha. Ce triomphe lui valut, deux ans après, le consulat, objet de son ambition et fondement de sa gloire. Peu agréable à la multitude, dont il combattait les désordres, sans racines dans l'aristocratie, à laquelle il n'appartenait pas par la naissance, il ne pouvait s'élever que sur ses talents et sur ses services à cette suprême magistrature, décernée par l'élection. Deux hommes funestes, qui tenaient à la fois aux grandes familles par le sang, à la multitude par les lâches adulations et par leur complaisance pour ses crimes, Antonius et Catilina, étaient ses concurrents. Il commença par détacher Antonius, le moins dangereux de ses deux rivaux, homme sans caractère, en lui promettant de servir son ambition, qui n'était que de la vanité, de l'accepter pour collègue au consulat, et de lui laisser les grands gouvernements de l'Italie hors de Rome. Ayant décomposé ainsi la brigue de ses adversaires, il combattit si vivement la politique plébéienne et turbulente de Catilina devant le sénat, que l'aristocratie, flattée de rencontrer un tel soutien, et le peuple, jaloux de s'assurer une telle éloquence, le nommèrent, non au scrutin, mais d'acclamation, consul avec Antonius. Il tint parole à son collègue, et lui fit donner ce qu'il désirait, le gouvernement de l'Italie. Quant à lui, il resta à Rome pour préserver la république des agitations et des subversions qui menaçaient tous les jours Rome pendant l'absence de Pompée, alors en Asie.

Ces circonstances suprêmes ne tardèrent pas à éclater. Indépendamment des grandes factions militaires dont nous avons parlé, factions représentées dans Marius, dans Sylla, dans Pompée, et bientôt après dans César; indépendamment aussi des factions permanentes des patriciens et des plébéiens qui déchiraient la république depuis quelques années, il y avait à Rome une faction de l'anarchie, de la démagogie et du crime, qui couvait sous toutes les autres, et qui n'attendait, pour les renverser et les submerger toutes dans leur propre sang, que l'occasion d'un trouble civil ou d'une faiblesse du gouvernement. Les éléments de cette faction impie, qui bouillonne toujours dans la lie des sociétés vieillies et malades, étaient d'abord la populace, écume du peuple qui s'imprègne et qui se corrompt de tous les vices du temps, et qui flotte à la surface des grandes villes au vent de toutes les séditions. C'étaient ensuite les affranchis, les prolétaires et les esclaves, rejetés par des lois jalouses en dehors des droits des citoyens, et toujours prêts à briser le cadre des lois qui ne s'élargissaient pas pour leur faire leur juste place ; c'étaient, après, cette multitude de soldats licenciés de Sylla, de Marius, de Pompée lui-même, à qui on avait distribué des terres dans certaines parties de l'Italie, mais qui, bientôt lassés de leur médiocrité et de leur oisiveté dans ces colonies militaires, ou ayant épuisé promptement dans la prodigalité des nouveaux enrichis leur fortune, demandaient à s'en faire une autre en prêtant leurs armes aux séditions de la patrie. Enfin, c'était un petit nombre de jeunes gens des premières maisons de Rome, tels que Clodius, César, Catilina, Crassus, Céthégus, qui, ayant gardé le crédit en perdant les vertus de leurs ancêtres, corrompus de mœurs, pervertis de débauches, ruinés de prodigalités, signalés de scandales, indifférents d'opinions, avides de fortune, trahisssant leur sang, leur caste, leurs traditions, la gloire de leur nom, se faisaient les flatteurs, les instigateurs, les tribuns, les complices masqués ou démasqués de la populace, et cherchaient leur richesse perdue et leur grandeur future dans l'abîme de leur patrie !

Voilà quels étaient à Rome, au moment où Cicéron atteignait au pouvoir, les ferments et les fauteurs de bouleversement. Le chef momentanément reconnu de toutes ces factions liguées pour la ruine de la république, si toutefois l'anarchie peut avoir un chef, était Catilina.

Catilina, homme d'un sang illustre, d'une trempe virile, d'une audace effrontée que le peuple prend souvent pour la grandeur d'âme, d'une renommée militaire, seule qualité qu'on ne pût lui contester, d'une de ces éloquences dépravées qui savent faire bouillonner les vices dans les parties honteuses du cœur humain, soupçonné sinon convaincu de meurtre d'un frère, d'assassinats sur la voie Appienne, d'empoisonnements secrets, de débauches presque aussi infâmes que des crimes, mais assez insolent de sa naissance, assez fort de sa popularité, assez prêt à la vengeance, et enfin assez prémuni de liaisons secrètes avec César, Clodius, Crassus et d'autres sénateurs, sénateur lui-même, pour qu'un certain crédit couvrît sa douteuse renommée, pour que nul n'osât lui reprocher tout haut les forfaits dont beaucoup l'accusaient tout bas. Catilina était encore préteur : il avait élevé son ambition jusqu'au consulat. A peine eut-il été précipité de son espérance par le triomphe du grand orateur, qu'il médita de renverser ce qu'il n'avait pu conquérir, d'égorger le consul, de proscrire une partie du sénat, d'appeler les soldats licenciés, les prolétaires, les esclaves à l'assaut de Rome, et de faire naître dans cette conflagration de toutes choses une occasion de revanche, et une dictature de crime pour lui et pour ses complices. Si César lui-même n'était pas un complice, il était au moins confident muet et peut-être impatient du succès de la conspiration.

A l'immense rumeur d'une si vaste conspiration dont les têtes seules étaient cachées, mais dont les membres révélaient partout l'existence, Cicéron rassemble le sénat, et somme Catilina d'avouer ou de désavouer son crime. « Mon crime? répond insolemment le factieux. Est-ce donc un crime de vouloir donner une tête à la puissance décapitée de la multitude, quand le sénat, qui est la tête du gouvernement, n'a plus de corps et ne peut rien pour la patrie? » A ces mots, Catilina sort, et le sénat, épouvanté de tant d'audace, donne la dictature temporaire à Cicéron pour sauver Rome.

Catilina ne s'endort pas après une si franche déclaration de guerre à sa patrie. Il envoie à Manlius, un de ses complices, qui commandait un corps de vétérans en Toscane, le signal de soulever ses soldats et de marcher sur Rome. Chaque quartier de la ville est donné par lui à un des conjurés, qui doit à heure fixe en rassembler le peuple et en diriger les mouvements. Les armes, les torches sont prêtes; les édifices sont marqués, les victimes comptées: Cicéron est la première. C'est dans le sang de son premier citoyen que les scélérats doivent éteindre les lois antiques de Rome. Une femme illustre, maîtresse d'un des jeunes patriciens associés au complot, court dans la nuit avertir Cicéron de fermer le lendemain sa maison aux sicaires. Ils se présentent en effet en armes au point du jour à la porte du consul, dont ils ont promis la tête; ils la trouvent gardée par une poignée de bons citoyens. Cicéron vivant, la ville a un centre, les lois une main, la patrie une voix, le sénat un guide. L'exécution du complot est ajournée. Cicéron n'ajourne pas la vigilance: il convoque le sénat à la première heure du jour dans le temple fortifié de Jupiter *Stator*, ou conservateur de Rome. Catilina ose s'y présenter, convaincu que l'absence de preuves contre lui attestera son innocence, ou que l'audace intimidera le consul. A son entrée dans le sénat, tous les sénateurs s'écartent de Catilina, comme pour se préserver de la contagion ou même du soupçon du crime. L'horreur avant la loi fait le vide autour du conspirateur. Cicéron indigné, mais non intimidé, se lève et adresse à l'ennemi public la terrible et éloquente apostrophe qui a laissé sur le nom de Catilina la même trace que le feu du ciel laisse sur un monument foudroyé. La pensée s'y précipite sans haleine en paroles courtes, comme si l'impatience et l'indignation essoufflaient le génie. En voici quelques mots qui feront juger l'orateur et le criminel:

« Jusques à quand, Catilina, abuseras-tu de notre patience? Combien de temps ta rage éludera-t-elle nos lois? A quel terme s'arrêtera ton audace? Quoi! ni la garde qui veille la nuit sur le mont Palatin, ni les forces répandues dans toute la ville, ni la consternation du peuple, ni ce concours de tous les bons citoyens, ni le lieu fortifié choisi pour cette assemblée, ni les regards indignés de tous les sénateurs, rien n'a pu t'ébranler! Tu ne vois pas que tes projets sont découverts? que ta conjuration est ici environnée de témoins, enchaînée de toutes parts? Penses-tu qu'aucun de nous ignore ce que tu as fait la nuit dernière et celle qui l'a précédée, dans quelle maison tu t'es rendu, quels complices tu as réunis, quelles résolutions tu as prises? O temps! ô mœurs! Tous ces complots, le sénat les connaît, le consul les voit, et Catilina vit encore? Il vit, que dis-je? il vient au sénat; il est admis aux conseils de la république; il choisit parmi nous et marque de l'œil ceux qu'il veut immoler. Et nous, hommes pleins de courage, nous croyons faire assez pour la patrie, si nous évitons sa fureur et ses poignards! Depuis longtemps, Catilina, le consul aurait dû t'envoyer à la mort, et faire tomber ta tête sous le glaive dont tu veux tous nous frapper. Le premier des Gracques essayait contre l'ordre établi des innovations dangereuses; un illustre citoyen, le grand pontife P. Scipion, qui cependant n'était pas magistrat, l'en punit par la mort. Et lorsque Catilina s'apprête à faire de l'univers un théâtre de carnage et d'incendies, les consuls ne l'en puniraient pas! Je ne rappellerai point que Servilius Ahala, pour sauver la république des changements que méditait Spurius Mélius, le tua de sa propre main: de tels exemples sont trop anciens. Il n'est plus, non, il n'est plus ce temps où de grands hommes mettaient leur gloire à frapper avec plus de rigueur un citoyen pernicieux que l'ennemi le plus acharné. Aujourd'hui, un sénatus-consulte nous arme contre toi, Catilina, d'un pouvoir terrible. Ni la sagesse des consuls, ni l'autorité de cet ordre ne manquent à la république; nous seuls, consuls sans vertus, nous manquons à nos devoirs.

« Rappelle à ta mémoire l'avant-dernière nuit, et tu comprendras que je veille encore avec plus d'activité pour

le salut de la république que toi pour sa perte. Je te dis que l'avant-dernière nuit tu te rendis (je parlerai sans déguisement) dans la maison du sénateur Léca. Là se réunirent en grand nombre les complices de tes criminelles fureurs. Oses-tu le nier? Tu gardes le silence! Je t'en convaincrai, si tu le nies; car je vois ici dans le sénat des hommes qui étaient avec toi. Dieux immortels! où sommes-nous? Dans quelle ville, ô ciel! vivons-nous? Quel gouvernement est le nôtre? Ici, pères conscrits, ici même, parmi les membres de cette assemblée, dans le conseil auguste où se pèsent les destinées de l'univers, des traîtres conspirent ma perte, la vôtre, celle de Rome, celle du monde entier. Et ces traîtres, le consul les voit et prend leur avis sur les grands intérêts de l'État; quand leur sang devrait déjà couler, il ne les blesse pas même d'une parole offensante. Oui, Catilina, tu as été chez Léca l'avant-dernière nuit; tu as partagé l'Italie entre tes complices; tu as marqué les lieux où ils devaient se rendre; tu as choisi ceux que tu laisserais à Rome, ceux que tu emmènerais avec toi; tu as désigné l'endroit de la ville où chacun allumerait l'incendie; tu as déclaré que le moment de ton départ était arrivé; que si tu retardais de quelques instants, c'était parce que je vivais encore. Alors il s'est trouvé deux chevaliers romains qui, pour te délivrer de cette inquiétude, t'ont promis de venir chez moi cette nuit-là même, un peu avant le jour, et de m'égorger dans mon lit. A peine étiez-vous séparés, que j'ai tout su. Je me suis entouré d'une garde plus nombreuse et plus forte. J'ai fermé ma maison à ceux qui, sous prétexte de me rendre leurs devoirs, venaient de ta part pour m'arracher la vie. Je les ai nommés d'avance à plusieurs de nos premiers citoyens, et j'avais annoncé l'heure où ils se présenteraient. . . . .
Peux-tu, Catilina, jouir en paix de la lumière qui nous éclaire, de l'air que nous respirons, lorsque tu sais qu'il

n'est personne ici qui ignore que la veille des calendes de janvier, le dernier jour du consulat de Lépidus et de Tullus, tu te trouvas sur la place des comices, armé d'un poignard? que tu avais aposté une troupe d'assassins pour tuer les consuls et les principaux citoyens? que ce ne fut ni le repentir ni la crainte, mais la fortune du peuple romain, qui arrêta ton bras et suspendit ta fureur? Je n'insiste point sur ces premiers crimes; ils sont connus de tout le monde, et bien d'autres les ont suivis. Combien de fois, et depuis mon élection, et depuis que je suis consul, n'as-tu pas attenté à ma vie? Combien de fois n'ai-je pas eu besoin de toutes les ruses de la défense, pour parer des coups que ton adresse semblait rendre inévitables? Il n'est pas un de tes desseins, pas un de tes succès, pas une de tes intrigues dont je ne sois instruit à point nommé. Et cependant, rien ne peut lasser ta volonté, décourager tes efforts. Combien de fois ce poignard dont tu nous menaces a-t-il été arraché de tes mains? Combien de fois un hasard imprévu l'en a-t-il fait tomber? Et cependant, il faut que ta main le relève aussitôt. Dis-nous donc sur quel affreux autel tu l'as consacré, et quel vœu sacrilége t'oblige à le plonger dans le sein d'un consul!

» A quelle vie, Catilina, es-tu désormais condamné? Car je veux te parler en ce moment, non plus avec l'indignation que tu mérites, mais avec la pitié que tu mérites si peu. Tu viens d'entrer dans le sénat : eh bien, dans une assemblée si nombreuse, où tu as tant d'amis et de proches, quel est celui qui a daigné te saluer? Si personne avant toi n'essuya jamais un tel affront, pourquoi attendre que la voix du sénat prononce le flétrissant arrêt si fortement exprimé par son silence? N'as-tu pas vu à ton arrivée tous les siéges rester vides autour de toi? N'as-tu pas vu tous ces consulaires, dont tu as si souvent résolu la mort, quitter leur place quand tu t'es assis, et

laisser désert tout ce côté de l'enceinte? Comment peux-tu supporter tant d'humiliations? Oui, je te le jure, si mes esclaves me redoutaient comme tous les citoyens te redoutent, je me croirais forcé d'abandonner ma maison; et tu ne crois pas devoir abandonner la ville! Si mes concitoyens, prévenus d'injustes soupçons, me haïssaient comme ils te haïssent, j'aimerais mieux me priver de leur vue que d'avoir à soutenir leurs regards irrités; et toi, quand une conscience criminelle t'avertit que depuis longtemps ils ne te doivent que de l'horreur, tu balances à fuir la présence de ceux pour qui ton aspect est un cruel supplice! Si les auteurs de tes jours tremblaient devant toi, s'ils te poursuivaient d'une haine irréconciliable, sans doute tu n'hésiterais pas à t'éloigner de leurs yeux. La patrie, qui est notre mère commune, te hait; elle te craint; depuis longtemps elle a jugé les desseins parricides qui t'occupent tout entier. Eh quoi! tu mépriseras son autorité sacrée! tu te révolteras contre son jugement! tu braveras sa puissance! Je crois l'entendre en ce moment t'adresser la parole : « Cati-
» lina, semble-t-elle te dire, depuis quelques années il ne
» s'est pas commis un forfait dont tu ne sois l'auteur, pas
» un scandale où tu n'aies pris part. Toi seul as eu le pri-
» vilége d'égorger impunément les citoyens, de tyranniser
» et de piller les alliés. Contre toi les lois sont muettes et les
» tribunaux impuissants, ou plutôt tu les as renversés,
» anéantis. Tant d'outrages méritaient toute ma colère, je
» les ai dévorés en silence. Mais être condamné à de perpé-
» tuelles alarmes à cause de toi seul; ne voir jamais mon
» repos menacé que ce ne soit par Catilina; ne redouter
» aucun complot qui ne soit lié à ta détestable conspira-
» tion, c'est un sort auquel je ne peux me soumettre. Pars
» donc, et délivre-moi des terreurs qui m'obsèdent : si elles
» sont fondées, afin que je ne périsse point; si elles sont
» chimériques, afin que je cesse de craindre. »

L'éloquence humaine s'éleva rarement plus haut que dans cette lutte corps à corps entre Cicéron et les complices de Catilina. Quant à la conspiration en elle-même, elle présentait sans doute plus de surface que de profondeur, et plus d'occasion à l'éloquence que de danger réel à l'héroïsme du consul. Catilina était au fond un de ces aventuriers que parfois des politiques pervers encouragent de leurs connivences secrètes, comme on en a revu dans nos révolutions modernes, mais que tout le monde exècre et désavoue quand ils se montrent, parce qu'ils font scandale même dans le crime. Personne à Rome n'osa défendre Catilina. La patrie fut sauvée d'un fantôme plus que d'un oppresseur par Cicéron. Il montra peu de jours après une résolution plus ferme; mais ce fut une résolution contre des vaincus. Quelques complices attardés de Catilina, restés à Rome après son départ, et convaincus de correspondance avec lui, sont saisis et emprisonnés par le consul. Les immoler sans jugement, et malgré les lois protectrices de la vie des citoyens, c'était assumer la responsabilité la plus terrible; les relâcher, c'était proclamer l'impunité des complots. Cicéron soumet le problème au sénat. César les défend avec le dédain et la protection du mépris, mais avec l'habileté d'un complice. Le sénat hésite; Cicéron s'obstine, s'indigne, relève la colère abattue des sénateurs, demande la mort, et l'obtient au nom du péril public. En sortant du sénat, il fait exécuter, de sa seule autorité, Lentulus, Céthégus, tous les grands suspects du parti de Catilina; puis, sortant intrépidement de la prison où ils viennent d'expirer sous ses licteurs, et passant devant les groupes de leurs partisans qui attendaient leur sort : « Ils ont vécu ! » dit-il en les défiant du regard. Et il alla rendre grâces aux dieux du salut de Rome.

La faction de Catilina, tellement réprouvé qu'il n'avait pu emmener de Rome avec lui que trois cents scélérats perdus d'opinion et de renommée, fut abattue en un jour à Florence, comme elle l'avait été en une nuit à Rome.

Le consulat de Cicéron finit dans la terreur des factieux et dans la reconnaissance des bons citoyens. César et son parti alors naissant, plus redoutable que celui de Catilina, s'opposèrent seuls à ce que Cicéron rendît compte au peuple des mesures qu'il avait prises et du sang qu'il avait versé. « Eh bien, dit Cicéron en paraissant à la tribune, où César, préteur, lui refusa la parole, je ne ferai point de harangues, mais je ferai un serment. » Le peuple, étonné, attendit le serment du consul. « Je jure, s'écria Cicéron en attestant sa conscience, sa patrie et les dieux, je jure que j'ai sauvé la république! » César et ses complices protestèrent en vain par leur silence contre le meurtre de leurs amis; le peuple tout entier applaudit au témoignage du sauveur de Rome, et l'accompagna respectueusement jusqu'au seuil de sa maison. On lui décerna, quelques jours après, le titre de *Père de la patrie*. Les empereurs s'arrogèrent plus tard ce titre. Rome libre le donna d'elle-même et pour la première fois à Cicéron. Les villes de l'Italie lui dressèrent des statues comme à un dieu. On l'appelait le second fondateur de Rome.

Ce fut le sommet de sa gloire et de sa fortune : l'envie l'y attendait. La république était dans un tel état, qu'elle n'avait plus de place pour un si honnête et si glorieux citoyen. Elle tolérait les grands talents et les grandes renommées, mais à condition qu'ils fussent alliés à de grands vices. Tous les partis avaient intérêt à écarter Cicéron, car tous avaient quelque complaisance ou lâche ou criminelle à lui demander. Quand les nations sont décidées à se perdre ou à se souiller, elles écartent les grands témoins qui les feraient rougir de leur bassesse.

Telle était Rome dans ces années qui précédèrent l'usurpation de César et l'anéantissement de la république.

Depuis que Pompée, tant de fois consul et triomphateur, était rentré à Rome, et que César avait grandi en ambition, en intrigue, en popularité et en gloire, Rome était divisée en trois partis qui marchaient d'un pas presque égal à la ruine de la liberté.

Le premier et le plus puissant était celui de Pompée, idole du sénat, cher aux soldats, modérateur et soutien tout à la fois de la noblesse, n'aspirant pas à détruire, mais à dominer les institutions, n'ayant de l'ambition que ce qu'elle a d'honnête et de patriotique, heureux de conserver la république pourvu qu'il en fût le patron et le grand citoyen, et cherchant à tenir entre tous les excès une balance où son nom et son épée faisaient toujours pencher le pouvoir. On voit, par les noms des hommes qui suivirent plus tard sa fortune, que ce qui restait à Rome de vertu et de liberté était alors, avec Caton et Cicéron, de ce parti.

Le second était celui des démagogues, qui adulaient par ambition les plus sordides et les plus sanguinaires instincts de la multitude, qui ne cessaient de l'animer contre le sénat et contre les patriciens, qui déclaraient la guerre à toutes les lois, qui ne voulaient de lois que les séditions et les meurtres soufflés par leurs tribuns, et qui, par l'effroi de leur anarchie et de leurs crimes, repoussaient les meilleurs citoyens dans les dictatures. Le chef le plus redoutable de ce parti populaire était Clodius.

Enfin, le parti de César, parti d'un homme qui avait été doué par la nature et par la fortune de tous les dons de la naissance, du rang, de la richesse, de l'éducation, de l'éloquence, du courage et du génie, et qui les prostituait tous, jeune à ses vices, mûr à sa gloire et à son ambition. César, né du sang le plus illustre de Rome, avait pris de bonne heure le parti des démagogues, comme on l'a vu à l'occasion de Catilina, afin d'avoir deux instruments de son élévation : auprès du sénat, son aristocratie ; auprès de la multitude, sa popularité. Il avait besoin aussi, pour couvrir sa mauvaise renommée de jeunesse, de cette faveur passionnée de la plèbe, qui n'exige pas l'estime, pourvu qu'on caresse ses caprices et ses anarchies. Enfin il s'était déjà signalé dans la guerre, et particulièrement dans la guerre contre les pirates de Cilicie. Il aspirait à égaler les exploits de Pompée par la conquête des Gaules, afin de fonder sa vie sur quelque grande gloire conquise au peuple romain, de s'attacher une armée personnelle, et de revenir ensuite imiter Marius, Sylla, Pompée à Rome : car la liberté n'était déjà plus la perspective de personne, et la suprématie sur la république était le rêve et l'ambition de tous.

Pour parvenir au gouvernement des Gaules, objet actuel de ses desseins, César, qui savait flatter l'aristocratie aussi bien que complaire à la multitude, caressait en ce moment Pompée et Clodius. Il demandait à l'un les suffrages du sénat et des légions ; il demandait à l'autre les voix du peuple. Pour complaire à Clodius, il fallait lui livrer Cicéron, ce *père de la patrie*, qui avait sauvé la république des démagogues, que Clodius, leur chef, voulait venger. L'instant était bien choisi pour cette vengeance. Pompée et Crassus, autres hommes puissants sur le sénat, avaient intérêt à éloigner César, dont les intrigues et la popularité les gênaient à Rome. Ils lui concédaient les Gaules pour l'écarter des yeux et de l'oreille du peuple, qui commençait à trop le regarder et à trop l'écouter. Bien que Cicéron fût des amis de Pompée, Pompée, ami froid et négligent, un peu fatigué aussi de la trop éclatante renommée du sauveur de Rome, sacrifiait, momentanément au moins, Cicéron à César qui le redoutait, à Crassus qui le haïssait, à Clodius qui avait juré sa perte. Le grand intérêt que Pompée avait de complaire à César prévalait sur l'amitié.

La haine de Clodius contre Cicéron avait été envenimée encore récemment par un de ces hasards de la vie privée qui deviennent des causes de catastrophes publiques. Clodius, d'une race aussi illustre que celle de César, et aussi débordé que lui dans ses amours, s'était épris d'une passion effrénée pour la jeune femme de César, nommée Pompéia. Soit que cette jeune femme, complice de cette passion, eût assigné une rencontre à son amant dans sa maison, soit que Clodius eût affronté, sans l'aveu de Pompéia, le seuil de César, il avait été surpris la nuit, par une esclave, déguisé en femme, dans le vestibule de César. C'était un jour de sacrifice et de mystères que les femmes accomplissaient seules, et pendant lequel il n'était permis à aucun homme de rester sous le même toit. César, sans se plaindre de sa femme et sans rompre avec Clodius, qu'il ménageait à cause du peuple, avait répudié Pompéia. Clodius avait été mis en jugement comme profanateur des saints mystères. Cicéron avait déposé contre Clodius; il avait été poussé à cette déposition par Térentia, sa femme, ambitieuse et jalouse. Térentia haïssait Clodius, parce que Cicéron admirait la jeune Clodia, sœur de Clodius. Térentia craignait qu'il ne songeât à la répudier pour épouser cette rivale. Ainsi, des jalousies de femme à Rome allaient, comme autrefois à Athènes, décider des plus grands événements de la république.

Clodius, absous malgré Cicéron par la faveur impérieuse de la multitude et par le silence politique de César, abjura sa noblesse et se fit adopter par un plébéien, afin de pouvoir être nommé tribun du peuple, magistrature qui personnifiait à Rome les intérêts et les passions populaires, et qui contre-balançait souvent les consuls et le sénat. C'est ainsi que Mirabeau, de nos jours, abjura sa caste pour se faire élire, à Marseille, par le peuple contre l'aristocratie.

Le sénat, les consuls, Crassus, César, Pompée lui-même, ayant abandonné, ceux-ci par impuissance, ceux-là par négligence, les autres par complaisance, tout le pouvoir dans Rome à Clodius, agitateur et flatteur du peuple, dont il était en même temps tribun, celui-ci remplit la ville de sa haine et de sa vengeance contre Cicéron. Il fit voter un plébiscite qui condamnait à l'exil quiconque aurait fait mourir un citoyen romain non condamné par le peuple. C'était la proscription anonyme de Cicéron ; il le comprit ; il essaya en vain de soulever en sa faveur l'indignation et l'énergie des bons citoyens ; il ne souleva que leur pitié et leur douleur. Rome était dans un de ces moments où chacun, pensant à sa propre sûreté, n'a ni le temps ni la liberté de s'intéresser au malheur d'autrui. L'ambition militaire de Pompée, de César et de Crassus, liguée avec l'anarchie populaire, livrait Rome à l'agitation, à la turbulence et aux crimes de Clodius. Peut-être même ces trois chefs de l'armée, tour à tour investis de la dictature ou aspirant à en être revêtus, se réjouissaient-ils en secret d'une licence et d'une démagogie de la multitude qui, en attestant dans Rome l'insuffisance des lois et la décadence de l'esprit civique, feraient sentir plus fortement aux citoyens la nécessité d'un pouvoir arbitraire, et serviraient d'avance d'excuse à la tyrannie.

Quoi qu'il en soit, ils fermaient volontairement les yeux sur les attentats de Clodius contre Cicéron. Crassus et César favorisaient ouvertement le tribun. Pompée lui-même, qui venait d'épouser, dans un âge déjà avancé, la belle-fille de César, et qui était épris jusqu'à l'adoration de sa jeune épouse, ne pouvait décemment, disait-il, se déclarer pour celui que César condamnait. Pompée s'était retiré dans une de ses maisons de campagne pour y jouir en paix de son loisir et de son amour ; il y fermait son âme aux bruits de Rome. Cicéron étant venu le voir pour réclamer l'appui qu'il devait à son ancienne amitié, Pompée, embarrassé de la présence d'un ami malheureux dont le malheur seul était pour lui un reproche d'ingratitude, s'évada par la porte de ses jardins pendant que Cicéron entrait par celle de son vestibule, et ordonna à ses affranchis de le chercher partout où l'on serait sûr de ne pas le découvrir.

Cicéron, plus consterné de la faiblesse de Pompée que de sa propre ruine, revint à Rome, et, prenant des habits de deuil, il alla de porte en porte, suivi d'un cortége de parents, de clients et d'amis également vêtus de deuil, provoquer, par toutes ces marques d'abattement, la compassion de la ville qu'il avait sauvée, et solliciter, à la manière antique, les voix des citoyens pour sa cause. Le peuple le voyait passer avec émotion, plus éloquent dans son silence qu'il ne le fut jamais à la tribune. Clodius, redoutant l'effet de la pitié du peuple, ameuta contre le suppliant cette plèbe sans pitié et sans pudeur, qui regarde la dégradation du talent et de la vertu comme une victoire de la bassesse et de l'envie, et qui se réjouit de fouler aux pieds tout ce qui tombe. Suivi de cette tourbe armée et insolente, Clodius se trouvait partout sur les pas de Cicéron, attaquait son cortége, faisait déchirer les habits de ses clients, remplissait les rues de tumulte, de rixes, de meurtres, et, encourageant ses vils licteurs à martyriser le grand citoyen, le faisait assaillir d'injures, de sarcasmes, de boue et de pierres, et le forçait à rentrer souillé et sanglant dans sa maison. Les consuls, impuissants, lui conseillaient, au lieu de le défendre, de céder au temps, et de laisser passer l'orage en s'éloignant d'une patrie où son ennemi régnait seul. Le sénat, dont la cause de Cicéron était la cause, s'assemblait en vain pour le protéger. Les sénateurs, abandonnés à eux-mêmes par Pompée, Crassus et César, et assiégés dans le sénat par les satellites de Clodius, déchiraient leurs toges d'indignation, et attestaient, en se dispersant, l'impuissance des lois, la lâcheté des généraux, l'oppression des citoyens, la ruine de la république.

Il céda enfin au sort, et succomba avec sa patrie. S'attendant bien, après son départ, à la dévastation ou à l'incendie de sa maison, il en voulut préserver au moins les choses vénérées; et, prenant dans ses divinités domestiques une petite statue en ivoire de Minerve, gardienne et protectrice de Rome, symbole de cette sagesse divine qui inspire et qui conserve les empires, il la porta au Capitole, forteresse, temple et palais de Rome, et l'y consacra pour la rendre inviolable aux spoliateurs. Puis, suivi d'un petit nombre d'amis et de serviteurs, armés pour le protéger contre le poignard, il sortit la nuit de Rome, et prit par des sentiers infréquentés le chemin de la mer de Sicile.

A peine Clodius eut-il connaissance de son départ, qu'arrachant plus facilement au peuple un vain décret d'exil contre celui qui semblait s'exiler lui-même, il fit porter un plébiscite qui bannissait à jamais Cicéron à cinq cents milles de distance de la ville, et qui ordonnait, sous peine de mort, à tous les citoyens, de refuser le feu et l'eau à celui que la reconnaissance publique avait proclamé le *second fondateur de Rome.*

Il arriva à Cicéron, dans sa fuite, ce qui arrive à tous les hommes puissants tombés dans la disgrâce de la fortune et dans l'inimitié du peuple. Ceux qui ne le connaissaient que par sa renommée et qui ne lui devaient rien l'accueillirent avec une généreuse hospitalité, et s'honorèrent d'offrir l'abri de leur toit à une grande infortune poursuivie par une grande injustice. Ceux qu'il avait élevés aux honneurs et comblés de biens pendant son consulat se détournèrent, de peur d'être contaminés aux yeux des puissants du jour par son contact, ou se hâtèrent de l'accuser et de l'insulter, de peur qu'on ne les crût reconnaissants. Le préteur de Sicile, qui lui devait tout, le fit prier de ne pas espérer un asile dans son gouvernement; et une de ses créatures, à qui il demanda l'abri de sa maison, quand il fut arrivé à une petite ville au bord de la mer, pour y attendre une barque, lui refusa sa porte, et lui offrit, par grâce, un abri honteux dans une de ses métairies. Cicéron, indigné, s'éloigna de ce seuil inhospitalier à qui son ombre portait malheur, et alla à Brindes, où il s'embarqua seul et presque nu pour la Grèce, patrie de ses pensées. Pendant qu'il saluait, à travers ses larmes, les rivages fuyants de l'Italie pleine de son nom, Clodius, armant de torches la populace, incendiait à Rome sa maison, la rasait jusqu'aux fondements, et faisait construire à la place un *temple de l'Anarchie*. Puis, lançant ses sicaires dans toutes les provinces où Cicéron possédait des maisons de campagne ou des jardins, il faisait mettre à l'encan ses demeures, ses livres, ses forêts, pour le dépouiller même des traces de ses pas, du charme de ses études, de l'ombre de ses arbres, pour lui enlever jusqu'aux souvenirs de son bonheur dans tout ce qui fut sa patrie.

Mais le respect pour Cicéron et l'horreur de s'investir des dépouilles de celui à qui chaque Romain devait son propre foyer étaient tels, dit Plutarque, que personne ne se présentait pour acheter. Sa correspondance, que nous avons eu le bonheur de conserver tout entière, va nous faire lire ici, jusque dans le fond de l'âme d'un grand homme, les abattements de l'exilé, les tendresses du père, les faiblesses de l'époux, les résignations du philosophe et les tristesses du citoyen.

Cicéron proscrit, en arrivant en Grèce, se proposait de séjourner dans sa chère Athènes, que l'exemple et les lettres de son ami Atticus lui avaient appris à tant aimer. Mais l'ombre de leur vie passée suit les hommes publics jusque sur la terre étrangère : la mer, qui les sépare de leur patrie, ne les sépare pas de leur nom. Celui de Cicéron le précédait et le dénonçait partout. Il apprit que les restes du parti de Catilina et les complices de Clodius l'attendaient à Athènes, pour lui demander compte, le poignard à la main, de la vie de Catilina, de Lentulus et de Céthégus. Il se détourna prudemment de cette trace de sang qui semblait le devancer et le poursuivre, et il se réfugia à Thessalonique, colonie romaine au fond de la Méditerranée, au pied des montagnes de la Macédoine.

« Que je me repens, écrit-il en route; que je me repens, mon cher Atticus, de n'avoir pas prévenu par ma mort volontaire l'excès de mes malheurs! En me suppliant de vivre, vous ne pouvez qu'une chose : arrêter ma main prête à me frapper moi-même; mais, hélas! je ne m'en repens pas moins tous les jours de ne pas avoir sacrifié cette vie pour sauver mon héritage à ma famille : car qu'est-ce qui peut maintenant m'attacher à l'existence? Je ne veux pas, mon cher Atticus, vous énumérer ces malheurs, dans lesquels j'ai été précipité bien moins par le crime de mes ennemis que par la lâcheté de mes envieux. (Allusion poignante à Pompée, à Crassus, à César.) Mais j'atteste les dieux que jamais homme ne fut écrasé sous une telle masse de calamités, et qu'aucun n'eut jamais occasion de souhaiter davantage la mort!... Ce qui me reste de temps à vivre n'est pas destiné à guérir mes maux, mais à les finir!... Vous me reprochez le sentiment et la plainte de mes maux. Mais y a-t-il une seule des adversités humaines qui ne soit accumulée dans la mienne? Qui donc tomba de plus haut, d'un sort plus assuré en apparence, doué de telles puissances de génie, de sagesse, de faveur publique, d'estime et d'appui d'une telle masse de grands et bons citoyens?... Puis-je oublier en un jour ce que j'étais hier, ce que je suis encore aujourd'hui? A quelles dignités, à quelle gloire, à quels enfants, à quels honneurs, quelles richesses d'âme et de biens, à quel frère enfin (un frère que j'aime à cet excès, qu'il m'a fallu, par un genre inouï de supplice, me séparer sans l'embrasser, de peur qu'il ne vît mes larmes et que je ne pusse moi-même supporter sa pâleur et son deuil) je suis arraché!... Ah! j'énumérerais encore bien d'autres causes de désespoir, si mes larmes elles-mêmes ne me coupaient la voix!... Je sais, et c'est là la plus amère de mes peines, que c'est par mes fautes que j'ai été abîmé dans un telle ruine!... Vous me parlez, dans votre dernière lettre, de l'image que l'affranchi de Crassus vous a faite de mon désespoir et de ma maigreur!... Hélas! chaque jour qui se lève accroît ces maux, au lieu de les soulager. Le temps diminue le sentiment des autres malheurs; mais les miens sont de telle nature, qu'ils s'aggravent continuellement par le sentiment de la misère présente comparée avec la félicité perdue!... Pourquoi un seul de mes amis ne m'a-t-il pas mieux conseillé? Pourquoi me suis-je laissé glacer le cœur par cette froideur de Pompée? Pourquoi ai-je pris une résolution et une attitude de coupable suppliant, indignes de moi? Pourquoi n'ai-je pas affronté ma fortune? Si je l'avais fait, ou je serais mort glorieusement à Rome, ou je jouirais maintenant du fruit de ma victoire!... Mais pardonnez-moi ces reproches, ils doivent tomber sur moi plus que sur vous; et si je parais vous accuser avec moi, c'est moins pour m'excuser moi-même que pour me rendre ces fautes plus pardonnables en y associant un autre moi-même.

» ... Non, je n'irai point en Asie, parce que je fuis les lieux où je puis rencontrer des Romains et où ma célébrité, autrefois ma gloire, me poursuit maintenant comme une honte!... Et puis je ne voudrais pas m'éloigner davantage, de peur que si, par hasard, il arrivait quelque changement inespéré à ma fortune du côté de Rome, je ne fusse trop longtemps à l'ignorer. J'ai donc résolu d'aller me réfugier dans votre maison en Épire, non pas à cause de l'agrément du séjour, bien indifférent à un malheureux qui fuit même la lumière du jour, mais pour être, dans ce port que vous m'offrez, plus prompt à repartir pour ma patrie, si jamais elle m'était rouverte, pour y recueillir ma misérable existence dans une solitude qui me la fera supporter plus tolérablement, ou, ce qui vaudrait mieux encore, qui m'aidera à dépouiller plus courageusement la vie. Oui, je dois écouter encore les supplications de la plus tendre et de la plus adorée des filles!... Mais, avant peu, ou l'Épire m'ouvrira le chemin du retour dans ma patrie, ou je m'ouvrirai à moi-même le chemin de la vraie délivrance!... Je vous recommande mon frère, ma femme, ma fille, mon fils; mon fils, à qui je ne laisserai pour héritage qu'un nom flétri et ignominieux!... »

Mais au moment où Cicéron se préparait à mourir, pour se punir lui-même du crime de ses ennemis, de la lâcheté de ses amis et de sa propre infortune, l'excès de la tyrannie populaire rappelait la pensée de Rome vers celui qui l'avait sauvée, par son éloquence et par son courage, de la nécessité des dictateurs ou de la honte des anarchies. Clodius, sans contre-poids, obligé d'enchérir chaque jour sur les démences et sur les excès de la veille, afin de rester à la tête de la populace, à laquelle on ne peut complaire qu'en lui cédant, commençait à fatiguer la licence elle-même, et à inquiéter Pompée non-seulement sur sa puissance, mais sur sa vie. Il menaçait également César jusqu'au sein de son armée des Gaules. César, Pompée, le sénat, les patriciens opprimés, les plébéiens vertueux, se liguèrent sourdement pour inspirer au peuple l'horreur de Clodius et le rappel de Cicéron, le seul homme qu'ils pussent opposer, à la tribune aux harangues, à la popularité perverse du tribun.

Un homme intrépide, client de Cicéron, tribun lui-même, nommé Fabricius, osa proposer ce rappel au peuple du haut de la tribune. Clodius, qui s'attendait à cette tentative des amis de Cicéron, et qui avait rempli le Forum de ses partisans, de ses gladiateurs et de ses sicaires, craignant l'estime et l'amour du peuple pour le grand proscrit, donna le signal du meurtre à ses assassins, précipita Fabricius de la tribune, dispersa le cortége des amis de Cicéron, et couvrit de cadavres la place publique. Le frère de Cicéron, blessé lui-même par le fer des gladiateurs de Clodius, n'échappa à la mort qu'en se cachant sous les corps amoncelés sur les marches de la tribune. Sextius, un des tribuns, fut immolé en résistant aux fureurs de son collègue. Clodius, vainqueur, ou plutôt assassin de Rome, courut, la torche à la main, brûler le temple des Nymphes, dépôt des registres publics, afin d'anéantir jusqu'aux rouages mêmes du gouvernement. A la lueur de l'incendie, il alla attaquer la maison du tribun Milon et du préteur Cécilius. Milon repoussa avec ses amis les satellites du démagogue, et, convaincu qu'il n'y avait plus de justice dans Rome que celle qu'on se ferait désormais à soi-même, il enrôla une troupe de gladiateurs pour l'opposer aux sicaires de Clodius. Le sénat, abrité enfin par cette poignée de satellites de Milon, et encouragé à l'audace par l'indignation du peuple, qui commençait à rougir de lui-même, porta le décret de rappel de Cicéron. Le même décret ordonnait que ses maisons seraient rebâties aux frais du trésor public, et convoquait à Rome tous les citoyens qui s'intéressaient à la justice et à la vertu, pour y appuyer contre les séditieux de Clodius le rappel du proscrit. Pompée lui-même, alors à Capoue, présida les comices immenses des citoyens de la Campanie, qui se levaient à la voix du sénat pour délivrer Rome. Clodius, vaincu et hué dans les comices par la majorité presque unanime du peuple, se retira dans la popularité des mercenaires et des scélérats, son cortége ordinaire. Cicéron, averti par ses amis de ce retour de justice de sa patrie, débarqua à Brindes, port de la grande Grèce, où il s'était embarqué quelques mois auparavant pour l'exil. Sa fille, Tullia, l'attendait sur la plage, image la plus belle et la plus chère pour lui de la patrie.

« Et il se trouva, écrit-il lui-même de Brindes à son ami Atticus, que c'était le jour de la naissance de cette fille chérie, le jour de la fondation de Brindes, et le jour de la dédicace à Rome du temple du Salut public... J'y reçus, écrit-il encore, une lettre de mon frère, qui m'apprenait que mon bannissement avait été révoqué ce jour-là par le scrutin du peuple de toute la république. Je fus accueilli à Brindes par un concours immense des provinces voisines. J'en sortis pour me rendre à Rome, entouré d'un cortége de députés de toutes les villes, envoyés pour m'apporter les félicitations de toute l'Italie. Je m'avançai vers la capitale à travers une telle haie de citoyens, qu'il n'y manquait pas un seul des hommes connus dans la république aux *nomen-*

clateurs. Quand j'approchai de la porte de Rome qui mène en Campanie, je trouvai les degrés de tous les temples inondés, par étages, d'une innombrable multitude, dont la présence, les applaudissements, l'ivresse, m'acompagnèrent, en se renouvelant, jusqu'au Capitole, à travers les rues, les places, le Forum et les avenues de ce temple lui-même, où l'Italie entière semblait me rapporter dans ses bras !... »

Le sénat, les chevaliers romains, les citoyens romains, étaient sortis des murs pour le recevoir, et l'escortèrent jusqu'à la maison de son frère, ne pouvant rebâtir en un jour celle que Clodius avait brûlée. Triomphe spontané, au-dessus de tous les triomphes, puisqu'il était décerné par le cœur seul de sa patrie, et qui lui fit dire à lui-même « qu'on pouvait le soupçonner d'avoir souhaité son exil pour obtenir un tel retour. »

Mais à peine avait-il passé une nuit sous le toit de ses pères que déjà l'unanimité de ce triomphe réveillait l'envie de ceux-là mêmes qui l'avaient escorté, et, qu'ouvrant son âme à Atticus absent, il lui écrit :

« Voilà l'état où je me trouve maintenant : malheureux, si je considère mes félicités passées; heureux, si je me compare à mes adversités récentes. Mes affaires privées, comme vous le savez, sont déplorables. J'ai, de plus, des soucis et des tribulations domestiques que je ne puis confier à des lettres. (Il voulait parler de Térentia, sa femme, dont les querelles avec son frère l'affligeaient.) J'aime mon frère, se hâtait-il d'ajouter, avec toute l'affection que mérite sa tendresse sans exemple, sa courageuse fidélité, son inaltérable dévouement! Accourez, j'ai besoin de vos conseils; il faut que nous concertions ensemble pour moi le commencement d'une nouvelle vie!... Déjà quelques-uns de ceux qui me défendaient absent commencent à s'irriter secrètement contre moi depuis que je suis à Rome, et à témoigner ouvertement l'envie qu'ils me portent... Les consuls ne m'ont adjugé que deux millions de sesterces pour ma maison de Rome (deux cent mille francs), cinq cent mille sesterces pour ma maison de Tusculum (quarante mille francs), deux cent cinquante mille sesterces pour ma maison de Formies (vingt-cinq mille francs). D'où vient cette estimation inique, qui indigne non-seulement les honnêtes gens, mais même la multitude?... Ceux qui m'ont coupé les ailes ne veulent pas qu'elles repoussent... Mes affaires domestiques sont ruinées. On rebâtit ma maison de Rome; vous jugez à quels frais pour un proscrit! Quant à ma maison de Formies, que je suis tenu de reconstruire aussi, je ne puis ni la revoir dans sa ruine ni m'en défaire. Je cherche vainement à vendre ma retraite de Tusculum. D'autres chagrins intérieurs m'assiégent, que je vous dévoilerai plus clairement ailleurs... Mais je suis adoré de ma fille Tullie et de mon frère!...»

Et quelques jours après :

«Clodius et ses bandes sont venus en armes attaquer et disperser hier les ouvriers qui rebâtissent ma maison; ils ont mis le feu à celle de mon frère, que j'habite... Mes maisons pillées, abattues, incendiées, déposent maintenant, par leurs débris, contre lui!... Comme je descendais moi-même la rue Sacrée, Clodius et ses sicaires m'ont rencontré et poursuivi avec de grandes clameurs, d'épées nues, de bâtons levés, de pierres lancées sur moi et ma suite; nous nous sommes réfugiés avec peine dans le vestibule de la maison de Tertius. Le scélérat, se sentant désavoué par le peuple même, se jette tout entier aux violences et aux crimes de Catilina. Il a marché ces jours-ci, à la tête d'une troupe armée de boucliers, de glaives et de torches, contre la maison de Milon, mon ami et mon appui. Il menace Rome des dernières catastrophes, s'il ne parvient pas à se faire nommer édile. Milon est résolu à tuer ce monstre s'il le rencontre; il ne s'en rapporte pas, comme j'ai eu la simplicité de le faire, à des amis puissants et tièdes; c'est un héros, mon exemple ne l'intimide pas; il est décidé à toutes les conséquences de son courage...

» Quant à moi, ce n'est pas le courage qui me manque; j'en ai même davantage aujourd'hui que dans le temps de ma plus florissante fortune!... »

Clodius triompha encore une fois du sénat, de Pompée, des bons citoyens, et fut nommé édile par la corruption et par la violence de la lie du peuple. Pompée, César et Crassus, qui formaient un triumvirat militaire au-dessus de ces orages passagers de Rome, se rapprochèrent de Cicéron. Ils gémissaient avec Pompée, trop endormi dans sa vaine gloire, des calamités de la patrie. Cicéron en détournait les yeux, et n'allait plus au sénat, pour s'occuper exclusivement de l'éloquence du barreau, des lettres et de la poésie. Il écrivit, dans sa retraite champêtre d'Antium, un poëme héroïque sur les victoires de César, pour s'acquérir l'amitié de ce héros, dont il entrevoyait la fortune sans prévoir encore qu'il renverserait la république. Il chanta dans un autre poëme ses propres malheurs. Il écrivit plusieurs livres d'histoire. Il soignait l'éducation de son fils ; il jouissait de la beauté, de la tendresse et du génie littéraire de sa fille Tullia ; il enrichissait ses maisons de campagne de nouvelles bibliothèques, achetées à grands frais en Grèce par les soins de son ami Atticus, pour remplacer celles que Clodius avait brûlées pendant sa proscription. Il défendait César dans le sénat contre ceux qui, le trouvant déjà trop puissant, voulaient lui retirer l'armée des Gaules. Enfin, il écrivit un poëme en quatre chants sur les événements de son consulat. Il était aussi heureux que peut l'être un homme qui sent périr sa patrie.

Les événements se pressaient, et les ruines contre lesquelles il était abrité un moment ne pouvaient pas tarder à l'atteindre. Les brigues et les violences infestaient Rome. Le triumvirat militaire de Crassus, Pompée et César, seul élément de sécurité pour l'ombre de république qui existait encore, se décomposait. Crassus, qui avait pris le gouvernement de l'Asie, venait de perdre ses légions et d'être tué dans la guerre contre les Parthes. Julia, fille de César, que Pompée avait épousée, et qui était le gage de l'union entre ces deux rivaux, venait de mourir, en emportant leur concorde dans la tombe. Milon ayant rencontré Clodius sur la route de sa maison de campagne, les deux cortéges de serviteurs qui accompagnaient les deux adversaires s'étaient injuriés, puis attaqués. Milon, s'élançant de sa litière, où il était sans armes et sans préméditation avec sa femme, avait saisi une arme pour sa défense et avait tué Clodius dans la mêlée. Le corps sanglant du favori de la multitude, rapporté à Rome et étendu sur la tribune aux harangues, avait été brûlé par ses partisans sur un bûcher dont les flammes, attisées par ses vengeurs, s'étaient communiquées au temple voisin et au palais du sénat, et les avaient réduits en cendres; funérailles dignes d'un tribun incendiaire de sa patrie. Pompée, nommé consul, avait rempli de soldats en armes la place publique, et le peuple allait juger Milon. Cicéron le défendit dans une harangue souvent interrompue par le bruit des armes, mais qu'il rétablit après la séance dans toute la force et dans toute la splendeur de son improvisation.

« J'ai justifié complétement Milon du meurtre prémédité dont on l'accuse, dit-il en finissant. Mais si je ne l'avais pas justifié, ne pourrait-il pas se justifier également du meurtre qu'il aurait commis, se lever et vous dire : « Ro-
» mains, j'ai tué ! j'ai tué non pas Mélius, qui fut soup-
» çonné d'aspirer à la royauté, parce qu'il semblait, en
» abaissant le prix du blé aux dépens de sa fortune, recher-
» cher avec trop de soin la faveur de la multitude; non pas
» Tibérius Gracchus, qui excita une sédition pour destituer
» son collègue : ceux qui leur ont donné la mort ont rempli
» le monde entier de la gloire de leur nom. Mais j'ai tué
» l'homme que nos Romains les plus illustres ont surpris
» en adultère sur les autels les plus sacrés; l'homme dont
» le supplice pouvait seul, au jugement du sénat, expier
» nos mystères profanés; l'homme que Lucullus a déclaré,
» sous la foi du serment, coupable d'un inceste avec sa
» propre sœur. J'ai tué le factieux qui, secondé par des
» esclaves armés, chassa de Rome un citoyen que le sénat,
» que le peuple romain, que toutes les nations regardaient

» comme le sauveur de Rome et de l'empire; qui donnait
» et qui ravissait des royaumes; qui distribuait l'univers au
» gré de ses caprices; qui remplissait le Forum de meurtres
» et de sang; qui contraignit par la violence et les armes
» le plus grand des Romains à se renfermer dans sa mai-
» son; qui ne connut jamais de frein ni dans le crime ni
» dans la débauche; qui brûla le temple des Nymphes,
» afin d'anéantir les registres publics et de ne laisser au-
» cune trace du dénombrement. Oui, Romains, celui que
» j'ai tué ne respectait plus ni les lois, ni les titres, ni les
» propriétés; il s'emparait des possessions, non plus par
» des procès injustes et par des arrêts surpris à la religion
» des juges, mais par la force marchant avec des soldats,
» enseignes déployées; à la tête de ses troupes, il essaya
» de chasser de leurs biens, je ne dirai pas les Étrusques,
» objets de ses mépris, mais Q. Varius lui-même, ce ci-
» toyen respectable, assis parmi nos juges. Il parcourait les
» campagnes et les jardins, suivi d'architectes et d'arpen-
» teurs; dans l'ivresse de ses espérances, il n'assignait
» d'autres bornes à ses domaines que le Janicule et les
» Alpes. T. Pacuvius, chevalier romain, avait refusé de lui
» vendre une île sur le lac Prélius : aussitôt il y fit trans-
» porter des matériaux et des instruments, et, sous les yeux
» du propriétaire, qui le regardait de l'autre bord, il éleva
» un édifice sur un terrain qui n'était pas à lui. Une femme,
» un enfant, n'ont pas trouvé grâce à ses yeux; Aponius
» et Scantia furent menacés de la mort s'ils ne lui aban-
» donnaient leurs jardins. Que dis-je, il osa déclarer à
» T. Furfanius, oui à Furfanius, que s'il ne lui donnait
» tout l'argent qu'il lui avait demandé, il porterait un ca-
» davre dans sa maison, afin de jeter sur cet homme res-
» pectable tout l'odieux d'un assassinat... »

« Et ne dites donc pas qu'emporté par la haine je dé-
clame avec plus de passion que de vérité contre un homme

qui fut mon ennemi. Sans doute, personne n'eut plus que moi le droit de le haïr; mais c'était l'ennemi commun, et ma haine personnelle pouvait à peine égaler l'horreur qu'il inspirait à tous. Il n'est pas possible d'exprimer ni même de concevoir à quel point de scélératesse ce monstre était parvenu. Et puisqu'il s'agit ici de la mort de Clodius, imaginez, citoyens, car nos pensées sont libres, et notre âme peut se rendre de simples fictions aussi sensibles que les objets qui frappent nos yeux; imaginez, dis-je, qu'il soit en mon pouvoir de faire absoudre Milon, sous la condition que Clodius revivra... Eh quoi! vous pâlissez! Quelles seraient donc vos terreurs s'il était vivant, puisque, tout mort qu'il est, la seule pensée qu'il puisse revivre vous pénètre d'effroi!...

» Les Grecs rendent les honneurs divins à ceux qui tuèrent des tyrans. Que n'ai-je pas vu dans Athènes et dans les autres villes de la Grèce? Quelles fêtes instituées en mémoire de ces généreux citoyens! quels hymnes! quels cantiques! Le souvenir, le culte même des peuples, consacrent leurs noms à l'immortalité; et vous, loin de décerner des honneurs au conservateur d'un si grand peuple, au vengeur de tant de forfaits, vous souffririez qu'on le traîne au supplice?...

» Il existe, oui, certes, il existe une puissance qui préside à toute la nature; et si dans nos corps faibles et fragiles nous sentons un principe actif et pensant qui les anime, combien plus une intelligence souveraine doit-elle diriger les mouvements admirables de ce vaste univers! Osera-t-on la révoquer en doute parce qu'elle échappe à nos sens et qu'elle ne se montre pas à nos regards? Mais cette âme qui est en nous, par qui nous pensons et nous prévoyons, qui m'inspire en ce moment où je parle devant vous, notre âme aussi n'est-elle pas invisible? Qui sait quelle est son essence? Qui peut dire où elle réside? C'est donc cette puissance éternelle, à qui notre empire a dû tant de fois des succès et des prospérités incroyables, c'est elle qui a détruit et anéanti ce monstre, et lui a suggéré la pensée d'irriter par sa violence et d'attaquer à main armée le plus courageux des hommes, afin qu'il fût vaincu par un citoyen dont la défaite lui aurait pour jamais assuré la licence et l'impunité. Ce grand événement n'a pas été conduit par un conseil humain; il n'est pas même un effet ordinaire de la protection des immortels. Les lieux sacrés eux-mêmes semblent s'être émus en voyant tomber l'impie, et avoir ressaisi le droit d'une juste vengeance. Je vous atteste ici, collines sacrées des Albains, autels associés au même culte que les nôtres et non moins anciens que les autels du peuple romain, vous qu'il avait renversés, vous dont sa fureur sacrilége avait abattu et détruit les bois, afin de vous écraser sous le poids de ses folles constructions. Alors vos dieux ont signalé leur pouvoir; alors votre majesté outragée par tous ses crimes s'est manifestée avec éclat. Et toi, dieu tutélaire du Latium, grand Jupiter, toi dont il avait profané les lois, les bois et le territoire par des abominations et des attentats de toute espèce, ta patience s'est enfin lassée : vous êtes tous vengés, et en votre présence il a subi la peine due à tant de forfaits.

» Romains, le hasard n'a rien fait ici. Voyez en quels lieux Clodius a engagé le combat : c'est devant un temple de la Bonne Déesse, oui, sous les yeux de cette divinité même, dont le sanctuaire s'élève dans le domaine du jeune et vertueux Sextus Gallus, que le profanateur a reçu cette blessure qui devait être suivie d'une mort cruelle, et nous avons reconnu que le jugement infâme qui l'avait absous autrefois n'a fait que le réserver à cette éclatante punition.

» C'est encore cette colère des dieux qui a frappé ses satellites d'un tel vertige, que, traînant sur une place son corps souillé de sang et de boue, ils l'ont brûlé sans porter à sa suite les images de ses ancêtres, sans lamentations, ni jeux, ni chants funèbres, ni éloge, ni convoi; en un mot, sans aucun de ces derniers honneurs que les ennemis mêmes ne refusent pas à leurs ennemis. Sans doute le ciel n'a pas permis que les images des citoyens les plus illustres honorassent cet exécrable parricide, et son cadavre devait être déchiré dans le lieu où sa vie avait été détestée.

» Je déplorais le sort du peuple romain, condamné depuis si longtemps à le voir impunément fouler aux pieds la république : il avait souillé par un adultère les mystères les plus saints; il avait abrogé les sénatus-consultes les plus respectables; il s'était ouvertement racheté des mains de ses juges. Tribun, il avait tourmenté le sénat, annulé ce qu'il avait fait, du consentement de tous les ordres, pour le salut de la république; il m'avait banni de ma patrie, il avait pillé mes biens, brûlé ma maison, persécuté ma femme et mes enfants, déclaré une guerre impie à Pompée, massacré des citoyens, des magistrats, réduit en cendres la maison de mon frère, dévasté l'Étrurie, dépossédé une foule de propriétaires. Infatigable dans le crime, il poursuivait le cours de ses attentats. Rome, l'Italie, les provinces, les royaumes, n'étaient plus un théâtre assez vaste pour ses projets extravagants...

» Pour moi, mon cœur se déchire, mon âme est pénétrée d'une douleur mortelle, lorsque j'entends ces paroles que chaque jour Milon répète devant moi : « Adieu, mes chers
» concitoyens, adieu; oui, pour jamais adieu. Qu'ils vivent
» en paix, qu'ils soient heureux ; que tous leurs vœux soient
» remplis, qu'elle se maintienne, cette ville célèbre, cette
» patrie qui me sera toujours chère, quelque traitement
» que j'en éprouve; que mes concitoyens jouissent sans
» moi, puisqu'il ne m'est pas permis de jouir avec eux,
» d'une tranquilité que cependant ils ne devront qu'à moi.
» Je partirai, je m'éloignerai. Si je ne puis partager le

» bonheur de Rome, je n'aurai pas du moins le specta-
» cle de ses maux; et dès que j'aurai trouvé une cité où
» les lois et la liberté soient respectées, c'est là que je
» fixerai mon séjour. Vains travaux, ajoute-t-il, espérances
» trompeuses, inutiles projets! Lorsque, pendant mon tribu-
» nat, voyant la république opprimée, je me dévouais tout
» entier au sénat expirant, aux chevaliers romains dénués
» de force et de pouvoir, aux gens de bien découragés et ac-
» cablés par les armes de Clodius, pouvais-je penser que
» je me verrais un jour abandonné par les bons citoyens?
» Et toi (car il m'adresse souvent la parole), après t'avoir
» rendu à la patrie, devais-je m'attendre que la patrie serait
» un jour fermée pour moi? Qu'est devenu ce sénat à qui
» nous avons été constamment attachés? ces chevaliers, oui,
» ces chevaliers dévoués à tes intérêts? le zèle des villes mu-
» nicipales? ces acclamations unanimes de toute l'Italie? Et
» toi-même, Cicéron, qu'est devenue cette voix, cette voix
» salutaire à tant de citoyens? Est-elle impuissante pour
» moi seul, qui tant de fois ai bravé la mort pour toi?... »

» Je vous implore, Romains, qui avez tant de fois versé votre sang pour la patrie; braves centurions, intrépides soldats, c'est à vous que je m'adresse dans les dangers d'un homme courageux, d'un citoyen invincible. Vous êtes présents, que dis-je, vous êtes armés pour protéger ce tribunal, et sous vos yeux on verrait un héros tel que lui repoussé, banni, rejeté loin de Rome! Malheureux que je suis! C'est par le secours de tes juges, ô Milon, que tu as pu me rétablir dans ma patrie, et je ne pourrais par leur secours t'y maintenir toi-même! Que répondrais-je à mes enfants qui te regardent comme un second père? O Quintilius! ô mon frère, absent aujourd'hui, alors comgagnon de mes infortunes, que te dirai-je? Que je n'ai pu fléchir en faveur de Milon ceux qui l'aidèrent à nous sauver l'un et l'autre? Et dans quelle cause? Dans une cause où nous avons tout l'univers pour nous. Qui me l'aura refusé? Ceux à qui la mort de Clodius a procuré la paix ou le repos. A qui l'auront-ils refusé? A moi. Quel crime si grand ai-je donc commis? De quel forfait si horrible me suis-je donc rendu coupable, lorsque j'ai pénétré, découvert, dévoilé, étouffé cette conjuration qui menaçait l'État tout entier? Telle est la source des maux qui retombent sur moi et sur tous les miens. Pourquoi vouloir mon retour? Était-ce pour exiler à mes yeux ceux qui m'avaient ramené? Ah! je vous en conjure, ne souffrez pas que ce retour soit plus douloureux pour moi que ne l'avait été ce triste départ. Puis-je en effet me croire rétabli, si les citoyens qui m'ont replacé au sein de Rome sont arrachés de mes bras?

» Plutôt que d'en être témoin, puissé-je (pardonne, ô ma patrie! je crains que ce vœu de l'amitié ne soit une horrible imprécation contre toi); puissé-je voir Clodius vivant, le voir préteur, consul, dictateur... Dieux immortels, quel courage! et combien Milon est digne que vous le conserviez! Non, dit-il, non, rétracte ce vœu impie. Le scélérat a subi la peine qu'il méritait : à ce prix subissons, s'il le faut, une peine que nous ne méritons pas. Cet homme généreux, qui n'a vécu que pour la patrie, mourra-t-il autre part qu'au sein de la patrie? Ou s'il meurt pour elle, conserverez-vous le souvenir de son courage en refusant à sa cendre un tombeau dans l'Italie? Quelqu'un de vous osera-t-il rejeter un citoyen que toutes les cités appelleront quand vous l'aurez banni? Heureux le pays qui recevra ce grand homme! O Rome ingrate si elle le bannit! Rome malheureuse si elle le perd! Mais finissons : mes larmes étouffent ma voix, et Milon ne veut pas être défendu par des larmes. »

Cicéron, après les fonctions de pontife qu'il avait exercées cinq ans, obtint le gouvernement de la Cilicie, en qualité de général, de proconsul et de purificateur de cette province d'Asie, qui confinait d'un côté à la Grèce, de l'autre à la Syrie. Une armée de vingt mille hommes était sous ses ordres, indépendamment des corps auxiliaires empruntés aux princes tributaires de Rome. Le génie romain, comme nous l'avons vu plus haut, était de sa nature universel. Nulle armée n'aurait reproché à son chef d'être en même temps le premier orateur, le premier poëte, le premier magistrat de sa patrie ; nulle assemblée du peuple autour de la tribune aux harangues n'aurait reproché à un orateur d'avoir remporté des victoires. Tout ce qui amplifiait l'homme agrandissait les fonctions. Le nouveau général, conseillé par Pompée, dont il avait été prendre les avis à Tarente, comme ceux de l'oracle de la guerre, répondit dignement à la confiance de sa patrie. Il secourut les restes de l'armée de Crassus, qui luttaient à peine en Syrie contre les forces indomptées des Parthes, seuls rivaux du peuple romain en Asie. Descendant du mont Taurus, ces Alpes de la Cilicie, à la tête de quarante mille hommes, il les combattit sous les murs d'Antioche, délivra l'armée romaine de Syrie, enveloppée par eux dans cette ville, et les refoula dans les déserts. Au retour de cette expédition, il soumit la Cappadoce, royaume voisin de la Cilicie, qui s'était dérobé au joug des Romains. Il y rétablit sur son trône le roi Ariobarzane, protégé de Rome ; et quoique pauvre, il refusa généreusement le tribut, prix de cette restauration, que ce roi lui offrit. Fidèle aux principes de désintéressement et de vertu qu'il avait pris pour règle de sa vie, et qu'il avait professés dans un de ses plus beaux livres *sur la République*, il refusa jusqu'au logement et à l'hospitalité onéreuse que les villes alliées devaient aux proconsuls. Il y fit contraster le gouvernement d'un philosophe avec l'oppression d'un conquérant. Il y fit pardonner la domination de Rome, et bénir son propre nom. Les provinces le proclamèrent leur père, et son armée le proclama *imperator*, titre suprême qui préludait ordinairement au triomphe. Les agitations croissantes de Rome l'arrachèrent à ces honneurs : il y rentra avec ses faisceaux entourés de lauriers, symbole des expéditions heureuses. A son arrivée, Rome, triomphante au dehors, périssait au dedans.

La rivalité entre César et Pompée, qui n'était plus contre-balancée par Crassus, s'était accrue et envenimée pendant l'absence de Cicéron. César demandait au sénat des prolongations de pouvoir, des extensions de provinces, des adjonctions de légions à son armée, et des honneurs qui l'auraient rendu maître de la république. Pompée, appui de la république, du sénat et des citoyens, les lui refusait. La guerre ouverte était prête à éclater entre deux hommes trop grands pour qu'une même patrie, et presque un même univers, pût les contenir. Un troisième parti, formé à la fois des républicains incorruptibles, tels que Caton, Brutus et leurs amis, et des agitateurs du peuple, reste des factions populaires de Clodius, menaçait la république de trouble, sous prétexte de la défendre, pendant que César et Pompée la menaçaient de tyrannie, sous prétexte de la sauver. Entre ces trois dangers, que la vive et pénétrante intelligence de Cicéron lui faisait voir de plus loin qu'au vulgaire, il n'examinait plus où était le plus grand bien, mais le moindre mal pour la république. La tyrannie démagogique du peuple, remué par ses tribuns, lui faisait horreur. L'ombre de Clodius, ses dangers courus, ses amis tués, ses honneurs perdus, sa proscription subie, ses maisons brûlées, le souvenir des insurrections des Gracques, des torches de Marius, des licteurs de Sylla, le faisaient frémir du retour des convulsions civiles. D'un autre côté, un choc des armées romaines, sur le sein même de l'Italie, entre Pompée et César, ne lui montrait en perspective que la guerre de Romains contre Romains et la tyrannie absolue et sans contre-poids des vainqueurs.

Là était la combustion, ici la fin de la république. Dans cette perplexité, choisir était pour lui impossible et cependant nécessaire. Il préférait ajourner et donner du temps à la fortune de Rome et des tempéraments aux choses, qui suspendissent au moins sa patrie sur la pente des dernières calamités. Tous les partis, à l'exception du parti des démagogues, ses éternels ennemis, se disputaient Cicéron, comme s'il eût été l'arbitre du destin. Il hésitait à se prononcer. César lui écrivait des lettres flatteuses, dans lesquelles il se disculpait de tout penchant à la tyrannie et le faisait juge entre Pompée et lui; il lui donnait dans ces lettres ce même titre égal au sien d'*imperator*, comme pour l'élever au niveau de sa gloire militaire, en se subordonnant de bien loin à sa gloire civile. Pompée le suppliait de se réconcilier avec lui, et de lui accorder une entrevue dans une de ses maisons de campagne avant de rentrer à Rome. Cicéron s'y rendit. Ces deux hommes, les plus grands et les plus patriotes de Rome après Caton, passèrent une journée tout entière en conférences secrètes dans les jardins de Pompée à délibérer sur les intérêts de la république. Cicéron employa toute la chaleur de son patriotisme, toute la force de son éloquence, toutes les supplications de l'amitié, à convaincre Pompée de la nécessité de la concorde avec César, pour la gloire des deux et pour le salut de Rome. Pompée la déclara impossible. Irrité des exigences insatiables d'un rival à qui la moitié de l'empire ne suffisait plus; convaincu par l'ambition de César, par ses caresses au parti populaire, par sa soif d'honneurs, par l'ambiguïté de ses négociations, qu'aucune paix ne serait définitive avec cet homme; se sentant de plus entouré et soulevé en Italie par cette opinion presque unanime qui s'indignait des menaces de César et qui lui promettait *en frappant la terre du pied d'en faire sortir des légions* contre son rival, Pompée était résolu à accepter enfin le jugement de la fortune par les armes. Sa vertu l'encourageait à ce parti extrême autant que son ambition ; car son ambition était vaste, mais honnête. Il adorait la république; et, en se faisant le champion des lois, du sénat, du peuple, de la liberté de l'Italie, ce n'était pas seulement sa propre gloire, c'étaient la patrie, les ancêtres et la postérité de Rome qu'il défendait en se défendant lui-même!

Cicéron, sans avoir rien obtenu, se rendit à Rome, où il fut reçu comme la dernière espérance des bons citoyens. Mais son triomphe lui sembla un deuil, et, en entrant par la porte Triomphale, il sentit, écrit-il, « qu'il tombait en pleine guerre civile. »

Elle éclatait en effet peu de jours après, et elle jeta Cicéron dans des perplexités qui le firent accuser de faiblesse, mais qui étaient en réalité les angoisses de la république mourante, plutôt que les angoisses d'un homme irrésolu.

César, las d'attendre de Pompée et du sénat des condescendances proportionnées à son ambition, s'était décidé enfin au sacrilége contre sa patrie. Descendu des Alpes dans la basse Italie, à la tête de quelques légions, il avait franchi le Rubicon, petit ruisseau qui formait la limite légale de son gouvernement de la Gaule, et dont le passage à main armée le déclarait ennemi public. « *Le sort en est jeté!* » s'était écrié César en poussant, après une longue hésitation, son cheval dans les flots du Rubicon. Ce mot était la fin de la république. Du moment où le parricide ne paraissait plus à un citoyen puissant qu'un jeu du hasard, dont le monde était l'enjeu, et où les soldats n'étaient plus des Romains, mais des mercenaires, la liberté, qui ne subsiste que de vertus publiques, ne pouvait plus exister, et l'Italie n'était plus digne que de devenir la proie et le jouet des ambitieux.

Elle avait frémi tout entière cependant de l'attentat de César. Un immense cri d'horreur et d'indignation s'était élevé du Rubicon jusqu'à Rome, et de Rome jusqu'aux provinces les plus reculées de la domination romaine. Bien qu'on ne se dissimulât pas l'ascendant irrésistible que les armées, leurs chefs, les possesseurs des grands gouvernements prolongés par le peuple et le sénat, les dictateurs enfin, exerçaient sur la république depuis la corruption des mœurs publiques, si l'on ne croyait plus à la vertu, on croyait encore à la pudeur. Le crime sans voile du Rubicon fit tressaillir le sol de l'Italie. On crut un moment qu'il allait engloutir le téméraire qui tournait les armes de Rome contre Rome. César lui-même fut atterré de cette émotion générale produite par son audace. Aussi s'efforça-t-il de l'atténuer en se présentant aux populations sur sa route comme une victime de l'injustice et de l'ingratitude de Pompée et du sénat, qui venait, non asservir son pays, mais demander justice pour ses soldats et pour lui-même. Il affecta de négocier, d'offrir et de discuter des conditions modérées de concorde et de paix, pendant que ses lieutenants, ses émissaires et ses présents intimidaient, marchandaient, embauchaient ou achetaient Rome elle-même dans les murs de Rome. Cicéron, plus caressé par lui qu'aucun des hommes influents de la république, voyait de près les progrès de César, les illusions des honnêtes gens, la dépravation des méchants, la lenteur et la majesté inerte de Pompée. Il aspirait plus que jamais à prévenir le choc par un accommodement pacifique entre les deux rivaux. César lui écrivait fréquemment, et, feignant de le choisir pour arbitre entre Pompée et lui, il remettait en apparence à Cicéron le sort et la responsabilité de l'univers. Mais, en attendant le résultat de l'intervention de Cicéron, il marchait toujours, grossissant son parti dans sa route de toutes les provinces, de toutes les villes, de toutes les légions, dont l'inconcevable indolence de Pompée le laissait successivement s'approcher et s'emparer par la terreur ou par la séduction. Il embauchait l'Italie étape par étape, et, environné d'une armée de Gaulois qu'il avait façonnés à la guerre et enrôlés dans ses cohortes, il amenait le premier les barbares contre sa patrie. Coriolan, qui avait autrefois amené les Volsques contre Rome, n'avait rien fait de plus monstrueux, et encore avait-il au moins pour excuse la vengeance contre ceux qui l'avaient proscrit de sa patrie. César n'avait à se venger que des honneurs et des commandements qu'il avait reçus de Rome; et cependant l'histoire a flétri Coriolan et a déifié César. Voilà les justices des hommes irréfléchis, qui prennent le succès pour juge de la moralité des événements.

Cependant tout était trouble et confusion dans Rome. Pompée, renonçant à défendre l'Italie, se retirait avec le sénat, les bons citoyens, les consuls, les pontifes, les tribuns, les lois et les dieux de la capitale, et, rassemblant le peu de légions qui lui étaient personnellement attachées, il formait au bord de la mer une armée tardive. Il rassemblait à Brindes toutes les forces navales de la république. Il paraissait incertain encore s'il attendrait là l'armée de César et s'il accepterait la bataille, ou s'il embarquerait ses troupes, abandonnant à César le sol, et transportant les pouvoirs publics, les défenseurs de la liberté au delà de la mer, comme pour laisser le vide et l'horreur protester contre le sacrilége de César.

Cicéron gémissait de cette politique de résignation et de désespoir, plus digne d'un philosophe découragé que d'un grand capitaine comme Pompée. Bien qu'il fût indigné contre César, et qu'il n'hésitât pas à se ranger avec les lois, les dieux, la justice, la liberté, la république, dans le parti de Pompée, qui représentait maintenant la conscience même du peuple romain, il ne pouvait consentir à cet abandon de l'Italie et de soi-même, qui lui semblait une désertion de la plus sainte des causes; il tremblait de faire une faute en suivant Pompée hors de l'Italie, ou de faire une lâcheté en ne suivant pas la république où Pompée l'emportait avec lui. Dans cette perplexité, il demeurait indécis et immobile dans sa maison de Formies, hors de Rome et à égale distance de César qui s'avançait et de Pompée qui s'enfuyait, suppliant l'un de se retourner pour combattre, l'autre de s'arrêter devant son attentat, et exprimant dans ses lettres à ses amis de Rome le désespoir de son incertitude et l'agonie mortelle de ses irrésolutions.

« Vous me dites de me souvenir de moi-même, de mes maximes, de mes écrits, de mes discours, de mes actions passées, et de les prendre pour juges de ce que j'ai aujourd'hui à faire, écrit-il à Atticus. Je vous remercie de ne me donner d'autre conseil et d'autre exemple que moi-même; mais considérez si, dans quelque république que ce soit, un chef de parti commit jamais des fautes si honteuses que celles de notre ami Pompée, qui, en abandonnant Rome, déserte la patrie elle-même, pour laquelle et dans laquelle son devoir et sa gloire étaient de mourir!... Vous en parlez à votre aise à l'abri des événements, tranquille dans votre maison; vous ignorez nos calamités, nos misères, nos hontes, à nous chassés de nos maisons, dépouillés de nos biens, errant au hasard, avec nos femmes et nos enfants, entre deux armées prêtes à s'entre-choquer sur nos ruines!... Et ce n'est pas par la victoire que nous avons été contraints d'abandonner Rome; non, c'est la démence de notre chef Pompée, d'un homme sur qui reposent toutes nos destinées, et que des maladies mortelles menacent presque chaque année de nous enlever! C'est pour lui que nous quittons notre patrie, non pas pour la reconquérir en y rentrant plus forts et plus invincibles, mais pour la livrer aux flammes et au pillage de nos ennemis!... Voilà pourquoi nous sommes ici avec cette multitude de citoyens sortis avec nous de Rome! Rome est déserte; il n'y a personne ni dans la ville, ni dans les faubourgs, ni dans les maisons de campagne, ni dans les jardins des environs de la ville! et Pompée ne nous trouve pas même assez exilés sur ce rivage de la mer, il nous appelle auprès de lui dans la Pouille!... Que conclure de tout cela? J'aime Pompée, je suis prêt à me sacrifier pour lui;

mais je dois songer à la patrie, et la patrie cependant n'est pas un homme !... N'ai-je pas de grands exemples pour ne pas abandonner la patrie, même assujettie à un tyran? Socrate l'abandonna-t-il pendant qu'Athènes gémissait sous les trente tyrans?... Je vous ai dit, en effet, que j'aimais mieux être vaincu avec Pompée que vainqueur avec César. Oui, mais avec Pompée digne de lui-même et semblable à lui-même ; mais avec Pompée fuyant avant de savoir même qu'il fuit et sans savoir où il fuit ! avec Pompée livrant sans combat la patrie, nos enfants, nos femmes, nos biens, nos lois, nos vies à la tyrannie !... la supposition que je faisais est déjà réalisée ! C'en est fait, si je suis vaincu avec cet homme et par cet homme ! Souvenez-vous que j'ai toujours été d'avis, d'abord qu'il fallait à tout prix éviter le choc et la guerre entre ces deux chefs de parti, ensuite qu'il ne fallait à aucun prix abandonner, non pas l'Italie seulement, mais Rome elle-même !... Je porte le deuil de la république !... Voyez à quel homme nous avons affaire dans ce César ! quelle perspicacité ! quelle promptitude ! quelle vigilance ! quel œil à tout ! S'il ne se permet ni meurtre, ni vengeance, ni proscription, il va être tout à l'heure l'idole de ces mêmes Romains dont il était hier l'effroi... J'entends causer autour de moi une multitude de citoyens des villes et des paysans des campagnes ; ils ne pensent déjà plus qu'à leurs champs, qu'à leurs maisons rustiques, qu'à leurs petits écus! Voyez un peu la versatilité des âmes ! ils redoutent maintenant ce Pompée, qui était hier leur idole et leur appui ; ils commencent à adorer ce César, qu'ils redoutaient hier comme leur fléau. »

Puis, s'emportant de vertueuse indignation contre ce même César, dont il vient tout à l'heure d'admirer le génie :

« O le misérable ! s'écrie-t-il ; ô le voleur de lois ! ô le brigand ! ô le dévastateur de sa patrie ! Et cependant tout le monde part autour de moi pour rejoindre Pompée : aujourd'hui celui-ci, demain celui-là ! Et j'apprends que les bons et grands citoyens qui ont été l'honneur et l'appui de Rome me blâment de ces lamentations, d'hésiter encore à partir !... Eh bien, partons donc ; et, pour prouver que je suis un bon et grand citoyen, allons aussi rapporter par terre et par mer la guerre civile à notre infortunée patrie !... »

Mais il ne partait toujours pas, retenu par cette hésitation mortelle entre la honte de ne pas suivre son parti naturel, et le crime d'aller rapporter la guerre à son pays.

« Pour me distraire de la maladie de mes pensées, écrit-il à son confident et son ami Atticus, je me pose ces questions terribles, et je m'exerce à les résoudre, parce que de leur solution dépendra le parti que je prendrai : — Est-il convenable à un citoyen vertueux de rester dans son pays quand il est tombé sous la puissance d'un tyran? — Doit-on employer tous les moyens de soustraire son pays à la tyrannie, lors même que ces moyens de délivrance exposeraient la patrie à sa dernière ruine? — Ne doit-on pas se prémunir contre le danger d'élever trop haut et de changer en oppresseur le chef qu'on oppose au tyran de son pays? — Ne vaut-il pas mieux chercher le salut de son pays dans les concessions et les accommodements pacifiques que dans les armes? — Est-il permis à un bon citoyen de se retirer à l'écart pendant les agitations de son pays? — Peut-on en conscience incendier et assiéger sa patrie pour la délivrer du tyran? — Dans les dissensions civiles, est-on tenu de suivre la cause et la fortune de son parti, lors même que ce parti commet des fautes et des crimes? — Enfin un homme qui a subi l'envie, l'iniquité, l'ingratitude et les persécutions pour avoir une première fois sauvé son pays, doit-il s'exposer volontairement une seconde fois aux mêmes malheurs? — Ou bien, après avoir tout fait en vain pour sa patrie, ne lui est-il pas permis de se désintéresser de la chose publique par ceux qui gouvernent, et de songer à lui-même, à sa famille et à son repos? »

Pendant que Cicéron se posait ces questions, dont on voit assez clairement la solution secrète dans son âme par l'art avec lequel il incline l'esprit de son ami à les résoudre dans le sens de la neutralité, César et ses amis de Rome le suppliaient de rester neutre, et il s'excusait auprès de Pompée de ne l'avoir pas encore rejoint sur l'impossibilité de traverser une partie de l'Italie déjà inondée des troupes de César. Enfin, Pompée ayant appelé et rassemblé à Brindes toutes ses légions et tous les républicains austères, tels que Cassius, Brutus, Labiénus, Caton, fit voile, à l'approche de César, pour la côte d'Épire, emmenant avec lui tout ce qui dans Rome était digne du nom de Romain. Cicéron se trouva par ce fait, qu'il avait tant blâmé et qu'il répugnait tant à imiter, soulagé par l'événement du poids de ses incertitudes.

L'Italie entière, aussitôt après le départ de Pompée, se précipita aux pieds du vainqueur. Rome ne se respectait plus elle-même, et n'était plus digne que d'un maître. Cette abjection de sa patrie releva l'âme de Cicéron par l'indignation et par la honte. La victoire de César, au lieu de l'en rapprocher, l'en éloigna. Le succès, qui est la raison du vulgaire, est le scandale des grandes âmes. Il se renferma à Arpinum, séjour de ses pères, comme pour y chercher les souvenirs et les conseils de la vertu antique, et pour y porter dans la solitude le deuil de son pays.

« Jusqu'à présent, écrit-il à ses amis, je n'étais que triste et perplexe. La fluctuation et l'incertitude des choses soulevaient mon âme et l'empêchaient de sentir la chute de ma patrie; mais depuis que Pompée, les consuls, la république elle-même, ont quitté l'Italie, ce n'est plus de la douleur, c'est le supplice qui déchire mon âme. Il me semble que j'ai perdu non-seulement la patrie, mais l'honneur. Ah! pourquoi ne suis-je pas avec Pompée et avec tous les bons citoyens de mon parti, puisque ceux-là mêmes en considération de qui je répugnais de partir, mes amis, mes proches, ma femme, mon fils, ma fille elle-même! trouvaient que ma place était avec les derniers soutiens de la liberté de Rome?... J'ai été trompé par deux pensées honnêtes, mais aveugles : premièrement, par l'espoir obstiné de négocier la paix entre ces deux hommes; secondement, par l'horreur de susciter la guerre civile entre citoyens!... Maintenant je vois qu'il valait mille fois mieux mourir que de vivre avec les oppresseurs de mon pays! »

Cependant César lui demandait une entrevue, et lui écrivait pour lui donner rendez-vous à Rome, où il le suppliait de venir au nom du salut public.

« Je suivrai vos conseils, écrivait-il à Cicéron ; je me réconcilierai avec Pompée. Je suis de moi-même enclin à la douceur et à la paix ; tâchons de reconquérir tous les cœurs pour jouir longtemps de ma victoire ! Tous ceux qui m'ont devancé n'ont pu éviter la haine publique, qui s'attache à la cruauté, excepté Sylla, que les dieux me préservent d'imiter ! Je suivrai d'autres maximes, et j'assurerai la durée de mon triomphe par le pardon et par la magnanimité ! »

Non content de ces caresses, César, voyant que Cicéron refusait de se rendre à Rome, alla le voir, en revenant de Brindes, dans sa maison de Formies. L'entrevue était redoutable pour Cicéron, qui avait à défendre sa vertu ; pour César, qui avait à pallier son attentat.

« Que je voudrais avoir demain à mes côtés, écrit Cicéron la veille de cette visite de César, cette *sagesse* d'Homère, déguisée sous la figure d'un ami, pour m'inspirer ce que j'aurai à dire ! Mais je suis dans les ténèbres, il me semble qu'il n'y a plus de soleil dans le monde ! »

Enfin César arriva entouré de cette foule d'hommes de guerre sans scrupules, et d'hommes de désordre sans patrie, qui n'ont de refuge que dans la tyrannie ou dans la licence.

« Quel cortége, grands dieux ! écrit Cicéron le lendemain dans toute l'émotion de son scandale ; quelle *tourbe!* comme vous avez coutume d'appeler cet entourage de César. On y voyait jusqu'à Éros, cet affranchi de Céler ! O perte honteuse de la république ! O troupes désespérées et capables de toute infamie ! Que faisaient, ô ciel, parmi de telles gens un fils de Servius et de Licinius ? Mais c'était bien pis dans son camp devant Brindes. Six légions étaient avec lui ? »

César, dans cette entrevue, fut ce qu'il savait être

quand, au lieu de s'abandonner à son ambition, il se livrait à son caractère, le plus aimable et le plus séduisant des Romains. Ayant pris dans sa longue résidence dans les Gaules quelque chose de la grâce, de l'insouciance et de la légèreté des Gaulois, traitant familièrement les choses graves, jouant avec sa fortune comme avec une de ses courtisanes, et perdant ou gagnant l'univers comme une poignée de sesterces au jeu sous sa tente; aimant la vertu et le talent comme deux voluptés de l'âme, que sa nature, originellement honnête et élégante, lui faisait rechercher, il s'accommodait aussi bien des bassesses et des vices de son époque, par lesquels il triomphait de sa patrie, et qui triomphaient avec lui. Il rougit sans doute devant Cicéron de son entourage, mais il ne négligea aucune de ses séductions pour l'entraîner dans son parti, ou du moins pour le retenir en Italie. Cicéron s'efforça en vain, dit-il dans la lettre où il rend compte de cet entretien, de démontrer à César que l'honneur, le devoir et la fidélité à l'amitié lui faisaient une loi de se retirer avec ses amis de l'autre côté de la mer.

« Je n'obtins rien, dit-il; il s'obstina à me représenter que ma retraite serait sa condamnation, et servirait d'exemple et d'autorité aux autres pour s'écarter de lui. « Ne vaut-il pas mieux
» pour vous, pour moi, pour Pompée, pour la patrie elle-même,
» lui dit César, que vous me suiviez à Rome pour y négocier la
» réconciliation et la paix entre nous? — Serai-je donc libre à
» Rome, répondit Cicéron, d'en régler les conditions? — Eh
» quoi! répliqua César, pensez-vous que je prétende dicter ses
» paroles à un homme tel que vous? — Eh bien, reprit avec une
» fermeté souriante Cicéron, j'irai; mais ce sera pour persuader,
» contre vous, au sénat de vous refuser les troupes que vous
» voulez conduire en Espagne et en Épire contre le parti de
» Pompée. — Gardez-vous-en! s'écria César; je n'entends pas
» qu'on donne de tels conseils à Rome. — Je le savais bien
» d'avance, dit Cicéron, et voilà pourquoi je ne vous suivrai
» pas à Rome, ou pour dire des choses contre mon devoir,

» ou pour les entendre sans pouvoir librement y répondre. »

» Enfin, ajoute Cicéron après le récit de cette longue conférence mêlée de familiarité, de plaisanterie et d'insinuations sinistres, César s'est retiré mécontent. Cette épreuve ne m'a pas fait aimer de lui, mais elle m'a fait estimer davantage de moi-même. Au moment de remonter dans sa litière pour aller à Rome, il a changé de ton : « Eh bien, m'a-t-il dit avec une intention presque
» menaçante, puisque vous ne voulez pas m'assister de vos con-
» seils, je serai réduit à en suivre d'autres, et je ne m'arrêterai
» devant rien. »

La dictature, la guerre civile, le carnage des citoyens par les citoyens, la mort de Pompée, le suicide de Caton, le meurtre de Cicéron, son propre assassinat dans le sénat, étaient dans ce mot. Cicéron le comprit et resta inflexible, aimant mieux subir les conséquences de la tyrannie que de s'associer au tyran.

« Vous avez donc vu l'Homme, et vous avez gémi sur la pa-
» trie ? » m'écriviez-vous il y a quelques jours, disait-il à Atticus à la fin de ce récit. Oui je l'ai vu, et j'ai gémi sur le sort de mon pays !... « Et après, que s'est-il passé ? » Eh bien, après il est allé à Rome, et moi je suis retourné à Arpinum, où j'attendrai les hirondelles... »

C'est-à-dire la saison où la mer lui permettrait de s'embarquer pour aller rejoindre Pompée et son parti, qu'il se repentait déjà de n'avoir pas suivi assez vite !

César entra à Rome sans Cicéron, et y suivit en effet les conseils de la violence et de la tyrannie, au lieu de ceux de la sagesse et de la paix. Il enfonça les portes des temples, où la religion, et la loi gardaient le trésor public accumulé depuis des siècles et confié aux dieux pour les extrémités de la république. Il fit frapper par ses sicaires le tribun courageux qui lui en disputait l'entrée, et il distribua à ses complices et à ses soldats l'épargne destinée aux nécessités de la patrie. Il viola toutes les lois, absorba tous les pouvoirs, s'empara de toutes les armées, et marcha sans s'arrêter en Espagne, gouvernement de Pompée, pour y combattre ou y embaucher les légions de la république. Il laissa un moment Rome et l'Italie à Antoine et à Curion, ses lieutenants les plus dépravés et les plus audacieux de ses satellites. Ceux-ci, à l'instigation de César, continuèrent de tenter la vertu de Cicéron par les caresses, puis par les menaces.

« Vous pouvez compter, écrit-il à son ami après les avoir vus, qu'il n'y a pas en Italie un homme décrié qui ne soit avec César! Partons donc, allons trouver Pompée! Je n'espère plus rien pour la république, que je crois abolie jusqu'aux fondements; mais je pars pour ne pas voir ce qui se fait sous mes yeux, et ce qui sera plus sinistre encore ! César en est arrivé à cet excès de prendre en gloire le nom de tyran, dont il rougissait jadis; et Pompée, ligué hier avec lui, prépare sur terre et sur mer une guerre juste, il est vrai, et nécessaire, mais ruineuse s'il est vaincu, et funeste encore aux citoyens s'il est victorieux. Quels hommes dont l'un a déserté et dont l'autre opprime sa patrie! Suis-je donc, malgré mes infortunes et mes revers, au-dessous de la gloire et de la fortune de ces prétendus grands hommes? Non, rien de grand que ce qui est honnête ! Je n'en dédis pas ma philosophie. J'ai agi en vue des dieux dans tout ce que j'ai fait pour la république, et j'ai prévu depuis quatorze ans cette tempête où périt l'Italie ! Je partirai avec ce témoignage de ma conscience !

» Je demandai hier à Curion (le lieutenant de César), qui était venu à Arpinum pour me séduire ou pour m'intimider, ce qu'il pensait de la république, et s'il en resterait du moins quelque chose. « Aucune, m'a-t-il répondu, et n'espérez plus rien !... ». C'en est fait, il faut que César se perde ou par ses ennemis ou par lui-même, car il est lui-même son pire ennemi. J'espère vivre assez pour le voir ! Quant à moi, il est temps de penser à la vie immortelle, et plus à cette vie courte et périssable ! »

César, informé en Espagne de la résolution de fuir manifestée de plus en plus par Cicéron, ne dédaignait pas de lui écrire :

« Tout me réussit, et tout est en ruine à mes ennemis ; cédez à la fortune : votre départ aujourd'hui aurait l'air de m'accuser d'excès que je n'ai pas commis. Quoi de plus convenable à un bon et vertueux citoyen que de s'isoler des querelles civiles? »

Tullia, sa fille, se jeta en vain à ses genoux pour le conjurer cette fois de ne pas se jeter dans la cause perdue. Antoine, qui le surveillait et qui rôdait autour de sa retraite avec ses bandes de licteurs, de gladiateurs, de comédiens et de courtisanes, lui fermait en vain la mer. Il parvint à se rendre inaperçu dans une maison des champs qu'il possédait aux portes de Pompéia, dans le golfe de Naples.

« Voilà, écrit-il à sa fille en parlant des embûches et des débauches d'Antoine, par quelle main il nous faut périr! comme s'il eût eu le pressentiment de la main par laquelle il périrait un jour. Non, si j'étais assez malheureux pour ne pas trouver un vaisseau qui consentît à se charger de moi, je me jetterais plutôt dans la première barque pour m'éloigner de ces parricides ! »

Il se déroba la nuit suivante aux cohortes d'Antoine, qui surveillaient déjà sa maison, et s'embarqua sur un bâtiment léger qui faisait voile pour l'Épire, n'espérant rien de l'avenir, mais ne pouvant supporter le présent, et se précipitant, comme il le dit lui-même en quittant le rivage, les yeux ouverts et délibérément dans sa ruine.

Il emmenait avec lui son fils et son frère, l'un et l'autre dignes de lui par leur fidélité à ses malheurs, par leur patriotisme et par leur courage. Quoique pauvre, il apportait à Pompée une somme considérable épargnée sur ses biens, en tribut volontaire à la cause de la justice, de la liberté et de la patrie. L'armée et les citoyens le reçurent comme un gage de leur bon droit et de leur fortune ; ils se glorifiaient d'avoir désormais avec eux la gloire de Rome. Caton seul, qui se croyait une vertu trop rigide pour avoir le droit de se plier aux circonstances et aux transactions, mais qui n'exigeait pas cette rigidité des autres, le blâma amicalement du parti irréconciliable qu'il prenait vis-à-vis de César. « Peut-être, lui dit-il en confidence, auriez-vous été plus utile à Rome en gardant la neutralité que vous demandait César, et en vous réservant pour servir dans l'occasion le parti de la république, au lieu de venir partager ici d'inutiles périls ? » Pompée le caressa et le négligea comme un homme qui ne s'était pas déclaré à la première heure, qui avait blâmé la retraite en Épire, qui avait conféré avec César, qui apportait des conseils de paix dans la guerre, et qui était trop grand dans la république pour être inférieur dans son camp. Cicéron se relégua lui-même à Dyrrachium avec Caton, malade de chagrin des lenteurs et des froideurs de Pompée.

Peu de temps après son arrivée en Épire, César, ayant triomphé en Espagne et traversé rapidement l'Italie en entraînant avec lui toutes les légions trouvées sous sa main, traversa la mer et vint attaquer l'armée de Pompée avec des forces inférieures, mais avec cette promptitude qui est le génie du succès dans les révolutions. Les deux armées se rencontrèrent dans la plaine de Pharsale, bassin de la Thessalie. Les armes étaient égales par le nombre et par la valeur, les chefs égaux par la renommée et par le génie; mais Pompée commandait à des citoyens déjà ébranlés par la faute qu'il avait commise de les dépayser, comme des vaincus avant la bataille; César, à des troupes aguerries et déjà victorieuses par l'audace qu'il avait eue de les conduire, comme des vainqueurs, moins à la victoire qu'à la poursuite de leurs ennemis. Les lois, les consuls, le sénat, les magistrats, les pontifes, les chevaliers romains, les patriciens, la meilleure partie du peuple lui-même, la république enfin, étaient dans le camp de Pompée; les ambitieux, les factieux, les séditieux, les corrupteurs et les corrompus, la jeunesse, la populace et la soldatesque, les barbares même enrôlés dans les Gaules, étaient avec César. Mais César commandait à des soldats qui avaient tout à gagner en donnant l'empire à César; l'autre, à des citoyens qui avaient peu à perdre en laissant succomber Pompée. Entre une cause servie par toutes les cupidités et par tous les vices héroïques et une cause pour ainsi dire abstraite défendue par des vertus amollies, la victoire était peu douteuse. César fut vainqueur; Pharsale fut le tombeau de la liberté et de la république.

Bien que Pompée vieilli eût retrouvé en Épire toute l'ardeur et tout le génie militaire de sa jeunesse, et qu'il eût repris, avec le commandement des dernières forces de sa patrie, les rudes exercices du cavalier et du fantassin, l'activité, la sobriété, les veilles, les longues marches à pied, le maniement du bouclier et des armes, pour donner exemple à cette jeunesse efféminée de Rome; découragé avant le combat, il y assista comme à ses propres funérailles plutôt que comme à une bataille dont il était lui-même l'âme et le bras. Il l'avait acceptée malgré lui, cédant à l'obsession des sénateurs et des jeunes nobles inexpérimentés dont il était entouré et dominé dans cette émigration de Rome. Il voulait user la fougue de César en lui refusant longtemps le combat; ils voulaient, eux, l'affronter dans son ardeur, et avant de s'être rendus dignes de se mesurer avec lui : ils furent victimes de leur impatience et de leur indiscipline.

Aussitôt que Pompée, immobile sur une éminence au milieu de son armée, aperçut la poussière qui s'élevait autour de sa cavalerie repoussée par les vétérans de César, poussière que la fuite de cette jeunesse ramenait de son côté, il comprit son sort, et il ne tenta pas de le vaincre par une obstination qu'il jugea apparemment sans espoir. Il resta un moment, disent les témoins oculaires, semblable à un homme foudroyé ; puis, sans dire un mot à ceux qui l'entouraient, et la tête baissée, il reprit au petit pas de son cheval la route de son camp, rentra dans sa tente, se fit dépouiller de ses armes et de ses insignes de commandant, et, revêtant des habits de deuil d'apparence vulgaire, il se déroba à son camp et prit presque seul et à pied les sentiers qui conduisent du fond de la Thessalie au bord de la mer. Accablé de fatigue et de soif, il se coucha à terre pour boire au courant de l'onde dans la rivière qui traverse le vallon de Tempé. Parvenu au bord de la mer, une cabane isolée de pêcheur servit d'abri pendant la nuit à celui qui avait conquis depuis quarante ans tant de villes de la Grèce, de l'Asie, de l'Afrique, de l'Espagne, et qui personnifiait quelques heures auparavant, non-seulement la république et Rome, mais l'univers. Il ne gémit point en homme inégal à la grandeur de son infortune, et n'accusa point les dieux. Il accepta le jugement du sort, pensant sans doute qu'il était assez beau de succomber avec les lois et la liberté de Rome. Il renvoya à César tous ceux de sa suite de condition servile qui n'étaient pas assez engagés dans sa querelle pour ne pas obtenir un facile pardon du vainqueur ; il ne garda avec lui que les citoyens libres, et, s'étant embarqué dans la petite barque du pêcheur, il côtoya la plage, cherchant des yeux quelque navire sur la mer pour demander asile aux flots.

Au même moment, le pilote d'un navire qui trafiquait sur cette côte, oisif au milieu du jour sur le pont de son bâtiment, racontait à ses matelots un songe étrange de sa nuit. Bien qu'il n'eût jamais vu le grand Pompée, ce pilote avait cru le voir pendant son sommeil, non dans le costume splendide et majestueux sous lequel il se représentait un si auguste citoyen, mais sous des habits vulgaires, souillés de poussière et déchirés par l'indigence. La barque de Pompée doublant alors un petit promontoire qui lui dérobait la vue du navire à la voile, les matelots aperçurent la frêle embarcation; ils l'indiquèrent au pilote, en lui disant qu'elle semblait chargée d'un grand nombre d'hommes qui leur faisaient des signes de détresse en agitant leurs mains et leurs vêtements au-dessus de leurs têtes. Le pilote, qui se nommait Pépicius, se lève à ces mots, regarde la barque, reconnaît dans Pompée la figure qu'il avait vue en songe, et, se frappant le front de douleur avec ses deux mains, il ordonne à ses compagnons de descendre la chaloupe à la mer, y descend lui-même, s'approche de Pompée, pressent son désastre, lui tend avec respect la main pour passer dans sa chaloupe, et le fait monter avec sa suite dans son vaisseau.

Le pilote, attendri par le spectacle d'une si grande vicissitude du sort, et comme averti de son devoir par le songe que lui avaient envoyé les dieux, prépara de ses propres mains le frugal repas de ses hôtes. Favonius, un des citoyens les plus illustres de Rome, voyant Pompée dépourvu d'esclaves, le déshabilla lui-même pour se baigner, et le frotta d'huile avant le repas, s'honora de rendre au plus grand et au plus malheureux des Romains les services d'un esclave, et ne se crut pas humilié de lui laver les pieds et de lui préparer tous les jours sa nourriture. « Le cœur noble ennoblit tout, disaient les matelots témoins de cette domesticité volontaire, et tout sied aux grandes âmes, même la servitude de l'amitié. »

Pompée se fit conduire à l'île de Mitylène, autrement Lesbos, sur la route de mer qui mène en Égypte. La plus pénétrante de ses infortunes et la plus héroïque de ses consolations, Cornélie, était dans cette île.

Pompée, après la mort de Julia, fille de César, sa première femme, avait épousé déjà vieux, mais toujours aimé, la belle Cornélie, fille de Scipion, veuve de Crassus, femme aussi illustre par sa beauté, par son génie, par ses vertus, que par son amour pour Pompée. Cornélie était poëte, musicienne, lettrée, philosophe, et par-dessus tout Romaine. Ses vertus égalaient ses charmes, et la solidité de son jugement faisait oublier sa jeunesse. Pompée, qui l'adorait comme sa fille autant que comme son épouse, l'avait déposée, en passant en Épire, dans l'île de Mitylène, pour qu'elle y fût à l'abri des insultes de César, et rapprochée de la scène de la guerre sans en courir les fatigues et les dangers. Ce qu'il y avait de plus cruel dans son infortune en ce moment n'était pas tant d'avouer sa défaite au monde que de l'apprendre à Cornélie.

En jetant l'ancre la nuit dans la rade de Lesbos, il n'osa pas descendre lui-même à terre et apparaître dans son abjection aux yeux de sa femme et de son fils. Un de ses compagnons de fuite descendit seul sur la plage, et se faisant conduire à la maison de Cornélie, qui, sur la foi d'une fausse rumeur de mer, croyait à une grande victoire de son mari, l'envoyé, forcé de changer une telle illusion en deuil, s'inclina muet devant elle, et ne lui apprit presque que par ses larmes que le maître d'une armée et d'une flotte de quinze cents voiles quelques jours auparavant attendait, pour fuir, sa femme et son fils dans le port de Mitylène, sur un navire où la pitié d'un pauvre pilote lui avait donné le passage et l'hospitalité.

Cornélie, évanouie d'horreur et de tendresse à une telle nouvelle, se releva enfin de terre, et, courant les bras tendus vers le rivage, elle tomba sur le sein de son mari, qui était descendu pour la recevoir. « Hélas! lui dit-elle à travers ses sanglots et en prenant sur elle seule, avec une admirable ruse de tendresse, tout le malheur et tout le tort de l'adversité de son mari; hélas! que l'état où je te revois est bien l'ouvrage de ma fortune et non de la tienne! Te voilà réduit à un seul pauvre petit navire d'emprunt, toi qui, avant d'avoir épousé Cornélie, naviguais sur cette même mer avec des milliers de voiles ! Ah ! pourquoi es-tu venu me revoir ? Pourquoi ne m'as-tu pas abandonnée à mon malheureux destin, moi qui, depuis que tu m'as épousée, ne t'ai apporté que revers et désastres ? Que j'aurais été heureuse si j'étais morte avant d'apprendre la mort de Crassus, mon premier mari, que les Parthes m'ont tué, ou que j'aurais été sage si, après sa mort, je l'avais suivi dans le tombeau, comme j'en avais la pensée ! Je n'ai donc vécu, je n'ai donc aimé le grand Pompée que pour être la cause de ses malheurs !... »

Mais Pompée la consolant avec des caresses et la relevant à la hauteur de son impassibilité romaine : « Cornélie, lui dit-il, tu t'affliges parce que tu n'as connu jusqu'ici avec moi que l'heureuse fortune, et c'est cette heureuse fortune elle-même qui t'a trompée et qui t'étonne aujourd'hui de nos revers, parce qu'elle a été plus longtemps avec moi qu'elle n'a continué d'être fidèle à aucun de ses favoris ; mais il faut supporter ses vicissitudes puisque nous sommes nés mortels, et la tenter encore avec confiance, car puisque de ma grandeur passée je suis tombé dans l'humiliation où tu me vois, il n'est pas impossible que de l'humiliation où tu me vois je ne me relève à ma grandeur passée ! » Un philosophe grec de Lesbos, ami de Cornélie, qui était présent, s'entretint un moment avec Pompée de la Providence, que le vaincu était tenté d'accuser d'injustice en livrant ainsi le bon droit à la force. « La Providence ! dit Plutarque, c'étaient les vices du peuple romain, incapables de soutenir plus longtemps la république, et pressés de se punir eux-mêmes en couronnant la tyrannie. »

On émigra vers l'Égypte, asile que Pompée croyait le seul fidèle et le seul sûr, parce qu'il y avait couronné lui-même autrefois le père du jeune roi qui y régnait alors.

C'était Ptolémée, frère de Cléopâtre, la plus célèbre des reines et des femmes par sa beauté, par son génie et par ses amours, qui firent les jouets de ses caprices les plus grands des hommes de son temps, César et Antoine, dont le monde était le jouet.

Quelques vaisseaux, chargés de ses partisans et de soldats romains recueillis en mer ou sur les côtes d'Ionie et de Chypre, suivaient la galère de Pompée qui s'approchait des rivages d'Égypte. Nul ne doutait à bord de ces navires que ce grand homme n'y fût accueilli comme le plus illustre des Romains, et comme le bienfaiteur de la dynastie des Ptolémées. On croyait qu'assisté des trésors et des troupes de l'Égypte, auxiliaire et tributaire de Rome, il rallierait toutes les légions romaines d'Afrique, et ramènerait la fortune, honteuse d'avoir un moment abandonné la cause des hommes, des lois et des dieux. Cornélie l'entretenait lui-même dans cette confiance.

Cependant, les ministres du jeune roi d'Égypte, prince encore enfant et asservi par son âge à son conseil, ayant appris par un vaisseau rapide le jugement de la fortune à Pharsale, et par un autre vaisseau l'approche de Pompée et de sa flotte, délibérèrent sur le parti à prendre avec un hôte si embarrassant depuis qu'il était vaincu. Un rhéteur, nommé Théodore, de Chio, race mercenaire qui s'insinue dans les conseils des princes ou des peuples pour leur inspirer de viles habiletés, sous le nom de politique, et pour leur présenter des crimes utiles comme des actes de génie et de vertu, trancha la question : « Si nous accueillons le grand Pompée, dit-il au conseil d'Égypte, vous aurez deux calamités pour une : César pour ennemi, et Pompée pour maître. Si vous lui refusez asile, et qu'il redevienne jamais puissant, vous aurez à redouter non-seulement sa vengeance pour l'affront que vous lui aurez fait, mais encore la vengeance de César pour le danger que vous lui aurez fait courir en ne lui livrant pas son ennemi. Vous n'avez donc qu'une chose à faire, ajouta-t-il avec une ironique perversité : le recevoir et l'immoler sur le rivage ; parce qu'ainsi vous aurez complu secrètement à César, en le débarrassant d'un rival, et que, d'un autre côté, vous n'aurez plus rien à redouter de la vengeance de Pompée ; car, ajouta-t-il en souriant et en inventant le premier un mot devenu depuis le proverbe des scélérats, les morts ne mordent plus ! »

Photin et Achillas, deux esclaves favoris et maîtres du conseil qui gouvernait l'Égypte avec Théodore, applaudirent à cet avis. On chargea Achillas lui-même de l'exécution. Il monta dans une chaloupe avec deux officiers romains, autrefois centurions dans les armées de Pompée, l'un nommé Septimius, l'autre Salvius, et quelques sicaires égyptiens ; et il alla ainsi au-devant de la galère de Pompée. Cornélie et les amis de ce grand homme, voyant, au lieu des honneurs et du cortége qu'ils attendaient, une misérable barque chargée seulement de sept hommes armés s'approcher de leur galère, présagèrent mal d'une si ignoble réception pour celui qui avait été le maître de l'Égypte et du monde ; ils entrevirent quelque dessein sinistre, et conjurèrent Pompée de ne pas se livrer à un rivage si ingrat ou si suspect. Mais déjà il n'était plus temps de délibérer. On voyait une foule d'hommes armés se rassembler sur la plage, et plusieurs galères couvertes de troupes fendre les flots pour cerner la flotte de Pompée.

La chaloupe ayant abordé enfin le vaisseau, Septimius, l'un des Romains, se leva et salua son ancien général du nom accoutumé d'*imperator*, comme pour le convaincre que sa défaite ne l'avait pas dégradé en Égypte aux yeux de ses soldats. Achillas le salua de même en langue grecque, et l'invita à descendre dans sa chaloupe, sous prétexte de la difficulté pour un grand navire de traverser la vase du port. Cornélie, à demi morte de ce pressentiment de l'amour qui révèle au cœur des femmes les périls de ce qu'elles adorent, entoura en vain de ses bras les jambes de son mari pour le retenir. Il l'embrassa avec tendresse en se déliant de son étreinte, et, la laissant presque inanimée sur le pont, il descendit dans la chaloupe en s'aidant de la main d'Achillas. Puis, se retournant une dernière fois pour regarder encore sa femme et son fils, et ne se faisant déjà plus d'illusion sur sa destinée, il leur adressa pour triste adieu ce vers de Sophocle : « Tout homme qui entre dans la cour d'un tyran devient esclave, bien qu'il y soit entré libre ! »

Pendant que la chaloupe traversait la large lagune qui séparait la galère du rivage, un silence embarrassé et sinistre fermait les lèvres des Égyptiens et des Grecs. Pompée, comme pour sonder ce silence et pressentir les sentiments de ses hôtes à l'accent de leur voix, s'adressa à Septimius, et lui demanda s'il ne se trompait pas en croyant le reconnaître pour un homme qui avait fait autrefois la guerre sous ses ordres. Septimius, sans dérider ses traits, et sans répondre autrement que d'un geste muet, lui fit un signe de tête qui voulait dire dédaigneusement que cela était vrai. Le silence continuant sur la chaloupe, Pompée, pour se donner une contenance, ouvrit ses tablettes, et s'occupa à repasser des yeux une harangue en langue grecque, qu'il avait préparée pendant sa navigation pour l'adresser à Ptolémée.

Cependant Cornélie, rappelée à la vie par l'anxiété sur le sort qui attendait son époux au rivage, contemplait du haut de la galère la chaloupe près d'aborder. Elle commençait à se rassurer et à se réjouir en voyant une foule de courtisans richement vêtus descendre jusqu'au bord des flots, comme pour faire honneur et cortége à l'hôte de l'Égypte, et déjà elle rendait grâce aux dieux de son salut.

A ce moment, la chaloupe touchant au rivage, et Pompée prenant la main de Philippe, son affranchi, pour se lever de son banc et pour poser le pied sur la terre, Septimius, comme s'il n'eût osé frapper une si grande victime en face, lui plongea son épée par derrière dans le corps; Salvius et Achillas, redoublant les coups, le percèrent à leur tour de leurs épées. Pompée, sans chercher à se défendre, et sans paraître même s'étonner, s'enveloppa la tête d'un pan de sa toge, comme pour dérober toute agonie indigne de lui au soleil, et, tombant ainsi enveloppé aux pieds de ses assassins, il mourut sans faire entendre un autre reproche aux dieux, ou un autre adieu à la vie, qu'un léger soupir.

A la lueur du soleil sur les épées, et à la chute de Pompée dans la barque, Cornélie tombe en tendant les bras vers son mari, comme si sa main pouvait écarter de si loin le coup qui le frappe. La galère, épouvantée, s'enfuit à force de rames, et l'emporte mourante sur la haute mer.

Septimius, Salvius, Achillas et leurs esclaves, ayant coupé la tête de Pompée, pour la porter à Ptolémée, et pour en faire un tribut à César, jetèrent son corps hors de la barque, et l'abandonnèrent sur le sable aux oiseaux de proie et à l'écume des flots. Les pêcheurs et la populace curieuse se rassasièrent à loisir tout le jour de ce cadavre. Quand la nuit fut venue et que le rivage fut désert, l'affranchi de Pompée, Philippe, qui seul n'avait pas abandonné le corps de son maître, le lava pieusement dans l'eau de la mer, et l'ensevelit dans sa propre chemise, dont il se dépouilla pour lui servir de linceul. Puis, cherchant au loin sur la côte quelques débris de barques rejetés par les flots, et les rapportant un à un, afin d'en construire un bûcher pour brûler le corps selon les rites antiques, il parvint avec peine à réunir un petit monceau de bois suffisant pour consumer un corps faible et nu, et qui n'était plus même entier.

Pendant que le fidèle serviteur était pieusement occupé à errer ainsi sur la grève pour y recueillir ces planches d'esquifs échoués comme son maître, un vétéran romain, vieux soldat de Pompée, retiré en Égypte, qui passait par hasard sur cette plage déserte, aborda Philippe, et lui demanda ce qu'il faisait à cette heure au bord de la mer. « Je suis l'affranchi de Pompée, et je prépare le bûcher pour ses funérailles, » répondit Philippe. Le vieux soldat, élevant ses mains au ciel et s'attendrissant à ce spectacle du maître du monde enseveli furtivement la nuit, par un seul esclave, sur une plage étrangère : « Ah! dit-il à l'affranchi, il ne sera pas dit que tu aies seul cet honneur! Permets-moi de me joindre à toi dans ce dernier devoir, comme à un pieux et saint hasard offert à ma vieillesse par la Providence qui m'a confiné depuis tant d'années sur cette terre ingrate et funeste, pour m'y réserver au moins, après tant de malheurs, la consolation de toucher de mes mains les restes et d'accomplir les funérailles du plus grand des Romains! »

La flamme du bûcher allumé par ces deux hommes pieux brûla jusqu'au jour. Le lendemain, un des amis et des lieutenants de Pompée, Lentulus, arrivant de l'île de Chypre, et côtoyant le rivage sans rien savoir du meurtre de la veille, aperçut du haut de sa galère les dernières lueurs du bûcher qui luttaient avec l'aurore au bord des flots! « Hélas! dit-il à ses compagnons, quel est celui qui est venu se reposer enfin ici de ses longs travaux, et rendre sa poussière aux éléments dans ce lieu désert? » Puis, comme saisi d'un pressentiment prophétique : « Hélas! hélas! ajouta-t-il en pensant aux vicissitudes et aux ironies du sort, peut-être est-ce toi, ô grand Pompée? »

Et c'était lui!

Pendant ces événements, Cicéron, retiré auprès de Caton, dans un petit port de Grèce voisin de Pharsale, assistait silencieux et consterné à la ruine de la république.

Un grand poëte qui fut en même temps un grand politique, mais qui, malheureusement pour sa mémoire, poussa l'amour de la liberté jusqu'au fanatisme, et le républicanisme jusqu'au régicide, Milton, a écrit quelque part ces lignes :

« Si Dieu versa jamais un amour ferme de la beauté morale dans le sein d'un homme, il l'a versé dans le mien. Quelque part que je rencontre un homme méprisant la fausse estime du vulgaire, osant aspirer par ses sentiments, son langage, sa conduite, à ce que la haute sagesse des âges nous a enseigné de plus excellent, je m'unis à cet homme par une sorte de nécessaire attrait. Il n'y a point de puissance dans le ciel et sur la terre qui puisse m'empêcher de contempler avec respect et avec tendresse ceux qui ont atteint le sommet de la dignité du caractère, de l'intelligence et de la vertu ! »

Cet amour satisfait de la beauté morale dans un homme historique, ce respect et cette tendresse pour ceux qui ont atteint le sommet de la dignité du caractère et de la vertu, nous ont soutenu jusqu'ici dans le récit de la vie de Cicéron ; ils vont se voiler un instant et se contrister un peu quand nous allons retracer, non ses crimes (il n'y en a pas dans sa vie), mais quelques inégalités et quelques faiblesses. Après la chute de la république, il est moins constamment admirable ; mais, pour l'homme qui aime à contempler dans l'homme la lutte des faiblesses humaines contre les vertus, et le triomphe alternatif des devoirs ou des passions dans notre âme, il devient peut-être plus intéressant. Les caractères d'une seule pièce, comme celui de Caton, ont quelque chose de surhumain et d'uniforme qui élève plus et qui touche moins que les caractères moins maîtres d'eux-mêmes qui fléchissent et qui se relèvent, comme celui de Cicéron. Il en est de l'homme comme des paysages : les lignes droites de l'horizon sont sans doute les plus pures en géométrie et en logique, mais les lignes de l'horizon qui montent et qui descendent, qui se lèvent et qui se dépriment tour à tour, pour se relever encore et pour porter le regard jusqu'aux cieux après l'avoir incliné jusqu'aux abîmes, sont l'intérêt et le charme des yeux du peintre et du spectateur. La nature a fait l'homme un être ondoyant et divers, disent les philosophes; considéré ainsi, sans doute il nous impose moins, mais il nous attache d'autant plus qu'il est plus homme.

Cicéron le fut tout entier après la mort de Pompée. La république, morte avec ce grand et dernier citoyen, devint la proie à peine disputée de César. Le droit avait succombé à Pharsale, la force était tout; César avait la force, et il l'empruntait comme un grand corrupteur de sa patrie, non aux vertus du petit nombre, mais à tous les vices d'une multitude qui demande un maître, parce qu'elle se sent digne de la tyrannie.

Avec cette promptitude qui surprend le destin et qui le fixe, César avait volé, après sa victoire, en Espagne, en Afrique, en Égypte, pour y porter des coups soudains et inattendus aux lieutenants et au fils de Pompée, pour leur enlever leurs légions, et pour y saisir, par tous les membres épars de la puissance romaine, cette liberté qu'il voulait détruire et cet empire qu'il voulait fonder.

Cicéron, au lieu de suivre l'exemple de Caton, de protester contre la victoire et de mourir du même coup dont mourait la liberté de son pays, parut se repentir, non pas tant de la défaite du grand Pompée et de la république, que d'avoir embrassé tardivement et imprudemment la cause vaincue par les dieux. Il commença à s'accommoder avec la tyrannie, et à demander en quelque sorte grâce pour sa vertu au vainqueur. Rien ne lui était plus facile que de l'obtenir. César avait les crimes grands et doux comme son génie. Il était trop supérieur pour être vindicatif; il était en même temps trop politique pour ne pas se réjouir de paraître, aux yeux du peuple romain, accepté ou même pardonné par un homme comme Cicéron, qui représentait alors à lui seul les lettres, l'éloquence, l'autorité morale dans le sénat, l'estime du peuple, en un mot, tout ce qu'on appelle aujourd'hui l'*opinion publique* dans Rome. De plus, César aimait Cicéron par cet attrait mutuel et involontaire qui entraîne les grandes intelligences à aimer ce qui leur ressemble. Il avait trop de génie pour être insensible au génie, trop de gloire pour être envieux. Cicéron lui paraissait une des plus éclatantes décorations de l'humanité dans son siècle ; il était plus fier de régner sur un homme tel que Cicéron que sur cette tourbe de peuple et de soldatesque qui allait se prosterner devant sa fortune. Il voulait même laisser à Cicéron la dignité de son retour à lui et l'indépendance de ses opinions ; il ne lui demandait pas de s'avilir, mais de se résigner.

Des négociations dans ce sens furent ouvertes par des amis communs entre Cicéron et César. Elles n'éprouvèrent aucune autre lenteur que celle de la distance entre ces deux grands Romains. Cicéron traversa la mer qui séparait l'Épire de l'Italie, débarqua timidement à Brindes, port où il s'était embarqué si peu de temps auparavant pour rejoindre Pompée. Il y tomba dans les bras de sa fille Tullia, la plus tendre, la plus illustre, la plus lettrée des jeunes femmes romaines de son temps... L'adoration mutuelle du père pour la fille et de la fille pour le père était redoublée encore par l'adversité. Séparée de son mari indigne d'elle, Tullia n'avait plus que lui ; mécontent de sa femme ambitieuse et froide, Cicéron n'avait plus qu'elle. Le père et la fille pleurèrent ensemble sur les malheurs de leur patrie et sur leurs propres malheurs. Le frère de Cicéron, C. Quintus, qu'il avait aimé comme un autre lui-même, n'avait pas su attendre la bienséance de la transition d'une cause à l'autre.

Pressé par l'adulation ou par la peur, il avait couru en Afrique avec son fils, neveu de Cicéron, pour implorer les faveurs de César, et pour rejeter lâchement sur son frère le tort qu'il avait eu de suivre le parti de Pompée. César s'était indigné de cette bassesse; il avait écrit à Cicéron pour l'en informer. Celui-ci, avec une générosité fraternelle, avait répondu à César en prenant tout le crime sur lui seul, et en suppliant le dictateur de pardonner à l'égarement de Quintus.

D'un autre côté, sa fortune, déjà embarrassée à son départ d'Italie, avait achevé de s'obérer jusqu'à l'indigence, par les déprédations de sa femme, par l'absence et par l'épuisement de produits des terres dont tant de guerres civiles et de spoliations successives affligeaient l'Italie. Il ne vivait que d'emprunts et des secours de ses amis, principalement d'Atticus. Antoine, lieutenant de César à Rome, venait de publier un édit de proscription hors de l'Italie contre tous ceux qui avaient suivi Pompée, mais en exceptant Cicéron. Cette exception, qui lui rouvrait Rome, le réjouissait d'un côté et l'humiliait de l'autre; car les partisans de Pompée vaincus à Pharsale, Caton, Brutus et les autres, étaient allés ranimer la résistance à la tyrannie en Afrique : la renommée grossissait leurs forces, ils menaçaient de prévenir le retour de César en Italie et de restaurer la république. Les succès de sa propre cause, après qu'il l'avait crue morte, troublaient maintenant Cicéron; car les républicains vainqueurs pouvaient le traiter maintenant comme un transfuge, pendant que les courtisans de César voyaient en lui un républicain; en sorte que, par l'hésitation de son caractère et par la précipitation alternative de ses soumissions, l'une et l'autre cause le désavouaient ou le menaçaient des mêmes vengeances, tout au moins du mépris. Déplorable situation d'un grand esprit, qui, au lieu de prendre base sur la conscience, prend base sur la fortune, et tombe sans gloire, parce qu'il a choisi sans vertu.

Éprouvant déjà, à Brindes, le remords de cette situation ambiguë devant l'opinion qui se déchaînait contre lui, il n'osait pas ou il ne savait pas se justifier lui-même, et il conjurait son ancien ami Atticus d'écrire sa justification ou son excuse pour lui ramener quelques amis.

Enfin il s'approcha de Rome avec sa fille, mais sans oser y entrer. Puis il alla au-devant de César, qui venait de débarquer vainqueur à Tarente, et qui revenait triompher à Rome. Cet orateur, qui n'avait pas pâli devant les sicaires de Catilina, tremblait maintenant devant un pli du front ou des lèvres sur le visage d'un maître. Ses lettres, à cette époque de sa vie, sont le frisson d'une âme servile. « Comment me recevra-t-il? Comment me regardera-t-il? Que va-t-il me dire? ou que voudra-t-il écouter? » Un peuple dont les plus vertueux citoyens éprouvent et écrivent de pareilles angoisses est mûr pour les tyrans. César cependant trompe Cicéron par son abord. Les tyrans sont aussi heureux de rencontrer des âmes soumises, que les âmes soumises sont empressées de se résigner aux tyrans. Du plus loin que César aperçut Cicéron sur la route de Tarente à Rome, il descendit de son cheval, courut à lui les bras ouverts, l'embrassa comme un ami perdu et retrouvé, ne lui fit aucun reproche, et, l'entraînant en avant et à l'écart de sa suite, pour épargner la pudeur de Cicéron et pour lui témoigner sa confiance, il s'entretint longtemps et familièrement avec lui aux yeux de toute son armée. On ignore ce que ces deux adversaires réconciliés se dirent : l'un sans doute s'excusant sur la bassesse humaine de la tyrannie qu'il venait recevoir, l'autre sur la fortune de l'obéissance qu'il venait offrir. Cependant, si l'on en croit une phrase de Cicéron après cet entretien, dans sa correspondance avec Atticus, la résignation ne fut pas sans grandeur et sans dignité dans sa bouche, « car, dit-il, il ne savait pas bien si c'était la peine de demander à César une vie qui cesse d'être à Rome du jour où elle devient le bienfait d'un maître. »

César poursuivit son chemin vers Rome; il y reçut tous les pouvoirs sous tous les titres qu'il daigna prendre. Il repartit pour l'Afrique, laissant des proconsuls gouverner Rome en son nom derrière lui; Antoine surtout, le plus soldatesque, le plus servile et le plus effronté de ses complaisants, comme si César eût affecté de montrer à Rome celui qui pouvait le plus le faire regretter lui-même, ou comme s'il eût voulu témoigner son mépris au peuple romain en le faisant dompter en son absence par le plus grossier et par le plus méprisable des soldats. Cicéron s'enferma avec ses livres dans sa maison de campagne de Tusculum, située au bord des bois, aux pieds et aux revers des montagnes d'Albe; retraite poétique et philosophique d'où ses yeux se promenaient, d'un côté sur la solitude et de l'autre sur les faîtes et sur les fumées des édifices et des temples lointains de Rome. Nous avons visité souvent nous-même les vestiges encore debout de sa maison, de sa bibliothèque, de ses fontaines, de ses jardins, où l'on respire la grandeur, la tristesse, et en quelque sorte l'histoire qu'il y respirait alors lui-même. Il y jouissait en paix et en sûreté de sa patrie; mais il avait trop payé sa patrie, car il n'y était rentré qu'en laissant la liberté et la dignité sur le rivage.

Pendant qu'il y cherchait des distractions et des consolations dans l'étude, et qu'il y recevait les visites des plus lettrés et des plus érudits des Romains, qui, à défaut de la grandeur du caractère, venaient cultiver et adorer chez lui l'immensité et la variété du génie, César avait vaincu les fils de Pompée en Espagne, et les républicains antiques. Caton s'était tué par cette autre faiblesse qui ne sait pas supporter le temps où l'on est condamné par la Providence à vivre, et le mépris du genre humain. Il régnait sous le nom de dictateur perpétuel de Rome, se préparait à aller conquérir les Parthes en Asie, illustrait son crime contre sa patrie par la splendeur et par la mansuétude de son gouvernement, ménageait le sénat, achetait le peuple, rassasiait les légions, et corrompait ce qui restait de liberté dans les âmes par la séduction et la clémence. Cicéron, tout en gémissant assez haut de cette prostration de sa patrie, prenait sa part de la servitude générale plus qu'il ne convenait à un débris vivant de la république et à un ami de Pompée et de Caton. Il haranguait quelquefois au sénat; il proposait des avis agréables au maître; il parlait devant lui pour des clients politiques, et lui réservait les grâces de la générosité. Il le louait avec cette indépendance de langage qui place la flatterie dans l'acte et non dans les paroles; il affectait de défendre la mémoire de Caton et la gloire de Pompée; il disait de César, pour que ce mot lui fût répété: « qu'en relevant les statues de Pompée, il avait affermi les siennes. » Il plaidait devant lui pour lui donner le plaisir de son éloquence, comme un artiste dans une représentation de son art, et faisait tomber de ses mains l'absolution d'un criminel déjà condamné dans son cœur. Il recevait même les visites de César dans sa maison, comme une sauvegarde de sécurité et comme un gage de protection exceptionnelle de l'oppresseur de sa patrie; il en racontait avec un secret orgueil les circonstances dans ses lettres à ses amis.

« Quel hôte j'ai reçu! écrivait-il le lendemain, et combien j'avais tort de tant le redouter! Cependant je n'ai pas sujet de m'en plaindre, et lui-même il a paru ravi! La veille, César était arrivé dans la maison de son affranchi Philippe, voisin de ma demeure. La maison était inondée de soldats; à peine la salle où César devait souper était-elle libre; il avait environ deux mille hommes d'escorte. Chez moi on fit camper les soldats dehors; ma maison était comme une citadelle. César passa la matinée jusqu'à midi chez Philippe;

il s'y occupait, disait-on, à régler les comptes de sa maison avec Balbus. Il arriva chez moi à deux heures ; il se baigna en arrivant, et se fit lire pendant le bain des vers satiriques contre lui. Il les écouta sans humeur et sans changer de visage ; ensuite il se fit parfumer et s'assit à ma table. Il mangea bien, et fut d'un enjouement plein de charmes. La table était magnifiquement et délicatement servie. Outre la table de César, j'en avais deux autres pour sa suite et ses affranchis, également recherchées. Enfin je m'en suis tiré avec honneur. Mais, en vérité, ce n'est pas là un de ces hôtes à qui l'on puisse dire en les quittant: « Revenez » quand il vous plaira ! » C'est assez d'un fois. Nous n'avons pas dit un seul mot de politique ; nous n'avons parlé que de philosophie, d'éloquence et de littérature. Ce délassement lui a plu ; il témoignait le désir de passer ainsi un jour à Pouzzoles, un autre à Baïa, au bord de la mer. Voilà cette visite : j'en ai souffert quelques embarras domestiques, mais sans trop d'inconvénients. »

On voit que César se faisait pardonner la tyrannie par la grâce, et Cicéron les regrets de la liberté perdue par les complaisances. Vers le même temps, quoiqu'il eût déjà passé la soixantième année de sa vie, il répudia sa première femme, Terentia, coupable de l'avoir négligé pendant ses disgrâces, et il épousa une de ses pupilles, très-jeune, très-belle, très-riche, qu'un père mourant lui avait confiée. Éprise du génie et de la renommée de son second père, cette jeune Romaine l'aima et en fut aimée avec une passion qui effaça la distance des années. Ce furent, non les plus glorieuses, mais les plus sévères et les plus fécondes de sa vie ; mais elles furent courtes. La mort lui ayant enlevé bientôt après sa fille Tullia, délices et orgueil de son cœur, il en conçut une telle douleur, qu'il s'offensa de ce que cette douleur n'était pas assez partagée par sa nouvelle épouse, jalouse sans doute de n'être pas le seul objet de ses tendresses, et qu'il s'éloigna d'elle et se renferma dans la solitude avec ses larmes et son génie.

C'est là qu'il écrivit sans relâche et sans lassitude d'esprit les livres admirables dont chaque fragment est un monument achevé de sagesse, de maturité, de science, d'universalité, de style. La civilisation antique, si l'histoire était perdue, se retrouverait tout entière dans ces fragments des derniers écrits de ce grand homme. Il y concentre tout ce que le genre humain a pensé, imaginé ou senti de plus parfait en Asie, en Grèce, à Rome, jusqu'à son époque, dans l'expression la plus splendide, et dans la langue la plus harmonieuse que l'intelligence humaine ait jamais élaborée pour donner un corps à l'esprit. C'est la pensée devenue sous sa main méthode, image et musique. Le seul reproche peut-être qu'on puisse adresser à ces œuvres réfléchies de Cicéron, c'est l'excès même de leur perfection. En travaillant chaque pensée et en polissant chaque phrase jusqu'à l'effacement des moindres aspérités de l'épiderme sur son style, il s'enlève quelque chose de ces incorrections faciles et de ces négligences heureuses qui sont les flexibilités et les mollesses du génie. Rien n'y prédomine assez, parce que tout y est prédominant à la fois. Cependant cette perfection chez lui n'est point laborieuse, elle est naturelle. Son imagination ne produisait rien qui ne fût conforme à ce modèle intérieur qu'il portait en lui plus qu'aucun autre homme, et qu'on nomme la beauté. Cette recherche, naturelle chez lui, de la beauté, ne nuisait point à sa fécondité. Il discourait avec ses amis, il haranguait les tribunaux et le peuple, il écrivait, comme nous respirons, sans relâche, sans volonté et sans efforts. Il répondait à ces envieux de Rome qui lui reprochaient ses loisirs dans sa retraite de Tusculum: « De quoi se plaignent-ils? Dans cette prétendue oisiveté, j'écris plus, de ma main ou de la main de mes secrétaires, qu'ils ne peuvent lire dans un jour! »

« Là, disait-il en parlant de sa maison d'Astura, autre retraite plus profonde près d'Antium, qu'il remplissait de ses études et de ses ennuis, là je vis sans commerce avec les hommes. Dès la première lueur du jour, je m'enfonce dans la profondeur des forêts qui m'entourent, et je n'en sors que le soir ; je n'ai d'entretien qu'avec mes livres, et cet entretien n'est interrompu que par mes larmes ! » Il portait alors dans son âme le deuil de Tullia, sa fille, qu'on l'accusait d'aimer jusqu'à diviniser son image. Il ruinait sa fortune à peine rétablie pour lui élever un temple aux portes de Rome et pour immortaliser ses regrets. « Oui, s'écriait-il dans le délire de son adoration paternelle, en s'adressant à l'ombre de son enfant, oui, je veux te consacrer, ô toi la plus tendre et la plus accomplie des filles ! je veux t'installer dans l'assemblée des êtres divins, et t'offrir au culte des mortels ! » Il essayait de calmer son désespoir en écrivant pour lui-même un traité de la *Consolation;* pages trempées de larmes, dans lesquelles il accumule tout ce que la raison, la philosophie, la religion, la gloire, les lettres, le ciel et la terre peuvent offrir d'efficace pour consoler de la perte de ce qu'on aime, sans pouvoir parvenir à l'oublier.

Ses remords secrets d'avoir, sinon abandonné, du moins négligé la république, et le désir de protester par son estime pour cette vertu qu'il admirait sans l'imiter, lui dictèrent une magnifique apologie de Caton. Il y avait de la vertu dans cet hommage à la vertu sous les yeux de la tyrannie ; César pouvait s'offenser de cet éloge d'un ennemi, ennemi qui n'était pas grand, si César n'était pas coupable. Le dictateur ne s'en offensa pas ; il laissa à Cicéron cette vaine consolation de louer les morts de la liberté, et il trouva le temps, au milieu des soins de l'empire, de répondre de sa propre main à Cicéron par un autre livre intitulé *l'Anti-Caton.* Mais, tout en réfutant Cicéron, César, dans ce livre, le comblait de gloire ; il allait jusqu'à déclarer que « celui qui, comme Cicéron, élargissait par son génie les frontières de l'esprit humain, était supérieur à celui qui, comme César, élargissait seulement les frontières naturelles de l'empire. »

Il écrivit ensuite des méditations philosophiques et des dialogues dans lesquels il naturalisait chez les Romains tous les dogmes de l'antiquité asiatique, égyptienne, grecque, exposant comme un rapporteur impartial tout ce que les sages de tous les siècles et de tous les pays ont pensé de plus sensé ou de plus beau pour ou contre la question éternellement controversée de la divinité de l'âme et du monde, en se prononçant à la fin lui-même pour ce qui lui semble le plus vraisemblable, le plus beau et le plus honnête.

Les débuts et les intermèdes de ces méditations philosophiques, sous des titres divers, sont pleins de familiarités et de confidences de cœur, comme les délassements de la campagne et les libertés de l'entretien ; on y sent l'homme descendu des affaires publiques, triste de l'abaissement de son pays, conservant quelque vague espérance de la renaissance des lois, des mœurs, de la liberté, mais détournant ses regards de Rome, pour s'abîmer tout entier dans l'ombre de ses bois, dans la contemplation de la nature et dans l'étude des choses éternelles. Ses interlocuteurs de prédilection sont en même temps ses amis les plus intimes et les plus illustres : Varron, poëte et historien ; Brutus, philosophe austère et élégant, disciple de Platon et de Caton, ami de César, dont on croyait qu'il était le fils, à cause de sa mère Servilie, autrefois aimée du dictateur ; Hortensius, rival et ami de Cicéron, le plus grand des orateurs après lui ; et quelques autres Romains, élite du siècle.

La scène est ordinairement sur le sable de la plage retentissante de la mer de Baïa, ou sous les figuiers entrelacés de pampres de vigne grimpante de la côte de Cumes, ou sur la terrasse ombragée d'orangers de la villa de Cicéron, près de Gaète, où l'on cherche encore la trace de ses pas et de ceux de ses amis sur les mosaïques de ses bains, ou enfin sous les chênes verts de sa maison rustique de Tusculum, au bruit et à la fraîcheur des eaux qui descendent des montagnes de Tibur. Il commence comme une vague et nonchalante hésitation d'entretien qui cherche sa route, puis il devient grave avec le sujet, et s'élève à la fin jusqu'à l'élan et jusqu'à l'enthousiasme de la lyre. Nous regrettons que les bornes de nos pages ne nous permettent pas d'en traduire quelques fragments pour nos lecteurs. Ils rappellent le calme et la solennité des dialogues de Platon, qui font faire silence à l'âme avant de lui parler des dieux. Cicéron, dans plusieurs passages qui paraîtraient hardis aujourd'hui, ne craint pas de déplorer la perte de la république, et d'y porter le deuil de la liberté et de la dignité de Rome. « Dans la nécessité où je suis, dit-il, de renoncer aux affaires publiques, je n'ai pas d'autre moyen de me rendre utile que d'écrire pour éclairer et consoler les Romains; je me flatte qu'on me saura gré de ce qu'après avoir vu tomber le gouvernement de ma patrie au pouvoir d'un seul, je ne me suis ni dérobé lâchement au public ni livré sans réserve à ceux qui possèdent l'autorité. Mes écrits ont remplacé mes harangues au sénat et au peuple, et j'ai substitué les méditations de la philosophie aux délibérations de la politique et aux soins de la patrie. »

Les deux plus importants de ces livres sont ses *Recherches sur l'existence et la nature des dieux*, et son livre intitulé *de la République*. Dans le premier il s'élève par tous les degrés de la pensée de tous les pays, de tous les âges, et à travers toutes les ténèbres et tous les fantômes des superstitions humaines, jusqu'à la notion d'un Dieu unique, parfait, juste, bon, éternellement créateur par sa providence qui monte aux astres et qui descend aux atomes ; principe premier et dernier de tout ce qui fut, de tout ce qui est, de tout ce qui sera; invisible, impalpable, s'appelant Dieu, le destin, la providence, le créateur, le rémunérateur, et donnant à tout ce qu'il a créé l'existence, la place, le temps, la moralité, la rémunération et la fin en lui, comme il lui a donné l'être.

Ces doctrines chez Cicéron ne sont pas simplement spéculatives, comme on pourrait le croire ; elles respirent la pratique religieuse dans toute sa piété la plus efficace et la plus impérative. « Quelques-uns affectent de croire, écrit-il, que la Divinité ne s'intéresse pas à l'homme, et ne se mêle pas de nos actes et de nos destins. Sur ce principe que deviendraient la piété, la *sainteté*, la religion ? Ce sont là de véritables devoirs obligatoires qu'il faut savoir exactement accomplir... Il en est de la piété comme de toutes les autres vertus : elles ne consistent pas dans de vains dehors; sans elle point de *sainteté* (mot qui signifie moralité de nos actes) ; sans elle point de culte, et dès lors que devient l'univers? Quel désordre et quelle anarchie dans l'espèce humaine ! Quant à moi, ajoute-t-il, je doute si éteindre la piété envers la Divinité, ce ne serait pas anéantir du même coup la bonne foi, la conscience, la société humaine tout entière, et la vertu, qui supporte à elle seule le monde, je veux dire l'instinct de la justice !... »

Dans son livre sur la république, c'est-à-dire sur les principes, les lois, les formes, les vices et les vertus des gouvernements par lesquels les sociétés se fondent, se soutiennent, meurent ou se perfectionnent, Cicéron s'élève plus haut que dans aucun autre de ses écrits. Nous n'en citerons qu'un seul fragment : *le Songe de Scipion*, qui termine le livre. La philosophie, la piété, la vertu, la poésie, le génie de Cicéron y éclatent en quelques pages où son âme et celle de son siècle se révèlent dans un langage digne de tous les siècles.

Le second Scipion, une des plus pures gloires et des plus grandes vertus de Rome, y est mis en scène par Cicéron. Ce second Scipion raconte à ses amis, dans cet entretien, un songe qu'il a eu en Afrique, songe dans lequel l'ombre de son aïeul Scipion l'Africain, le vainqueur de Carthage, lui apparaît, lui prophétise sa mort funeste; l'encourage à persévérer dans les services ingrats que tout citoyen doit à sa patrie, à mépriser la mort, et, ce qui est plus sublime encore, à mépriser même la gloire.

« ... — Mais, continua mon aïeul, pour que tu sentes
» redoubler ton ardeur à défendre l'État, sache que tous
» ceux qui ont sauvé, secouru, agrandi leur patrie, ont
» dans le ciel un lieu préparé d'avance, où ils jouiront
» d'une félicité sans terme. Car le Dieu suprême qui gou-
» verne l'immense univers ne trouve rien sur la terre qui
» soit plus agréable à ses yeux, que les réunions d'hommes
» assemblés sous la garantie des lois, et que l'on nomme
» des sociétés civiles. C'est du ciel que descendent ceux qui
» conduisent et qui conservent les nations, c'est au ciel
» qu'ils retournent... »

» Ce discours de l'Africain avait jeté la terreur en mon âme. J'eus cependant la force de lui demander s'il vivait encore, lui et Paul-Émile, mon père, et tous ceux que nous regardons comme n'étant plus. « La véritable vie, me
» dit-il, commence pour ceux qui s'échappent des liens du
» corps où ils étaient captifs; mais ce que vous appelez la
» vie est réellement la mort. Regarde! voici ton père qui
» vient vers toi!... » Je vis mon père, et je fondis en larmes; mais lui, m'embrassant, me défendit de pleurer...

» Dès que je pus retenir mes sanglots, je dis : « O mon
» père, modèle de vertus et de sainteté, puisque la vie est
» en vous, comme me l'apprend l'Africain, pourquoi reste-

» rais-je plus longtemps sur la terre? Pourquoi ne pas me
» hâter de venir dans votre société céleste?... — Non, pas
» ainsi, mon fils, me répondit-il ; tant que Dieu, dont tout
» ce que tu vois est le temple, ne t'aura pas délivré de ta
» prison corporelle, tu ne peux avoir accès dans ces de-
» meures. La destination des hommes est de garder ce
» globe que tu vois situé au milieu du temple universel de
» Dieu, et dont une parcelle s'appelle la terre... Ils ont
» reçu une âme !... C'est pourquoi, mon fils, toi et tous les
» hommes religieux, vous devez retenir votre âme dans les
» liens du corps; aucun de vous, sans le commandement
» de celui qui vous l'a donnée, ne peut sortir de cette vie
» mortelle. En la fuyant, vous paraîtriez abandonner le
» poste où Dieu vous a placés. Mais plutôt, Scipion !
» comme ton aïeul qui nous écoute, comme moi qui t'ai
» donné le jour, pense à vivre avec justice et piété ; pense
» au culte que tu dois à tes parents et à tes proches; que tu
» dois surtout à la patrie. Une telle vie est la route qui te
» conduira au ciel et dans l'assemblée de ceux qui ont vécu,
» et qui, maintenant délivrés du corps, habitent le lieu que
» tu vois... »

» Mon père me montrait ce cercle qui brille par son éclatante blancheur au milieu de tous les feux célestes, et que
vous appelez, d'une expression empruntée aux Grecs, la
Voie lactée. Du haut de cet orbe lumineux je contemplais
l'univers, et je le vis tout plein de magnificence et de
merveilles. Des étoiles que l'on n'aperçoit point d'ici-bas
parurent à mes regards, et la grandeur des corps célestes se dévoila à mes yeux. Elle dépasse tout ce que
l'homme a jamais pu soupçonner. De tous les corps, le plus
petit, qui est situé aux derniers confins du ciel, et le
plus près de la terre, brillait d'une lumière empruntée.
Les globes étoilés l'emportaient de beaucoup sur la terre
en grandeur. La terre elle-même me parut si petite, que

notre empire, qui n'en touche qu'un point, me fit honte!

» Comme je la regardais attentivement : « Eh bien, mon
» fils, me dit-il, ton esprit sera-t-il donc toujours attaché
» à la terre? Ne vois-tu pas dans quelle demeure supé-
» rieure et sainte tu es appelé?... »

» Je contemplais toutes ces merveilles, perdu dans mon
admiration. Lorsque je pus me recueillir :

» — Quelle est donc, demandai-je à mon père, quelle
» est cette harmonie si puissante et si douce au milieu de
» laquelle il me semble que nous soyons plongés?

» — Je vois, dit l'Africain : tu contemples encore la
» demeure et le séjour des hommes. Mais, si la terre te
» semble petite comme elle l'est en effet, relève tes yeux
» vers ces régions célestes, méprise toutes les choses hu-
» maines. Quelle renommée, quelle gloire digne de tes
» vœux veux-tu acquérir parmi les hommes? Tu vois quels
» imperceptibles espaces ils occupent sur le globe terrestre,
» et quelles vastes solitudes séparent ces quelques taches
» que forment les points habités. Les hommes, dispersés
» sur la terre, sont tellement isolés les uns des autres,
» qu'entre les divers peuples il n'est point de communica-
» tion possible. Tu les vois semés sur toutes les parties de
» cette sphère, perdus aux distances les plus lointaines, sur
» les plans les plus opposés. Quelle gloire espérer de ceux
» pour qui l'on n'est pas? Quand même les races futures
» répéteraient à l'envi les louanges de chacun de nous;
» quand même notre nom se transmettrait dans tout son
» éclat de génération en génération, les déluges et les em-
» brasements qui doivent changer la face de la terre, à des
» époques immuablement déterminées, enlèveraient tou-
» jours à notre gloire d'être, je ne dis pas éternelle, mais
» durable. Et que t'importe d'ailleurs d'être célèbre dans
» les siècles à venir, lorsque tu ne l'as pas été dans les
» temps écoulés, et par des hommes tout aussi nombreux

» et incomparablement meilleurs?... C'est pourquoi, si tu
» renonces à venir dans ce séjour où se trouvent tous les
» biens des grandes âmes, poursuis cette ombre qu'on ap-
» pelle la gloire humaine, et qui peut à peine durer quel-
» ques jours. Mais si tu veux porter tes regards en haut, et
» les fixer sur ton séjour naturel et ton éternelle patrie, ne
» donne aucun empire sur toi aux discours du vulgaire.
» Élève tes vœux au-dessus des récompenses humaines, et
» que la vertu seule te montre le chemin de la véritable
» gloire, et t'y attire pour elle-même. C'est aux autres à
» savoir ce qu'ils devront dire de toi. Ils en parleront sans
» doute; mais la plus belle renommée est tenue captive
» dans ces bornes étroites où votre monde est réduit; elle
» n'a pas le don de l'immortalité, elle périt avec les
» hommes, et s'éteint dans l'oubli de la postérité ! »

» Lorsqu'il eut ainsi parlé :
» — O Scipion, lui dis-je, s'il est vrai que les services
» rendus à la patrie nous ouvrent les portes du ciel, votre
» fils, qui depuis son enfance a marché sur vos traces et sur
» celles de Paul-Émile, et n'a peut-être pas manqué à ce
» difficile héritage de gloire, veut aujourd'hui redoubler
» d'efforts à la vue de ce prix inappréciable...

» — Courage ! me dit-il, et souviens-toi que si ton corps
» doit périr, toi, tu n'es pas mortel. Cette forme sensible,
» ce n'est point toi; ce qui fait l'homme, c'est l'âme, et
» non cette figure que l'on peut montrer du doigt. Sache
» donc que tu es divin ; car c'est être divin que de sentir en
» soi la vie, de penser, de se souvenir, de prévoir, de gou-
» verner, de régir et de mouvoir le corps qui nous est
» attaché, comme le Dieu véritable gouverne ses mondes.
» Semblable à ce Dieu éternel qui meut l'univers en par-
» tie corruptible, l'âme immortelle meut le corps pé-
» rissable. Exerce-la, cette âme, aux fonctions les plus
» excellentes. Il n'en est pas de plus élevées que de veiller

» au salut de la patrie. L'âme accoutumée à ce noble exer-
» cice s'envole plus facilement vers sa demeure céleste; elle
» y est portée d'autant plus rapidement, qu'elle se sera
» habituée, dans la prison du corps, à prendre son élan, à
» contempler les objets sublimes, à s'affranchir de ses liens
» terrestres. Mais, lorsque la mort vient à frapper les
» hommes vendus aux plaisirs, qui se sont faits les es-
» claves infâmes de leurs passions, et, poussés aveuglément
» par elles, ont violé toutes les lois divines et humaines,
» leurs âmes dégagées du corps errent misérablement au-
» tour de la terre, et ne reviennent dans ce séjour qu'après
» une expiation de plusieurs siècles. »

» A ces mots il disparut, et je m'éveillai... »

Que dirait-on de plus beau et de plus pur en morale aujourd'hui? Le pressentiment de Cicéron devançait le monde de vingt siècles.

Pendant que ce grand homme se consolait ainsi dans l'entretien de son âme avec elle-même, avec les grandes âmes de tous les siècles et avec la Divinité, de la servitude et de la dégradation de sa patrie, César achevait en quatre ans la courte carrière de tous les tyrans. Le crime de ses assassins vengeait sur lui le crime du Rubicon. Ses assassins étaient Brutus, Cassius, Casca, et toute la jeunesse patricienne, lettrée et républicaine de Rome. Nourris des leçons de l'inflexibilité antique et des exemples d'Harmodius et d'Aristogiton, ces jeunes gens rougissaient de vivre sous un maître qui leur avait enlevé toute la dignité de la vie. Ils croyaient que le sang du tyran purifiait le poignard. Vertu fausse et cruelle qui pervertissait en eux jusqu'à la nature, qui changeait des citoyens en meurtriers, qui poussait les amis de Brutus jusqu'à l'assassinat, et lui-même, fils peut-être de César, jusqu'au parricide. L'antiquité admirait encore ces assassinats pour la liberté. L'humanité actuelle ne s'y trompe plus. La liberté, la patrie, l'immortalité même, n'acceptent pas pour leur rançon une goutte de sang distillant du fer des assassins. La rançon du genre humain tout entier serait trop chère à ce prix !

Les conjurés, soit qu'ils crussent à trop de faiblesse, soit qu'ils soupçonnassent une vertu plus pure à Cicéron, leur ami à tous, ne lui confièrent pas la conjuration. Ils se cachèrent de lui, de peur d'être ébranlés par ses scrupules. Rome était lasse de son idolâtrie pour César; les plébéiens, qu'il avait caressés pour les opposer au sénat, commençaient à sentir la pesanteur du joug militaire; les patriciens, auxquels il était revenu et qu'il rassasiait de dignités et de largesses, rougissaient de les devoir à leur bassesse; le sénat votait, mais murmurait; les soldats aspiraient déjà à se vendre plus cher à un autre acheteur. Brutus et ses amis s'échauffaient à la lecture des historiens, des philosophes et des poëtes qui divinisaient les libérateurs des peuples. L'opinion conspirait assez universellement avec eux pour qu'ils n'eussent pas besoin de confier à de nombreux complices un projet qui serait applaudi par la multitude aussitôt qu'il serait exécuté.

Ils cachèrent leurs armes sous leur toge, attendirent César au sénat, se précipitèrent au-devant de lui, à son entrée dans la salle, comme pour l'entourer d'un empressement plus impatient et plus servile, baisèrent le pan de sa robe, lui tendirent des pétitions comme un piége à sa clémence, ne lui montrèrent groupés autour de lui que des fronts connus et des visages amis, ralentirent ainsi sa marche vers son siége dans le sénat, et, le frappant à l'envi de vingt-sept coups de poignard, l'étendirent sans vie au pied de la statue de Pompée. Le sénat, saisi d'effroi au commencement de ce tumulte, d'horreur au milieu, de joie à la fin, s'enfuit par toutes les issues, sans savoir s'il fallait témoigner la satisfaction ou l'exécration du meurtre.

Brutus, Cassius et les conjurés sortirent en appelant le

peuple à la liberté. Le peuple, moitié vengé, moitié attendri, les applaudit et les laissa seuls monter au Capitole. Antoine, lieutenant de César, et qui avait lui-même conspiré autrefois contre sa vie, maître des troupes, fut chargé par le sénat de préserver Rome de l'anarchie. Il suivit avec habileté tous les mouvements successifs de l'émotion du peuple : le premier jour ami douteux des conjurés, le second protecteur armé du sénat, le troisième portant le deuil de César, le quatrième vengeur de son cadavre en déployant du haut de la tribune aux harangues sa robe ensanglantée et percée de coups aux yeux émus de la multitude ; bientôt arbitre et maître de tout, tenant Rome dans l'indécision entre la passion de la liberté et les regrets de la servitude, et forçant Brutus et ses amis de s'éloigner de la ville qu'ils avaient délivrée, de peur d'y être immolés eux-mêmes par le parti de César, qui avait repris vigueur dans son sang. Tel fut ce crime. Il rappela à la tyrannie par la pitié ; juste expiation de ceux qui croient faire justice et qui font horreur par l'assassinat.

Antoine s'était habilement associé, pour rester l'arbitre de Rome, un autre lieutenant de César, son rival dans l'armée, nommé Lépide, qui commandait l'armée prête à partir pour l'Espagne. Ils grossirent leurs forces de tous les vétérans disséminés dans les provinces, et laissèrent une apparence de souveraineté au sénat. Pendant cette espèce d'interrègne entre la république et la dictature qui suivit le meurtre de César, Brutus et Cassius se retirèrent à Lanuvium, petite ville de la campagne de Rome. Cicéron laissa éclater sa joie de la constitution rétablie. Il pressa les conjurés de saisir le moment prêt à échapper à ceux qui hésitent, et à restaurer l'antique liberté. Brutus, plus philosophe et plus orateur que politique, semblait avoir dépensé toute son énergie dans le coup qui avait abattu le tyran. Il écrivait, raturait, limait, soumettait à l'examen de Cicéron, retranchait, récitait et perfectionnait encore un long discours, accusation de César et justification de ses meurtriers, qu'il se proposait de lire au sénat et au peuple au mois de juin, quand le sénat reprendrait ses séances. Vain orateur, qui ne savait pas que les rhéteurs veulent des paroles, mais que les révolutions veulent des actes.

Les amis de César, et Antoine lui-même, caressaient de leur côté Cicéron. Ils s'efforçaient de l'entraîner de leur côté par l'offre répétée de la plus haute magistrature. Il avait recouvré innocemment toute sa liberté par le coup qui l'avait affranchi de l'amitié humiliante de César et de sa reconnaissance embarrassée envers le dictateur. Il resta inflexible à la tête des bons citoyens et des partisans d'une république stable, patricienne et modérée; il continuait à résider dans sa maison de campagne et à écrire pendant que Rome attendait son sort sans savoir se le faire à elle-même:

« Est-ce là ce que nous devions voir? écrivait-il à Atticus. Quoi! l'œuvre de Brutus se réduit donc à le faire vivre oisif dans sa maison de Lanuvium, et à perpétuer par Antoine et par Lépide le règne de César, plus maître après sa mort qu'il ne le fut pendant sa vie! »

Ces vains reproches ne rendaient ni la popularité ni l'audace à Brutus et à Cassius. Ils irritèrent Antoine contre lui. La colère des vétérans, soufflée par Antoine, le menaça jusque dans sa retraite de Tusculum : on parlait à Rome d'aller l'incendier. Il songea à se réfugier une seconde fois en Grèce. Il s'embarqua même à Naples, et suivit les côtes d'Italie jusqu'à Reggio, en Calabre; là, il eut une entrevue avec Cassius et Brutus. Ils lui apprirent que l'opinion revenait à Rome au parti de la liberté, et qu'on y invoquait son nom comme celui du seul homme dont les conseils pouvaient inspirer à la fois courage au sénat et sagesse au peuple. Il redescendit à terre et se rapprocha de Rome. Les citoyens se précipitèrent partout sur ses pas, comme au premier retour de son exil. Rome semblait veuve de son génie quand il s'éloignait d'elle. Il revint à Tusculum, n'osant pas entrer encore dans Rome tant qu'Antoine y dominait.

Mais déjà le crédit d'Antoine baissait dans le peuple, dans le sénat et dans l'armée. Une autre popularité plus ferme et plus prestigieuse pour les Romains s'élevait sur sa ruine : c'était celle du jeune César-Octave, fils d'une nièce du grand César, et que le dictateur avait déclaré son héritier dans son testament. Cet adolescent, absent de Rome avec sa mère au moment de la mort de César, était revenu d'abord timidement demander à Antoine l'héritage de son oncle. Antoine l'avait méprisé et menacé. Sa jeunesse, son nom, son titre d'héritier et de fils adoptif de César, les larmes de sa mère, l'injustice d'Antoine, avaient intéressé les Romains. Le mépris pour Antoine, l'espérance qui s'attache à l'enfance, les largesses du testament de César aux soldats, que son héritier promettait d'accomplir, avaient fait le reste. Octave, accompagné de sa mère, se montrant à Rome, parcourant les provinces, implorant le peuple, invoquant les vétérans, flattant les républicains de leur rendre la liberté antique et de les délivrer de l'ignoble soldatesque d'Antoine, était devenu en peu de temps pour les uns le vengeur futur de César, pour les autres le restaurateur inespéré de la république. Il affectait de voir la patrie tout entière dans le seul Cicéron. Il prenait de Cicéron ses oracles; il entretenait une correspondance avec lui; il venait lui rendre visite dans sa retraite; il le traitait en fils qui s'inspire de la sagesse d'un père; il lui jurait de n'employer la puissance que son héritage, son nom, son parti, la faveur des Romains lui donneraient, qu'à rétablir, sous le patronage de Cicéron, l'autorité du sénat, l'empire des lois, l'exercice de la liberté antique.

Cicéron, lors même qu'il ne l'aurait pas cru, était obligé

de le croire. Sa passion pour le rétablissement du gouvernement libre, son amitié pour Brutus, sa juste haine et sa terreur trop fondée d'Antoine, ne lui laissaient d'autre levier que ce jeune homme pour soulever Rome contre ce vil tyran qui avait hérité du despotisme de César, sans hériter de sa douceur, de sa grâce et de son génie. Il se lia donc, pour le salut de la république, avec Octave, et se déclara ouvertement son patron. Dès qu'on sut que Cicéron adoptait la cause du jeune César, celle d'Antoine fut perdue dans l'opinion de l'Italie. L'autorité morale de ce grand homme contre-balançait une armée.

Antoine, abandonné des légions voisines de Rome, s'éloigna, la rage dans le cœur, pour aller en chercher d'autres vers les Alpes. Octave marcha contre lui au nom du sénat avec les consuls, et le défit auprès de Modène. Antoine vaincu, mais retrouvant dans la défaite l'énergie du désespoir, franchit les Alpes avec une légion de ses soldats, caressa son rival Lépide, qui commandait une autre armée romaine dans les Gaules, et redescendit en Italie avec cent mille hommes, pour la disputer à Octave. Le sort du monde resta en suspens pendant quelques mois.

Cicéron, rentré dans Rome, y soufflait le feu sacré de la liberté dans douze harangues immortelles, au sénat et au peuple, contre Antoine ; harangues qu'on appela les *Philippiques*, par allusion aux harangues d'un autre orateur, Démosthène, contre Philippe, roi de Macédoine, qui menaçait la liberté d'Athènes comme Antoine menaçait celle des Romains.

Ces douze harangues de Cicéron, fruits de son génie mûri par les années, de son patriotisme humilié par la servitude, de sa colère attisée par la terreur et comme par le pressentiment des crimes d'Antoine et de sa femme Fulvie, plus scélérate encore que son mari, enfin par ce désespoir de la vertu qui, n'ayant plus rien à ménager pour sauver un reste de vie, veut du moins immortaliser sa mémoire, sont le cri de mort de Cicéron, destiné à retentir au delà de sa tombe. Le raisonnement, la passion, la prière, l'imprécation, l'invective, la fureur sacrée qui sanctifie l'injure, l'apostrophe aux Romains, l'invocation aux dieux, le défi au poignard, l'héroïsme de l'âme, du cœur, de l'accent, du geste, y sont tour à tour ou tout ensemble allumés de la flamme de l'éloquence pour relever les Romains de leur prostration, et pour leur rendre, par l'excès du mépris contre leur tyran, sinon le courage de la liberté, du moins la honte de leur servitude. C'est le plus long et le plus sublime accès de colère qui ait jamais retenti parmi les hommes!

Rome et le sénat se relevèrent en effet quelques mois à ces accents, mais pour retomber.

Pendant que Cicéron, à soixante-quatre ans passés, s'efforcait ainsi de rendre à sa patrie le feu inextinguible en lui de sa jeunesse, Octave, pour lequel il combattait à Rome, négociait à Modène avec ses deux rivaux, Lépide et Antoine, trouvant plus sûr de partager l'empire que de le jouer dans une bataille douteuse, et bien sûr d'avance que son nom et sa politique le lui donneraient plus tard tout entier.

Cicéron, informé de cette trahison et de cette ingratitude de son jeune pupille, écrivait en vain à Brutus et à Cassius de revenir précipitamment en Italie avec leurs troupes d'Afrique pour sauver encore une fois la république. Leur crime pesait sur eux; ils n'osèrent pas reparaître sur la terre où le cri du sang de César s'élevait de plus en plus contre eux.

Octave, Antoine, Lépide, convinrent d'une entrevue dans une petite île entourée par le fleuve du Réno, auprès de Bologne. Ils y délibérèrent seuls pendant trois jours et trois nuits, et convinrent de former entre eux un triumvirat ou un gouvernement à trois têtes, se partageant le monde romain en trois parts dont chacune était un empire. Mais c'était peu que de se partager ainsi la république, il fallait s'en assurer la paisible possession en immolant tous les bons et grands citoyens capables de la défendre ou d'inquiéter leur tyrannie. Le sang de trois mille trois cents citoyens romains qu'ils se sacrifièrent mutuellement fut le sceau de leur traité. Ils en dressèrent ensemble la liste, discutèrent, ajoutèrent, retranchèrent, trafiquèrent de la vie et de la mort de leurs amis ou de leurs ennemis, jusqu'à ce que chacun d'eux eût accordé aux autres le sang du plus cher de ses amis, pour en obtenir en retour le sang du dernier de ses ennemis.

Cicéron était le premier sur la liste. Octave, avec un reste de pudeur, le défendit longtemps, représentant quelle ignominie s'attacherait à un gouvernement dont le premier acte serait l'immolation du plus grand citoyen et du plus grand génie de Rome. Les *Philippiques* criaient assez vengeance dans le cœur d'Antoine. Les deux proscripteurs, collègues d'Octave, lui représentèrent sans doute que l'équilibre des forces était nécessaire à leur accommodement pour qu'il fût durable ; que Cicéron jouissait d'une autorité morale trop grande par sa renommée et par son génie dans la république ; que celui des trois triumvirs dont il se déclarerait l'ami l'emporterait bientôt sur les deux autres; qu'il entraînerait avec lui l'opinion et la fortune, et que l'équilibre détruit par le poids de ce grand homme replongerait eux dans le néant, l'Italie dans l'anarchie. Octave céda à la puissance de cette logique d'assassin et à la convoitise du monde. Il jugea que Rome valait bien ce crime, et il permit à Antoine de se venger.

Les triumvirs, renfermant leurs proscriptions dans le silence jusqu'à leur arrivée, de peur que leurs victimes n'échappassent par la fuite à leurs sicaires, s'avancent lentement ensemble vers Rome. On n'ébruita que les noms de dix-sept grands proscrits dont les têtes devaient orner leur triomphe sur la république. Cicéron était encore le premier; il apprit son arrêt sans oser y croire. Octave commencerait-il par un parricide? N'était-il pas son second père? Il espérait, contre toute espérance, en lui; mais il craignait tout d'Antoine, et surtout de Fulvie, sa nouvelle épouse. Les hommes pardonnent; les femmes se vengent, parce qu'elles ont moins de force contre leur passion.

Dans cette perplexité, Cicéron avait le temps de fuir, et peut-être était-ce la pensée d'Octave? L'hésitation, cette faiblesse des grands esprits, parce qu'ils pèsent plus d'idées contre plus d'idées que les autres, fut la cause de sa mort, comme elle avait été le fléau de sa vie. Il perdit les jours et les heures à débattre avec lui-même et avec ses amis lequel était préférable, à son âge, de tendre stoïquement le cou aux égorgeurs, et de mourir en laissant crier son sang contre la tyrannie sur la terre libre de sa patrie, ou d'aller mendier en Asie le pain et la vie de l'exil parmi les ennemis des Romains? Son âme parut se décider et se repentir tour à tour de l'un ou de l'autre parti. Ses pas errèrent, comme ses pensées, du rivage de la mer à ses maisons de campagne et de ses maisons de campagne aux bords de la mer.

Enfin il voulut éloigner le moment de la résolution suprême en s'éloignant de Tusculum, trop voisin de Rome. Il quitta ce séjour avec son frère Quintus Cicéron, et avec son neveu, qui le chérissait comme un père. Il se retira dans sa maison plus reculée d'Astura, séjour de deuil où il avait, comme on l'a vu, nourri la mélancolie de la mort de sa fille Tullia. L'âpreté du lieu et la profondeur des bois semblaient l'abriter de la scélératesse des hommes.

Cette maison était sur le bord de la mer de Naples. Il y passa quelques jours à écouter au loin le bruit des pas de l'armée des triumvirs qui s'approchaient de Rome; il semblait résolu à y attendre la mort, sans se donner la peine ni de la fuir plus loin, ni de la braver de plus près. Cependant son frère, son neveu, ses affranchis, ses esclaves, espèce de seconde famille que la reconnaissance, les lois et les mœurs attachaient jusqu'au trépas aux anciens, lui représentèrent qu'un homme tel que Cicéron n'était jamais vieux tant que son génie pouvait conseiller, illustrer ou réveiller sa patrie; que Caton, en mourant, avait éteint prématurément lui-même une des dernières espérances de la république par une impatience ou par une lassitude de vertu; que, s'il était résolu à mourir, il ne fallait pas du moins que sa mort fût inutile à la cause des bons citoyens, qui était celle des dieux; que, Brutus et Cassius vivant encore et rassemblant en Afrique des légions fidèles à la mémoire de Pompée et à la république, prêtes à combattre les armées vénales des triumvirs, il devait aller rejoindre ces derniers des Romains, raviver par sa présence et par sa voix une cause qui n'était pas encore désespérée tant qu'il lui restait Cicéron et Brutus; ou, s'il fallait périr, périr du moins avec la justice, la vertu et la liberté.

Ces conseils prévalurent un moment dans son âme. Il quitta sa retraite d'Astura avec son frère et le cortége de ses esclaves et de ses familiers, pour se rapprocher de la mer et pour y monter sur une galère qu'on lui avait préparée. Mais la précipitation avec laquelle il avait quitté Rome et Tusculum aux premières rumeurs de sa proscription ne lui avait pas permis d'emporter l'or ou l'argent nécessaire pour une longue expatriation. A peine était-il sur la route qu'il réfléchit à l'indigence à laquelle il allait être exposé avec sa famille et ses amis pendant son exil. Il fit arrêter sa litière (fort brancard fermé par des rideaux et porté par des esclaves qui servait de voitures aux riches Romains), et il fit approcher celle de son frère Quintus, qui marchait derrière lui.

Les deux litières étaient posées côte à côte sur le chemin, et les porteurs éloignés; les deux frères s'entretinrent un moment sans témoin par les portières. Il fut convenu que Quintus, comme le moins illustre et le plus oublié des deux, retournerait seul à Antium, leur pays natal; qu'il en rapporterait l'argent nécessaire à leur fuite, et qu'il rejoindrait en toute hâte Cicéron dans sa maison de la côte de Gaëte, où il allait l'attendre pour s'embarquer. Puis les deux proscrits, comme s'ils avaient eu le pressentiment de leur éternelle séparation, se récrièrent sur l'extrémité de leur malheur, qui ne leur permettait pas même de le supporter ensemble, pleurèrent de tendresse sur le chemin à la vue de leurs esclaves, et, se serrant dans les bras l'un de l'autre, se séparèrent et se rapprochèrent plusieurs fois comme dans un dernier adieu.

Quintus retourna vers Astura, pour regagner par les sentiers des montagnes sa maison d'Antium avec son fils. Cicéron poursuivit sa route vers le bord de la mer, et s'embarqua sur une galère. Il possédait dans une anse du rivage de Gaëte, à l'endroit où l'on voit encore aujourd'hui son tombeau s'élever comme un écueil de la gloire auprès des écueils de l'Océan, une maison de campagne embellie de tous les luxes et ornée de toutes les délices d'une résidence d'été pour les grands citoyens de Rome. Elle s'élevait sur un promontoire d'où le regard embrassait une vaste étendue de mer, tantôt limpide et silencieuse, tantôt écumeuse et murmurante, enceinte par le demi-cercle d'un golfe peuplé de villes maritimes, de temples, de villas romaines, de navires, de barques et de voiles qui en variaient les bords et les flots. Les vents étésiens, qui soufflent du nord pendant la canicule, en rafraîchissaient la température; des jardins en terrasses descendaient d'étages en étages de la maison aérée à la plage humide; des cavernes naturelles, achevées par l'art, pavées de mosaïques, entrecoupées de bassins où l'eau de la mer, en pénétrant par des canaux invisibles, renouvelait la fraîcheur, y servaient aux bains. Un temple domestique, vraisemblablement celui qu'il avait consacré à sa fille Tullia, laissait éclater au-dessus ses colonnes et ses chapiteaux de marbre de Paros, à demi voilés par les orangers, les lauriers, les figuiers, les pins, les myrtes et les pampres des hautes vignes qui tapissent éternellement cette côte.

C'est là que Cicéron descendit de sa galère pour y attendre l'heure du départ et le retour de son frère Quintus. Les triumvirs étaient encore à plusieurs journées d'étape de Rome; la Campanie était libre de troupes, et tout annonçait que les sicaires d'Antoine n'y marcheraient pas aussi vite que sa vengeance.

Mais sa vengeance le devançait. A peine Quintus et son fils étaient-ils arrivés secrètement dans leur ville paternelle d'Antium, pour y vendre leurs biens et pour en rapporter le prix à Cicéron, que la trahison domestique révéla leur présence aux émissaires des triumvirs, et qu'ils furent égorgés, le père et le fils, dans leurs propres foyers, pour le crime de leur nom.

A cette nouvelle, les affranchis et les esclaves de Cicéron le conjurent avec plus d'instances de fuir. Il monte sur sa galère, et navigue jusqu'au promontoire de Circé, cap avancé du golfe de Gaëte, pour faire voile vers l'Afrique. Il s'y fit descendre à terre, malgré les instances des pilotes et la faveur de vents. Il ne pouvait s'arracher à cette dernière plage de l'Italie, ni désespérer tout à fait du cœur et de la reconnaissance d'Octave.

Il reprit, à pied et en silence, le long de la plage, le chemin qui ramenait vers Rome. Sa galère le suivait à quelque distance sur les flots. Après avoir marché ainsi quelques milles, abîmé dans ses perplexités, la nuit commençant à tomber, il fit signe à ses rameurs d'approcher de la plage, et se confia de nouveau aux flots.

Il avoua à ses affranchis que, lassé d'incertitude et de fuite, il avait résolu un moment de rentrer à Rome et d'aller s'ouvrir lui-même les veines sur le seuil d'Octave, afin de se venger du moins, en mourant, d'une ingratitude écrite en caractères de sang sur le nom de ce parricide, et d'attacher à ses pas, avec la mémoire de son crime, une *furie* qui ne le laissât reposer jamais!... La crainte des tortures qu'on lui ferait subir, s'il était arrêté avant d'avoir accompli son suicide, l'avait retenu et ramené à bord. Il navigua quelque temps indécis en vue du rivage, puis, rappelé encore par on ne sait quelles pensées, il ordonna à ses rameurs de le ramener à sa maison de campagne de Gaète, qu'il avait quittée le matin. Ses serviteurs lui obéirent en gémissant et en pleurant sur son trépas. La galère se rapprocha de la plage où s'élevait le temple.

Les présages, langue divinatoire perdue aujourd'hui, qui annonçait, interprétait, solennisait tous les grands actes tragiques des citoyens ou des empires, avertirent et consternèrent, en abordant, les serviteurs de Cicéron. Au moment où la galère cherchait à franchir les dernières lames pour jeter l'ancre aux pieds du promontoire, une nuée de corbeaux, oiseaux fatidiques qui perchaient sur les corniches du temple, s'élevèrent du toit avec de grands cris et, voltigeant au-devant de la galère, parurent vouloir repousser ses voiles et ses vergues vers la grande mer, comme pour lui signaler un danger sur le bord. Cicéron, soit que sa philosophie s'élevât au-dessus de ces superstitions populaires, soit qu'il acceptât l'augure sans chercher à l'écarter, n'en monta pas moins les rampes qui conduisaient à sa maison. Il y entra, et, s'étant jeté tout habillé sur un lit pour se reposer de ses angoisses ou pour se recueillir dans ses pensées, il ramena sur son front le pan de sa toge, afin de ne pas voir la dernière lueur du jour. Mais les corbeaux qui l'avaient repoussé de la plage l'avaient suivi vers sa maison. Soit que ces oiseaux familiers eussent de la joie de revoir leur maître, soit qu'en s'élevant très-haut dans les airs ils eussent aperçu, avant les serviteurs, les armes inusitées des nombreux soldats d'Antoine répandus dans les campagnes et se glissant comme des assassins vers les jardins de Cicéron, ils s'agitaient comme par un instinct caché. L'un d'eux, pénétrant par la fenêtre ouverte à la brise de mer, se percha jusque sur le lit de Cicéron, et, tirant avec son bec le pan de son manteau ramené sur sa tête, il lui découvrit le visage, et sembla le presser de sortir d'une maison qui le repoussait.

A ce signe de l'instinct des oiseaux, les serviteurs de Cicéron s'émurent, s'attendrirent, versant des larmes, et se reprochant à eux-mêmes d'avoir, pour le salut de leur maître, moins de prudence et moins de zèle que les brutes. « Quoi, se disent-ils entre eux, attendrons-nous, les bras croisés, d'être les spectateurs de la mort de ce grand homme, pendant que les bêtes elles-mêmes veillent sur lui et semblent s'indigner des crimes qu'on prépare ? » Animés par ces reproches mutuels, les esclaves de Cicéron se jettent à ses pieds, lui font une douce violence, le forcent à remonter dans sa litière, et le portent, par des sentiers détournés et ombragés des jardins, vers le rivage où la galère l'attendait à l'ancre.

A peine avaient-ils fait quelques pas qu'une bande de soldats commandés par Hérennius et Popilius, deux de ces chefs de bande qui prêtent leur épée à tous les crimes et qui n'ont d'autre cause que celle qui les solde, arrivèrent sans bruit aux murs des jardins, du côté de la terre, et, trouvant les portes fermées, les firent enfoncer et se précipitèrent vers la maison. L'un de ces chefs, Popilius, avait été défendu et sauvé autrefois par le grand orateur dans une accusation de parricide. Il était pressé d'effacer la mémoire de l'ingratitude dans le sang du bienfaiteur. Il somma les serviteurs et les affranchis restés dans la maison de lui dénoncer la retraite de leur maître. Tous répondaient qu'ils ne l'avaient pas vu, et lui donnaient ainsi le temps de fuir, quand un lâche adolescent, disciple chéri de Cicéron, fils d'un affranchi de son frère, cultivé par lui comme un fils dans la science et dans les lettres, et nommé Philologus, indiqua du geste aux soldats l'allée du jardin par laquelle son patron et son second père descendait vers la mer. A ce signe mortel, Hérennius, Popilius et leur troupe s'élancent au galop sur les traces de la litière, et font résonner de leurs cris, du cliquetis de leurs armes et des pas de leurs chevaux le chemin creux du jardin qui mène au rivage.

A ce bruit tumultueux qui s'approche, qui tranche toutes ses irrésolutions, et qui repose enfin son âme dans la certitude de la mort, Cicéron veut au moins la recevoir, et non la fuir : il ordonne à ses esclaves de s'arrêter et de déposer la litière sur le sable. On lui obéit; il attend sans pâlir ses assassins, il appuie son coude sur son genou, soutient son menton dans sa main, comme c'était son habitude de corps quand il méditait en repos dans le sénat ou dans sa bibliothèque, et, regardant d'un œil intrépide Hérennius et Popilius, il leur évite la peine de l'arracher de sa litière, et leur tend la gorge, comme un homme qui, en allant au-devant du coup, va au-devant de l'immortalité.

Hérennius lui tranche la tête, et la porte lui-même à Antoine, pour qu'aucun autre, en le devançant, ne lui dérobe la première joie du triumvir, le prix du crime auquel il a dévoué son épée.

Antoine, qui venait d'entrer à Rome, présidait l'assemblée du peuple pour les élections des nouveaux magistrats au moment où Hérennius fendait la foule pour lui offrir la tête du sauveur du peuple. « C'en est assez! s'écria Antoine en apercevant le visage livide de celui qui l'avait fait si souvent pâlir lui-même; voilà les proscriptions finies! » témoignant ainsi, par ce mot, que la mort de Cicéron lui valait à elle seule une multitude de victimes, et délivrait son ambition de la dernière vertu de Rome!

Il ordonna de clouer la tête sanglante de Cicéron, entre ses deux mains coupées, sur la tribune aux harangues; suppliciant ainsi la plus haute éloquence qui fut jamais, par les deux organes de la parole humaine, le geste et la voix. Mais Fulvie, femme d'Antoine, ne se contenta pas de cette vengeance; elle se fit apporter la tête de l'orateur, la reçut dans ses mains, la plaça sur ses genoux, la souffleta, lui arracha la langue des lèvres, la perça d'une longue épingle d'or qui retenait les cheveux des dames romaines, et prolongea, comme les Furies dont elle était l'image, le supplice au delà de la mort! honte éternelle de son sexe et du peuple romain!

Cicéron mort, les triumvirs s'entre-disputèrent la république. Octave prévalut. La tyrannie, qui n'avait été jusque-là qu'une éclipse de la liberté, devint une institution. Elle dispensa le peuple de toute vertu. Elle fit aux Romains, selon le hasard des vices ou des vertus de leurs maîtres, tantôt des temps de servitude prospère, tantôt des règnes de dégradation morale et de sang, qui sont l'ignominie de l'histoire et le supplice en masse du genre humain.

Voilà une des grandes pages de l'histoire de Rome. Nous en donnerons d'autres.

CÉSAR

CÉSAR

(AN DE ROME 710)

Soyons sans pitié pour la gloire, cette grande corruptrice du jugement humain, lorsqu'elle n'est pas le reflet de la vraie vertu. Telle est la première réflexion qui se présente quand, après avoir étudié avec l'impartialité de la distance, le génie, les circonstances, l'époque, la patrie, les exploits, la politique de César, on entreprend de peindre le plus accompli, le plus aimable et le plus dépravé des Romains et peut-être des hommes.

Mais il faut comprendre Rome pour comprendre César.

Le principe de ce qu'on a appelé la *république romaine*, dans des siècles où le mot *république* signifiait seulement l'*État*, n'était ni le juste ni l'honnête : c'était le patriotisme.

Le patriotisme se confond quelquefois avec le juste et l'honnête, quand il se borne à aimer, à défendre, à conserver la patrie, c'est-à-dire cette portion héréditaire de sol, patrimoine de la portion de famille humaine qu'on appelle une nation. Mais le patriotisme ambitieux, envahisseur et insatiable, qui ne reconnaît que son intérêt personnel pour droit dans le monde, qui méprise et qui violente les autres droits de nationalités, égaux chez tous les hommes, et qui se fait de ces violences une gloire inique dans la postérité, ce patriotisme n'est qu'un égoïsme colossal, un principe court, brutal, improbe, portant dans ses succès mêmes sa condamnation et le germe de sa ruine.

Les premiers Romains, horde de brigands avant d'être peuple, ayant été obligés par leur bannissement et leur expatriation de se réfugier dans les montagnes du Latium, d'y bâtir une ville, et d'y conquérir un à un tous les territoires de leurs voisins pour élargir leur patrie, avaient été naturellement induits par cette origine à faire de ce féroce patriotisme le principe unique, la vertu et presque la divinité de Rome. Comme toutes les fausses vertus, ce patriotisme avait légitimé ses crimes par des axiomes. La conquête sans limites, la subjugation incessante du monde, la spoliation de l'univers, les triomphes effrontés où la nation étalait, au lieu d'en rougir, ces dépouilles, avaient été de siècle en siècle la conséquence de ce principe ; la guerre perpétuelle en avait été le moyen. La fortune, et cela est fréquent, comme pour éprouver la foi et démentir la Providence, avait asservi une grande partie de l'univers alors connu des Romains.

L'origine illégitime de ce peuple, qui explique l'insatiabilité de ses conquêtes, explique aussi la nature tumultueuse de son gouvernement. Comme tous étaient égaux de crime, d'exil et de brigandage dans leur repaire devenu depuis la ville éternelle, l'égalité de tyrannie entre les fondateurs de la cité, l'égalité de servitude entre les vaincus, s'étaient profondément imprimées dans leurs âmes. Ils n'avaient pas pu supporter longtemps la discipline de leurs rois ; il avaient monopolisé dans un sénat le pouvoir, par droit de richesse et de prépondérance entre les membres de leurs principales familles, sans s'inquiéter des droits du reste du peuple.

Peu à peu le peuple grandissant avait réclamé, les armes à la main, sa part de puissance. On lui avait accordé des comices, des tribuns, des droits électoraux, des magistratures propres, qui le rendaient l'égal du sénat ; mais ce peuple, aussi égoïste et aussi exclusif que les grands, avait borné à lui-même l'exercice des droits des citoyens romains.

C'étaient deux oligarchies rivales, l'une dans le sénat, l'autre dans le Forum, se combattant pour s'arracher leurs priviléges, ou se conciliant pour imposer ensemble leur joug à la *plèbe* et aux provinces ; ce n'était point une république telle que nous entendons aujourd'hui, par ce mot, le gouvernement représentatif organisé du peuple tout entier. Cette idée d'égalité, de représentation dans le pouvoir politique pour assurer l'égalité du droit dans l'ordre civil, n'était pas née encore dans le monde romain. Elle devait naître d'une religion meilleure, distributrice de l'équité divine entre les classes. Seul, l'esclavage, admis alors partout, protestait contre l'établissement d'une démocratie véritable.

Rome, avec ses deux tribunes, ses deux aristocraties, ses deux consuls annuels, ses comices, ses tribuns, ses sénatus-consultes, ses plébiscites, ses brigues de suffrages, ses luttes intestines, ses guerres civiles, ses dictatures, tyrannie à temps pour interposer la force entre les anarchies, avait été un éternel orage. Mais cet orage avait répandu sur le monde les plus beaux éclairs d'éloquence, de génie, de courage et de vertu. Tant que Rome avait été à l'étroit dans l'Italie, ou tant qu'elle avait eu à conquérir en Sicile, en Espagne, en Grèce, en Asie Mineure, en Égypte, à Carthage, la nécessité du salut commun ou la tension de l'ambition commune avait ajourné les grandes luttes intestines, seule cause de mort des nations.

Mais quand Carthage fut conquise par les Scipions, la dernière vertu de la république, le génie soldatesque nourri par Rome dans ses légions pour asservir l'univers se retourna contre elle. C'est la loi du talion contre les peuples libres qui veulent en même temps être des peuples conquérants : ils se blessent tôt ou tard et ils se tuent avec l'épée qu'ils ont tirée contre le monde. Le sénat et le peuple eurent à compter avec les légions et les généraux, habitués à commander chez les autres et ne sachant plus obéir aux lois dans leur patrie.

Le temps, en outre, avait développé dans l'intérieur de l'Italie et dans la constitution même de la république des dissensions organiques et des questions sociales qui ne pouvaient se trancher que par la guerre civile. C'est le jugement des causes insolubles. La plus grave de ces questions était *la loi agraire*.

La loi agraire, levier habituel de tous les tribuns qui voulaient soulever le peuple et la plèbe, depuis les Gracques jusqu'à Clodius, Catilina et César, n'était nullement ce rêve impraticable du partage arbitraire de la terre en portions égales, lit de Procuste où des législateurs chimériques prétendraient éternellement niveler ce que la nature tend éternellement à inégaliser selon le travail, l'épargne, le nombre et l'aptitude intellectuelle et physique de la famille. Le bon sens romain, essentiellement législatif et agricole, n'avait pas de telles aberrations du juste et du possible. La loi agraire signifiait seulement la distribution, soit gratuite aux familles de vétérans, soit par les enchères aux familles rurales, des territoires à cultiver conquis et possédés en Italie et ailleurs par l'État, et qu'on appelait l'*ager publicus*, les biens territoriaux de l'État. Ces territoires, non encore distribués ou vendus aux citoyens, étaient affermés à long bail par la république à des colons cultivateurs qui voulaient changer leur fermage contre un titre inaliénable de propriété.

Les patriciens opulents s'étaient abusivement emparés, à titre d'usurpation, de ces terres, qu'ils faisaient cultiver par des métayers, leurs sous-fermiers, ou par leurs innombrables esclaves. Ils refusaient de restituer ces biens qui ne leur appartenaient, en réalité, que par l'usage et la déshérence. Le peuple, la plèbe et les légions voulaient forcer le sénat à les exproprier avec indemnité pour donner un cours libre à cette richesse en sol usurpé ou stérile. Les tribuns, agitateurs du peuple, les démagogues, meneurs de la plèbe, les ambitieux, flatteurs de la multitude, les généraux complaisants des légions, pour s'attirer la faveur des camps, soutenaient le parti populaire contre le sénat.

Voilà toute la loi agraire. La cause était juste au fond et le résultat salutaire; seulement la dépossession des patriciens et des riches était d'une extrême vexation. Les tribuns eux-mêmes sentaient la double difficulté de mécontenter l'aristocratie en la dépouillant, sans indemnité, d'une possession héréditaire sur laquelle mille autres possessions d'exploitation s'étaient fondées, ou d'aliéner le peuple en lui demandant de voter cette indemnité nécessaire. Les biens des proscrits des guerres civiles faisaient partie de cet *ager publicus*. Les distribuer ou les vendre au peuple, c'était prononcer l'éternité de la proscription et de la confiscation. On reculait devant cette irrévocabilité de l'exil et de l'indigence des proscrits d'hier, qui pourraient être les proscripteurs de demain. Cela ressemblait, sous ce rapport, à la discussion sur l'indemnité des émigrés en France à l'époque de la restauration : mesure irritante et calmante à la fois, que le gouvernement de la restauration eut l'audace d'aborder et la gloire d'accomplir sans guerre civile, et en étouffant, au contraire, un germe perpétuel de représailles. Cette loi agraire de la France agita le peuple et le sauva malgré lui, comme l'indemnité demandée au peuple romain, préalablement à la loi agraire, aurait sauvé Rome.

Une cause de dissension qui se confondait avec celle de la loi agraire était l'extension du titre de citoyen romain, demandée avec justice par les habitants des villes libres et refusée avec insolence ou accordée avec parcimonie par le sénat ou par le peuple.

A ces grands éléments de trouble au cœur de la république il faut ajouter la dépravation déjà monstrueuse des mœurs, l'accumulation scandaleuse des richesses dans quelques familles, telles que les Crassus ou les Lucullus, possédant des provinces entières et jusqu'à quarante mille esclaves; l'indigence des autres, vendant tout, même leur conscience et leur suffrage, à qui voulait les acheter; la religion, simple hypocrisie d'État, conservant au peuple des augures, des prêtres et des dieux comme des habitudes ou des spectacles pour amuser la populace; une capitale immense, dont le trésor public nourrissait gratuitement une plèbe de quatre cent mille prolétaires, armée oisive, toujours prête aux servitudes ou aux séditions; des corporations de trois cent mille ouvriers formant autant de factions délibérantes qu'il y avait de métiers dans Rome, ateliers nationaux en permanence où chaque parti allait recruter ses vociférateurs ou ses combattants; des jeux publics, des théâtres, des cirques, des troupeaux de bêtes féroces, des armées de gladiateurs entretenus aux frais de l'État ou des citoyens; le peuple dans une tumultueuse oisiveté; des tribunes ouvertes dans tous les carrefours aux agitateurs de la ville pour les murmures, les plaintes, les calomnies; les séditions des citoyens, de la plèbe, des affranchis et même des esclaves; enfin des légions nombreuses de soldats ou de vétérans, véritables cités dans la cité, inféodées comme une clientèle à tel ou tel général pour les besoins de leur gloire ou de leur ambition, et venant imposer tour à tour au sénat et au peuple qui les soldaient un ordre humiliant ou des désordres sanguinaires.

Telle était la situation de la république aux temps où César grandissait pour la détruire.

Il était né entre les proscriptions de Marius, le bourreau des nobles, et les proscriptions de Sylla, le bourreau des plébéiens. Cette date explique ses ambitions et son impiété envers une telle liberté. Le premier sentiment qui dut se lever dans son âme fut de désespérer de la république. Un grand homme vertueux aurait rêvé de la réformer et de la rasseoir ; un grand homme dépravé devait rêver de l'asservir et de s'en emparer.

La nature et la fortune avaient façonné l'homme pour le rôle. Il avait tout ce qui séduit les hommes et tout ce qui les subjugue : un grand nom, une grande beauté, un grand génie, un grand caractère. On peut dire de lui seul qu'il était né populaire.

Sa famille était des plus antiques de Rome, où l'antiquité de la race était une consécration aux yeux du peuple. Son sang se confondait avec celui des dieux. La première fois qu'il parla en public, aux funérailles de sa tante, il énuméra fièrement lui-même ses aïeux comme des titres à l'attention publique : « Mon aïeule maternelle, dit-il, descendait d'Ancus Martius, la souche des rois de Rome ; la famille Julia, à laquelle s'affilie la mienne, descend de Vénus elle-même. Je réunis donc dans mon sang quelque chose de la majesté des rois, si puissants parmi les hommes, et de la majesté des dieux, qui sont les maîtres des rois ! »

La richesse de cette maison répondait à son antiquité. Elle possédait d'immenses domaines ruraux dans le Latium, une vaste clientèle dans Rome, l'habitude héréditaire des grandes charges, des milliers d'esclaves dans ses terres, un palais et des jardins somptueux dans la *Via Suburra*, le quartier sénatorial des vieux patriciens. Son père, qui mourut jeune, le laissa, sous la tutelle de sa mère, maître d'une liberté et d'une opulence précoces. A seize ans, il commençait à attirer l'attention sur lui par son nom, par sa figure, par ses prodigalités et par sa familiarité noble avec le peuple. La séduction irrésistible de Vénus, de qui il prétendait descendre, semblait se retrouver en caractères plus virils dans ses traits. Sa taille était élevée, mince et souple; il marchait à pied dans les rues de Rome plutôt qu'en litière, pour se faire admirer des femmes et bien venir du bas peuple par cette affectation d'égalité. Son costume, élégant dans sa négligence, était calculé pour faire ressortir les agréments de sa personne : une ceinture lâche, dont le nœud retombait à demi dénoué sur ses jambes comme une ceinture de femme, lui donnait l'apparent abandon dont les hommes sévères de Rome accusaient les jeunes voluptueux, *hommes à la ceinture dénouée* (*homines decincti*). Il pensait que cette affiche de licence de mœurs dans la jeunesse ne déplaisait pas au peuple, qui avait du goût ou de l'indulgence pour les Alcibiades, comme si un peu de vice devait toujours entrer dans la grâce de ses favoris. L'austérité mettait trop de distance entre le plébéien et le patricien ; la licence rapprochait : elle donnait aux uns le besoin d'indulgence, aux autres le droit de familiarité.

L'instinct divinatoire du jeune César lui avait appris ce mystère des popularités consommées. L'amour du plaisir et la vanité de l'adolescent l'aidaient d'eux-mêmes à jouer naturellement ce rôle délicat entre la popularité et le mépris, où souvent la popularité glisse. Il soignait sa beauté non-seulement comme un attrait, mais comme une force.

Sa chevelure flottante, toujours lissée avec le peigne aux dents d'ivoire, parfumée d'huile odorante, ramenée du sommet de la tête sur le front et sur les tempes, et retenue par un bandeau, dérobait aux regards le seul défaut de sa figure, le front chauve avant les années. Ce front était modelé comme par le pouce du statuaire : la parfaite harmonie des facultés, se jouant dans une facilité qui les accomplit toutes, n'y laissait ni froncement, ni protubérance, ni ride ; il pensait sans qu'on le vît réfléchir, tant la pensée en lui était rapide, naturelle et spontanée ! Sa peau blanche était épilée avec raffinement sur la poitrine, sur les joues et sur les jambes nues. Ses yeux étaient noirs dans le repos ; dans l'émotion ils se teintaient, disent ses peintres, de nuances mélangées et de jets de feu qui en rendaient la couleur incertaine ; ils semblaient lancer le regard comme un trait, aussi loin et aussi profondément qu'il voulait atteindre. Ses joues avaient la pâleur de l'étude ou de la volupté fatiguée. Sa bouche, bien ouverte et souriante, n'avait ni sévérité, ni contention, ni dédain ; des paroles gracieuses en coulaient de source. Sa voix sonore et bien timbrée s'entendait de loin sans effort ; la bienveillance en tempérait l'accent. Son geste participait de ce désir universel de plaire : il tendait la main avec cordialité à ceux qui le saluaient par son nom, quel que fût le rang du salueur, et il la pressait légèrement ou avec force, selon la convenance ou l'amitié.

Tel était César à dix-sept ans : déjà regardé des vieillards, envié des jeunes gens, idolâtré des femmes, caressé du peuple, promis aux précoces fonctions des hautes magistratures, studieux, lettré, éloquent, débauché, aspirant à toutes les supériorités, même à celle des vices, né pour être le salut ou la perte de sa patrie.

C'était pendant les dernières années de la dictature du vieux Sylla, qui avait fait triompher non un ordre durable, mais une tyrannie précaire sur une autre tyrannie. Les agitations suscitées par les Gracques, patriciens factieux passés aux séditions du peuple et abandonnés par leurs complices à la vengeance des patriciens ; la dictature de Marius, démagogue soldatesque sans génie et sans vertu, mort d'excès de vin après des excès de sang contre la noblesse, avaient lassé le peuple lui-même de ses convulsions.

Sylla, général heureux, patricien implacable, avait saisi la dictature, sans chercher à pacifier ou à réformer la république ; Sylla, représaille vivante de Marius, avait repris pour toute politique l'égorgement. Seulement il avait égorgé les démagogues et les plébéiens, au lieu d'égorger les sénateurs et les nobles. La dictature n'avait été qu'une longue consternation du parti vaincu. La république, incapable de vivre de vertu, vivait de stupeur.

Une autre représaille, après la mort de Sylla, ne pouvait manquer de succéder à la représaille de cet aristocrate vengeur du sénat. Déjà même les premiers symptômes d'une réaction populaire révélaient une fermentation civile sous la main de fer de Sylla. Quelques jeunes nobles, à l'imitation des Gracques, tels que Dolabella, Lepidus, Crassus, César, Catilina, prêtent leur voix au peuple abattu et briguent la popularité aux dépens de leur ordre.

Le peuple aime naturellement les tribuns qui lui viennent de haut et qui lui paraissent généreux en adoptant sa cause. Les démagogues sortis du peuple lui sont suspects de chercher fortune ou importance dans les révolutions ; les aristocrates populaires apportent au peuple en force et en prestige plus qu'ils ne lui demandent, ils lui imposent en outre un respect que ne lui inspirent pas ses propres agitateurs. On a beau faire, le nom est quelque chose dans l'homme : il y a du passé dans le présent. L'homme nouveau éprouve, malgré lui, le besoin de se rattacher à l'homme ancien. Ce ne sont ni les lois ni les préjugés, c'est la nature qui a fait cette noblesse. Voyez les Gracques, voyez César à Rome, voyez Mirabeau, voyez La Fayette en France! c'est toujours une main de patricien tendue d'en haut qui relève, qui soulève ou qui dompte le peuple.

Le jeune César savait tout par intuition. Il se tenait, dès les premiers jours de sa vie publique, sur cette limite indécise où les patriciens du sénat pouvaient voir en lui un conservateur de leurs priviléges, et où le peuple pouvait espérer dans ce jeune patricien un successeur des Gracques et un émule de Marius, un tribun de ses droits. Cette attitude équivoque, mal couverte par la réputation de débauche, de prodigalité, d'épicuréisme, qu'il s'était faite dans une adolescence efféminée et licencieuse, le déroba quelque temps aux soupçons ombrageux de Sylla. Une circonstance domestique les fit éclater.

César avait été fiancé à seize ans par sa mère avec une opulente héritière, fille d'un simple chevalier romain, nommée Cossutia. Parvenu à l'âge viril et épris des charmes de Julie, fille de Cinna, il s'était refusé à accomplir ce mariage, et il avait épousé Julie. Cinna, qui avait été dictateur, était un nom odieux et suspect à Sylla. Tout ce qui avait tenu au parti populaire lui était ennemi; il s'offensa de cette union d'un jeune homme, sur lequel se fondaient déjà tant d'espérances et tant de craintes, avec la fille de Cinna; il voulut par séduction et par menace contraindre César à répudier Julie. L'amour fut la première insurrection de l'esprit de César contre le dictateur. Il sentait la tyrannie jusque dans son cœur. Il s'indigna, il refusa obstinément de sacrifier au caprice de Sylla l'épouse qu'il adorait, il brava la proscription et la mort plutôt que de désavouer sa tendresse.

Obligé de sortir de Rome pour se dérober aux poursuites de Sylla, il se réfugia dans les montagnes de la Sabine, empruntant tantôt le toit d'un de ses amis, tantôt la métairie d'un autre, pour dépister les soldats du dictateur. Une nuit qu'il errait ainsi dans la campagne d'asile en asile et que la fièvre qui le minait énervait sa marche, il fut atteint par les soldats. Il n'évita la mort qu'en achetant, au prix de trois cent mille sesterces, le silence et la pitié du centurion qui les commandait. Sylla avait confisqué tous ses biens et l'avait déclaré incapable de toutes les charges. L'intervention de sa famille, de ses amis et des Vestales, solliciteuses sacrées auxquelles Sylla ne refusait rien, fléchit plus qu'elle ne convainquit le dictateur. Il avait pressenti le successeur de Marius dans ce jeune voluptueux, à la ceinture relâchée et à la robe flottante; il se rendit à l'importunité plus qu'à la clémence. La tyrannie a des yeux qui lisent au delà de la portée du regard dans l'ombre de l'avenir. Sylla était un homme qui avait accumulé contre lui trop de vengeances pour ne pas se prophétiser à lui-même une expiation certaine dans un inévitable successeur; mais il vieillissait, et il avait déjà l'indifférence d'un tyran que la mort va couvrir bientôt contre les représailles de la tyrannie. Peu lui importait en ce moment que Rome eût un factieux de moins ou de plus après lui!

« Vous le voulez, dit-il aux vestales et à ses propres amis qui lui garantissaient la parfaite innocuité de César, j'y consens, mais souvenez-vous que vous vous en repentirez et qu'il y a dans ce jeune homme plus d'un Marius! »

Ce nom de Marius ne venait pas au hasard sur les lèvres de Sylla; car le vieux Marius avait épousé Julie, tante de César, et cette parenté avec l'homme dont le nom seul faisait frissonner les patriciens appelait naturellement sur le neveu de Marius le soupçon de quelque consanguinité de parti.

Quoi qu'il en soit, César pardonné rentra dans Rome et y reprit avec sa fortune le cours de ses prodigalités et de ses débauches. Il semblait vouloir faire oublier au tyran de sa patrie la peur qu'on avait eue de lui, par ses élégances, ses dettes et ses scandales. Sa demeure, ouverte à tous les luxes et à tous les plaisirs, était le foyer banal de tous les jeunes licencieux de Rome. On y professait les doctrines d'Épicure. On s'y raillait des mœurs, des lois et des dieux de la république. César était à la fois l'hôte et le modèle de cette jeunesse; il donnait le ton, à Rome, du goût et des vices; on le citait comme l'homme qui savait le mieux donner à toutes les licences la grâce de la légèreté et les élégances de l'aristocratie.

Il continuait cependant à caresser sous main le parti populaire, mais il le caressait par ses plus mauvais instincts, et, au lieu de le prendre par l'hypocrisie de la vertu, il le flattait par l'imitation de ses débordements. Il n'y avait pas un débauché, un impie, un citoyen perdu de mœurs, pas un débiteur perdu de dettes, pas un de ces désespérés de fortune et de réputation qui ne peuvent se relever que dans l'écroulement de toute chose, dont César ne fût secrètement l'espoir ou l'ami. Il avait la clientèle de tous les vices. Dans un temps de corruption, c'était une force : il semblait vouloir donner lui-même à ces ennemis irréconciliables de l'ordre le gage d'une ruine commune en se ruinant comme eux et en ne se gardant pour fortune que le bouleversement de son pays. Ses dettes, provenant presque toutes de libéralités faites aux meneurs des brigues populaires, s'élevaient déjà à huit millions de notre monnaie, somme qui représentait alors au moins quarante millions.

Suétone, son historien domestique, le représente à cette époque de sa vie comme l'Alcibiade romain, mais comme un Alcibiade qui n'avait point de Socrate.

« Son costume, dit-il, était efféminé; les franges qui bordaient son laticlave (vêtement de dessus) descendaient jusque sur ses mains. C'était toujours sur cette robe qu'il nouait sa ceinture mal attachée. Il aimait avec passion le luxe et la magnificence. Il avait fait construire dans le site délicieux de Laricia, près d'Albano, une maison de campagne dont la construction et les décorations lui avaient coûté des sommes énormes; il la fit démolir, avant de l'habiter, pour de légères imperfections de convenance.

Dans ses voyages, il faisait porter avec ses bagages des parquets mobiles en bois odorant et des pavés de mosaïque pour ne fouler aux pieds que des merveilles d'art. Il n'épargnait rien pour corrompre à prix d'or les femmes que sa beauté et sa célébrité ne suffisaient pas à séduire. Avant l'âge de vingt-deux ans, il avait déjà enlevé à leurs maris Posthumia, femme de Servius Sulpicius, Lollia, femme de Gabinus, Tertulla, femme de Crassus, Mucia, femme du grand Pompée, Servilie, enfin, mère de Brutus, la plus chère de ses conquêtes. Il lui donna une perle du prix de plusieurs millions de sesterces. »

Il tirait gloire de ses séductions, et, avant d'aspirer à d'autres célébrités, il aspirait à la célébrité de ses désordres; plus la famille qu'il déshonorait était illustre ou patricienne, plus il en recueillait d'honneur. De tous les excès, il ne s'abstenait que de celui du vin, parce que le vin trouble l'intelligence, et qu'il voulait se posséder lui-même pour posséder les autres. Caton, qui affichait dans la vertu l'excès que César affectait dans les scandales, lui rendait ironiquement cette justice : « De tous ceux, disait Caton, qui ont entrepris de ruiner la république, ce jeune homme est le seul qui ait été sobre. » Tibérius Gracchus s'était souvent montré ivre à la tribune, et Marius était un ivrogne de caserne.

A un tel prodigue il fallait un jour l'empire à dépenser. Aussi les historiens s'accordent à dire qu'il était aussi avide que généreux, et qu'il apportait aussi peu de probité à vendre qu'à acheter les honneurs et les provinces de la république.

Mais ses dissipations, dit Suétone, ne l'empêchaient pas de cultiver assidûment tous les talents par lesquels on s'élevait aux honneurs publics dans Rome, et les talents plus hauts encore par lesquels on s'élève aux honneurs de la postérité. Toute gloire lui était bonne, et il était capable de toutes les gloires. Ses premiers discours au Forum, devant le peuple, ne lui laissèrent pour rivaux que les premiers orateurs de Rome, dans un temps où Rome avait le vieux Antoine et le divin Cicéron. Cicéron lui-même, dans son traité de l'*Orateur*, dédié à Brutus, parle, sans faveur comme sans envie, de la parole *éclatante*, *grandiose* et *opulente* de César. « Je n'en connais aucun dont on puisse dire que César est le second, » dit-il. Puis, pour convaincre Brutus, qui devait un jour étouffer cette éloquence sous le poignard : « Quel orateur, ajoute Cicéron, pourriez-vous lui préférer parmi ceux qui n'ont cultivé que cet art seul de parler? Qui pourrait l'emporter sur lui pour l'abondance et la vigueur de la pensée? qui, pour l'élégance ou la splendeur des expressions? »

Les discours écrits de lui qui existaient encore au temps d'Auguste, soit au Forum, soit au sénat, soit au camp devant les soldats, avant les batailles d'Espagne, ne retraçaient qu'imparfaitement, dit-on, la grâce, la force et l'abondance de ses harangues. Cicéron et d'autres contemporains disent que ses poésies égalaient son éloquence, et qu'elles ne l'auraient laissé inférieur à aucun poëte romain, dans un temps qui couvait déjà Horace et Virgile. Un poëme sur les voyages, une ode à Hercule, une tragédie d'*Œdipe*, l'avaient exercé à la poésie didactique, lyrique et dramatique. Ces essais se sont absorbés dans sa gloire comme les rayons dans l'astre couché. On ne peut en juger que par l'impression qu'ils firent sur Cicéron. L'impression de Cicéron est un jugement aussi compétent que celui de tout un siècle.

Quant à ses opinions religieuses, elles étaient telles que les peut avoir un homme qui ne se proposait dès son adolescence que deux fins dans la vie : la volupté et l'ambition. Il professait en morale cet axiome qui condamne les petits crimes et absout les grands : que, toutes les fois qu'il ne s'agit pas de l'empire, il convient de s'astreindre au devoir et à la vertu, mais qu'il faut s'en affranchir quand le prix du crime en vaut la peine. En religion, il professait ouvertement l'athéisme et l'égalité après la mort entre le bien ou le mal accompli par les mortels. « La mort n'est qu'un sommeil éternel, osa-t-il dire au sénat dans sa harangue pour les complices de Catilina; elle est la fin de tout; au delà du tombeau, il n'y a plus ni félicité ni supplice!

» — On sait, en effet, lui répondit Caton, que vous regardez comme des fables ce qu'on raconte du ciel et des enfers, sur le sort différent qui attend les justes ou les méchants après le trépas, sur les séjours sombres, formidables, pleins d'horreur, où les criminels vont expier leurs forfaits. »

César ne démentit par aucun signe et par aucune parole l'opinion que Caton avait de son athéisme. La foi qui exempte des scrupules et des remords était celle qui convenait à son ambition.

Les hautes magistratures du culte étaient si exclusivement civiles à Rome, que César, malgré son impiété avérée et sa jeunesse, osa briguer les suffrages pour le souverain pontificat, charge honorifique qui conduisait aux premiers pouvoirs, et dont quelques-uns de ses ancêtres avaient été revêtus. Il se croyait sûr de l'emporter sur ses concurrents, lorsque Sylla s'indigna de l'audace de ce neveu de Marius et déjoua brutalement sa candidature.

César, convaincu qu'il n'y avait plus pour lui, tant que Sylla vivrait, ni honneur ni sûreté dans Rome, partit pour l'Asie Mineure, afin de s'initier dans la guerre sous le général romain qui combattait contre Mithridate, cet Annibal asiatique. La galère qui le portait en Asie fut prise, non loin de la côte de Milet, par des pirates de Cilicie qui écumaient à cette époque la mer de l'Archipel et qui rançonnaient leurs captifs. Les pirates, après avoir conduit le jeune patricien dans une de ces anses écartées de la côte de Cilicie qui servent encore aujourd'hui de repaire à ces brigands maritimes, permirent à sa galère de voguer vers Milet pour rapporter la rançon de leur prisonnier.

La liberté d'esprit, la grâce et même l'insolence avec lesquelles César affronta ses geôliers, charmèrent ces aventuriers. Plus flattés qu'offensés de tant d'audace, ils le traitèrent en hôte illustre et non en captif, supportant tout de lui, même les menaces enjouées de les faire mettre en croix lorsqu'il leur aurait payé sa rançon et qu'il les rencontrerait plus faibles que lui dans leurs courses; les pirates pardonnaient tout à sa gaieté, à sa confiance et à sa jeunesse.

La galère de César revint de Milet après quarante jours, apporta les cinquante talents que César avait fixés lui-même, au lieu de vingt demandés par les pirates, somme selon lui trop inférieure à l'appréciation qu'ils faisaient de son nom. Mais, à peine débarqué en Bithynie, il arma à Mélos une escadre à ses frais contre les pirates, les surprit encore dans la rade où il les avait laissés, reprit sur eux les sommes payées pour sa rançon, et, les ayant conduits enchaînés à Pergam, les fit supplicier, comme il le leur avait promis, par l'autorité de Nicomède, roi de Bithynie, prince allié et vassal des Romains.

Son séjour à la cour du roi Nicomède et les complaisances qu'on l'accusa d'avoir eues pour ce jeune roi asiatique, engoué de sa beauté, ternirent à jamais sa réputation. Les soupçons de ce commerce infâme entre le jeune Romain et le jeune roi de Pergame se retrouvèrent jusque dans les sarcasmes de Cicéron plaidant contre César au sénat, et jusque dans les chansons de ses soldats suivant son char de triomphe. Le nom de *reine de Bithynie* devint longtemps l'infâme surnom du favori de Nicomède. César, il faut le constater cependant, démentit toujours avec indignation cette rumeur publique. Lui qui se parait de tous ses vices, rougit au moins de celui-là.

Après avoir suivi en volontaire l'armée du préteur Junius dans quelques campagnes contre Mithridate, qui insultait les États du roi de Bithynie, il monta sur la flotte qui allait reconquérir aux Romains l'île de Mitylène, et mérita par son intrépidité à l'assaut de la ville sa première décoration militaire, une couronne de laurier. Quelque efféminé qu'il fût dans ses mœurs, il savait qu'à Rome la gloire des armes était, avec l'éloquence, la désignation des hommes futurs aux regards et aux suffrages du peuple. Il estimait assez la toute-puissance pour croire qu'elle valait la vie. Ce dédain réfléchi de la mort devint la base de son intrépide ambition.

On lui écrivait de Rome que Sylla, vieilli et fatigué de tyrannie, allait abdiquer ou mourir; le dictateur laissait flotter le joug; César pouvait rentrer à Rome sans danger; de hautes candidatures s'offraient à lui. Il eut la constance de résister à ces amorces. Il voulut se perfectionner dans la philosophie, dans les lettres, dans l'éloquence surtout, afin de revenir lutter avec plus de supériorité contre ses grands rivaux de tribune, Hortensius et Cicéron.

L'île de Rhodes, cette colonie d'Athènes qui survivait à la mère patrie, était alors pour les Grecs, pour les Asiatiques et pour les Romains, ce que Rome moderne fut, sous Léon X, pour l'Occident : l'école des arts et des lettres pour l'univers. Les derniers des Grecs, à qui leur patrie conquise et leur liberté perdue ne laissaient d'autre empire que celui de l'esprit, y professaient la statuaire, la peinture, la philosophie, la rhétorique, l'art de la tribune, de la voix et du geste. César ne se regarda pas comme humilié d'aller suivre, comme un disciple demi-barbare, les leçons des disciples de Platon et de Démosthène.

Il étudia la rhétorique civile et la rhétorique politique sous le célèbre professeur Molon, qui déjà avait été le maître de Cicéron. Il en apprit tout ce que l'art peut enseigner à une si riche nature, pour accomplir la pensée par la parole : l'ordre du discours, la symétrie de l'expression, le choix et la sobriété des images, les transitions, ces phases variées du même raisonnement, la disposition des arguments, les mouvements, ces commotions de l'âme, la chaleur croissante produite par la progression, les péroraisons, ce nœud des harangues qui ramène tous les fils de la discussion en un seul faisceau, qui les serre avec vigueur autour des convictions résumées de l'orateur et qui défie l'auditoire de leur échapper ; enfin l'attitude, l'accent, le geste, le regard, cette éloquence du visage qui achève l'éloquence de l'esprit. Il y étudia aussi l'histoire, ce maître de toute expérience et de toute politique. Les Grecs dégénérés employaient alors, comme on le voit, toute leur supériorité d'intelligence à se former des oppresseurs plus accomplis.

Ce ne fut qu'après plusieurs mois, employés à ces études, que César, apprenant la mort de Sylla, s'embarqua pour l'Italie.

Il y avait alors, et pour un moment, à Rome, une lacune de tyrannie qui laissait un peu de jour aux grandes ambitions étouffées sous la toute-puissance de Sylla.

Le seul homme qui dominât de sa renommée, de son crédit et de ses armes les partis prêts à se mesurer de nouveau, était le grand Pompée. Sa fortune plus que son mérite en avait fait l'arbitre des Romains. Sa naissance modeste ne lui inspirait ni l'orgueil des patriciens ni la haine des plébéiens ; son éducation politique sous Sylla, dont il avait été l'élève et le lieutenant, lui donnait la confiance du sénat ; la faiblesse de son caractère et la paresse de son esprit laissaient à tous les partis l'espérance de l'incliner à leurs caprices. Ses victoires sur Mithridate en Asie, la mer purgée par lui des pirates qui menaçaient l'approvisionnement de blé de l'Italie, l'avaient élevé, par de grands services, à un degré d'autorité auquel il ne manquait que le titre de dictateur. Son gouvernement d'Espagne et les nombreuses légions que le sénat lui permettait d'y entretenir avaient réuni dans ses mains toutes les armées de la république. La guerre enfin, où la fortune et les hasards se réservent souvent autant de place que le génie, l'avait entouré jeune encore d'un prestige et d'une majesté de grand homme dont la seule discussion aurait paru une sorte de blasphème ou d'impiété contre la patrie. Il y a ainsi, dans tous les temps et dans tous les pays, des hommes heureux, sacrés par le hasard des batailles, dont on accepte d'un accord commun la supériorité, jusqu'à ce que la fortune les prenne enfin corps à corps et les précipite de leur piédestal.

Tel était Pompée. N'étant pas à la hauteur des grandes difficultés du gouvernement de Rome depuis la disparition de Sylla, il se gardait, avec l'instinct de sa faiblesse, de les aborder de front. Il se contentait de régner de loin, en Espagne, par le nombre de ses légions et par l'étalage de ses colonies de vétérans; en Italie, par le crédit de ses partisans dans le sénat et surtout par la balance des partis, que sa perpétuelle indécision d'esprit et son attitude équivoque entre le peuple et les patriciens tenaient en suspens.

On le voyait, dans toutes les dissensions du peuple et des nobles, partager assez équitablement le différend, proposer des tempéraments, adopter des transactions, conserver ainsi la réputation d'homme ancien dans le sénat, d'homme nouveau dans le Forum, et fonder à son profit ce juste milieu qui paraît honnête et qui n'est souvent qu'habile. De tels hommes, qui semblent ajourner les solutions, sont admirablement propres à les rendre insolubles; mais ils dominent en attendant, et ils paraissent arbitres des choses, quand ils n'en sont que les jouets.

L'homme de Pompée à Rome pendant ses absences était Cicéron.

Si on mesurait les hommes à l'intelligence seulement et non au caractère et à la fortune, nul dans Rome, et peut-être dans toute l'antiquité, ne serait aussi grand que Cicéron. Mais la naissance, la fortune et la vigueur d'âme ne lui avaient pas été autant prodiguées que le génie. Né à Arpinum, bourgade du Latium, de parents obscurs, illustré seulement par la poésie, par les lettres, par la souveraine éloquence dans le barreau, parvenu au sénat et aux grandes charges de la république par la faveur des patriciens, mais traité par eux en homme utile à leur cause plutôt qu'en égal, Cicéron avait dans l'aristocratie l'espèce de subalternité de ce qu'on appelait à Rome *un homme nouveau*, et il avait dans le parti plébéien l'envie et l'impopularité qui s'attachent à un homme inféodé à l'aristocratie. Son éloquence triomphait de ces deux obstacles les jours de tribune, et, s'il avait eu le caractère aussi bien trempé que l'esprit, il pouvait, entre Marius, Sylla, Pompée, César, prendre sur sa patrie la dictature de l'intelligence et de la politique, et sauver la liberté de la dictature des armes.

Cicéron, indépendamment de ses talents, était, dans toute l'étendue du mot, un homme de bien. Il aimait la vertu non-seulement comme belle, mais comme sainte; son ambition, soutenue par un peu de vanité, aspirait à s'élever, mais par les voies honnêtes; il n'aurait acheté aucune grandeur au prix d'un crime; il avait un immense besoin de l'estime des autres, mais avant tout de l'estime de lui-même. Les lettres, qu'il cultivait avec passion depuis son enfance, ne l'avaient pas seulement poli, elles l'avaient amélioré; il voulait se maintenir par ses mœurs et par ses actes à la hauteur idéale de ses modèles dans l'antiquité; il pensait, il parlait, il agissait devant les dieux et devant la postérité. Sa gloire même aurait suffi pour le rendre probe, car il ne voulait pas paraître devant l'avenir avec la moindre tache sur son grand nom : il se croyait responsable devant les siècles. Sa religion, bien qu'il eût dépouillé, comme tous les Romains éclairés de son temps, les grossières superstitions de l'Olympe, gouvernait sa vie. Elle consistait dans cette foi innée, supérieure à tous les dogmes locaux, dans une Divinité aussi providentielle qu'évidente et juste de laquelle tout émane et dans le sein de laquelle tout rentre après des épreuves mystérieuses pour expier ou pour êtrer émunéré selon la vie. Le Dieu de Socrate et de Platon était le Dieu de Cicéron; il conformait son âme à ce divin type.

Rien ne manquait donc à cet orateur accompli que le muscle qui tient debout la statue vivante de l'homme. Il était sujet à des prostrations involontaires de courage. Il lui fallait un point d'appui en dehors de lui : admirable pour être le second dans l'univers romain, incapable d'être le premier.

Ce sentiment qu'il avait de lui-même lui avait fait chercher son appui dans Pompée, que Cicéron dominait de toute la tête, mais que Pompée dominait de toute sa fortune. Il était sa parole dans le sénat.

Caton était le troisième de ces hommes principaux sur lesquels Rome portait les yeux dans ses angoisses civiles. Mais Caton avait l'excès du caractère dont Cicéron avait les défaillances : c'était un despote de principe, un tyran de vertu, un de ces hommes qui ne pardonnent rien au temps, rien aux circonstances, rien à la faiblesse humaine, et qui rendent la vertu impraticable au peuple à force de la lui hérisser de préceptes.

La vertu politique est comme l'or : il faut, pour rendre ce métal ductile et pour le convertir en monnaie à l'usage du commerce humain, l'amollir par un peu d'alliage. Caton frappait sa monnaie de maximes à son seul coin, il s'inquiétait peu qu'on la reçût ou qu'on la refusât dans Rome, il n'y admettait aucune composition, et il déclarait corrompu ou criminel quiconque ne s'accommodait pas de sa rigidité; parlant bien, du reste, mais parlant en vain; conseillant toujours, mais conseillant l'impossible; estimé de tous, mais d'une estime stérile; inflexible et presque féroce d'austérité; un de ces hommes que la postérité place dans ses musées, mais que les nations n'admettent que pour l'exemple dans leurs conseils; le plus irréprochable, mais le plus inutile des hommes vertueux!

Caton aussi penchait vers Pompée, parce que Pompée était honnête et prétendait relever l'antique majesté du sénat, que les novateurs s'efforçaient d'abaisser jusqu'au peuple.

Un nombre considérable d'hommes secondaires, depuis l'orateur Hortensius jusqu'aux agitateurs comme Clodius, et jusqu'aux démagogues comme Céthégus et Catilina, se partageaient dans Rome le crédit sur le sénat, sur le peuple et sur la plèbe, derrière Pompée, Caton et Cicéron.

César arriva à l'heure la plus propice à un ambitieux, quand tout est indécision dans les événements, mêlée dans les partis, cabale dans les hommes. D'un regard d'aigle il perça au fond de cette anarchie et aperçut le joyau : le souverain pouvoir, tombé dans la lie du peuple, à prendre par le plus habile, le plus patient et le moins scrupuleux. On a vu que son habileté était instinctive, que sa jeunesse lui promettait le temps, que sa vertu ne l'entravait pas quand il s'agissait de l'empire, et que son athéisme l'affranchissait de tout scrupule.

Il affecta les mêmes vices aimables qui lui avaient valu

la faveur du peuple, et l'ambition naturelle et modérée qu'autorisait en lui sa naissance. Il ne voulait porter ombrage ni à Pompée, ni à Cicéron, ni même à Clodius; mais, étudiant les germes des factions qui couvaient dans le sénat, dans la capitale, dans les provinces, il chercha à ménager celles qui allaient mourir et à fomenter celles qui allaient naître, de manière à servir de transition d'abord entre elles, puis à les anéantir toutes ensemble sous l'ascendant qu'elles lui auraient prêté tour à tour.

Pour quiconque étudie avec intelligence ces commencements de la brigue de César, il est impossible de ne pas voir un Machiavel consommé masqué sous l'Alcibiade, et un politique sous le héros. Nul homme, malgré une légèreté apparente, n'eut un plan préconçu de si loin ; nul n'attacha à plus de racines saines ou malsaines les fils du piége où il méditait de prendre la liberté de sa patrie. S'il eût été honnête autant qu'il fut habile, il se serait fait le disciple de Caton, l'émule de Cicéron, le client du grand Pompée, l'ornement du sénat, le modérateur du peuple, l'idole des légions, et sur les traces de ces derniers vestiges de la vertu romaine il aurait non sauvé, mais prolongé et honoré du moins la république.

Ces pensées étaient si naturelles et si patriotiques, qu'il se crut longtemps obligé de les affecter pour s'acquérir même la popularité et l'estime; mais ses brigues démentaient ses actes. Il trouva plus simple de fomenter la corruption dans la république que de l'assainir. Les politiques qui ne croient pas aux *dieux* sont conséquents en se jouant des hommes. César n'eut donc, dès son retour à Rome, qu'une idée qui se résume dans toute sa vie, l'idée des hommes qui n'ont d'autre divinité qu'eux-mêmes : *grandir!* Toute son histoire morale pourrait se résumer dans ce seul mot.

Il fallait d'abord éblouir le peuple par l'éclat de cette

éloquence qui, plus que tous les autres dons, charmait un peuple pour qui le *Forum* était le perpétuel spectacle du jour ; il fallait de plus s'accréditer dans les provinces en affichant l'intérêt pour leurs causes ; il fallait enfin étaler une certaine audace de probité qui plaisait même aux déprédateurs de l'univers, en se faisant le champion du désintéressement et de la justice contre quelques illustres concussionnaires. Ces accusations, au nom des provinces, ressemblaient à une satisfaction que la conscience bourrelée du peuple romain se donnait de temps en temps à elle-même comme un hypocrite hommage de la vertu.

Il accusa Dolabella et Antoine, oppresseurs et spoliateurs de la Grèce, comme Cicéron avait accusé Verrès, spoliateur de la Sicile. Ces deux accusations lui valurent la clientèle de la Grèce, l'applaudissement du peuple, l'estime des bons citoyens. Rome feignit de s'émouvoir à ces peintures de ses propres crimes. De nos jours, avec un gouvernement analogue au sénat de Rome, l'Angleterre s'est émue et passionnée aux accusations de ses orateurs Burke et Sheridan contre les sévices de Hastings dans les Indes. Les peuples engraissés des rapines du monde veulent avoir le droit de répudier et de flétrir leurs instruments.

La parole élégante, grecque et substantielle du jeune orateur patricien charma le peuple romain, connaisseur si exercé dans l'art de bien dire. Hortensius et Cicéron s'étonnèrent d'avoir un égal. César multiplia ses succès oratoires et sa clientèle en plaidant gratuitement, comme avocat, toutes les causes populaires auxquelles la faveur publique s'attachait d'avance. Le barreau ou le *Forum* était alors la grande candidature aux suffrages politiques de la multitude. Le peuple récompensait par ses votes l'éloquence mise à son service par les orateurs. Le bruit d'un discours volait par toute l'Italie aussi vite que la parole.

César confirmait cette faveur des citoyens par des libéralités qui ruinaient de plus en plus sa fortune privée, mais cette ruine même était moins une dissipation qu'un système : en multipliant ses créanciers dans Rome, il multipliait les hommes intéressés à son élévation pour recouvrer avec usure leurs avances, et il multipliait en même temps ses obligés dont la reconnaissance lui assurait des suffrages. Que lui importaient des millions puisés dans la bourse de créanciers qui lui achetaient la république et auxquels il donnerait lui-même la république en gage? Cointéresser le plus de citoyens possible à son ambition par des emprunts et par des prodigalités inépuisables, ce n'était pas seulement son luxe, c'était sa politique.

Cicéron commençait à soupçonner ce dessein profond sous l'incurie apparente du jeune favori du peuple. « Dans toute la conduite de cet homme, écrivait-il à ses amis, je crois entrevoir des vues de tyrannie sur son propre pays; mais lorsque je vois ensuite qu'il peigne ses cheveux avec tant de recherche et d'artifice, qu'il se gratte si efféminément la tête du bout du doigt, j'avoue que j'ai peine à m'imaginer qu'un homme si léger et si voluptueux nourrisse dans son âme un si profond et si funeste dessein de renverser la république. »

César cependant jetait, sous ses élégances, les premiers fondements de son dessein. Le peuple le nomma *tribun des soldats*, charge qu'il briguait contre Pompilius. Cette nomination lui ouvrait la carrière des grands commandements militaires, qui se confondaient à Rome, où l'on ne connaissait pas l'absurde séparation des facultés, avec les grandes fonctions civiles. La nature n'a pas fait des citoyens militaires et des citoyens civils, elle a fait des hommes. Défendre à un militaire d'être orateur ou à un orateur d'être un héros, ce n'est pas accroître la force de la patrie, c'est la mutiler.

Au moment où il triomphait ainsi de Pompilius, César perdit sa première femme, qu'il avait tendrement aimée malgré ses désordres. Soit pour satisfaire sa douleur, soit pour intéresser le peuple qui aime les larmes et les spectacles, César, contrairement à l'usage qui n'admettait les funérailles publiques et les oraisons funèbres que pour les femmes âgées, mères d'illustres familles, prononça lui-même devant le peuple, en robe de deuil, et interrompu par ses propres sanglots, l'éloge funèbre de sa jeune femme. Il entra par cette sensibilité éclatante, mais vraie, plus avant dans le cœur du peuple. Son deuil même, quoique réel, était une candidature.

Le peuple, pour le consoler, lui donna ses suffrages pour la charge de questeur en Espagne, magistrature moitié civile, moitié militaire, qui préparait aux fonctions de *préteur* ou de gouverneur dans des provinces romaines. Ces provinces, on s'en souvient, étaient des royaumes ou des républiques.

César remplit pendant trois ans ces fonctions de juge suprême, en Espagne, avec l'équité et l'humanité d'un homme qui dédaignait d'opprimer de simples sujets de Rome, et qui aspirait à régner de plus haut que d'un tribunal de questeur. La lenteur de sa fortune l'ennuyait visiblement pendant cette relégation oisive en Espagne. Il cachait mal son impatience à ses amis; peut-être même affectait-il de faire confidence de ses aspirations pour faire augurer de plus loin sa grandeur. C'est là qu'il se consuma de cette maladie de la gloire qu'on appelle émulation dans les grandes âmes, envie dans les petites, et qu'il s'effraya de la brièveté de la vie comparée à l'immensité de ses rêves.

Un jour qu'il visitait à Cadix le temple d'Hercule, il s'arrêta longtemps devant un buste d'Alexandre, et ne put retenir un soupir dont ses amis lui demandèrent le sens.

« Hélas dit-il, je songeais qu'à mon âge (trente-sept ans) ce héros avait déjà conquis le monde et que je n'ai pas encore commencé ma gloire! »

La nuit même ses songes participaient de ses préoccupations du jour; il rêva qu'il faisait violence à celle qui lui avait donné la vie. Les devins, toujours complaisants aux désirs de ceux qui les consultent, lui dirent que ce songe lui promettait la domination, par les armes, de la terre, notre mère commune.

Revenu en Italie, il y visita sur sa route les provinces et les villes dont les habitants opprimés convoitaient le titre et les droits de citoyens romains. Il les encouragea sous main à soutenir leurs exigences par des pétitions et au besoin par les armes. Tout germe de faction lui était bon, pourvu qu'il lui permît de faire fructifier sa popularité.

Rome, à son retour, lui parut mûre pour l'anarchie, qui fait tout craindre aux bons citoyens, tout espérer aux ambitieux. Les démagogues le sondèrent et le trouvèrent ou complice ou indulgent pour leurs plans les plus désespérés de subversion. Il leur donna son silence sans leur donner ni son nom ni sa main; il acceptait le bénéfice de leur conspiration, mais il était trop habile pour accepter l'odieux de leur crime. Il fut confident d'un égorgement en masse du sénat pour donner la dictature à l'ancien consul Crassus, dont César, en récompense de sa neutralité, aurait été le premier lieutenant ou le commandant général de la cavalerie. César devait donner le signal du meurtre aux conjurés dans le sénat en laissant glisser, au moment marqué, sa robe de dessus son épaule. La timidité ou le remords de Crassus exanima la conspiration.

César, nommé édile, en renoua une autre moins atroce, mais mieux combinée, avec Pison jeune, patricien comme lui, du parti des démagogues. Pison devait soulever les colonies romaines de l'Italie en Piémont, en Ligurie, en

Lombardie, pendant que César répondrait à ce soulèvement du dehors par des émeutes populaires suscitées dans Rome. Le sénat, qui avait vent de ces menées et qui ne se sentait assez fort ni pour accuser ni pour punir, se borna à éloigner Pison de l'Italie en lui donnant la questure en Espagne. La mort de ces émules en séditions fit avorter la guerre civile. Mais les brandons en subsistaient sous la main de César.

Son titre d'édile, c'est-à-dire de ministre de la capitale, des édifices, des théâtres, des fêtes, du luxe de Rome, lui offrait les moyens et les occasions de capter de plus en plus l'engouement de la multitude.

Les jeux publics et les combats de gladiateurs qu'il donna au peuple pendant son édilité effacèrent tout ce qu'on avait vu avant lui. Il corrompait par les spectacles ceux qu'il voulait enchaîner. Quand sa popularité, acquise par ses profusions de plaisirs, lui parut assez grande pour défier le sénat par un coup d'audace imprévu, il se servit de son autorité d'édile, qui lui donnait le droit d'inspection sur les monuments publics et sur les statues, pour flatter plus significativement le parti de Marius. Le peuple, en se répandant le matin dans les rues, dans le Forum et dans le Capitole, vit avec ravissement les images proscrites de Marius relevées sur leur piédestal. La foule, encouragée par ces simulacres de son idole, applaudit à l'audace de César. Les vieux soldats de Marius pleurèrent d'attendrissement en contemplant le visage de leur général.

C'est ainsi que, de nos jours, un roi qui cherchait à flatter les vétérans et les fanatismes militaires d'une autre époque fit rentrer les cendres et les statues de Napoléon dans sa patrie, et recueillit comme pour lui les applaudissements et les larmes qui s'adressaient à un autre.

Le sénat, ainsi défié, n'osa ni maintenir contre l'émotion populaire les proscriptions des statues de Marius, ni punir l'édile qui avait bravé les lois ; il se contenta de s'assembler, de murmurer et de frémir. Quelques rares sénateurs de Rome prévirent, comme on devait prévoir à Paris, la témérité sous l'ovation, et avertirent vainement le sénat du danger de rendre aux vétérans leurs idoles. L'un d'eux, le plus courageux après Caton, nommé Lutatius, ne craignit pas de déchirer le voile sur le visage de César. « Vous le voyez, s'écria-t-il, ce n'est plus par des mines et des souterrains que César sape la république, c'est par des machines de guerre découvertes et au grand jour ! »

Mais cette indignation des hommes de bien était déjà un titre de plus pour César à l'enthousiasme des factieux.

Cependant, avec une astuce que Machiavel n'aurait su assez admirer, César, au moment où il venait de donner à la faction de Marius ce signe compris de connivence, donna à la faction de Sylla un signe à peu près égal d'alliance. Il épousa Cornélie, nièce de Sylla, s'alliant ainsi avec les uns par les images de Marius, avec les autres par le sang du dictateur, et se faisant une canditature des gages équivoques qu'il donnait aux deux partis. Cette candidature, appuyée sur la faveur de la multitude, le promut au titre de souverain pontife. Il brigua avec passion les suffrages pour cette dignité, qui lui assurait une autorité indépendante des vicissitudes de l'élection et aussi durable que sa vie. Son compétiteur Isauricus lui fit offrir des sommes énormes, s'il voulait se désister en sa faveur de ses prétentions. « Allez lui dire, répondit César à son émissaire, que j'en emprunterai de plus énormes encore pour l'emporter sur lui. »

Le jour de l'élection, comme sa mère, inquiète des incertitudes et des tumultes de la place publique, l'accompagnait et l'embrassait dans le vestibule de sa maison : « Ma mère, lui dit-il avec une résolution qui affrontait jusqu'au crime pour réussir, souvenez-vous que vous ne reverrez aujourd'hui votre fils que souverain pontife ou banni de Rome ! »

Ce succès, vainement disputé par le sénat, ne fit que l'animer à de nouvelles brigues. Toute hauteur n'était pour lui qu'un degré. Il brigua la préture, qu'il obtint, et le gouvernement d'Égypte, source de richesse, qui lui fut refusé par l'ascendant du sénat et des patriciens. Ce refus lui laissa une soif de vengeance qui ne pouvait s'assouvir que dans le sang de ses ennemis. Il n'avait jusque-là que louvoyé et intrigué. De ce jour il paraît avoir conspiré avec ceux qui méditaient la subversion complète du sénat, des patriciens, de la république. Caton, Cicéron, Pompée, Suétone, Plutarque, Salluste lui-même, si lâchement réservé envers sa mémoire par des réticences et par des désignations transparentes, l'accusent unanimement d'une complicité tacite avec les radicaux sanguinaires et incendiaires de Rome.

Laissons ici parler Salluste, l'historien oculaire de cette conjuration; mais, auparavant, disons ce que nous pensons en conscience de cette fantasmagorie historique et de cette horreur de convention que les rhéteurs politiques se sont transmis d'âge en âge, sur la parole de Cicéron, au sujet de Catilina et de son parti.

L'histoire n'est pas obligée de croire tout ce qu'on lui raconte; quelquefois même, comme dans cette affaire, elle ne croit pas tout ce qu'elle dit. Il y a des esprits qui grossissent, comme le cristal, les petites choses, et qui créent des monstres pour avoir la gloire de les dompter. Tout atteste une exagération historique, non encore réduite à sa stature réelle, dans l'histoire de Salluste et dans les harangues de Cicéron. Napoléon, à qui l'expérience avait donné le tact des réalités dans l'histoire, pensait de la conjuration de Catilina ce que nous en avons nous-même toujours pensé. Il analyse ainsi, dans une conversation à

Sainte-Hélène et dans le sang-froid de la distance, son impression d'esprit sur la conspiration plus littéraire et plus oratoire que politique de Catilina :

« Aujourd'hui, 22 mars 1820, l'empereur lisait dans l'histoire romaine la conjuration de Catilina. Il lui était impossible de la comprendre telle qu'elle est retracée. « Quelque scélérat que fût Catilina, disait-il, il devait avoir » un objet. Ce ne pouvait être celui de gouverner Rome, » puisqu'on l'accusait d'avoir voulu mettre le feu aux quatre » coins de la ville. » L'empereur pensait que c'était plutôt quelque nouvelle faction, à la façon de celles de Marius et de Sylla, qui, ayant échoué, avait accumulé sur son chef toutes les accusations banales dont on accable les chefs en pareil cas. Quelqu'un fit observer à l'empereur que c'était précisément ce qui lui serait arrivé à lui-même s'il avait succombé en vendémiaire, en fructidor ou au 18 brumaire. »

On pouvait ajouter : et au 20 mars 1815.

L'empereur tournait instinctivement autour de la vérité, mais il ne la touchait pas à nu tout entière. Catilina n'était point le chef, il était le recruteur d'une grande faction. Cette faction n'était ni semblable à celle de Marius, ni semblable à celle de Sylla ; car celle de Marius était la faction du peuple, celle de Sylla la faction de l'aristocratie. La tourbe de Catilina était une faction mixte, confuse, infime, formée de la lie et de l'écume de tous les partis, une faction purement turbulente et personnelle, sans autre objet que le trouble et la subversion, comme toute faction démagogique, et qui n'était au fond que la faction de César.

César, en homme politique mille fois supérieur à Catilina, avait agité et il agitait d'une main invisible tous les éléments d'opinion, d'intérêt juste ou injuste, de raison ou de passion qui formaient, à Rome et en Italie, l'opposition aux grands et au sénat, maîtres du gouvernement qu'il voulait détruire pour s'élever sur ses ruines. Ces éléments étaient : le droit légitime de cité et de suffrage réclamé par les villes municipales des provinces; la convoitise des colons et des vétérans, l'investiture des terres, des domaines publics ; les murmures des alliés opprimés et spoliés par les proconsuls; les ressentiments du parti de Marius, abattu par l'aristocratie implacable de Sylla; la soif, chez les proscrits de ce parti vaincu, de rentrer dans leur patrie et dans leurs biens; la terreur des partisans de Sylla de voir rentrer des proscrits à qui il faudrait restituer ces maisons et ces biens; la turbulence de la plèbe romaine de la capitale, composée de trois cent mille ouvriers enrégimentés en corporations menaçantes; qu'il fallait nourrir à peu près comme ces immenses ateliers nationaux que, sous une forme ou sous une autre, l'industrie accumule et le trésor public nourrit dans nos propres capitales; l'insolence tumultueuse du peuple politique, c'est-à-dire des cinq cent mille citoyens romains, maîtres du Forum et des comices par les votes et souvent du sénat par les séditions; enfin l'envie de la multitude contre les patriciens et l'ambition effrénée des jeunes patriciens de son âge, tels que les Crassus, les Lépidus, les Antoine, les Pison, les Curion, les Clodius, les Dolabella, les Céthégus, les Catilina, impatients de l'austérité de Caton, de la sagesse de Cicéron, de l'autorité de Pompée, de la majesté du sénat.

On pouvait ajouter à ces éléments de trouble une armée de gladiateurs dressés au meurtre dès leur enfance, hommes aussi indifférents à donner qu'à recevoir la mort, qu'on entretenait à Rome ou aux portes de Rome pour les plaisirs sanguinaires des Romains, et que César avait appelés lui-même, sous prétexte de jeux publics, au nombre de trois mille, à Capoue, dans la Campanie. On pouvait énumérer, en outre, des millions d'esclaves que la voix de

Sertorius avait déjà relevés de leur abjection civile en Espagne et qui, en recevant des armes des partis politiques, pouvaient submerger non-seulement l'État, mais la société romaine elle-même.

Tels étaient les ferments que l'habileté perverse du jeune César se complaisait, sinon à remuer lui-même, par pudeur ou par prudence, du moins à voir remuer par la main du parti désespéré des *radicaux* de Rome, hommes dont il avait les mœurs et les dettes, dont il affichait les principes, dont il se laissait proclamer tout bas le complice et tout haut l'espérance. Voilà le mystère de cette conjuration de Catilina, dont on pouvait avouer honorablement quelques tendances justes et populaires en désavouant les moyens et les instruments : mine composée avec art pour faire sauter le gouvernement aristocratique de Rome, laquelle, comme la poudre, s'anéantit elle-même en éclatant et ne laissât que débris, fumée et horreur.

Napoléon voyait bien l'absurdité historique du caractère contradictoire de Catilina et de sa conjuration, mais il avait ses raisons pour n'y pas voir, au fond, César. Comment s'expliquer, en effet, que Catilina eût fait trembler Rome? qu'il eût assez de crédit sur le peuple pour y briguer avec une vraisemblance de succès le consulat, et qu'en même temps il fût cet homme exécrable et exécré de tous et même de la plèbe, poursuivi jusque devant ses juges par les malédictions de tout le peuple, et forcé de s'enfuir seul et nuitamment, le lendemain, de la ville qu'il prétendait bouleverser la veille? Comment s'expliquer un tel phénomène d'un homme à la fois si passionnément redouté et si unanimement désiré, autrement que par une main invisible que le lançait en avant pour tenter la fortune, et qui, en se retirant parce que l'heure était intempestive, l'abandonnait à son propre néant et rejetait sur lui l'horreur publique pour la détourner de son propre crime? Il n'y a pas d'autre explication possible de ce mystère historique de Catilina : fantôme créé par César et que le souffle de César laissa s'évanouir en le désavouant. Ajoutez-y la complaisance hypocrite du sénat, heureux de n'avoir pas à juger un coupable plus redouté et plus populaire, et feignant de ne voir de crime que dans l'homme abandonné qu'on lui livrait ; ajoutez-y le bonheur des factions politiques, fières de pouvoir se laver de leurs propres perversités en flétrissant une perversité imaginaire pire qu'elles-mêmes ; ajoutez-y enfin la vanité probe, mais enflée, de Cicéron, consul fier de paraître sauver à si bon marché sa patrie et de faire des harangues consulaires contre des fantômes : vous comprendrez dans sa vérité l'incompréhensible conjuration sans conjurés et l'incompréhensible anéantissement sans combat de ce factieux sans faction.

Maintenant, laissons parler Salluste. Nous savons le mot, lisons l'énigme. C'est un admirable exercice de style dans l'histoire, comme ce fut un admirable exercice d'éloquence dans l'orateur et un ridicule exercice d'héroïsme dans le sénat. Le danger était dans César, et on s'évertua contre Catilina.

« Lucius Catilina, issu d'une noble famille, avait une grande force d'esprit et de corps, mais un naturel méchant et pervers. Dès son adolescence, les guerres intestines, les meurtres, les rapines, les émotions populaires, charmaient son âme, et tels furent les exercices de sa jeunesse ; d'une constitution à supporter la faim, le froid, les veilles au delà de ce qu'on pourrait croire ; esprit audacieux, rusé, fécond en ressources, capable de tout feindre et de tout dissimuler ; convoiteur du bien d'autrui, prodigue du sien, fougueux dans ses passions, il avait assez d'éloquence, de jugement fort peu.

» Son esprit exalté méditait incessamment des projets démesurés, chimériques, impossibles. On l'avait vu, depuis la dictature de Sylla, se livrer tout entier à l'ambition de s'emparer du pouvoir : quant au choix des moyens, pourvu qu'il régnât seul, il ne s'en souciait guère. Cet esprit farouche était chaque jour plus tourmenté par l'embarras de ses affaires domestiques et par la conscience de ses crimes, double effet toujours marqué des désordres dont je viens de parler. Enfin il trouva un encouragement dans les mœurs dépravées d'une ville travaillée de deux vices qui sont les pires en sens contraires : le luxe et l'avarice...

» ... Au sein d'une ville si grande et si corrompue, Catilina, et rien n'était plus naturel, vit se grouper autour de lui tous les vices et tous les crimes. C'était là son cortége : le libertin, l'adultère, qui, par l'ivrognerie, le jeu, la table, la débauche, avait dissipé son patrimoine, tout homme qui s'était abîmé de dettes pour se racheter d'une bassesse ou d'un crime, en un mot, tout ce qu'il pouvait y avoir dans la république de parricides, de sacriléges, de repris de justice, ou ceux qui pour leurs méfaits redoutaient ses sentences, comme aussi ceux dont la main et la langue parjure, exercées au meurtre des citoyens, soutenaient l'existence ; tous ceux enfin que tourmentaient l'infamie, la misère ou le remords : voilà, sans exception, quels étaient les compagnons, les familiers de Catilina. Et si quelqu'un encore pur de crime avait le malheur de se lier avec lui d'amitié, il ne tardait pas, entraîné par la séduction de son commerce journalier, à devenir en tout semblable aux autres. Mais c'était surtout des jeunes gens que Catilina recherchait l'intimité. Ces âmes tendres et flexibles à cette époque de la vie se laissaient prendre facilement à ses piéges ; car, selon le goût de leur âge qui dominait en eux, aux uns il procurait des courtisanes, pour les autres il achetait des chiens et des chevaux ; enfin il ne ménageait ni l'or ni les plus honteuses complaisances pour les avoir à sa dépendance et à sa dévotion. Je n'ignore pas que quelques-uns en ont conclu que les jeunes gens qui fréquentaient la maison de Catilina n'y conservaient guère leur chasteté ; mais des conjectures tirées d'autres faits, sans qu'on pût alléguer rien de positif, avaient seules donné lieu à ce bruit.

» Et en effet, dès son adolescence, livré sans frein à sa passion des femmes, Catilina avait séduit une vierge de noble famille, puis une vestale, et commis maints excès également contraires aux lois et à la religion. Et plus tard il s'éprit d'amour pour Aurélia Aristillia, chez qui, hors la beauté, jamais honnête homme ne trouva rien de louable. Comme elle hésitait à l'épouser à cause d'un fils déjà grand qu'il avait eu d'un premier mariage, il passe pour constant que, par la mort de ce fils, il ouvrit dans sa maison un champ libre à cet horrible hymen.

» Ce forfait, si je ne me trompe, a été l'un des principaux motifs qui lui firent hâter son entreprise. Cette âme impure, ennemie des dieux et des hommes, ne pouvait trouver de repos ni dans la veille ni dans le sommeil, tant le remords faisait de ravages dans ce cœur bourrelé ! Son teint pâle, son affreux regard, sa démarche tantôt lente, tantôt précipitée, tout, en un mot, dans ses traits, dans l'expression de son visage, annonçait le trouble de son cœur.

» Toutefois, cette jeunesse qu'il avait su gagner par ses séductions, comme je viens de le dire, il avait mille manières de la former aux crimes. De quelques-uns il disposait comme faussaires et faux témoins : honneur, fortune, périls, ils devaient tout sacrifier, tout mépriser. Puis, quand il les avait perdus de réputation et avilis, il leur commandait des crimes plus importants. Manquait-il dans le moment de prétexte pour faire le mal, il leur faisait surprendre, égorger comme des ennemis ceux dont il n'avait point à se plaindre; ainsi, de peur que l'inaction n'engourdît leurs bras ou leur cœur, il aimait mieux être méchant et cruel sans nécessité.

» Comptant sur de tels amis, sur de tels associés, alors que par tout l'empire les citoyens étaient écrasés de dettes et que les soldats de Sylla, la plupart ruinés par leurs profusions, encore pleins du souvenir de leurs rapines et de leurs anciennes victoires, ne désiraient que la guerre civile, Catilina forma le projet d'asservir la république. Point d'armée en Italie, Pompée faisant la guerre aux extrémités de la terre : pour Catalina donc, grand espoir de briguer le consulat; le sénat sans défiance, partout une tranquillité, une sécurité entières : les circonstances ne pouvaient être plus favorables à Catilina.

» Or, ce fut vers les calendes de juin, sous le consulat de César et de Figulus, qu'il commença à s'ouvrir séparément à chacun de ses amis : encourageant les uns, sondant les autres, leur montrant ses moyens, la république sans défense, et les grands avantages attachés au succès de la conjuration. Dès qu'il se fut suffisamment assuré des dispositions de chacun, il réunit en assemblée tous ceux qui étaient les plus obérés et les plus audacieux. Il s'y trouva, de l'ordre des sénateurs, P. Lentulus, Laura, P. Antronicus, L. Cassius Longinus, C. Céthégus, P. et Ses. Sylla, tous deux fils de Servius, L. Vargunteius, Q. Annius, M. Porcius, Loca, L. Bestia, Q. Curius; puis, de l'ordre des chevaliers, M. Fulvius Nobilior, L. Statilius, P. Gabinius Capiton, L. Cornélius; en outre, plusieurs personnes des colonies et des municipes, tenant aux premières familles de leur pays. *Il y avait encore d'autres complices de l'entreprise, mais un peu plus secrets* (César), *nobles personnages dirigés par l'espoir de dominer plutôt que par l'indigence ou par quelque autre nécessité de position.*

» Au reste, presque toute la jeunesse romaine, surtout les nobles, favorisaient les desseins de Catilina. Pouvant, au sein du repos, vivre avec magnificence et dans la mollesse, ils préféraient, par ambition, l'incertain au certain et la guerre à la paix. Quelques-uns même ont cru, dans le temps, que Licinius Crassus n'avait point ignoré le complot, et que, mécontent de ce que Pompée était à la tête d'une grande armée, il voulait voir la puissance de tout autre surgir pour contre-balancer celle de son rival. Il se flattait, d'ailleurs, si la conspiration réussissait, de devenir facilement le chef du parti. Mais déjà auparavant quelques hommes avaient formé une conjuration dans laquelle trempait Catilina. Je vais en parler le plus fidèlement qu'il me sera possible.

» Sous le consulat de L. Tullus et de M. Lépidus, les consuls désignés, P. Antronicus et P. Sylla, convaincus d'avoir violé les lois sur la brigue, avaient été punis. Peu de temps après, Catilina, accusé de concussion, se vit exclu de la candidature au consulat, faute d'avoir pu se mettre sur les rangs dans le délai fixé par la loi. Il y avait à Rome un jeune noble, C. Pison, d'une audace sans frein, plongé dans l'indigence, factieux et poussé au bouleversement de l'État autant par sa détresse que par sa perversité naturelle.

» Ce fut à lui que, vers les nones de décembre, Catilina et Antronicus s'ouvrirent du dessein qu'ils avaient formé d'assassiner dans le Capitole, aux calendes de janvier, les consuls L. Catta et L. Torquatus. Eux devaient prendre les faisceaux, et envoyer Pison avec une armée pour se rendre maître des deux Espagnes. Le complot découvert, les conjurés remirent leur projet de massacre aux nones de février; car ce n'était pas seulement les consuls, c'était presque tous les sénateurs que menaçaient leurs poignards. Si Catilina, à la porte du sénat, ne s'était pas trop hâté de donner le signal à ses complices, on eût vu se consommer en ce jour le pire forfait qui se fût encore commis depuis la fondation de Rome. Mais, comme il ne se trouva pas assez de conjurés avec des armes, cette circonstance fit échouer le projet. »

Ici Salluste compose à plaisir un discours du chef des conjurés à ses complices, puis il ajoute aux paroles par le drame : « On disait dans ce temps-là qu'après avoir prononcé son discours, Catilina, voulant lier par un serment les complices de son crime, fit passer à la ronde des coupes remplies de sang humain mêlé avec du vin. »

Dans de telles extrémités, réelles ou feintes, mais que les terreurs des patriciens s'efforçaient de faire réputer réelles, on chercha un homme de bien, crédule et vaniteux, dont l'intégrité, l'éloquence et le patriotisme pussent intimider César et ramener par de beaux discours l'opinion alarmée du peuple à la défense de la patrie et du sénat. On nomma Cicéron : c'était l'homme d'apparat qui convenait à un drame imaginaire. Cicéron était trop honnête pour inventer les crimes de Catilina et de ses complices, s'il les avait crus innocents; mais il avait trop d'esprit pour les croire aussi dangereux que coupables, et il était assez habile pour détacher César de ce groupe de radicaux déhontés et pour frapper les membres, sans toucher la tête et même sans la désigner dans ses harangues.

On ne peut douter de l'opinion qu'il avait de César, en lisant la troisième lettre confidentielle du septième livre de sa correspondance :

« Il est certain que nous aurons affaire à un homme aussi puissant qu'il est audacieux et entreprenant : il aura pour lui tous les gens condamnés ou mal famés, et tous ceux qui méritent d'être notés d'infamie sans qu'ils le soient encore, presque toute notre jeunesse, toute cette plèbe urbaine et exécrable, tous les tribuns en crédit sur la multitude; ajoutez-y Cassius et tous ceux qui, comme lui, vivent de l'argent d'emprunt et sont sous la pression de leurs dettes, ceux-là en plus grand nombre que je ne le pensais moi-même. Il ne manque à ce parti qu'une meilleure cause, il a tout le reste. »

On conçoit combien Cicéron devait s'étudier à séparer la cause de César si puissant de celle de Catilina si décrié.

Dès les premiers jours de son consulat, Cicéron observait cet aventurier de la cause de César pour lui prendre la main dans le crime. Un de ces hommes équivoques comme il y en a toujours dans les partis, Curius, amant de Fulvie, épouse d'Antoine, collègue de Cicéron, l'instruisait jour par jour de tous les projets incohérents de Catilina. Il apprit par Curius et par Fulvie que Catilina se concertait avec des députés allobroges, étrangers obséquieux pour tous les partis, à qui Rome était indifférente, et qui étaient aussi propres à rendre des factions dominantes qu'à les vendre au sénat dans l'intérêt du succès de leurs sollicitations à Rome. Cicéron les fit venir secrètement, obtint d'eux l'aveu de leurs intelligences vagues avec Catilina, et les encouragea à feindre d'entrer de plus en plus dans ses vues, afin d'en révéler davantage.

Ces rumeurs, jointes aux confidences que Fulvie recevait de Curius et qu'elle transmettait à Cicéron, suffirent au consul pour convoquer le sénat et pour intenter un procès d'État, comme incendiaire et parricide de Rome, à l'homme qui, peu de jours auparavant, briguait le consulat et ne désespérait pas de l'obtenir. Mais l'opinion du peuple lui-même, épouvanté par l'horreur des crimes supposés de Catilina, avait tourné unanimement contre ce prétendu coupable. Le vertige de la peur, comme cela arrive souvent dans les moments de troubles civils, avait enlevé le sang-froid et le jugement au peuple romain. Malheur aux hommes et à César lui-même qu'on supposait seulement indulgents pour de pareils forfaits! L'aspect de Rome, tel que le dépeint Salluste sous l'impression de cette panique, est entièrement changé : une tristesse morne remplace tout à coup la sécurité et la joie licencieuse dont une longue paix avait donné l'habitude à cette capitale ; on ne voit que des citoyens effarés courir et frissonner dans les rues ; on n'ose se confier à personne, ni s'arrêter nulle part ; sans être en guerre, on n'est plus en paix ; chacun mesure à l'excès de sa peur l'excès des périls imaginaires dont on se sent entouré ; les femmes surtout, que la grandeur et la solidité de la république avaient accoutumées à se reposer sur l'État, sont consternées, elles lèvent les mains vers le ciel, s'attendrissent sur le sort de leurs petits enfants, s'abordent, se communiquent leur effroi, et, oubliant leur orgueil et leur luxe de la veille, désespèrent de la patrie.

On comprend que l'homme dont le nom résumait pour la capitale toutes ces terreurs n'avait déjà plus de complices pour l'avouer ni d'avenir pour le défendre. L'impartialité même aurait paru une connivence, et les plus incrédules étaient obligés de feindre la conviction. Nous avons été témoins nous-mêmes, pendant nos transes civiles, d'accusations aussi légères et de jugements aussi anticipés. La panique ne raisonne pas, elle fuit ou elle frappe ; malheur à qui se trouve sous sa main ! Ce fut évidemment le malheur de Catilina. Il n'avait fait jusqu'à ce jour que ce qu'avait fait César ; il avait fomenté les éléments d'opposition qui existaient dans la ville et dans les colonies romaines de l'Italie contre le sénat et les patriciens ; réclamé les droits de citoyen romain pour les colons, la distribution des terres stériles de l'État aux vétérans et aux prolétaires, l'abolition d'une partie usuraire des dettes en faveur des débiteurs écrasés par les extorsions des créanciers.

On conçoit avec quelle fureur les patriciens, le sénat, les exploiteurs abusifs des terres à répartir, et les créanciers menacés dans leurs créances, adoptaient sans examen les monstrueuses rumeurs répandues sur Catilina. Ils avaient réussi, grâce à la crédulité vraie ou feinte du consul, à faire de leur cause la cause de la patrie. Un seul homme aurait pu contre-balancer tant de haines en se posant avec son parti entre l'accusé et ses accusateurs : c'était César. Mais César manqua de cœur ce jour-là. Quelle que soit l'audace, nulle ambition n'est audacieuse contre une frénésie publique. Il y a des vents qu'il convient de laisser passer en s'abritant, pour se relever quand ils s'apaisent. C'est ce que fit César.

Cependant Catilina, plus sûr que personne du néant des attentats, des meurtres et des incendies qu'on lui imputait, se garda bien de les confesser par la fuite ; il parut résolûment au sénat, où il ne devait rencontrer que des ennemis, des accusateurs ou des lâches. Tout le monde s'écarta de lui, comme d'un de ces hommes contagieux qui portent l'impopularité avec leur ombre. Cicéron l'apostropha sans danger dans une de ces harangues immortelles qu'il cisela et polit à loisir bien des années après, comme on cisèle et comme on polit la lame du poignard avec lequel on frappe un ennemi public, non-seulement dans sa vie, mais dans sa mémoire. Cette Catilinaire théâtrale et cette intrépidité d'apparat tiennent plus de la scène que du sénat. Il n'y a aucun courage à invectiver celui que personne ne défend. L'accusation de Cicéron contre Catilina est seulement la plus magnifique et la plus oratoire, la plus longue injure que le génie de l'éloquence ait jamais soufflée à des lèvres d'homme.

Cicéron, après cette invective, se rassit tranquillement pour s'essuyer le front sur sa chaise curule. César se tut.

« Catilina, dit Salluste, les yeux baissés et d'une voix modeste, se borna à supplier ses collègues de ne rien redouter de semblable à ce que Cicéron venait d'inventer de ses prétendus forfaits : Comment, leur dit-il, un homme de sa naissance, de son éducation, de son rang, et favorisé à ce point par sa situation dans la société qu'il n'y avait aucune fortune à laquelle il ne pût s'élever par des voies honorables, comment un patricien des premières familles consulaires, qui, à l'exemple de ses ancêtres, avait rendu déjà d'illustres services à sa patrie, pouvait-il être soupçonné de tramer la subversion de la république, tandis qu'elle aurait besoin pour se sauver d'un homme tout nouveau, à peine parvenu au rang de citoyen, tel que son accusateur Cicéron ? »

A cette ironique représaille contre le consul plébéien que les patriciens avaient précisément choisi pour flatter et embaucher le peuple à leur cause, le sénat tout entier se leva comme saisi d'une sainte indignation contre la victime qui osait railler, sous le couteau, le sacrificateur. Le bruit, les insultes, les gestes, les imprécations des sénateurs étouffèrent toute justification, toute voix sur les lèvres de l'accusé. Quelle tribune et quelle assemblée n'ont pas vu ces fureurs feintes ou concertées contre un accusé qui se justifie ? Le sang-froid et non le courage manqua à Catilina devant cette insurrection générale de ses juges contre lui. Il parut se repentir de son innocence. « Eh bien, dit-il dans sa fureur, puisque, environné d'ennemis, au lieu de juges, je suis précipité dans le crime malgré moi, j'éteindrai sous des ruines en effet le bûcher sur lequel on veut me consumer ! »

Cicéron et le sénat, après avoir couvert d'imprécations le plus impardonnable des scélérats selon leur discours, s'étaient timidement bornés à lui conseiller de s'éloigner de Rome : contradiction absurde et lâche entre le crime et la peine !

Par suite de cette même inconséquence et de cette même lâcheté, ils laissèrent Catilina, ce fléau public, ce meurtrier, cet incendiaire, s'en aller tranquillement dans sa maison, anéantir, si cela lui convenait, les preuves de ses crimes, rassembler ses complices, se concerter avec ses amis, et achever l'accomplissement de ses desseins envenimés par le désespoir et la vengeance. Une telle histoire est plus semblable à un rêve qu'à un coup d'État. C'est pourtant là l'histoire sans critique, ou plutôt la réticence convenue, de la conjuration de Catilina.

Le grand coupable à qui on laissait tant de moyens et tant de motifs de précipiter l'accomplissement de ses fureurs passe paisiblement la soirée dans sa maison à faire ses préparatifs de départ, et part la nuit avec quelques affranchis et quelques esclaves, sans être poursuivi, pour la Toscane. Il laisse Lentulus, Céthégus et tous ses amis à Rome, leur remettant tranquillement, dit encore l'histoire, le soin de rallier la faction, d'entretenir la constance des conspirateurs, de tuer le consul, d'égorger le sénat, de massacrer la moitié des citoyens, de brûler la ville. Quant à lui, il va lever une armée de sicaires et d'incendiaires à Arezzo, à cent lieues de Rome.

Il laisse seulement une lettre convenable pour le sénat, dans laquelle il dit : qu'assailli de fausses accusations et accablé par la coalition de ses ennemis, il cédait à la fortune et s'exilait lui-même à Marseille, non qu'il se reconnût coupable des crimes monstrueux qu'on lui imputait, mais pour rendre la sécurité à la république et pour ne point susciter de sédition dans Rome par son inflexibilité aux désirs du sénat.

Mais d'autres lettres, adressées par lui à ses amis particuliers de Rome, leur disaient : que, poussé aux extrémités par les injustices du sénat et par l'acharnement de ses persécuteurs, il allait prendre en main la cause populaire des débiteurs et des colons exhérédés des provinces contre les créanciers et contre le sénat, non qu'il eût besoin pour lui-même de cette loi pour s'affranchir de ses propres dettes, puisque la fortune de sa femme et de sa fille lui en donnait amplement les moyens, mais pour servir, comme il l'avait toujours fait, la cause des faibles et des opprimés contre les forts et les puissants. *Tout l'empire,* ajoute Salluste obligé de confesser l'opinion publique à cet égard, *approuvait en cela Catilina.*

Ces lettres laissées et lues au sénat par Cicéron, comme des témoignages de crime, firent lever deux armées d'observation contre les rassemblements de Catilina en Toscane. Antoine, collègue de Cicéron au consulat, quoique suspect de faveur pour la cause populaire, reçut le commandement de l'armée principale. Cicéron resta à Rome pour surveiller et comprimer les mouvements que les partisans de l'abolition des dettes pouvaient soulever parmi la plèbe. Mais la plèbe elle-même, indifférente par sa misère à l'abolition des dettes, était déjà retournée tout entière contre le proscrit par l'horreur de l'incendie et de l'affamement imaginaires de Rome, qu'on était parvenu à lui persuader. La flamme et la faim n'étaient pas plus populaires à Rome, en ce moment, que Catilina.

De nouvelles rumeurs, artificieusement semées par les patriciens et par la panique, répandaient sans aucune preuve que Lentulus, chef de la conjuration à Rome en l'absence de Catilina, Statilius, Gabinius, Céthégus, tous comme lui jeunes patriciens perdus de dettes, de mœurs, d'adulations à la populace, devaient, à la nouvelle de l'insurrection de Toscane, mettre le feu à douze quartiers de Rome, afin de disperser les gardes du consul accourus pour éteindre l'incendie; que Céthégus s'était chargé de cerner, avec une bande de sicaires, la maison de Cicéron et de le poignarder lui-même; que les jeunes patriciens, fils des plus nobles maisons de Rome, devaient tuer leurs propres pères, s'affranchir du joug des lois soutenues par eux contre les novateurs; enfin, qu'après tant de parricides, cette jeunesse armée devait sortir de Rome et aller rejoindre Catilina pour revenir avec lui contre la patrie!

L'absurdité de telles rumeurs en démontrait seule l'exagération ou la démence; mais le peuple croit tout, les sénateurs ne demandaient qu'à croire, et Cicéron, ivre de peur et d'orgueil, croyait, sur la foi des plus légers indices, tout ce qui pouvait lui donner la gloire de sauveur de la patrie.

Catilina, pendant ces terreurs vraies ou artificielles de Rome, attestait, par sa conduite et pour sa perte, qu'il ne voulait à aucun prix ni la subversion de sa patrie, ni l'incendie, ni le meurtre, ni même la guerre civile ou sociale; car, rejoint à Arezzo par des milliers d'esclaves qui lui demandaient des armes et qui lui auraient fait une armée d'un million de bras vengeurs de leur dégradation, il les refusa, les congédia, les renvoya à leurs sillons, et se borna à lever une faible armée de mécontents politiques, de soldats déserteurs, de partisans de l'émancipation des provinces et de gladiateurs aguerris aux dissensions civiles. Il attendait, de la seule existence de ce noyau armé, l'insurrection politique de l'Italie par l'exemple; il savait que le drapeau civil des novateurs qu'il levait en Toscane était celui de César et des jeunes hommes populaires du sénat; il ne doutait pas que l'opinion à laquelle il s'était dévoué ne répondît par une révolution à son signal.

Telle était toute sa conjuration, et tel fut le secret de ses lenteurs et de son immobilité dans la vallée du Picenum. Cela était si vrai que les démagogues effrénés et véritablement radicaux de Rome lui reprochaient, dans des lettres qui furent saisies, *de ne pas chercher des auxiliaires partout et même dans les classes les plus abjectes, de repousser les esclaves et de ne pas allumer la guerre servile*.

Possesseur de ces lettres d'objurgations démagogiques à

Catilina, par l'espionnage des députés allobroges qui s'étaient perfidement chargés de les porter en rentrant en Savoie, Cicéron envoie ses licteurs arrêter dans leur maison Lentulus, Céthégus, Statilius, Gabinus et quelques autres chefs de l'opinion populaire, partisans de la loi agraire et de l'abolition des dettes; il convoque, comme pour un péril public, le sénat dans le temple de la Concorde, lit les lettres et demande l'emprisonnement des suspects. Le sénat les place sous la garde des citoyens, en instruit sommairement la cause en séance. Quelques témoins prononcent le nom de Crassus parmi les noms des complices, d'autres murmurent celui de César. Mais ces accusés étaient trop grands, trop accrédités, trop redoutables pour qu'on pût élever l'accusation jusqu'à eux; on ne voulait que des coupables faciles à convaincre, à dépopulariser et à perdre. On met Crassus, à l'unanimité, hors de cause; on aime mieux déclarer son délateur faux témoin que s'attaquer si haut. Quant à César, disent les contemporains initiés aux secrets de la politique du jour, ni Catulus ni Pison, ses ennemis, ni sollicitations, ni corruptions, ne purent décider Cicéron à porter son accusation jusqu'à lui : il craignait, disent-ils, de le pousser ainsi à prendre en main la cause trop retentissante alors des accusés et de soulever des orages dans la république.

Mais le bruit des intelligences de César avec les conjurés était si public et si général, qu'il fut insulté et menacé dans le vestibule du sénat par les chevaliers romains de garde au temple de la Concorde, et que ses collègues furent obligés de se jeter entre lui et les chevaliers pour prévenir des violences et peut-être sa mort.

Les accusés déjà déclarés traîtres à la patrie dans une première séance, Cicéron demanda dans une seconde séance qu'on délibérât sur la peine. La mort fut demandée par Silanus, consul désigné, qui, à ce titre, parlait le premier ; la majorité se prononça pour le supplice.

César, sommé de dire son avis, embarrassé de condamner, plus embarrassé d'absoudre, fit un de ces discours équivoques de chef d'opposition dont les instruments ont forcé ou devancé la main, contraint par la circonstance de se déclarer, lâche s'il les abandonne, factieux et mauvais citoyen s'il les absout. Il louvoya entre deux écueils, détestant le crime, répudiant les hommes, se taisant sur Catilina, se rejetant sur les dangers des condamnations précipitées, sur de vagues professions d'humanité et de douceur, et enfin proposant, par condescendance à l'indignation publique, non la mort ou la prison dans Rome, mais l'exil des coupables dans les villes municipales de province. Là les exilés seraient sous la garde et sous la garantie des magistrats de ces villes. Cette conclusion à double entente avait, selon César, le mérite de satisfaire à l'opinion publique en condamnant à une apparence de peine, et le mérite de servir les partisans de Catilina en les envoyant subir leur peine précisément dans ces villes municipales des provinces où ils voulaient se rendre et où était toute leur force d'opinion et d'insurrection contre le sénat.

Ce discours ambigu, conservé textuellement par les sténographes de Rome, a été répété des milliers de fois dans les tribunes modernes par des orateurs sans sincérité, sans courage et sans vertu, plus soigneux de popularité que de justice.

Il dégoûta le sénat et indigna Caton ; Caton y répondit en grand homme de bien et en grand orateur dont l'éloquence est plutôt dans le caractère que dans les paroles. Nous avons aussi cette réplique de Caton. Elle montre par les insinuations directes, et encore plus par les réticences transparentes, ce que cet honnête homme, conscience vivante de son pays, pensait de l'innocence de César. La voici. Pour qui sait lire au delà de la lettre morte, il n'y a pas de plus cruelle conviction de la culpabilité de César :

« Je vois l'affaire qui nous occupe sous un jour bien différent, sénateurs, soit que j'envisage la chose même et nos périls, soit que je réfléchisse sur les avis proposés par plusieurs préopinants. Ils se sont beaucoup étendus, ce me semble, sur la punition due à des hommes qui ont préparé la guerre à leur patrie, à leurs parents, à leurs autels, à leurs foyers. Or, la chose même nous dit qu'il faut plutôt songer à nous prémunir contre les conjurés qu'à statuer sur leur supplice. Car les autres crimes, on ne les poursuit que quand ils ont été commis ; mais celui-ci, si vous ne le prévenez, vous voudrez en vain, après son accomplissement, recourir à la vindicte des lois. Dans une ville conquise, il ne reste rien aux vaincus. Mais, au nom des dieux immortels, je vous adjure, vous, pour qui vos maisons, vos terres, vos statues, vos tableaux, ont toujours été d'un plus grand prix que la république, si ces biens, de quelque nature qu'ils soient, objets de vos tendres attachements, vous voulez les conserver, si à vos jouissances, vous voulez ménager un loisir nécessaire, sortez enfin de votre engourdissement et prenez en main la chose publique. Il ne s'agit aujourd'hui ni des revenus de l'État ni des outrages faits à nos alliés ; c'est votre liberté, c'est votre existence qui sont mises en péril.

» Souvent, sénateurs, ma voix s'est élevée dans cette assemblée, souvent le luxe et l'avarice de nos concitoyens y furent le sujet de mes plaintes, et, pour ce motif, je me suis fait beaucoup d'ennemis ; car moi, qui ne me serais jamais pardonné même la pensée d'une faute, je ne pardonnerais pas facilement aux autres les excès de leurs passions. Mais, bien que vous tinssiez peu de compte de mes représentations, la république n'en était pas moins forte, sa prospérité était l'excuse de l'insouciance. Aujourd'hui il ne s'agit plus de savoir si nous aurons de bonnes ou de mauvaises mœurs, si l'empire romain aura plus ou moins d'éclat et d'étendue, mais si toutes ces choses, quelles qu'elles puissent être, nous resteront ou tomberont avec nous au pouvoir de nos ennemis.

» Et quelqu'un ici viendra me parler de douceur et de clémence ! Il y a déjà longtemps que nous ne savons plus appeler les choses par leur nom. Pour nous, en effet, prodiguer le bien d'autrui s'appelle largesse ; l'audace du crime, c'est le courage. Voilà pourquoi la république est au bord de l'abîme. Que l'on soit (j'y consens, puisque ce sont là nos mœurs) généreux des richesses de nos alliés, compatissant pour les voleurs publics ; mais que du moins on ne se montre pas prodigue de notre sang, et que, pour sauver quelques scélérats, tous les bons citoyens ne soient pas sacrifiés. C'est avec beaucoup d'art et de talent que César vient de disserter devant cette assemblée sur la vie et sur la mort. Il estime faux, je le crois, ce que l'on raconte des enfers, à savoir que, séparés des bons, les méchants vont habiter des lieux noirs, arides, affreux, épouvantables. Son avis est donc de *confisquer les biens des conjurés et de retenir les conjurés eux-mêmes en prison dans les municipes.* Il craint sans doute que, s'ils restaient à Rome, ils ne fussent, ou par les complices de la conjuration, ou par une multitude soudoyée, enlevés à force ouverte : comme s'il n'y avait de méchants et de scélérats que dans Rome et qu'il n'y en eût point par toute l'Italie ! comme si l'audace n'avait pas plus de force là où il existe moins de moyens pour la réprimer ! Ce conseil que donne César est donc illusoire, s'il craint quelque danger de la part des conjurés. Si au milieu d'alarmes si grandes et si générales, il est seul sans crainte, c'est pour vous comme pour moi un motif de craindre davantage.

» Ainsi, lorsque vous statuerez sur le sort de L. Lentulus et des autres détenus, tenez pour certain que vous prononcerez à la fois sur l'armée de Catilina et sur tous les conjurés. Plus vous agirez avec vigueur, moins ils montreront de courage ; mais, pour peu qu'ils vous voient mollir un instant, vous les verrez plus déterminés que jamais.

» Gardez-vous de penser que c'est par les armes que nos ancêtres ont élevé la république, si petite d'abord, à tant de grandeur ! S'il en était ainsi, elle serait entre nos mains encore plus florissante, puisque citoyens, alliés, armes, chevaux, nous avons tout en plus grande quantité que nos pères. Mais il est d'autres moyens qui firent leur grandeur et qui nous manquent : au dedans l'autorité, au dehors une administration juste, dans les délibérations une âme libre et dégagée de l'influence des vices et des passions.

» Au lieu de ces vertus, nous avons le luxe et l'avarice, la pauvreté de l'État, l'opulence des particuliers ; nous vantons la richesse, nous chérissons l'oisiveté ; entre les bons et les méchants, nulle distinction. Toutes les récompenses de la vertu sont le prix de l'intrigue. Pourquoi s'en étonner, puisque de vous tous, tant que vous êtes, chacun ne pense que pour soi ? Chez vous, esclaves des voluptés ; ici, esclaves des richesses et de la faveur. De là vient que l'on ose se jeter sur la république délaissée.

» Mais laissons ce discours.

» Des citoyens de la plus haute noblesse ont conjuré l'embrasement de la patrie. Le peuple gaulois, cet ennemi implacable du peuple romain, ils l'excitent à la guerre ; le chef des révoltés, avec son armée, tient le glaive sur vos têtes. Et vous temporisez encore ! Vous hésitez sur ce que vous devez faire d'ennemis arrêtés dans l'enceinte de vos murs ! Prenez en pitié, je vous le conseille, des jeunes hommes que l'ambition a égarés ! Faites mieux, laissez-les partir tout armés ! Certes, toute cette mansuétude et cette pitié, une fois qu'ils auront pris les armes, feront place au sentiment de vos propres misères. Sans doute le danger est terrible, mais vous ne le craignez pas... qu'ai-je dit? il vous épouvante; mais dans votre indolence, dans votre pusillanimité, vous vous attendez les uns les autres; vous différez, vous fiant sans doute sur les dieux immortels à qui notre république a, dans les plus grands périls, dû plus d'une fois son salut. Ce n'est ni par des vœux ni par de lâches supplications que s'obtient l'assistance des dieux. La vigilance, l'activité, la sagesse des conseils, voilà ce qui garantit le succès. Dès qu'on s'abandonne à l'indolence et à la lâcheté, en vain on implore les dieux, ils sont courroucés et contraires.

» Du temps de nos pères, L. Manlius Torquatus, dans la guerre des Gaulois, fit mourir son propre fils pour avoir combattu l'ennemi sans son ordre. Le jeune héros expia par sa mort un excès de courage. Et vous, vous balancez à statuer sur le sort d'exécrables parricides! Sans doute le reste de leur vie demande grâce pour ce forfait. Oui, respectez la dignité de Lentulus, si lui-même a jamais respecté la pudeur ou sa propre réputation, s'il a jamais respecté ou les dieux ou les hommes; pardonnez à la jeunesse de Céthégus, s'il ne s'est point déjà deux fois armé contre sa patrie. Mais que dirai-je de Gabinius, de Statilius, de Céparius, qui, s'il eût existé pour eux quelque chose de sacré, n'auraient point tramé un si noir complot contre la république?

» Enfin, sénateurs, je le proteste, s'il pouvait être ici permis de faillir, je ne m'opposerais pas à ce que l'événement vînt vous donner une leçon, puisque vous méprisez mes discours; mais nous sommes enveloppés de toutes parts. Catilina avec son armée est à nos portes. Dans nos murailles, au cœur même de la ville, nous avons d'autres ennemis. Il n'est mesure ni délibération qui puissent être prises secrètement: raison de plus pour nous hâter. Voici donc mon avis: puisque, par l'exécrable complot des plus grands scélérats, la république est tombée dans le plus grand péril ; puisque, par le témoignage de T. Volturicus et des ambassadeurs allobroges, aussi bien que par leurs propres aveux, ils sont convaincus d'avoir comploté le massacre, l'incendie et d'autres attentats affreux, atroces, envers leurs concitoyens, j'opine pour que, d'après ces aveux et la preuve acquise contre eux d'un crime capital, ils soient, conformément aux institutions de nos ancêtres, livrés au dernier supplice. »

Ce discours, où l'on sentait le nerf du républicain antique, cette apostrophe intrépide à César : « Quand les hommes comme vous ne craignent rien, tous les bons citoyens doivent craindre ! » entraînèrent le sénat et atterrèrent César. Il se tut, ne jugeant pas sûr de défier un homme de bien et de demander à Caton la signification de ses paroles. C'était s'avouer complice.

Cicéron ne donna pas au sénat et à l'opinion le temps de revenir sur un jugement politique prononcé à la chaleur des harangues, sous la panique de la ville, sans procès, sans enquête, sans contradiction, sans autres preuves que des lettres à double sens. Sûr de la défection de Cassius et de César, trop heureux de laisser tomber la colère du peuple sur quelques misérables ; sûr du sénat qui se vengeait de ses craintes ; sûr du peuple et même de la populace qui applaudissaient sur la place de la Concorde au supplice des prétendus incendiaires de Rome, il conduisit lui-même les condamnés à la prison.

« C'était, dit Salluste, un cachot appelé plus tard, du nom de Cicéron, *Tullianum*. On y descend, après avoir franchi le vestibule, en tournant à gauche, à environ douze pieds romains au-dessous du sol ; des pierres énormes le rendent de toute part impénétrable et forment au-dessus une voûte liée par des blocs incrustés les uns dans les autres ; les ténèbres, l'humidité, les immondices, l'odeur fétide de ce souterrain consternent les sens. Dès que Lentulus y fut descendu, on l'y étrangla par ordre du consul : telle fut la fin de ce patricien de l'illustre famille des Cornélius, aussi vieille et aussi illustre que Rome, et qui avait exercé lui-même la suprême autorité du consulat dans sa patrie ! Céthégus, Statilius, Gabinius (ami de César) et leurs complices, y descendirent à leur tour pour y subir la même mort et la même ignominie ! »

Cicéron avait pris sur lui de précipiter leur supplice sans qu'aucune des formalités légales nécessaires à Rome pour l'exécution des jugements fût remplie. Ce fut le coup d'État de l'impatience, de la vanité et de la terreur. Seul reproche, mais non pas seule pusillanimité de ce grand esprit, qui ne put jamais être un grand homme !

Depuis ce sacrifice à la faveur des patriciens et à la panique féroce de la multitude, Cicéron ne fit plus que chanceler dans la vie publique comme un homme poursuivi par un remords, et il accumula sur sa tête des représailles qui le suivirent jusqu'à la tragédie de sa mort. La langue qui avait converti en crimes d'État les complots de quelques étourdis débauchés, et demandé la mort de tant de patriciens au nom de quelques rumeurs publiques, fut percée de l'aiguille de Fulvie et clouée à la tribune où sa parole avait tué un fantôme de faction.

Catilina, à la nouvelle du meurtre de ses amis et de la marche de l'armée d'Antoine, s'éloigna de la Toscane avec quelques milliers de colons de Sylla, mal armés, pour se rapprocher des Allobroges. Cerné, à la descente des montagnes de l'Apennin, d'un côté par Métellus Céler, de l'autre par Antoine, il harangue ses soldats avec l'éloquence du désespoir, préfère la mort à la fuite, commande en général, combat en héros, balance la victoire ; puis, quand il voit le nombre l'emporter sur la valeur, il se précipite presque seul, à dix pas en avant de son armée, et tombe sous le fer qu'il a provoqué.

Le combat fini, disent les récits de la bataille, on vit ce qu'étaient le courage et la résolution inspirés par Catilina aux soutiens de sa cause. Le corps de chacun de ses soldats occupait, mort, la place qu'il avait occupée, vivant; toutes les blessures avaient été reçues en face; on trouva le corps de Catilina seul, et bien loin en avant des siens, sur un monceau d'ennemis qu'il avait immolés avant de succomber lui-même; il respirait encore, et son visage conservait dans la mort l'expression désespérée qui l'animait pendant la vie.

Cependant, la mort héroïque de Catilina, la composition, toute d'hommes libres, de son armée, et son refus d'enrôler les esclaves, prouvèrent qu'il n'avait jamais médité la guerre servile, la subversion, et encore moins l'incendie de Rome. On commença à réfléchir, à murmurer contre la précipitation de Cicéron, à disculper César, et bientôt à l'honorer pour des opinions populaires qui l'avaient fait insulter dans le sénat et qui n'étaient des crimes qu'envers sa caste. Le peuple, inquiet des périls que pouvait courir son favori au milieu des patriciens ses ennemis, le suivait en foule quand il se rendait aux séances, et le redemandait à grands cris lorsqu'il tardait trop à sortir.

Ces agitations de la multitude en faveur de César alarmèrent tellement le sénat, que le sévère Caton lui-même proposa, pour contre-balancer sa popularité, de faire à la plèbe, au nom du sénat, des distributions mensuelles de blé pour fermer la bouche aux murmures. Mais César, nommé préteur malgré les patriciens, poussa jusqu'à la sédition la passion de la multitude pour lui; il soulevait et il apaisait à son gré ces agitations plébéiennes, en sorte que le peuple croyait lui devoir la sujétion du sénat, et que le sénat, tremblant, le remerciait en corps de l'apaisement du peuple. Tribun à deux faces, tel qu'on n'en avait pas vu encore à Rome jusqu'à lui, d'une main soulevant et de l'autre refrénant la ville, il ne voyait plus, entre le pouvoir suprême et lui, que le grand Pompée.

Trop novice encore dans l'armée pour le combattre, il s'attacha à le séduire. Il exploita habilement des mécontentements personnels de Pompée contre le sénat, qui refusait de ratifier ses mesures en Asie après ses victoires sur Mithridate. Pompée, homme nouveau lui-même comme Cicéron, se plaignait avec raison de l'ingratitude et de l'insolence d'un sénat qui ne subsistait que par son appui. Il était trop haut dans la gloire pour redouter la rivalité d'un jeune homme qui n'avait pour tout titre militaire qu'une couronne de laurier reçue au siége de Lesbos; il désirait se faire un soutien du parti des plébéiens pour contraindre les patriciens à pactiser avec sa puissance.

César était le nœud par lequel cette grande idole des vétérans pourrait se rattacher, sans paraître se dégrader, aux idées et aux intérêts populaires. César, de son côté, manquait de force dans le sénat et de considération dans le parti des honnêtes gens. Il ne craignait pas de fortifier dans Pompée un homme qui n'était à ses yeux qu'un grand fantôme de vaine gloire, propre à lui garder la place et à habituer les Romains au joug plus durable qu'il leur préparait; il flatta donc sans crainte celui qu'il était sûr d'humilier à son heure. Il réconcilia Pompée avec Crassus, le plus accrédité des tribuns après lui.

Un triumvirat secret d'influences combinées sur le gouvernement de Rome se négocia sous ses auspices entre ces trois hommes : coalition inégale où Pompée apportait la gloire, Crassus l'or, César le génie, la popularité et l'ambition. Pompée promit à César les voix de ses innombrables clients pour le gouvernement militaire de l'Espagne; Crassus lui prêta huit millions pour s'affranchir de ses créanciers avant de partir de Rome.

César, devenu ainsi préteur et aspirant déjà au consulat, osa tout contre le parti de Cicéron et des patriciens, auxquels il avait arraché l'appui de Pompée. Il se déclara ouvertement le protecteur de Clodius, le plus turbulent des tribuns, qui voulait imiter les Gracques et qui avait juré la mort de Cicéron. Il fit inscrire cet agitateur, né, comme les Gracques, d'une famille illustre, et qui voulait, comme eux, répudier l'aristocratie en se jetant dans les rangs des plébéiens; il fit arrêter Caton lui-même en plein sénat pour une harangue trop courageuse contre lui. Mais la vertu de Caton contrastait trop avec l'indigne prison à laquelle César l'avait condamné pour que l'opinion publique tolérât une telle profanation. César se hâta de lui rendre la liberté, de peur d'offenser les Romains.

Les peuples les plus corrompus se complaisent à laisser debout dans leurs assemblées quelques hommes incorruptibles, comme une pierre d'attente pour des temps meilleurs, ou comme une vaine représentation de la vertu antique dont les nations se décorent encore, même quand elles ne veulent plus s'en servir. Tel était Caton : une exception au temps, une colonne debout dans une ruine.

En même temps, pour retenir Pompée dans son alliance, il fit accuser un certain nombre de sénateurs d'avoir conspiré l'assassinat de Pompée. Enfin il lui donna pour épouse sa fille Julie, qu'il avait eue, à dix-sept ans, de sa première femme. Julie, adorée de son père et de son mari, fut, pendant qu'elle vécut, un lien de cœur entre deux rivaux qui n'étaient unis jusque-là que par la politique. Tranquille sur la solidité d'une alliance fondée sur de tels appuis, il brigua et obtint le consulat.

On lui donna pour collègue un homme opulent, mais nul, nommé Bibulus, dont il effaça si complétement le nom et les actes par sa conspicuité dominante, qu'on oublia qu'il y avait deux consuls. Il profita de son autorité consulaire pour s'emparer de plus en plus de la multitude par une *loi agraire*, assez modérée pour ne pas blesser Pompée, assez insolente pour humilier le sénat, assez libérale pour paraître une satisfaction suffisante à la *plèbe*.

Son collègue Bibulus, l'homme des patriciens ou des conservateurs, ayant voulu protester contre ces innovations, fut assiégé par une émeute soudoyée par César, et précipité de son tribunal au milieu du Forum par César lui-même, aux applaudissements du peuple. La terreur était telle que le sénat, auquel Bibulus en appela de ces outrages de son collègue, n'osa ni informer ni murmurer. L'homme qui traitait ainsi les lois pouvait-il s'arrêter devant la liberté de sa patrie?

Son consulat avait fait d'un chef de parti un pouvoir public. Il ne consentit à en descendre que pour s'y faire regretter, pour y remonter à son gré et à son heure, pour y pousser en son absence ses créatures. Cette absence de Rome était pour lui un calcul : il avait besoin du prestige que donnent la distance, le bruit d'un nom venu de loin, l'exagération que les récits populaires ajoutent toujours aux exploits d'un homme que son pays suit des yeux. Il se trouvait précisément dans les mêmes circonstances où le général Bonaparte, ce César français, se trouvait sous le directoire quand il rêva une expédition semi-fabuleuse en Égypte, pour que l'éclat de l'Orient le désignât à l'attention de l'Europe.

Embarrassé de lui-même au dedans, César, comme Bonaparte, n'avait plus en ce moment de place convenable qu'au dehors. Quelque important qu'il fût par son parti dans Rome, sa popularité civile et même factieuse ne pouvait pas contre-balancer longtemps la gloire acquise par les armes, et l'autorité consacrée par l'habitude, de Pompée. Il fallait l'épée à l'homme qui n'était encore que le plus séduisant des tribuns.

Tout le monde se prêta avec empressement à ce désir

d'expatriation dans les camps, manifesté par le perturbateur de Rome : le sénat, pour se délivrer de la présence d'un orateur et d'un tribun qui rendait Caton sans écho et Cicéron muet; les patriciens, pour s'affranchir d'un déserteur de sa caste, qui jetait à la plèbe les terres et les priviléges de la noblesse; les citoyens, pour pacifier Rome en n'y laissant pas un concurrent à leur idole, le grand Pompée; la plèbe, pour accroître l'autorité d'un chef qui promettait de donner des légions à ses caprices ; Pompée enfin, pour régner seul, dans sa tranquille majesté, à Rome, et pour se délivrer d'un allié dont la supériorité trop proche l'offusquait.

César, après avoir bien réfléchi à la partie du monde où il irait agrandir sa renommée et son influence, choisit les Gaules. Partout ailleurs il trouvait des sentiers battus par d'autres gloires, des comparaisons propres à diminuer ses triomphes, des noms en possession des provinces et qu'il lui serait difficile de détrôner. S'il choisissait l'Espagne, il y trouvait les souvenirs et les légions de Pompée; s'il choisissait l'Afrique, il y trouvait la mémoire des Scipions et les ruines de Carthage; s'il choisissait la Grèce, il y trouvait les victoires et les colonnes de Sylla; s'il choisissait les Indes, il y trouvait Alexandre; enfin, s'il choisissait l'Asie Mineure et les royaumes de Mithridate, il y retrouvait encore les conquêtes incomparables du grand Pompée, qui venait de refouler cet ennemi des Romains jusqu'à la mer Noire.

Les Gaules seules étaient une terre neuve où pouvait germer dans les ténèbres de l'éloignement et dans le sang des barbares un nom nouveau, un nom qui flattât l'orgueil des Romains. Les lettres de Cicéron donnent à ces conjectures la certitude d'une opinion publique unanimement admise parmi les confidents de l'ambition de César. Suétone lui attribue ouvertement la même pensée. On ne se trompe pas en jugeant un ambitieux sur son intérêt.

On lui décerna donc d'abord le gouvernement de la Gaule cisalpine, c'est-à-dire du versant des Alpes qui regarde l'Italie et qui entoure le golfe Adriatique; puis de la Gaule qu'on appelait alors *chevelue*, à cause des longues chevelures que ses habitants demi-barbares laissaient pendre sur leurs épaules. César éprouva une telle joie de cette double investiture, qu'il en oublia toute prudence et qu'il s'écria en plein sénat « qu'il était parvenu enfin au but de ses désirs, qu'il pouvait braver ses ennemis, et qu'il foulerait désormais sous ses pieds tous ceux qui avaient fait obstacle à sa fortune! »

Une telle audace dans un sénat où siégeaient Pompée et la majesté de la république scandalisa un de ces obscurs railleurs qui se vengent de leur obscurité par des reparties : « Nous verrons, dit-il à César, si cela sera si facile à un homme qui a joué à la cour de Nicomède le rôle d'une femme! — Cela n'a pas empêché Sémiramis, répliqua témérairement César, de régner sur la Syrie! »

Son commandement devait durer trois ans; on le porta à cinq, et on lui donna les légions pour ce temps. Le sénat, jaloux par servilité d'égaler les libéralités du peuple, s'empressa de condescendre, par ses décrets, à tous les désirs de César. Avant d'être le conquérant des Gaules, Rome l'en faisait plus qu'un roi.

Les Gaules comprenaient alors, indépendamment de l'Illyrie, des plaines arrosées par le Pô, du Piémont, de la Lombardie, d'une partie des Apennins et du pays de Lucques, tout l'espace compris entre les Pyrénées, les Alpes, le Rhin et l'Océan, c'est-à-dire la Savoie, l'Helvétie, la France, la Belgique et la Hollande.

Les Gaules étaient alors une proie toute préparée pour la conquête. Les différentes peuplades qui la composaient, alluvions successives des inondations des Barbares, barbares elles-mêmes, n'étaient qu'une anarchie sans fixité au dedans, une confédération sans lien au dehors. Divisées non-seulement en races, mais aussi en castes, tour à tour subordonnées, ou antipathiques, ces peuplades n'avaient d'autre unité que la religion, et cette religion était atroce.

Les druides, théocratie enracinée dans la superstition commune, gouvernaient le peuple par la terreur du ciel et maintenaient cette terreur par des hécatombes humaines. Les autels étaient des billots de pierre sur lesquels on creusait des égouts de sang.

Quand la conquête des Romains n'aurait fait qu'arracher la Gaule aux druides et l'initier à des cultes plus doux, il faudrait bénir les guerres de César. Elles asservirent un peuple, mais elles délivrèrent l'esprit humain. Cette religion aux mains rouges de sang, les guerres civiles incessantes, les luttes invétérées entre les druides, les nobles, le peuple, les esclaves, la férocité originelle, la barbarie qui enlève son prix à la vie, les distances, les forêts, les marais, les fleuves, les armes sauvages, l'habitude d'être toujours armés, enfin une rivalité de mépris de la mort et une passion innée pour l'indépendance auraient rendu les Gaulois invincibles s'ils avaient été unis. Leur division, leur mobilité proverbiale, leur incohérence entre les divers groupes de population, leur dissémination entre des chefs plus ennemis les uns des autres qu'ils ne l'étaient de l'ennemi commun, les rendaient faciles à l'asservissement. Il suffisait de mettre le coin romain dans ce granit décomposé ou non encore suffisamment aggloméré par le temps, pour que le bloc tombât en poussière.

D'héroïques résistances isolées, et nulle entente générale de résistance commune : voilà ce que César avait à attendre ou à craindre d'un tel pays. Il allait combattre des guerriers, mais point d'armée, ou des armées précaires comme le chef qu'elles élevaient ou qu'elles précipitaient par leurs acclamations.

César, qui avait d'instinct la philosophie de la guerre comme celle de la politique et des factions, comprit, après un premier regard sur les Gaules, que les deux conditions de succès dans un pays barbare étaient l'organisation d'une armée peu nombreuse, mais indissoluble par la discipline et la tactique, et, sur un pays vaste et décentralisé, la rapidité des mouvements et des marches. Ce fut la tactique opposée à celle de Bonaparte, qui, ayant à combattre les vieilles phalanges savantes et méthodiques de l'Europe, jeta des masses innombrables sur des bataillons exercés.

Chacun de ces hommes de guerre avait sa raison dans son temps et dans la nature différente de son ennemi. Bonaparte eût été vaincu dans les Gaules, comme il le fut en Espagne; César aurait été vaincu par les armées compactes de l'Autriche, de la Russie et de la Prusse en Italie. Se conformer par des moyens divers à des temps et à des lieux divers, c'est le même génie.

César partit de Rome avec ce plan, sans s'inquiéter beaucoup du petit nombre de légions que la république lui accordait. Son âme avait le secret de doubler ses forces. Mais, comme la guerre n'était pour lui qu'un moyen d'empire et non un but d'ambition satisfaite par des victoires, il s'occupa, en partant, de son retour plus que de son départ. Un événement domestique faillit déjouer ses intrigues avec le parti de la plèbe romaine, parti qu'il avait le plus remué depuis sa jeunesse et sur lequel il comptait le plus pour les grandes séditions civiles qui devaient tôt ou tard le rappeler pour chef ou pour arbitre à Rome.

Il y avait à Rome un jeune patricien, émule des Gracques, dont nous avons prononcé le nom parmi ceux des protégés de César et des favoris de sa faction : c'était

Clodius. Doué de tous les dons de la naissance, de la figure et de la richesse, Clodius était né pour décorer l'aristocratie; mais son impatience d'honneurs, son immoralité et sa turbulence lui avaient fait chercher une fortune plus prompte, plus bruyante et plus orageuse dans les séditions de sa patrie. C'était un de ces hommes néfastes qui naissent dans la décadence des nations pour précipiter la ruine des institutions et des pouvoirs et pour s'ensevelir eux-mêmes sous les débris.

Il avait à la fois l'orgueil de l'aristocratie où il était né et l'envie de la démagogie où il s'était jeté pour écumer de la popularité à défaut d'estime. Son éloquence, désordonnée et convulsive comme son âme, convenait merveilleusement à la populace, qui ne veut pas être dirigée, mais agitée. Il soulevait celle de Rome, comme le vent soulève les vagues, sans s'inquiéter des excès et des délires auxquels elle s'abandonnait à sa voix. Pourvu qu'il eût le mouvement et le bruit, peu lui importait le crime! Il n'avait pour conscience que sa passion. Il était l'ennemi né de tous les hommes de bien; Caton, Cicéron, Pompée lui-même, étaient sans cesse désignés par lui aux poignards des sicaires comme les seuls obstacles de l'anarchie, seul gouvernement compris par ce révolté contre toutes ces lois. Il enrôlait, il soldait, il traînait partout à sa suite une bande de vociférateurs, de gladiateurs et de scélérats, qui assiégeaient les maisons de ses ennemis, qui imposaient leurs volontés aux comices du peuple, et qui faisaient trembler même le sénat.

C'était le roi de la multitude, le Danton de Rome, mais un Danton subalterne, sans autre politique que le tumulte, sans autre éloquence que la vociération. De tels hommes, odieux à tous dans les jours de sang-froid, ont, dans les temps de trouble, la force que la convulsion donne aux hommes saisis d'un accès de délire. Ils sont la fièvre chaude des attroupements, ils périssent après le paroxysme, mais ils sont redoutables pendant l'accès.

Tel était le grand démagogue de Rome : Clodius.

César seul avait de l'empire sur Clodius, parce que César était un Clodius de génie, un Clodius modéré, un Clodius politique qui couvrait la démagogie tumultueuse du vrai Clodius de sa considération quand elle tombait dans le mépris, de sa protection quand elle formulait des désordres, de son indulgence quand elle touchait au crime. D'ailleurs, César, comme on l'a vu, n'avait pas craint de faire lui-même violence au sénat, aux lois, à son collègue le consul Bibulus, pour favoriser les prétentions de Clodius au titre de plébéien et aux fonctions de tribun du peuple, dont ce titre de plébéien était la condition à Rome.

Ces services forçaient Clodius, sinon à la reconnaissance, au moins à une déférence qui profitait à César. Entre ces deux hommes il y avait un lien d'ambition d'un côté, de clientèle de l'autre. Il leur importait également de ne rompre à aucun prix cette coalition sourde de l'ambition et du crime.

Un hasard allait mettre à une pénible épreuve cette alliance des deux agitateurs de Rome, et montrer si dans César l'homme l'emportait sur l'ambitieux ou l'ambitieux sur l'homme.

Clodius, qui fréquentait la maison de César, aimait Pompéia, la jeune et belle épouse du consul. Pompéia, séduite par la jeunesse et par les grâces de Clodius, avait préféré le tribun au héros.

Cette passion criminelle de Pompéia et de Clodius éprouvait des obstacles dans la nombreuse domesticité de César et dans la surveillance de sa mère, femme austère, qui gouvernait sa maison. Une jeune esclave de Pompéia, nommée Abza, corrompue à prix d'or par sa maîtresse, favorisait les entrevues secrètes des deux amants. Les fêtes de la *Bonne Déesse*, pendant lesquelles les femmes célébraient, dans l'intérieur de leur maison, des cérémonies mystérieuses d'où les hommes étaient sévèrement exclus, parut à Clodius une occasion propice de s'approcher de Pompéia sans risquer de rencontrer César.

Il se déguisa en chanteuse, déguisement que sa jeunesse, sa taille, la blancheur féminine de son teint, ne démentaient pas au demi-jour des flambeaux, et il pénétra sous ce voile dans le vestibule de la maison du consul. Abza, qui l'attendait à la porte, feignit de le prendre pour une des chanteuses convoquées pour la fête, le conduisit par la main à l'étage supérieur, et, le laissant seul dans un corridor obscur, s'empressa d'aller prévenir sa maîtresse. Mais, pendant la courte absence d'Abza, Clodius, rencontré et reconnu pour un homme déguisé en femme par une esclave d'Aurélia, mère de César, s'enfuit et se cacha dans la chambre d'Abza.

Le sacrifice profané et interrrompu par le bruit de ce scandale remplit la maison de trouble et de rumeur. Clodius, cherché avec horreur par toutes les femmes, est découvert dans la chambre de l'esclave complice; il est chassé comme un sacrilége, et les femmes, sortant en foule de la maison profanée, remplissent la ville du récit, et du scandale, et de l'impiété adultère de Clodius. La mort, dans les lois romaines, devait être l'expiation d'un tel forfait. Les tribuns citent Clodius à leur tribunal. Le peuple, qui lui est vendu et qui pardonne tout à ceux qui le servent, prend le parti de son démagogue favori. L'émeute l'absout d'avance, pendant que les juges, intimidés, l'interrogent.

César, le plus intéressé de tous dans le procès, partagé entre son honneur à venger et son ambition à préserver, n'hésite pas à sacrifier son honneur. Cité comme témoin, il déclare aux juges « *qu'il n'a aucune connaissance de ce qu'on impute à Clodius.* » Le tribun qui l'interroge, étonné d'une réticence si étrange, lui demande pour quel motif alors il a répudié Pompéia le lendemain de la découverte de Clodius dans sa maison. Il explique cette inconséquence évidente par un de ces mots qui cachent le vide de sens sous l'apparat du sophisme. « C'est, dit-il, que *la femme de César ne doit pas même être soupçonnée.* » L'esprit de parti se contenta de cette réponse, qui, si elle était sérieuse, condamnerait une femme innocente pour le crime de son suborneur ou pour la malignité de ses calomniateurs. Mais César éluda ainsi la rupture des intelligences qu'il voulait conserver avec le boute-feu de Rome.

Il profita même de cette circonstance pour s'assurer un appui de plus dans le sénat en épousant Calpurnie, fille de Pison, homme consulaire, du tiers parti de Rome, dont l'alliance était une racine jetée de loin dans l'aristocratie. Ayant ainsi combiné ses popularités contraires dans la plèbe, dans les vétérans et dans les colons par ses lois agraires, dans le sénat par Pompée, dans le parti des honnêtes gens par Cicéron, dans le parti de Marius par sa première femme, dans le parti de Sylla par la seconde, dans le parti intermédiaire par la troisième, dans la coterie des riches par Crassus, dans la horde des démagogues et des scélérats par Clodius, il rassembla, dit-on, avant son départ, tous les membres de ces factions diverses, dont il avait fait ainsi sa faction personnelle, et il leur fit prêter serment de soutenir dans Rome sa fortune, pendant qu'il allait grandir pour revenir à son tour servir de sa toute-puissance leurs intérêts.

Ce fut la ligue de toutes les ambitions subalternes avec l'ambition suprême. Tout en est vrai dans la contexture, excepté sans doute le serment rapporté par Suétone. César, assez impie pour douter des dieux, n'était pas assez novice pour croire qu'on retenait les hommes politiques par un serment. Le seul serment pour lui, c'était l'intérêt *personnel* de ses complices; tous étaient bien convaincus que sa fortune était leur fortune, et qu'ils ne pouvaient désormais s'élever ou tomber qu'avec lui.

César lui-même a écrit sa guerre des Gaules avec la rapidité et la concision d'un soldat ou d'un géographe qui note en courant les lieux et les choses. Ses *Commentaires*, ouvrage, selon nous, trop loué sur le nom de l'auteur par les superstitions de la renommée, n'est qu'un registre, tenu par un compilateur affairé, de matériaux préparés pour rédiger à loisir sa véritable histoire. Il n'y a guère que ce qu'on estime dans un catalogue de faits : exactitude, clarté, précipitation de plume, ébauche dessinée à grands traits, mais rarement peints, encore moins sentis; çà et là quelques bons éclairs de style qui illuminent par moments un horizon vaste et obscur; mais en général une aridité, une sécheresse, une nudité osseuse de récit, qui ne donnent aux faits, aux lieux, aux batailles, aux caractères, ni leur éclat, ni leur couleur, ni leur intérêt. César était trop pressé pour peindre; il esquissait l'univers.

Il a laissé sous ce rapport, selon nous, une immense supériorité à Bonaparte à Sainte-Hélène. Là, dans les *Dictées historiques* de ses premières campagnes, Napoléon, écrivain, s'est égalé lui-même à lui-même; il a fait de ses batailles des poëmes écrits par un tacticien. L'expression s'y moule sur le fait comme l'airain sur le nu; elle s'y colore, non de teintes artificielles, mais de sa propre chaleur, comme le fer au feu, rouge parce qu'il brûle. Nul, excepté Machiavel, n'a écrit la guerre ou la politique de ce style. Ce n'est plus un écrivain qui remue des mots, c'est un colosse qui construit sa phrase avec des blocs d'images, d'impressions et de pensées. Copiste dans sa jeunesse, déclamateur dans sa maturité, la guerre, la politique et l'expérience des choses en avaient fait le plus robuste des historiens. L'âme pathétique de César lui manqua seule pour le surpasser. Mais Napoléon n'était qu'une intelligence. César était homme, et c'est ce qui le fit adorer.

Sa popularité et ses libéralités l'avaient précédé parmi les légions qui l'attendaient dans les deux Gaules. Nous avons déjà dit que les Romains ne scindaient pas leurs grands citoyens en deux et que la réputation d'un grand orateur ou d'un grand politique ne faisait pas préjuger aux troupes un médiocre général; au contraire, le prestige d'une supériorité de génie à la tribune ou au conseil leur faisait augurer une supériorité égale dans le commandement des armées. La guerre n'y était pas un métier, mais un héroïsme intelligent des batailles.

César fut reçu par ses légions comme un homme qui portait le génie et la fortune avec lui. Sa familiarité cordiale, son intrépidité gracieuse, sa conversation élégante avec les chefs, populaire avec les soldats; ses libéralités qui ne se réservaient rien à lui-même que le bonheur de tout conquérir pour tout donner; une supériorité de génie qui se révélait au premier coup d'œil et au premier mot, sur les routines militaires de ses prédécesseurs; des perspectives de gloire, de conquêtes, de dépouilles, de triomphes en commun, qui précipitaient, dans ses harangues, les légions oisives au delà des Alpes; une certaine indulgence habile et licencieuse qui laissait détendre la discipline des camps, pendant les loisirs, pour la resserrer avec plus de nerf dans la marche et dans l'action; enfin un aspect et une éloquence qui enlevaient les regards et les cœurs, et qui faisaient qu'on lui donnait avec enthousiasme ce qu'on se laissait imposer par d'autres; ces dons variés en firent en peu de mois l'idole de son armée. Il s'étudia à la séduire comme il avait séduit le peuple romain, et à se l'incorporer plus qu'à la grossir.

L'idée de l'empire l'obsédait jusque dans ses premiers

pas vers la Gaule; il la laissait transpercer avec ses lieutenants dans les confidences de la marche. Il savait que l'espérance démesurée d'une ambition attache les subalternes par leurs rêves.

Une fois, comme il soupait dans une misérable bourgade du sommet des Alpes, quelques-uns de ses jeunes convives, plaisantant avec ironie sur la pauvreté et la relégation aux confins des neiges de ce hameau inconnu, se demandaient s'il pouvait y avoir dans ce village des ambitions, des compétitions de pouvoir et des brigues pour l'autorité comme à Rome. César, qui les entendit, se retourna vers eux et s'étonna de leur doute. « Quant à moi, dit-il en soupirant, comme il avait soupiré à Cadix devant le buste d'Alexandre, j'aimerais mieux être le premier ici que le second dans Rome. »

Jamais la soif de la gloire n'éclata plus franchement dans un cri de l'âme.

L'invasion imminente des Helvètes (Suisses) dans la Gaule centrale fut le prétexte qui appela César.

Un puissant chef de clan, nommé Orgétorix, avait voulu persuader aux Helvètes, ses compatriotes, que leur valeur les rendrait facilement maîtres de toute la Gaule s'ils abandonnaient leur étroit territoire. Il se flattait que la conduite de la horde lui serait confiée, et qu'alors, investi d'une autorité presque absolue, il pourrait, à la faveur d'une telle entreprise, s'emparer de la royauté. Il lia ses intérêts avec ceux de deux autres chefs de clan, l'Édue Dumnorix et le Séquanais Castic, leur promettant de les aider à se faire rois de leurs nations.

Au premier bruit des projets d'Orgétorix, il fut jeté en prison par l'ordre des magistrats helvètes, et mis en jugement devant le peuple comme aspirant à la tyrannie. Délivré par son clan, mais se sentant le plus faible, il se tua de sa propre main.

La mort d'Orgétorix ne fit point abandonner aux Helvètes le dessein qu'il leur avait inspiré, et les préparatifs commencés se poursuivirent avec la même chaleur. On voyait bien qu'ils voulaient s'interdire à jamais le retour. Ils avaient brûlé leurs douze villes et leurs quatre cents villages, détruit les meubles et les provisions qu'ils ne pouvaient emporter. En comptant les femmes et les enfants, ils étaient au nombre de trois cent soixante-dix-huit mille : « Chiffre certain, car les Romains, dit César, trouvèrent dans le camp helvétien les rôles du dénombrement écrits en caractères grecs. »

Le rendez-vous général avait été fixé près du lac Léman. Ils trouvèrent, vers Genève, César qui leur ferma la route : il avait fait couper le pont du Rhône qui communiquait avec l'Helvétie, et rassemblé en toute hâte les garnisons et les milices de la Narbonnaise. Les principaux chefs des Helvètes lui furent envoyés en députation. L'*homme de la parole* (c'était le titre que portait l'orateur en langue gallique) lui dit : « Les Helvètes veulent traverser la province, mais sans y causer le moindre dommage; ils n'ont pas d'autre chemin à prendre, et ils espèrent que César ne leur refusera point son consentement. »

César n'avait pas oublié la mort du consul L. Cassius et la honte des légions que les Tigurins (habitants du canton de Zurich) avaient fait passer sous le joug dans le lieu même où ils venaient solliciter l'entrée du territoire romain; mais il n'avait qu'une légion avec lui. Il différa de répondre, et usa du délai, qu'il indiqua, pour creuser un fossé et construire un mur de seize pieds de haut, flanqué de tours, sur une étendue de dix-neuf milles entre le lac Léman et le Jura. Quand les ambassadeurs helvètes revinrent, il leur déclara « que, d'après les usages du peuple romain, il ne pouvait permettre à qui que ce fût l'entrée de la province. »

Il ne leur restait plus que la route du Jura, route si difficile qu'ils n'osaient s'y engager sans le consentement formel des habitants. Ceux-ci, circonvenus par Dumnorix, l'ancien allié d'Orgétorix, ne défendirent pas l'entrée des montagnes, quoiqu'ils l'eussent promis aux Romains.

Les Helvètes se dirigèrent sur la Saône, limite commune des Séquanes (Francs-Comtois) et des Édues (Autunois). Les émigrants travaillèrent jour et nuit à rassembler des barques, à construire des radeaux; mais une si grande multitude de peuple, de bêtes de somme, de bétail, de chariots, de bagages de toute sorte, occasionna une perte immense de temps. Les Tigurins, qui formaient l'arrière-garde, étaient encore sur la rive gauche du fleuve quand César arriva comme la foudre et les tailla en pièces; puis, jetant un pont sur la rivière, il fit en un jour passer toute son armée, forte de soixante-dix mille hommes, sur l'autre rive.

Les Helvètes avaient marché si lentement que César avait eu le temps de courir en Italie, d'en ramener cinq légions, de traverser les Alpes par le plus court chemin, malgré la vigoureuse défense des montagnards, peuplades ennemies de Rome, et d'arriver ainsi au secours des Édues, menacés par l'invasion des Helvètes.

Effrayés de sa promptitude, les Helvètes lui envoyèrent des députés chargés, disaient-ils, de traiter de la paix; mais les discours de ces hommes et leur choix faisaient voir que leur mission n'était qu'une feinte pour gagner du temps. A leur tête se trouvait Divicon, qui commandait les Tigurins lors de la journée du Léman et qui avait fait passer les légions romaines sous le joug. Quoique âgé de quatre-vingts ans, le vieux chef parla à César victorieux avec le même orgueil qu'il avait parlé cinquante ans auparavant aux lieutenants des légions vaincues :

« Si les Romains veulent la paix, lui dit-il, qu'ils nous

assignent une place en Gaule, et nous l'habiterons; s'ils persistent à nous faire la guerre, qu'ils se rappellent ce qu'elle leur a coûté. Pour avoir assailli à l'improviste un de nos cantons, lorsque les autres, au delà du fleuve, ne pouvaient lui porter secours, il n'y a pas tant sujet de s'enorgueillir et de nous mépriser! Les Helvètes ont appris de leurs pères à se fier plus au courage qu'à la ruse, et à compter peu sur les stratagèmes de la guerre. Que les Romains ne s'exposent donc pas à voir le lieu où nous nous trouvons, comme un autre bien connu, s'illustrer par la honte de leur république et la destruction de leur armée! »

A ces paroles dures pour la fierté romaine, César répondit qu'il n'avait point oublié ce que les Helvètes prenaient à tâche de lui rappeler; qu'ainsi sa conduite était tracée d'avance; qu'il conservait de ce revers d'autant plus de ressentiment que le consul Cassius, attaqué à l'improviste, avait été victime d'une perfidie. Quand lui, César, oublierait cette ancienne injure, pourrait-il perdre le souvenir d'affronts plus récents? Les Helvètes n'avaient-ils pas voulu s'ouvrir malgré lui un chemin à travers la province? N'avaient-ils pas porté la désolation chez les Édues, chez les Ambarres, chez les Allobroges, dont ils avaient saccagé les établissements et les propriétés sur la rive droite du Rhône? Une armée romaine verrait-elle de sang-froid ravager les champs des sujets ou des alliés de Rome, envahir leurs villes, traîner leurs enfants en servitude?... « Cet insolent orgueil que vous inspire une victoire, ajouta le proconsul avec colère, cette lenteur de la vengeance dont vous avez droit d'être surpris, entrent, n'en doutez pas, dans les desseins des dieux. Quand ils veulent châtier les hommes, ils leur accordent de temps en temps quelques succès, pour les enivrer de leur impunité et leur rendre par là le malheur plus terrible. Cependant, si vous livrez des otages, si les Édues, leurs alliés, et les Allobroges reçoivent réparation des dommages soufferts, je consens à faire la paix.

» — Les Helvètes, repartit froidement Divicon, ont appris de leurs pères à recevoir et non pas à donner des otages; le peuple romain en porterait témoignage au besoin. »

Les négociations furent rompues, et la horde reprit sa marche, suivie de l'armée de César. Après quelque temps d'escarmouches, les Helvètes, profitant d'une diversion de César à Bibracte (Autun), où il était allé s'approvisionner, firent volte-face et assaillirent l'armée romaine.

Pour soutenir ce premier choc, César jeta en avant toute sa cavalerie, pendant qu'il ordonnait son infanterie sur une hauteur. Dans ce moment, on lui présenta son cheval, mais il le renvoya : « Qu'on me l'amène après la victoire, quand il faudra poursuivre, dit-il; maintenant, il s'agit d'attendre de pied ferme. » A ce mot d'ordre, tous les officiers romains renvoyèrent, comme lui, leurs chevaux.

Les Romains, postés sur une colline, repoussèrent l'attaque des Helvètes avec avantage; mais, quand ils voulurent prendre l'offensive et poursuivre leurs ennemis, ils furent chargés en flanc par la réserve de l'armée helvétienne.

La lutte recommença avec acharnement et dura longtemps dans les ténèbres, jusqu'à ce que les Helvètes, rompus une seconde fois, se retirèrent vers leurs chariots et leur bagage. « Depuis le milieu du jour que le combat avait commencé, aucun Romain, dit César, ne pouvait dire qu'un Gaulois eût tourné le dos. » Autour des campements de la horde, la bataille se prolongea, et là, non-seulement les hommes, mais les femmes et les enfants, du haut des chariots, de dessous les chariots, à travers les roues, de toutes parts enfin, firent pleuvoir une grêle de traits qui arrêtèrent longtemps les Romains. Enfin l'enceinte de chariots qui fermait leur camp fut forcée avec un horrible carnage.

Les débris de la nation helvétienne se mirent en marche, la même nuit, dans la direction du nord, et, après avoir marché sans faire halte, arrivèrent le quatrième jour sur le territoire des Lingons (pays de Langres). César les rejoignit vers Dijon. Hors d'état de livrer une seconde bataille, ils subirent les conditions du vainqueur et retournèrent dans leur patrie après avoir livré leurs otages et leurs armes. César voulait empêcher, dit Plutarque, que les Germains, voyant ce pays désert, ne passassent le Rhin pour s'y établir : il enjoignit aux émigrants de relever leurs bourgades incendiées et aux Allobroges de leur fournir tout le blé qui leur serait nécessaire jusqu'à la prochaine récolte. Quand la horde rentra dans l'Helvétie, il ne restait que cent dix mille têtes des trois cent soixante-huit mille qui avaient passé le Jura moins de trois mois auparavant.

Des félicitations arrivèrent à César de presque toutes les parties de la Gaule. Une députation des notables citoyens se rendit près de lui, chargée de lui dire, au nom de leurs cités, « qu'encore qu'il eût combattu les Helvètes pour garantir les terres du peuple romain et venger d'anciennes injures, la Gaule ne lui devait pas moins que sa patrie même ; car il l'avait sauvée d'une guerre cruelle et peut-être de la servitude. »

Ce n'était rien d'avoir repoussé les Helvètes, si les Suèves envahissaient la Gaule. Les migrations des Germains étaient continuelles : déjà cent vingt mille guerriers étaient passés. Arioviste, chef des Suèves, s'était établi sur les terres des Séquanes ; il en avait d'abord pris le tiers, et maintenant il ordonnait aux habitants d'évacuer un autre tiers pour le céder à vingt-quatre mille Hérules qui, depuis quelques mois, étaient venus se joindre à lui.

Se trouvant réunis en grand nombre auprès de César, les députés de la Gaule centrale crurent l'instant opportun pour lui demander son assistance contre les envahissements et la tyrannie d'Arioviste. Le même druide qui avait sollicité les secours de Rome, Divitiac, frère aîné de Dumnorix, prit la parole et exposa devant César la situation de la Gaule, inondée et opprimée par un déluge de Germains.

« Il arrivera nécessairement, ajouta-t-il, qu'en peu d'années tous les Gaulois seront chassés de la Gaule et que tous les Germains auront passé le Rhin; car le sol de la Germanie et celui de la Gaule ne peuvent se comparer, non plus que la manière de vivre des habitants. Si le peuple romain ne vient pas à notre secours, il ne nous reste d'autre parti à prendre que d'émigrer comme les Helvètes, d'aller chercher loin des Germains d'autres demeures, une autre patrie, et de tenter, quoi qu'il en puisse advenir, les chances d'une meilleure fortune. »

De graves motifs, fait remarquer l'historien de la Gaule, M. Amédée Thierry, engageaient César à embrasser chaudement la cause des Gaulois. Il sentait que l'abaissement des Édues, honorés tant de fois par le sénat romain du titre de frères, était, aux yeux de la Gaule, un sujet d'étonnement et presque de mépris pour la république. Il voyait, en outre, la *province* déjà menacée par les Germains, puisque Arioviste, maître de la Séquanie (Franche-Comté), n'était plus séparé des établissements romains que par le Rhône. Ce chef féroce en était venu d'ailleurs à un degré d'arrogance et de cruauté qu'il n'était plus possible de soutenir. Au moindre accès de son humeur ombrageuse, il torturait les otages qu'il s'était fait livrer par les Gaulois ses tributaires, et quelquefois il les faisait périr dans les supplices. Cet homme farouche n'avait rien changé à la vie de ses forêts; il campait en plein air, promenant son armée de bois en bois, ne connaissant d'abri que la voûte du ciel et la tente de peaux du guerrier germain.

César, afin de mettre de son côté les apparences de la modération, députa vers Arioviste pour lui demander un entretien *touchant des objets de haute importance*. « Si j'avais besoin de César, répliqua le Suève, j'irais vers lui ; s'il veut de moi quelque chose, qu'il vienne vers moi. »

César lui signifia alors par députés qu'il eût à ne plus attirer d'autres Germains dans les Gaules, à restituer les otages des Édues, et à ne plus ravager les terres de ce peuple ni de ses alliés. S'il se refusait à ces réclamations, César vengerait leurs injures.

« Je suis maître, répliqua Arioviste, de ma province gauloise que j'ai vaincue par les armes, comme les Romains de la leur... Si vous me laissez en repos, vous y gagnerez ; je ferai toutes les guerres que vous voudrez, sans peine ni péril pour vous... Quant à la déclaration de César, « qu'il ne négligerait pas de venger les Édues, » personne ne s'est attaqué à moi sans s'en repentir. Qu'il vienne donc, et César apprendra alors à connaître les Germains, qui depuis quatorze ans n'ont pas dormi sous un toit. »

César reçut à la fois et cette réponse et la nouvelle que les cent cantons des Suèves s'avançaient en masse vers le Rhin. Voyant qu'il n'a pas un seul instant à perdre, il se met en marche, traverse le territoire des Séquanes et occupe à l'improviste *Vesontio* (Besançon).

Cependant les soldats romains questionnaient les Gaulois avec inquiétude sur les nouveaux ennemis qu'ils allaient combattre. Tout ce qu'on rapportait de la taille et de la férocité de ces géants du Nord épouvantait les vétérans eux-mêmes. César, voyant, dit Plutarque, que la terreur s'était emparée de ses officiers, et surtout des plus nobles, qui n'étaient venus servir sous lui qu'avec l'espoir de s'enrichir et de vivre dans le luxe, les assembla et leur dit qu'ils pouvaient se retirer ; que, lâches et mous comme ils étaient, ils ne devaient pas s'exposer à contre-cœur.

« Il me suffit de la dixième légion, ajouta-t-il, pour aller attaquer les Barbares, qui ne sont pas plus redoutables que les Cimbres ; et je ne me crois pas inférieur à Marius. »

La dixième légion, flattée de cette marque d'estime, lui députa ses officiers pour lui en témoigner sa reconnaissance. Les autres légions désavouèrent leurs officiers, et tous ensemble, pleins d'ardeur et de bonne volonté, marchèrent droit au camp d'Arioviste.

Après sept jours de marche, César, conduit par son fidèle ami Divitiac, arriva en vue des Germains.

Alors eut lieu l'entrevue que César avait auparavant demandée en vain. Les deux généraux, sans descendre de cheval, conférèrent sur un tertre qui s'élevait entre les deux armées, rangées dans une vaste plaine. Pendant ce colloque, on vint avertir César que la cavalerie d'Arioviste, se rapprochant de la hauteur, commençait à lancer des pierres et des traits.

Le proconsul rompit la conférence et se retira vers son armée, lui défendant aucun acte de représailles. Lorsqu'on connut dans le camp romain la fin de l'entrevue, il n'y eut qu'une voix pour combattre. Deux jours après, Arioviste fit demander que les négociations fussent reprises. César se contenta d'envoyer un Gaulois dont la fidélité lui était connue et un Romain qui avait été l'hôte d'Arioviste : il les chargeait de recevoir et de rapporter les propositions du chef germain. Mais aussitôt que celui-ci les vit entrer dans son camp, il leur cria devant toute l'armée : « Qui vous amène ? Venez-vous ici pour nous espionner ? » Et il les fit mettre aux fers.

Une semaine se passa en escarmouches. Arioviste s'efforçait de couper les vivres aux Romains, mais il évitait toujours la bataille. Cinq jours de suite, César tira ses légions de son camp et les disposa pour le combat ; mais Arioviste retint constamment son infanterie derrière ses lignes.

Dans une escarmouche où les Germains n'engagèrent que leur cavalerie, il y eut beaucoup de blessés de part et d'autre. Comme le général romain s'enquérait auprès des prisonniers pourquoi Arioviste ne voulait pas combattre, il apprit que, suivant la coutume des Germains, l'ennemi avait consulté les devineresses sacrées s'il fallait ou non livrer bataille, et que les prêtresses, qui prétendaient connaître l'avenir par le bruit des eaux, par les tourbillons que les courants font dans les rivières, avaient défendu à l'ennemi de combattre avant la nouvelle lune.

César crut le moment favorable pour attaquer, il marcha aux ennemis. A l'approche des légions, les Germains, forcés de combattre, sortirent de leur camp et se rangèrent par nations. Le choc fut si violent des deux parts, que ni les uns ni les autres ne purent faire usage des javelots ; on se battit corps à corps avec le glaive. Mais les Germains, ayant promptement formé leur phalange accoutumée, soutinrent avec fermeté l'effort de l'infanterie romaine.

« On vit alors, dit César, les légionnaires s'élancer sur la voûte des boucliers qui couvrait cette phalange, les arracher avec leurs mains, les briser à grands coups d'épée et égorger l'ennemi, dont ils foulaient la tête sous leurs pieds. »

César en personne culbuta l'aile gauche des Germains, mais leur aile droite fit plier la gauche des Romains, et elle l'accablait, quand le lieutenant Crassus, commandant la réserve, lança la troisième ligne, jusqu'alors immobile, pour soutenir les autres légions. Enfoncées de toutes parts, les troupes d'Arioviste se débandèrent, prirent la fuite, et ne s'arrêtèrent qu'au Rhin, éloigné d'environ cinq milles du champ de bataille. Tout ce qui ne put passer le fleuve en barque ou à la nage fut massacré par la cavalerie romaine. Il resta, selon Plutarque, quatre-vingt mille morts sur la place. Arioviste, perdant à la fois, dans la déroute de son armée, ses deux femmes et ses deux filles, alla mourir de désespoir en Germanie.

Le Gaulois qui avait été député par César était emmené chargé de chaînes par ses gardiens fugitifs. César le retrouva tout à coup en poursuivant l'ennemi. « Cette rencontre ne lui fit pas moins de plaisir que la victoire même, dit-il dans ses *Commentaires*, car il retrouvait l'homme le plus estimable de toute la province, son commensal, son hôte, qu'il arrachait des mains des ennemis; et la fortune, en le lui rendant, lui permettait de jouir pleinement d'un aussi grand succès. Le Gaulois lui dit qu'il avait vu trois fois jeter le sort pour décider s'il serait livré aux flammes ou si son supplice serait différé, et que trois fois le hasard l'avait sauvé. »

A la nouvelle de cette victoire, les cent cantons des Suèves qui arrivaient déjà sur les bords du Rhin reprirent avec effroi la route de leurs forêts, et les habitants de la rive les poursuivirent et leur tuèrent beaucoup de monde.

César avait terminé ces deux grandes guerres en une seule campagne. Il emmena ses troupes en quartier d'hiver chez les Séquanes, et, les laissant sous le commandement de Labiénus, il partit pour aller tenir l'assemblée annuelle dans la Gaule cisalpine.

L'enthousiasme des Gaulois pour le vainqueur égala d'abord celui des Romains; mais, lorsqu'on vit qu'il ne ramenait point avec lui en Italie ses légions victorieuses, qu'elles occupaient la Gaule comme un pays conquis, que les agents de Rome s'emparaient de toute l'administration dans l'intérieur des villes, l'abattement succéda à la reconnaissance. On s'apercevait qu'on n'avait fait que changer de maître.

Ce mécontentement éclata dans le Nord. Une vaste coalition des peuples de la Belgique s'y forma contre César. Les Belges, au rapport de César, étaient les plus belliqueux de tous les Gaulois, parce qu'ils étaient les plus éloignés de la civilisation de la *province* et qu'ils commerçaient peu avec les marchands étrangers. Lorsque depuis près d'un siècle le reste de la Gaule était réduit à se défendre contre les agressions incessantes du dehors, les Belges, demeurés intacts, faisaient encore des conquêtes, et il y avait peu d'années qu'ils avaient opéré une descente dans l'île de Bretagne.

Il ne fut pas difficile aux mécontents, qui ne voulaient être ni Romains ni Germains, de soulever ces populations remuantes. Une assemblée générale fut convoquée où toutes les cités de la confédération étaient sommées d'envoyer des députés. Toutes le firent, à l'exception de ceux de Rèmes (les Rémois), qui, gagnés par les menées de César, espéraient obtenir avec son secours la suprématie sur le reste des Belges.

César, inquiet de ces nouvelles, revint en hâte de la Gaule cisalpine, où il avait levé deux légions nouvelles ; il rejoignit son armée cantonnée dans la Séquanie, et se porta en douze jours du Doubs sur la Marne. Il arriva lorsque la levée en masse de la Belgique se précipitait sur les terres des Rèmes ; elle comptait deux cent quatre-vingt-dix mille hommes.

« On a peine à comprendre, dit M. Henri Martin dans son *Histoire de France*, comment le sol de la Belgique, couvert de forêts et fort mal cultivé, pouvait nourrir une telle multitude d'hommes libres et de guerriers ; c'est que la barbarie gauloise n'était pas dévorée, comme la civilisation gréco-romaine, par la plaie de l'esclavage. Il n'y avait point là, comme en Italie, sous la population libre, une couche bien plus épaisse et plus profonde de population servile, et l'esclavage était presque une exception dans la Gaule septentrionale. »

L'arrivée de César sauva Bibrax, ville des Rèmes, réduite à l'extrémité par les assiégeants ; mais il hésita quelque temps à livrer bataille, à cause du nombre des Belges et de la haute idée qu'il avait de leur bravoure. Il estimait, par l'inspection des feux et de la fumée, que leur camp pouvait occuper huit milles d'étendue, et il avait à peine quatre-vingt mille hommes à opposer aux masses énormes des Belges.

Après l'épreuve de quelques combats de cavalerie, il crut pouvoir tenter une affaire décisive ; il marqua un champ de bataille en avant de son camp. Le lieu était favorable aux manœuvres de la tactique romaine. Les troupes belges sortirent de leurs quartiers et se rangèrent en ligne.

Un marais peu étendu séparait les deux armées, et chacune d'elles attendait que l'autre le passât la première pour l'attaquer avec avantage durant le mauvais pas. Les Belges ne se décidant point à traverser, César fit rentrer ses légions. Alors les confédérés essayèrent de tourner l'armée romaine et de couper ses communications avec la capitale du pays des Rèmes, d'où les légions tiraient toutes leurs ressources. César, averti, part avec toute sa cavalerie, les Numides armés à la légère, les frondeurs baléares, les archers crétois, et court aux ennemis qui passaient l'Aisne. Le choc fut vif. Attaqués dans l'eau qui gênait leurs mouvements, plusieurs fois les Belges furent arrêtés, plusieurs fois ils revinrent intrépidement à la charge par-dessus les cadavres. Ceux qui passèrent furent enveloppés par la cavalerie romaine et massacrés. C'est sans doute à ce combat que Plutarque fait allusion lorsqu'il dit, en parlant du carnage des Belges, que les Romains passaient les rivières et les étangs sur les corps morts dont ils étaient remplis.

Les Belges, déçus dans leur espoir d'emporter Bibrax et de passer la rivière, voyant que les Romains ne quittaient pas leur excellente position, et commençant à manquer de vivres, tinrent conseil, et décidèrent que chaque nation rentrerait dans ses foyers, sauf à se rassembler de toutes parts pour défendre le premier peuple d'entre eux dont le sol serait envahi par les Romains. Il valait mieux, disaient-ils, attendre la guerre sur leur propre territoire, où du moins les vivres ne manqueraient pas.

En conséquence, ils décampèrent au milieu de la nuit avec grand bruit et grand tumulte, ne gardant aucun rang, n'obéissant à aucun chef, chacun ne songeant qu'à prendre les devants pour arriver plus tôt chez lui. Ce départ avait l'air d'une fuite. César, averti par ses vedettes, mais craignant d'abord quelque piége, parce qu'il ne connaissait pas encore les motifs de cette retraite, retint d'abord ses légions. Au point du jour, il lança toute sa cavalerie avec trois légions pour la soutenir. Elles tombèrent sur les Belges et en tuèrent un grand nombre. N'ayant aucun chef pour les contenir, les fuyards se débandèrent dans toutes les directions, de sorte que les Romains, sans courir le moindre danger, continuèrent à tuer tant que dura le jour.

Le lendemain, avant que l'ennemi fût remis de sa terreur, César leva le camp et se dirigea vers le pays des Suessions (Soissonnais). En une grande journée de marche il arriva vers *Noviodunum* (Noyon). Il tenta d'enlever la ville d'assaut, parce qu'on la disait sans troupes, mais il échoua à cause de la largeur du fossé et de la hauteur des murailles. Il disposa tout pour un siége en règle. La grandeur des machines de siége et la promptitude des travaux de terrassement, tout nouveaux pour les Belges, les terrifièrent, et ils députèrent vers César, lui offrant de capituler. Le général romain leur accorda la vie sauve, à la prière des Rèmes, leurs frères, mais il exigea qu'ils livrassent leurs armes et les principaux personnages de la nation, y compris deux fils du roi Galba, généralissime des confédérés.

De là il conduisit son armée dans le pays des Bellovaques (Beauvaisis). Ils s'étaient enfermés, avec tout ce qu'ils avaient, dans la ville de *Bratuspantium* (Gratepenche). A cinq milles de cette place, César rencontra tous les vieillards qui en étaient sortis; ils lui tendaient les mains, en disant dans leur langue « qu'ils se soumettaient et ne prétendaient pas résister au peuple romain. » A peine fut-il campé sous les murs, qu'il aperçut au haut des remparts la multitude des femmes et des enfants le suppliant par leurs gestes de ne point les traiter en ennemis.

Le druide Divitiac, qui accompagnait César, intercéda pour eux. « De tout temps, dit-il, les Bellovaques ont été les alliés et les amis des Édues. Entraînés par des chefs qui leur répétaient que César avait réduit les Édues en esclavage et qu'il les accablait d'indignités et d'outrages, les Bellovaques se sont détachés de nous, ils ont pris les armes contre vous. Maintenant les auteurs de ces intrigues, voyant les calamités qu'ils avaient attirées sur leur pays, se sont enfuis dans l'île de Bretagne. Les Édues s'unissent aux Bellovaques pour implorer la douceur et la clémence de César. Que César les écoute! ce sera porter au plus haut degré le crédit et la considération des Édues dans toute l'étendue de la Belgique. »

César, dont l'intérêt était de faire grâce, parut ne céder qu'aux prières de Divitiac; et, comme l'intercession des Rèmes avait sauvé Noviodunum, il voulut que les Édues pussent aussi se vanter d'avoir préservé de sa ruine la capitale des Bellovaques. Il consentit donc à recevoir les assiégés à composition, leur fit livrer six cents otages et leurs armes, et passa de là sur le territoire des Ambiens (Amiénois), qui se rendirent aussitôt corps et biens.

Les Ambiens touchaient aux Nerviens (Hainaut). Ils répondirent aux questions que leur fit César sur le caractère et les mœurs de ces peuples, « que les marchands n'étaient point reçus chez eux; qu'ils n'y laissaient entrer ni vin ni rien de ce qui flatte la sensualité, parce qu'ils croyaient que cela pouvait énerver et amollir le courage. Ils étaient féroces et très-braves. Ils s'emportaient en invectives contre les autres Belges, qui, dégénérant de l'énergie de leurs ancêtres, s'étaient rendus à César. Ils reniaient cette fraternité et le nom gaulois, s'attribuant avec orgueil une origine germanique. Ils déclaraient qu'ils n'enverraient point au général romain de députés et qu'ils n'accepteraient la paix à aucune condition. »

La nature de leur pays était d'ailleurs très-favorable à une guerre défensive. Là, aucune ville, aucun bourg considérable ne s'offrait aux regards des légions, forcées de se frayer un passage à travers une contrée sauvage, que barraient en tout sens de grandes haies entrelacées de main d'homme et des taillis presque impénétrables à la vue. Ces espèces de murailles végétales empêchaient l'abord de la cavalerie et arrêtaient à chaque pas les troupes à pied. Un historien fait remarquer « que, par les soins des Nerviens, les arbres de leurs forêts étaient entrelacés comme ceux de l'Amérique le sont naturellement par les lianes. Mais, ajoute-t-il, les Pizarre et les Cortez, avec une telle supériorité d'armes, faisaient la guerre à coup sûr; et qu'était-ce que les Péruviens en comparaison de ces dures et énergiques populations des Bellovaques et des Nerviens (Picardie, Hainaut, Flandre), qui venaient par cent mille attaquer César? »

Les Nerviens, soutenus par les Atrebates et les Véromandues, descendirent, comme un torrent, d'une colline boisée, culbutèrent la cavalerie romaine et alliée, et s'élancèrent à l'assaut du camp que César n'avait pas fini de tracer.

« César, surpris, dit-il lui-même dans ses *Commentaires*, avait tout à faire à la fois : il fallait élever le drapeau qui donnait le signal de courir aux armes, faire sonner le rappel du travail, rallier ceux qui s'étaient un peu écartés pour couper du bois, ranger l'armée en bataille, encourager les soldats, donner le *mot* : choses dont il omit une grande partie, vu la brièveté du temps, l'approche et l'attaque des ennemis. Deux ressources se présentaient dans cet embarras : c'étaient d'abord l'expérience et l'habileté du soldat, qui, formé par les affaires précédentes, savait se prescrire à lui-même ce qu'il devait faire; c'était ensuite la défense faite par César à ses lieutenants de quitter chacun sa légion avant que le camp fût retranché.

» Ayant pourvu au plus nécessaire, César court encourager ses troupes, comme le hasard les lui présente. Rencontrant la dixième légion, il l'exhorte, pour toute harangue, « à se rappeler son ancienne valeur, à ne point » s'étonner, et à soutenir vaillamment le choc des ennemis. » Et ceux-ci n'étant plus qu'à portée du javelot, il donna le signal du combat. Arrivé sur un autre point pour dire quelques mots aux troupes, il les trouva déjà aux mains. L'ennemi fut si empressé de combattre et nous laissa si peu de temps, que l'on ne put déployer les enseignes et même lacer les casques et ôter l'enveloppe des boucliers. L'endroit où chacun se trouva par hasard en abandonnant le travail, la première enseigne qu'il vit, ce fut là qu'il se rallia, afin de ne pas perdre, en cherchant son rang, le moment de combattre. »

Des huit légions qui composaient l'armée de César, six seulement étaient près de lui. Quatre d'entre elles tinrent tête aux Atrebates et aux Véromandues; mais les Nerviens se précipitèrent sur les deux dernières, qui formaient l'aile droite, les prirent en flanc, et, faisant le tour de la hauteur où le camp était assis, parvinrent tout à coup au sommet. A cette vue, la cavalerie romaine, déjà rompue, et toutes les troupes auxiliaires commencèrent à se mettre en pleine déroute. Des cavaliers que la cité Trévire (Trèves) avait envoyés par peur à César, voyant le camp rempli de troupes nerviennes, les légions pressées et presque enveloppées, les valets du camp, la cavalerie, les frondeurs, les Numides dispersés et fuyant de toutes parts, crurent la bataille désespérée, et reprirent aussitôt la route de leur pays, publiant avec joie que les Romains étaient défaits, leur camp et tout leur bagage au pouvoir des Nerviens.

La bataille était perdue, en effet, si César, par un prodigieux effort de courage, n'eût rétabli le combat. Comme il n'avait pas son bouclier, il saisit celui d'un des soldats du dernier rang, se fait jour au front de la bataille, appelle les centurions par leur nom, encourage les soldats, ordonne aux files de se déployer, afin qu'on puisse se servir de l'épée, commande la charge et la conduit lui-même. Sa présence, son exemple, rendent l'espoir aux troupes. Chacun, sous les yeux de son général, veut faire plus que son devoir, et l'impétuosité de l'ennemi se ralentit un peu.

Cependant, sur la nouvelle du combat, les deux légions d'arrière-garde qui escortaient le bagage accouraient à toutes jambes. L'arrivée de ces troupes fraîches changea complétement la situation des choses. Les Romains prirent l'offensive, et ce fut aux Nerviens à se défendre : « On vit, dit César, des soldats qui gisaient couverts de blessures se soulever sur leurs boucliers pour prendre encore part à l'action, les valets de l'armée se jeter sans armes sur leurs ennemis armés, et la cavalerie, pour effacer par sa bravoure la honte de sa fuite, se battre partout à l'envi des légionnaires. »

Mais les Nerviens ne reculèrent point. Là où tombaient les guerriers du premier rang, ceux du second les remplaçaient, montés sur leurs cadavres. Ceux-ci périssaient à leur tour, et, les corps s'amoncelant, les derniers qui restèrent debout lançaient encore leurs traits et renvoyaient aux Romains leurs propres javelots du haut d'un monceau de cadavres. « De tels hommes, écrivait César en racontant cette journée (l'une des plus périlleuses de sa vie), avaient pu entreprendre sans témérité de franchir un large fleuve, de gravir des bords escarpés, d'attaquer dans un lieu défavorable : la grandeur de leur courage aplanissait pour eux tant de difficultés. »

La nation nervienne n'était pas vaincue, elle était anéantie. Les vieillards et les femmes, qui avaient été déposés dans une retraite fortifiée, au milieu d'un marais, envoyèrent des députés à César pour se soumettre. Ils lui dirent, pour lui donner une idée de leur désastre, « qu'il ne leur restait que trois sénateurs sur six cents, et cinq cents hommes à peine sur soixante mille combattants. »

César, voulant montrer sa compassion pour ces malheureux suppliants, pourvut à la conservation des débris d'un grand peuple, leur rendit leurs champs et leurs villes, ordonnant aux peuples voisins de s'abstenir de tout pillage et de toute violence à leur égard.

De tous les peuples de la confédération belge, les Aduatiques seuls avaient encore les armes à la main. Ce peuple tirait son origine des Cimbres qui, après avoir ravagé la Gaule et l'Espagne, allèrent tomber, en Italie, sous l'épée de Marius. Six mille, demeurés autrefois dans la forteresse d'Aduat (Namur), avaient fait souche de nation, et, par leurs alliances, s'étaient accrus successivement jusqu'à soixante mille. Ils comptaient dix-neuf mille guerriers.

Ces forces étaient en marche pour secourir les Nerviens, lorsqu'elles apprirent leur désastre. Elles revinrent précipitamment sur leurs pas, évacuèrent leurs bourgades, et s'entassèrent avec toutes leurs familles et leurs richesses dans leur forteresse d'Aduat, où ils attendirent l'ennemi. La nature semblait avoir tout combiné pour en faire une retraite imprenable ; car les rochers prodigieux et les précipices qui l'entouraient ne laissaient d'accès que par une pente douce, large de deux cents pieds au plus, et défendue par un double mur très-élevé sur lequel on avait placé des quartiers de roches énormes et des poutres très-pointues.

Les Aduatiques ne parurent pas d'abord s'inquiéter des premiers travaux de siége, de la circonvallation de quinze milles qui environna leur ville ; ils considéraient avec une muette curiosité ces ouvrages tout nouveaux pour eux, ces terrasses, ces machines de formes variées. Voyant construire dans le lointain l'énorme tour de bois à plusieurs étages qui devait servir à escalader leur muraille, ils raillaient ces petits hommes d'Italie qui croyaient pouvoir mettre en mouvement une si grande machine. La petite taille des Romains était pour eux, comme pour tous les Gaulois, un sujet de risée.

Mais, quand la tour roulante commença à se mouvoir et à s'avancer, frappés de ce spectacle comme d'un prodige, ils envoyèrent demander la paix à César. Leurs députés lui dirent « qu'ils ne doutaient pas que les Romains, dans la guerre, ne fussent assistés par les dieux, car ils ne pourraient, sans leur aide, ébranler ces énormes machines et les approcher si rapidement des murs pour combattre de près. Ils se livraient donc à lui corps et biens ; seulement, si, dans sa clémence, qu'ils avaient entendu vanter, il avait résolu de leur faire grâce, ils le conjuraient de ne pas les dépouiller de leurs armes. Les Aduatiques n'avaient pour voisins que des ennemis jaloux de leur courage, et contre lesquels ils ne pourraient plus se défendre. Il valait mieux pour eux, s'ils en étaient réduits là, souffrir tout des Romains qu'être torturés et mis à mort par leurs inférieurs et leurs tributaires. »

César leur répondit « que, s'ils se rendaient avant que le bélier eût frappé le mur, il épargnerait leur cité, non qu'ils le méritassent, mais parce que c'était son usage ; ajoutant qu'il n'y aurait point de capitulation s'ils ne livraient leurs armes. Il ferait alors pour eux ce qu'il avait fait pour les Nerviens : il ordonnerait à leurs voisins de respecter les sujets du peuple romain. »

Cette réponse ayant été portée dans la ville, les assiégés crièrent du haut de la muraille qu'ils promettaient d'obéir, puis ils jetèrent dans les fossés une telle quantité d'armes, que les tas s'en élevaient presque au niveau des fortifications. Les portes alors s'ouvrirent, et, pendant un jour, tout présenta aux Romains l'aspect de la soumission la plus complète.

Sur le soir, César fit sortir les soldats de la ville, de peur qu'on ne fît de nuit quelque violence aux habitants. Les Aduatiques s'étaient concertés d'avance, espérant que les Romains, après la soumission, se relâcheraient de leur vigilance habituelle, que les portes seraient mal gardées et les retranchements déserts. S'armant donc les uns des armes qu'ils avaient mises en réserve, les autres de boucliers d'écorce et d'osier tressés, recouverts de peaux, fabriqués en quelques heures, ils firent à la troisième veille une sortie en masse de la place, et assaillirent les lignes ennemies par l'endroit qui leur paraissait le plus accessible. Leur attente fut trompée : ils trouvèrent les Romains éveillés et sur leurs gardes. Les avant-postes donnèrent l'alarme en allumant des feux, et les légions accoururent des forts les plus éloignés. Les Aduatiques se battirent en hommes intrépides qui n'avaient de salut que dans le succès ; mais, exposés dans un fond aux traits lancés du rempart et des tours, ils furent rejetés dans la ville avec une perte de quatre mille hommes.

Le lendemain, César fit rompre les portes à coups de hache et entra sans résistance. Les habitants expièrent cruellement leur manque de foi envers le vainqueur. Tous furent vendus sous la lance, corps et biens, aux marchands d'esclaves qui suivaient l'armée romaine. On sut par les adjudicataires que cinquante-trois mille têtes avaient été mises à l'encan.

Cette campagne fut terminée par la soumission de l'Armorique à une seule légion que César, sans provocation aucune, avait détachée contre les pays de l'Ouest. Crassus, qui la commandait, parcourut la côte de l'Océan, entre l'embouchure de la Seine et celle de la Loire, ne rencontrant ni armée sur pied ni résistance dans les villes. Il écrivit à César que la Gaule maritime, effrayée de la prompte défaite des Belges, lui avait remis des otages en reconnaissance de la suprématie de Rome.

Cependant l'hiver commençait, et César avait hâte de se rendre en Italie, afin d'y surveiller ses intérêts. Il fixa donc à ses troupes des quartiers d'hiver. La cavalerie alla dans le Nord, chez les Belges-Trevires, comme pour les braver et démentir par sa présence les nouvelles défavorables que les auxiliaires s'étaient trop pressés de répandre. Sept légions furent distribuées sur la rive droite de la Loire, chez les Carnutes (pays chartrain), les Andes (l'Anjou), et les Turons (Touraine), dans le but de surveiller l'Armorique, que César, avec raison, ne croyait pas encore soumise. Une autre légion (la douzième) alla hiverner dans les contrées qui s'étendent entre la crête des Alpes et le Rhône, afin de frayer une route sûre au commerce.

La Gaule entière paraissait ainsi reconnaître la domination romaine à la fin de la seconde année du proconsulat de César. Ses succès avaient été trop rapides pour être décisifs. L'Armorique, surprise plutôt que domptée, se réveilla bientôt, honteuse de s'être avouée vaincue sans avoir combattu. L'armée romaine, qui hivernait entre la Loire et la Seine, manquait de vivres. En vain les préfets et les tribuns parcouraient le pays de tous côtés et se rendaient de ville en ville, pressant les envois de provisions. Les Vénètes (pays de Vannes) se saisirent des commissaires romains, croyant par là avoir trouvé un moyen infaillible de recouvrer leurs otages. Cet exemple fut imité par les peuples voisins. Bientôt une ligue commune pour la délivrance du territoire réunit toutes les nations maritimes et voisines de la côte, depuis la Seine jusqu'à la Loire. Les confédérés demandèrent du secours dans l'île de Bretagne et en reçurent quelques troupes auxiliaires. Ils signifièrent au général romain un message conçu en ces termes : « Si tu veux recouvrer tes compagnons, rends-nous nos otages. »

César était déjà parti pour l'Illyrie lorsque ces nouvelles lui parvinrent. Il voulait visiter ces peuples et connaître ce pays qui faisait partie de son gouvernement. Trop éloigné pour arriver aussi rapidement qu'il aurait voulu, il ordonne de construire des galères sur la Loire, de lever des rameurs dans la *province* et de rassembler des matelots et des pilotes. De plus, dit-il, sachant que presque tous les Gaulois désirent un changement, qu'on les fait courir aux armes avec autant de légèreté que de précipitation, que tous les hommes, naturellement épris de la liberté, détestent l'état de servitude; craignant que, par ce caractère si aisément inflammable des Gaulois, l'insurrection ne gagne toute l'Armorique et ne s'étende même au delà, il ordonne à Crassus d'occuper le pays entre la Loire et la Garonne, et d'entrer en Aquitaine s'il en est besoin, à Labiénus de surveiller la Belgique, à Titurius Sabinus de marcher contre les Curiosolites (environs de Saint-Malo), les Unelles (le Cotentin) et les Lexoves (Coutances, Évreux, Lisieux). Il confie à Décimus Brutus le commandement de la flotte. Lui-même se réserve l'élite des troupes de terre pour faire la guerre aux Venètes, qu'il regarde comme le centre du mouvement et la nation la plus redoutable de cette partie de la Gaule.

A peine arrivé d'Italie, il se dirige avec son armée sur leur territoire, ordonnant à sa flotte de faire voile dans la même direction et de venir le rejoindre à la côte.

Sur la presqu'île sauvage qui bornait la Gaule à l'occident, César n'avait pas seulement les hommes à combattre, il lui fallait aussi lutter contre les éléments. Le territoire venète était sillonné en tous sens de vastes et profonds marais produits par les inondations de la mer. La plupart des villes étaient bâties au milieu de ces marais d'eau salée ou sur des grèves recouvertes chaque jour par le flux : elles formaient alors de véritables îles inabordables aux piétons pendant la marée haute, et dangereuses aux navires, parce que le reflux, en se retirant, les laissait engagés dans les bas-fonds et dans les sables. Lorsqu'à force de peines les Romains parvenaient à contenir la marée par des digues et à élever leurs terrasses de siége au niveau des remparts, les Venètes, n'espérant plus se maintenir, faisaient à leur aise aborder un grand nombre de vaisseaux, s'embarquaient corps et biens, et se retiraient dans une autre ville, que l'ennemi devait encore assiéger de la même manière.

Les Romains perdirent ainsi beaucoup de temps. Ils détruisirent plusieurs de ces forteresses ; mais le peuple venète subsistait invincible dans de nouveaux asiles, toujours prêts à le recevoir.

Pour le réduire, César devait se rendre maître de la mer. Pendant presque tout l'été, des tempêtes violentes empêchèrent la flotte romaine de mettre à la voile. Puis elle hésitait à s'aventurer sur ce vaste océan sans bornes, dont elle ne connaissait ni les sondes, ni les îles, ni les ports.

Enfin elle parut au large. Toute la marine armoricaine, deux cent vingt navires réunis dans le port de Vannes levèrent l'ancre et se rangèrent en ligne devant la flotte romaine. Brutus, qui la commandait, hésita sur le parti qu'il devait prendre et sur la manière dont il devait combattre.

En effet, les vaisseaux venètes étaient bien mieux disposés que les siens pour manœuvrer sur ces mers. La carène en était plus plate, et ils souffraient moins sur les bas-fonds et à marée basse ; la proue et la poupe, très-élevées, pouvaient mieux résister aux vagues et aux tempêtes. Le seul avantage des Romains était dans l'agilité de leurs rameurs.

Cependant le signal du combat fut donné et les deux flottes se mêlèrent. Les Romains attaquèrent d'abord avec l'éperon, mais ils ne tardèrent pas à y renoncer, ne pouvant entamer ces masses solides. Ils avaient établi sur leurs vaisseaux des tours, du haut desquelles ils lançaient des projectiles ; mais ces tours atteignaient à peine la poupe des vaisseaux venètes, les traits étaient presque tous perdus, tandis que ceux de l'ennemi frappaient sûrement et mortellement. Une seule invention leur fut d'un grand secours. Ils avaient fabriqué des faux bien tranchantes, emmanchées et fixées à de longues perches ; les soldats romains engageaient ces faux dans les cordages qui attachaient au mât les vergues des vaisseaux gaulois. Le navire ainsi saisi et accroché, on tirait à soi à force de rames, les cordages se coupaient et les vergues tombaient. Alors le navire, qui n'avait de mouvement que par sa voile et sa mâture, perdait toute action. L'affaire se trouvait réduite à un combat d'abordage. De ce côté les soldats romains avaient tout l'avantage ; « d'autant plus, dit César, que l'action se passait à la vue du général et de toute l'armée qui couvrait les falaises et les dunes qui dominent la mer, en sorte qu'aucun trait de courage ne pouvait rester ignoré. »

Les Vénètes, après avoir perdu quelques vaisseaux, voulurent fuir, mais il survint tout à coup un calme plat qui les rendit immobiles. Les Romains les prirent un à un, les brûlèrent ou les coulèrent bas, et il n'y en eut que fort peu qui purent gagner la terre à la faveur de la nuit.

Cette bataille termina la guerre des Vénètes et des États maritimes de l'Ouest ; toute la jeunesse, toute l'élite de ces nations avaient péri avec la flotte. Ceux qui survivaient, ne pouvant ni fuir ni résister à un double siége, se rendirent à César ; mais ils ne trouvèrent qu'un vainqueur cruel et sans pitié. Le sénat expira dans les supplices, et le reste de la population, vendu à l'enchère, fut réduit en esclavage, comme les Aduatiques.

Pendant ce temps, un des lieutenants de César, Titurius Sabinus, avait soumis l'Armorique du Nord (la basse Normandie). Un autre, le jeune Crassus, conquit l'Aquitaine, quoique ces peuples eussent appelé d'Espagne, pour les commander, les vieux compagnons de Sertorius.

Il ne restait plus dans toute la Gaule que deux peuples en armes contre l'armée romaine, les Morins (Boulonnais, Calaisis, Saint-Omer) et les Ménapes (Gueldres, Hainaut). Quoique l'hiver fût près de commencer, César marcha contre eux. Ces deux peuples, voyant tant de nations qui avaient essayé de la guerre régulière vaincues et domptées, adoptèrent un autre système de défense : ils se retirèrent avec leurs provisions et leurs biens dans leurs forêts entrecoupées de marais. Arrivé au commencement des bois sans avoir vu les ennemis, César ordonne à ses troupes de se retrancher, quand les Morins et les Ménapes sortent tout à coup de toutes les parties de la forêt et tombent sur les légionnaires dispersés pour le travail. Ceux-ci saisissent leurs armes, les rejettent dans le bois ; mais, s'étant engagés dans des fourrés, ils perdirent beaucoup de monde.

Les jours suivants, César fit abattre la forêt, et, afin que les travailleurs ne pussent être surpris, il ordonna d'amonceler à mesure tout le bois coupé pour en former un rempart sur les deux flancs. Déjà les Romains atteignaient les troupeaux des Belges et leurs derniers bagages, déjà l'ennemi gagnait des bois plus épais, lorsque des pluies continuelles survinrent. César se vit contraint d'interrompre cet immense abatatage, et bientôt il ne fut plus possible de tenir le soldat sous la tente.

Après avoir ravagé tout le pays et brûlé les bourgades et les habitations, César ramena son armée en quartier d'hiver sur les terres des Lexoves, des Aulerques (le Maine et le Perche) et des autres peuples qui s'étaient récemment soulevés, et il partit pour l'Italie.

A peine les légions romaines furent-elles rentrées dans leurs cantonnements, que les Germains débordèrent sur la Belgique. Deux grandes tribus teutoniques, harcelées au nord par les incursions des Suèves, comme les Helvètes l'avaient été au midi, venaient de passer dans la Gaule; envahissant les terres que possédaient les Ménapes au delà du Rhin, franchissant ce fleuve et se répandant dans toute la contrée entre le Rhin et la Meuse, depuis l'île des Bataves jusqu'aux frontières des Éburons (Liégeois). Ces tribus formaient une masse de plus de quatre cent mille têtes. « La Gaule opprimée, dit M. Henri Martin, projeta de recourir à ces barbares contre César, comme elle avait recouru à César contre Arioviste. La Gaule ne se faisait plus son destin à elle-même : c'était entre les Romains et les Germains que se débattait désormais son sort. »

Avant qu'aucune nation gauloise eût encore remué, César sentit que sa présence était indispensable. S'arrachant donc à cette foule de courtisans qui, dans l'intervalle de ses campagnes, accouraient à Lucques ou à Pise l'aduler et conspirer avec lui l'asservissement de Rome, il repassa les Alpes, et du fond de l'Armorique accourut sur le Rhin avec ses légions.

Il n'en était qu'à quelques journées, lorsqu'il reçut des envoyés germains qui lui dirent « qu'ils ne s'armeraient pas les premiers contre les Romains, mais qu'attaqués ils ne refuseraient pas la guerre ; que c'était une vieille coutume qu'ils tenaient de leurs ancêtres de faire face à l'ennemi quel qu'il fût, et de ne jamais recourir à la prière. Ils ajoutaient que, chassés de leur pays, ils étaient venus malgré eux dans la Gaule ; qu'ils pouvaient être des amis utiles aux Romains ; que César leur assignât des terres ou les laissât en possession de celles qu'ils avaient conquises. Ils ne le cédaient qu'aux Suèves, à qui les dieux mêmes ne résisteraient pas ; mais, dans tout l'univers, il n'était aucun autre peuple qu'ils ne pussent vaincre. »

La réponse de César fut celle d'un maître qui ouvre ou ferme à sa volonté l'entrée de son empire : « Je ne puis, dit-il aux Germains, faire avec vos nations aucun traité, tant qu'elles seront sur le sol gaulois. Quand on n'a pu défendre ses propres terres, il n'est pas juste de s'emparer de celles d'autrui ; d'ailleurs, il n'y a point dans la Gaule de terre vague pour recevoir une telle multitude. » Il ajouta qu'ils pouvaient se retirer vers le territoire des Ubes (pays de Cologne), dont les envoyés lui demandaient en ce moment son assistance contre les Suèves, et qu'il se chargeait d'obtenir le consentement de la nation ubienne.

Le proconsul eut sans doute un moment la pensée de fondre ensemble ces tribus pour en faire une barrière contre les Suèves ; mais il ne s'y arrêta guère. Sous prétexte que, pendant les pourparlers, il avait été attaqué par leur jeunesse, il fondit sur eux et les massacra tous, hommes, femmes et enfants ; et les Romains, sans perte d'un seul homme, rentrèrent dans leur camp, ayant ainsi terminé en quelques heures une guerre qui leur avait causé d'abord tant d'inquiétude.

« Aucune bataille n'avait coûté moins de sang à César, mais aucune ne lui rapporta moins de gloire, dit justement M. Amédée Thierry. Les circonstances qui l'avaient précédée, les circonstances qui l'accompagnèrent présentaient un côté peu honorable pour sa loyauté. Cet homme, vengeur si scrupuleux du droit des gens lorsqu'il intéressait lui et les siens, qui avait fait torturer tout un sénat, vendu à l'encan toute une nation, parce qu'en retenant quelques agents et espions romains cette nation avait cru pouvoir recouvrer des otages qu'on lui avait enlevés contre toute justice, ce même homme dressait un guet-apens à des ambassadeurs et accordait des trêves pour les violer ; ce Romain, dont la clémence faisait tant de bruit parmi les siens, traitait des troupeaux de femmes et d'enfants fugitifs avec plus de rigueur qu'on ne traite des soldats vaincus dans une guerre sans quartier. Ces accusations couraient de bouche en bouche dans la Gaule et se mêlaient aux regrets d'une occasion échappée et d'une espérance déçue. »

En Italie et jusque dans le sénat de Rome, des âmes honnêtes ressentirent une indignation non moins vive et osèrent l'exprimer, lorsque, après la lecture des dépêches de César, les sénateurs votèrent que des actions de grâces seraient adressées aux dieux en reconnaissance de cette victoire :

« Des actions de grâces ! s'écria Caton ; votez plutôt des expiations ! suppliez les dieux de ne pas faire peser sur nos armées le crime d'un général coupable. Livrez, livrez César aux Germains, afin que l'étranger sache que

Rome ne commande point le parjure et qu'elle en repousse le fruit avec horreur ! »

Pour inspirer plus de terreur aux Germains, César alla chercher ces terribles Suèves près desquels aucune nation n'osait habiter. En dix jours il jeta un pont sur le Rhin, non loin de Cologne, malgré la largeur et l'impétuosité du fleuve, et répandit l'épouvante parmi les nations germaniques les plus voisines. Mais, comme l'été touchait à sa fin et qu'il était trop tard pour commencer une campagne en Germanie, il repassa en Gaule. Il avait une vengeance à tirer des habitants de l'île de Bretagne qui, l'année précédente, avaient fourni des secours aux Venètes. Il fit rassembler par ses lieutenants la flotte construite dans la guerre contre l'Armorique, se rendit lui-même, avec deux légions et quelque cavalerie, sur la pointe de la côte des Morins (Pas-de-Calais), où il savait que le détroit de Bretagne était le moins large et le moins dangereux.

Avant de s'embarquer, César appela près de lui les voyageurs et les trafiquants qui pouvaient lui donner quelque lumière sur l'étendue de l'île de Bretagne, sur les peuples qui l'habitaient, sur les ports capables de recevoir de grands vaisseaux. Il n'en put tirer rien de satisfaisant, soit qu'ils se refusassent à donner à un conquérant étranger des renseignements sur l'île *sacrée*, soit, comme il le dit lui-même, que les Gaulois qu'il consultait n'eussent pas pénétré dans l'intérieur et qu'ils n'en connussent que les côtes et les contrées en face de la Gaule. César prit le parti d'envoyer un de ses officiers explorer la côte.

La malveillance des Gaulois faillit être funeste à César dans cette expédition. Les hauts navires qui transportaient ses troupes, tirant beaucoup d'eau, ne purent approcher assez du rivage. Il fallut que ses soldats se précipitassent dans une mer profonde, les mains embarrassées et chargés de leur pesante armure, et que, plongés dans l'eau jusqu'aux épaules, ils s'avançassent contre l'ennemi. Les Bretons, à qui tous les bas-fonds étaient connus, accouraient avec assurance, lançaient leurs traits ou poussaient sur la grève leurs chevaux familiarisés avec la mer. Mais les machines de siége vinrent au secours des Romains et nettoyèrent le rivage par une grêle de pierres et de traits. Dès que les légions eurent le pied sur le sec, elles chargèrent les barbares, qui prirent la fuite.

Cependant l'équinoxe approchait : c'était le moment des grandes marées. En une nuit la flotte romaine fut brisée ou mise hors de service. César et ses légions se trouvèrent sans vaisseaux, sans vivres, sans cavalerie. Les barbares, qui dans le premier moment avaient donné des otages, essayèrent de surprendre son camp; ils l'enveloppèrent et l'assaillirent avec leurs chariots à faux. Les Romains auraient péri jusqu'au dernier, si César n'eût dégagé ses légions. Vigoureusement repoussés, les Bretons demandèrent à se soumettre. César leur parla en vainqueur impérieux, leur ordonna de livrer des otages deux fois plus nombreux; mais ses vaisseaux étaient réparés, il savait que quelques jours plus tard la mer lui était fermée. Sans attendre la réponse des insulaires, il mit à la voile au milieu de la nuit.

Cette sorte de reconnaissance, qui avait duré vingt jours, fut suivie d'une expédition plus sérieuse : César voulait forcer les races galliques dans leur dernier asile. Il chargea ses lieutenants de pousser les préparatifs avec vigueur, tandis qu'il allait en Italie faire proroger son commandement pour cinq années. A son retour en Gaule, il trouva vingt-huit galères complétement équipées et six cents transports construits d'après le plan qu'il avait indiqué, plus larges et moins hauts de bord que ceux dont il s'était servi précédemment, et tous en même temps à voiles et à rames.

César, attendant que la saison devînt favorable pour le départ, commanda aux cités gauloises de lui fournir quatre mille hommes de cavalerie, qu'il se proposait d'embarquer avec cinq de ses légions. Puis, ayant sous sa main les principaux personnages de la Gaule entière, qu'il avait convoqués pour la session annuelle des états, il voulut les emmener avec lui outre mer, et s'assurer ainsi de la tranquillité de la Gaule en son absence. Une inquiétude sourde régnait partout, et l'invasion de la Bretagne, l'île sainte des druides, blessait profondément le sentiment national. L'Édue Dumnorix déclara que la religion lui défendait de suivre César, il essaya de s'enfuir; mais le proconsul, qui connaissait son génie remuant, le fit poursuivre avec ordre de le ramener mort ou vif. Il fut tué en se défendant. Son assassinat augmenta l'émotion dans toute la Gaule, comme un attentat des Romains au droit des gens, car personnellement Dumnorix inspirait peu d'intérêt : il passait pour un des premiers instigateurs de l'entrée de César dans les Gaules et pour l'un des hommes qui avaient été le plus funestes à l'indépendance de leur patrie.

Les autres Gaulois partirent avec la flotte romaine, qui prit terre sans que les Bretons résistassent. César se disposait à pénétrer dans l'intérieur de l'île, lorsque des cavaliers arrivèrent à toute bride lui annoncer qu'une violente tempête avait brisé et jeté à la côte presque tous les navires de sa flotte.

Ses bâtiments mis à terre et renfermés dans le camp retranché, César continua son entreprise. Les rivalités locales vinrent à son secours en Bretagne comme en Gaule, et les Romains ne se retirèrent qu'après avoir mis en fuite les Bretons, assiégé le roi Caswallawn au nord de la Tamise, dans l'enceinte où il avait rassemblé ses bestiaux et réuni des milliers d'*essédaires* montés sur de rapides et pesants chars de guerre.

César n'était pas assez sûr de la Gaule pour hiverner outre mer. Pressentant un soulèvement sur le continent, il se hâta d'accepter les ouvertures de paix du roi breton, exigea des otages, fixa le tribut annuel que la Bretagne payerait au peuple romain, et se rembarqua au mois de septembre.

La domination romaine n'était point établie en Bretagne par une expédition où César avait déployé un appareil de forces si imposant. Rome n'en retira d'autre avantage que quelques prisonniers et une grande quantité de perles de peu de valeur qu'on recueillait sur les côtes. Quant au tribut annuel imposé au roi Caswallawn, il ne fut point payé, et le proconsul n'y comptait guère. « César, dit Velléius Paterculus, mit le pied deux fois en Bretagne, et il en rapporta l'honneur d'y avoir deux fois combattu. »

A son arrivée, il trouva la Gaule tranquille. Elle ne présentait du moins aucune résistance, aucune agitation apparente; mais la haine de Rome fermentait dans tous les cœurs, et les anciens alliés de César étaient devenus ses ennemis les plus implacables. Le ressentiment de l'indépendance perdue faisait chaque jour des progrès plus rapides, parce que chaque jour aussi cette domination devenait plus oppressive. La nécessité d'acheter Rome aux dépens des Gaules, d'assouvir tant d'amis qui lui avaient fait continuer le commandement pour cinq années, avait poussé le conquérant aux mesures les plus violentes. Selon Suétone, il dépouillait les lieux sacrés, mettait les villes au pillage sans qu'elles l'eussent mérité. Pour lever les tributs et les subsides, les Romains s'immisçaient dans les affaires les plus intimes des cités; ils déposaient les magistrats légalement élus, sous prétexte qu'ils étaient suspects; ils en nommaient d'autres et bouleversaient les constitutions locales.

« C'étaient surtout les gouvernements populaires, dit

l'historien de la Gaule, qu'ils poursuivaient avec acharnement, parce qu'ils en redoutaient le principe et l'énergie. Tantôt ils favorisaient sous main les chefs ambitieux, qui vivaient en conspiration permanente contre la liberté; tantôt ils les imposaient ouvertement à la pointe de l'épée, prétendant les restaurer dans un pouvoir légitime, attendu que leur père, ou leur aïeul, ou leur oncle, l'avait jadis possédé. Ainsi ils établirent chez les Carnutes le despotisme de Tasget, chez les Atrobates celui de Comm; ainsi ils forcèrent la haute assemblée des Sénons à reconnaître pour roi Cavarin, homme abhorré de tous, dont le frère et le père avaient attenté successivement à l'indépendance publique. Ce n'était pas tout : depuis le commencement de la guerre, César s'était fait livrer tous les jeunes Gaulois distingués par la richesse, la naissance ou le rang de leur famille; et il les gardait près de lui moins comme des auxiliaires que comme des otages. Étudiant à loisir leur caractère et leurs penchants, il s'appliquait à les corrompre par l'ambition, à les éblouir par la gloire, à étouffer en eux tout sentiment patriotique; de cette pépinière de petits tyrans sortaient les instruments les plus dévoués et les traîtres les plus redoutables à la Gaule. Le proconsul les jetait ensuite sur le point où il voulait exciter des orages; il leur prodiguait l'argent, il leur prêtait au besoin ses soldats, il préparait par leurs intrigues, chez ses alliés les plus fidèles, une conquête facile et en apparence moins odieuse que la conquête à force ouverte. »

Par ces princes et ses autres créatures, César espérait dominer les assemblées générales de la Gaule, qu'il s'arrogeait le droit de convoquer et de présider ; mais la colère des populations allait croissant.

Une vaste conspiration, qui avait pour foyer la Belgique et pour chefs le Trévirien Indutiomar et l'Éburon (Liégeois) Ambiorix, se propagea rapidement dans toute la

Gaule. La disette obligeant César à disperser ses troupes pour les cantonnements d'hiver, l'insurrection éclata partout : les légions étaient massacrées et les Romains chassés de la Gaule, si les Carnutes, exaspérés par la tyrannie de Tasget, créature du proconsul, avaient eu la patience d'attendre que César eût repassé les Alpes pour aller en Italie.

A la nouvelle de leur soulèvement, Ambiorix crut la Gaule en feu ; il appela les Belges aux armes, et, par de faux semblants, il attira hors de leur camp les lieutenants de César qui avaient pris leurs quartiers d'hiver chez les Éburons (Liégeois), égorgea en trahison Sabinus, et fondit avec fureur sur le reste de la division romaine, qu'il surprit dans un défilé. Dix mille légionnaires périrent, massacrés par les Éburons.

Ambiorix eut bientôt soulevé les débris des Aduatiques et des Nerviens, il vint assiéger dans ses retranchements une autre légion cantonnée sur le territoire nervien (dans le Hainaut) et commandée par Quintus Cicéron, le frère de l'orateur.

César se trouvait à Samarobrive (Amiens ou peut-être Saint-Quentin). Il n'avait aucune nouvelle du désastre de Sabinus et de Cotta, qui avait eu lieu depuis douze jours ; il ignorait le siége que soutenait Cicéron depuis une semaine, lorsqu'un message lui parvint.

A la lecture de la dépêche, il fut saisi d'une violente douleur ; il ne sentait que trop, dans cette interruption rigoureuse de ses communications, l'accord effrayant de toutes les nations du Nord contre les Romains. Il jura de ne plus couper ni sa barbe ni ses cheveux que le meurtre de ses deux lieutenants ni le désastre de leur armée ne fussent pleinement vengés. Avec une seule légion, il partit au secours de Cicéron. Ambiorix leva le blocus pour venir l'accabler d'une armée de soixante mille combattants. La confiance des Gallo-Belges était si grande, qu'ils offrirent quartier à tout Gaulois ou Romain qui voudrait passer aux assiégeants.

César attendit qu'ils fussent disséminés autour de ses retranchements, puis il commanda une sortie générale par toutes les portes. L'irruption fut tellement vive que les Gaulois, culbutés, furent mis en déroute, et que César put opérer sans aucune perte sa jonction avec Cicéron. Il trouva l'armée de ce général dans un état déplorable : un dixième à peine des soldats était sans blessures. Il comprit le danger qu'il avait couru. Il ne vit pas non plus sans étonnement les travaux de siège exécutés par les Gaulois, les tours, les tortues, les remparts qu'ils avaient élevés à l'exemple des Romains ; et leur habileté dans un art qu'ils ignoraient naguère lui assombrit l'avenir.

Cette victoire de César dispersa les troupes d'Indutiomar, qui le lendemain devait attaquer le quartier de Labiénus, et fit rentrer les forces armoricaines, qui n'étaient plus qu'à huit milles de la treizième légion. La Gaule semblait encore une fois pacifiée, mais César ne s'y fia pas.

En effet, bientôt après, les Sénons, suivant l'exemple des Carnutes, chassèrent leur tyran Cavarin, roi imposé, comme Tasget, par César, et les Trévires prirent les armes à l'instigation d'Indutiomar. Ce patriote infatigable partageait avec Ambiorix tous les regards et toutes les espérances ; de tous côtés on lui adressait des députations pour lui demander de fixer le jour où l'étendard de la délivrance se lèverait à la fois sur toute la Gaule.

Sa mort dans une escarmouche frappa au cœur la coalition belgique et désorganisa l'armée des Trévires. Toutefois, la valeureuse nation ne se rebuta point et conféra, en témoignage de ses respects, le commandement suprême aux plus proches parents d'Indutiomar. Ils s'abstinrent, ainsi que les Sénons et les Carnutes, d'envoyer des députés à l'assemblée générale des cités gauloises convoquées par César à Samarobrive, et qui fut ensuite transférée à Lutèce (Paris).

A la fin du printemps, César était en mesure d'agir avec énergie. Trois légions nouvelles, levées en Italie, avaient réparé ses pertes. Les Sénons et les Carnutes, déconcertés par sa célérité, se virent contraints de demander la paix. Le proconsul voulait être inflexible et promener le fer et le feu sur leur territoire, lorsque le sénat éduen, allié des Sénons, vint s'interposer pour ce peuple qui touchait à ses frontières. Les Rèmes se firent les protecteurs des Carnutes auprès de César, qui consentit à les recevoir à composition. Dans les dispositions où se trouvait la Gaule, il n'osa pas rendre la domination romaine plus odieuse dans le centre, mais il ne se montra modéré envers ces deux peuples que pour exercer sa vengeance sur les Éburons.

Il commença par leur couper toute retraite en deçà et au delà du Rhin, mit à feu et à sang le pays de leurs voisins, les Nerviens, les Ménapes, les Trévires et les Germains des bords du Rhin, jusqu'à ce que ces nations eussent rompu toute alliance avec le peuple voué à l'extermination. Ayant ainsi assuré son œuvre de destruction, il se dirigea sur le pays des Éburons par la forêt des Ardennes.

Afin que le coup arrivât plus terrible et plus imprévu, César fit partir en avant sa cavalerie, avec ordre de ne point allumer de feu dans les haltes et de ne négliger aucune des précautions qui pouvaient rendre la marche prompte et secrète. Les Éburons, se fiant à l'éloignement de l'armée ennemie, qu'ils croyaient engagée dans des guerres contre les Germains, n'avaient rien de prêt pour la défense. La cavalerie romaine tomba au milieu d'eux comme la foudre. Ambiorix, assailli à l'improviste, ne dut son salut qu'à un bonheur inespéré. Surpris dans sa maison de campagne, qui était située au milieu d'une forêt, il put, grâce à la vitesse de son cheval, gagner la profondeur du bois.

De sa retraite, où il fut rejoint par un petit nombre de cavaliers, il envoya dans toutes les directions des émissaires chargés de publier que César approchait et que chacun eût à pourvoir à sa sûreté. En quelques heures, tous les villages furent abandonnés, et la campagne se couvrit de bandes de fugitifs qui gagnaient, avec leurs provisions et leurs bestiaux, les lieux les plus sauvages et les moins accessibles. Ambiorix, ne gardant près de lui que quatre cavaliers, se tint au milieu des bois, dont il connaissait tous les détours.

César fit cerner et envahir le territoire éburon de tous les côtés à la fois par dix légions et une formidable cavalerie. Alors commencèrent, dit l'historien auquel nous empruntons ce récit, des scènes de désolation plus horribles que tout ce que le pays avait encore vu et souffert. Les légions, la hache à la main, perçaient les forêts; elles jetaient des ponts sur les marécages; elles égorgeaient dans ses dernières retraites la multitude fugitive. Mais cette chasse n'était pas sans danger pour les soldats romains : la nature du pays ne leur permettant pas de marcher par grandes masses, les traînards ou ceux qui se séparaient du gros de l'armée périssaient enveloppés dans des embuscades. Pour concilier la sûreté de ses soldats avec l'accomplissement de sa vengeance, César mit les Éburons hors la loi de l'humanité, il fit proclamer qu'il les livrait corps et biens au premier occupant. Il convia à cette proie les peuples voisins, déclarant que quiconque l'aiderait à exterminer *cette race scélérate* serait compté au nombre des amis du peuple romain. De tous les coins de la Belgique on vit accourir une foule de malfaiteurs et de gens sans aveu. Il n'y eut pas jusqu'aux peuplades germaniques riveraines qui ne voulussent, elles aussi, avoir part à la curée. « Qu'on se figure, ajoute M. Amédée Thierry, les atrocités qui durent accompagner ce sac de tout un peuple! Qu'on se représente un cordon de cinquante mille Romains, placés là pour assurer l'impunité aux assassins, pour leur livrer des victimes; et, parmi ces Romains, César, un frère de Cicéron, Brutus, Trébonius, tout ce que la jeunesse patricienne renfermait de plus éclairé et de plus poli! on détournera les yeux avec tristesse et horreur. »

Toutes les villes, toutes les habitations furent incendiées; les blés que ne mangèrent pas les chevaux furent brûlés sur pied. Le général romain avait songé, par un raffinement de cruauté, aux malheureux Éburons que le hasard aurait soustraits au fer ou à la flamme : il les condamnait à mourir de faim après le départ des légions.

Quant à Ambiorix, toutes les tentatives pour s'emparer de lui échouèrent. Vingt fois on se crut au moment de l'atteindre; mais toujours il s'échappait à la faveur des ténèbres, errant de forêt en forêt, de caverne en caverne, de précipice en précipice, accompagné de ses quatre cavaliers. De faux rapports, propagés par les prisonniers éburons, fourvoyaient perpétuellement les Romains dans leur chasse. Ils se lassèrent, et ce héros de l'indépendance vécut pour des temps meilleurs.

Après cette dévastation, César ramena son armée à Durocortorum (Reims); il y tint l'assemblée générale des cités gauloises. Là, sous ses yeux, il fit instruire et juger l'affaire des insurrections sénonaise et carnute. Revenant sur la composition qu'il avait accordée à ces peuples, il condamna à mort et fit exécuter Acco, qui avait été l'âme des mouvements populaires chez les Sénons. Les autres accusés avaient pris la fuite; ils furent frappés de l'excommunication de l'eau et du feu. Après avoir indiqué des quartiers d'hiver à ses troupes et s'être assuré du blé pour l'armée,

César repassa en Italie, où de grandes agitations politiques réclamaient sa présence.

L'anarchie régnait dans Rome et suspendait la nomination des consuls. Clodius venait d'être assassiné par Milon, dévoué à Pompée. Les deux rivaux et les deux factions étaient en présence.

Ces nouvelles, arrivées au delà des Alpes, soulevèrent les Gaulois ; ils espérèrent que la guerre civile retiendrait César et qu'il ne pourrait se rendre à l'armée. Des conciliabules se formaient de tous côtés ; ils se tenaient au fond des bois, dans les lieux déserts. Là accouraient les personnages notables de presque toutes les cités. Une vaste conjuration de tout le territoire préparait le plus terrible effort de la Gaule pour reconquérir son indépendance.

Les Carnutes prirent l'initiative de l'insurrection. Mais, en s'exposant les premiers, ils exigèrent que les confédérés s'engageassent à les soutenir. Comme on ne pouvait s'entre-donner des otages, de peur d'éveiller l'attention des marchands et des autres agents romains, il fut convenu que les députés des cités gauloises prêteraient sur les étendards le serment de fidélité à la ligue de délivrance. Au fond de quelque vieille forêt, dans un lieu consacré aux mystères du culte druidique, furent réunis furtivement les drapeaux des cités gauloises, et sur ce faisceau sacré chaque député vint prononcer à son tour l'engagement solennel de haine aux Romains, de dévouement à l'indépendance de la Gaule.

Au jour fixé pour l'insurrection, des milliers de paysans carnutes se jettent sur Genabum (Orléans), devenu, depuis l'invasion, l'entrepôt du commerce romain en Gaule. Les habitants gaulois secondent l'attaque, massacrent les marchands étrangers et pillent leurs maisons. L'intendant des vivres, Fusius Cotta, est jeté dans la Loire.

La nouvelle, criée dans les champs à travers les terres,

passa de bourg en bourg, de ville en ville, avec une telle rapidité, qu'elle arriva avant la fin de la première veille (neuf heures du soir) chez les Arvernes, à plus de cent soixante milles de Genabum.

Il y avait alors dans cette nation un jeune chef plus redoutable encore, dit un ancien, par son génie que par la force de son corps et sa valeur guerrière. Son nom même inspirait la terreur. Il s'appelait Vercingétorix, c'est-à-dire le grand chef des cent têtes. Son père, Celtill, noble arverne, avait expié sur le bûcher son ambition de royauté et son crime contre sa patrie. Vercingétorix eût pu se faire roi par l'appui de l'étranger, comme Tasget et Cavarin; César n'avait rien négligé pour se l'attacher, il lui donnait le nom d'ami. Mais le fils de Celtill ne répondit à ces avances qu'en effaçant, par l'ardeur de son patriotisme, la défiance imprimée sur son nom par les souvenirs. Retiré dans les montagnes de l'Arvernie, il travaillait à réveiller le parti de l'indépendance nationale, lorsqu'il reçut la nouvelle des événements de Genabum. Quoique la nuit fût déjà avancée, il arme sa tribu, descend de la montagne, et, dès le point du jour, entre dans Gergovie, appelant la ville à la guerre contre les Romains.

Aux acclamations unanimes du peuple, il est investi du souverain commandement militaire. Les cités de la Gaule centrale et tous les peuples armoricains répondent à son appel et lui défèrent la conduite de la guerre. Avec une activité digne de César, il fixe les contingents à fournir par chaque cité et rassemble une magnifique cavalerie. La terreur des supplices fait marcher ceux qui hésitent ou balancent. On brûlait vif les traîtres, on mutilait les réfractaires et on les renvoyait dans leurs foyers pour servir d'exemple aux lâches et aux indifférents.

Le plan de Vercingétorix était d'attaquer simultanément au midi la province narbonnaise, et au nord les légions de

César cantonnées dans leurs quartiers d'hiver. Il envoie son ami Luctère, chef des Cadurces, dans le pays des Rutènes (Rouergue), tandis que lui-même se porte contre les Bituriges (Berri), qui hésitaient à se déclarer contre les Romains. La présence de Vercingétorix entraîne leur adhésion à la cause de l'indépendance. Il y lève des troupes et met des garnisons dans les places fortes.

A la nouvelle de ces mouvements simultanés dans le Nord et dans le Midi, César devine le plan de Vercingétorix, passe les Alpes maritimes, et arrive, inattendu, sur les bords du Rhône. Sa présence rassure les Romains et contient les Gaulois de la *province*, dont les dispositions étaient douteuses. Il eut bientôt organisé les milices, éloigné et découragé Luctère par ces mesures de défense. Alors, malgré l'hiver, qui était encore dans toute sa force, il franchit les Cévennes à travers six pieds de neige et entre sur les terres des Arvernes. Tombant sur eux quand ils se croyaient inexpugnables derrière leurs montagnes glacées, il augmente leur terreur en faisant saccager le pays par sa cavalerie.

Le chef gaulois, déjà parti vers le Nord, fut contraint malgré lui de revenir, ses compatriotes l'abandonnant pour défendre leurs familles. C'est tout ce que voulait César : il quitte son armée sous prétexte de faire des levées chez les Allobroges, remonte le Rhône, la Saône, sans se faire connaître, rejoint et rallie ses légions.

César, craignant de perdre le petit nombre d'alliés qui lui restaient en Gaule, n'ose délaisser les Édues, attaqués par Vercingétorix, et, au risque de manquer de vivres, il met son armée en campagne malgré la rigueur de la saison. Il enlève d'assaut les principales villes des Sénons, et, se trouvant près de Genabum, il ne veut point passer outre sans donner un exemple terrible des vengeances romaines.

Un peu avant minuit, au moment où les habitants, redoutant l'assaut qui devait être donné le lendemain, sortaient de la ville et commençaient à traverser la Loire, César met le feu aux portes, lance ses légions dans la ville, massacre la multitude embarrassée sur le pont et dans les rues étroites. Les maisons sont pillées et réduites en cendres ; des flots de sang punissent le meurtre de Fusius Cotta et des marchands romains, et ce qui échappe au carnage est traîné comme esclave à la suite de l'armée.

Vercingétorix, qui cherchait à contraindre les Édues et les Boies (Bourbonnais) à quitter l'alliance romaine, fut obligé de suspendre ses projets pour secourir Noviodunum (Nevers), assiégée par César. C'était la seconde fois que son armée le forçait de renoncer à ses plans. En effet, comme le fait remarquer un historien, parmi tant de peuples divers habitués jusqu'ici à voir leurs intérêts séparés, la préoccupation des souffrances particulières entravait inévitablement les mesures de salut public. A la pensée de leurs enfants captifs, de leurs femmes outragées, de leurs maisons incendiées, le Sénon, le Carnute, le Biturige, frémissaient de rage et demandaient à grands cris à leur général qu'on les ramenât combattre pour défendre leurs familles.

Les Gaulois accourent, et c'est pour voir la prise de Noviodunum.

Alors Vercingétorix comprit qu'il fallait renoncer à une guerre méthodique, où ses bandes intrépides, mais mal rompues à la discipline et à l'unité du commandement, auraient toujours le dessous contre les légions de César. Il assemble son conseil et leur déclare qu'on doit adopter un plan de campagne tout différent de celui qu'on avait suivi jusque-là, qu'il faut affamer l'ennemi, intercepter les vivres aux hommes, les fourrages aux chevaux. « Le salut commun, ajoute-t-il, exige des sacrifices particuliers. Nous devons nous résoudre à brûler toutes nos habitations isolées, tous nos villages; nous devons brûler nos villes mêmes qui ne sauraient se défendre, de peur qu'elles ne servent de refuge aux lâches ou qu'elles n'attirent l'ennemi par l'espoir du butin. Si ces mesures vous paraissent dures et violentes, n'est-il pas plus dur encore de voir vos femmes et vos enfants réduits en esclavage et de périr vous-mêmes? car voilà votre sort, si vous êtes vaincus. »

Pas une voix ne protesta contre cet immense sacrifice. Ce fut à l'unanimité que les chefs de tant de nations décidèrent la ruine de leurs fortunes et la dispersion de leurs familles. Ils accomplirent héroïquement et sans délai cette résolution terrible. En un jour, vingt villes des Bituriges sont brûlées par leurs habitants. Cet exemple se propage, et de toutes parts, chez les Carnutes et dans les États voisins, on n'aperçoit plus que le feu et la fumée des incendies volontaires. A travers les décombres, une population innombrable se dirige vers la frontière, souffrante et morne, mais non sans consolation, dit César lui-même, puisqu'une victoire presque certaine l'indemniserait d'un sacrifice à la patrie.

C'était le conseil de l'armée qui désignait les villes dont la destruction paraissait nécessaire. Mais quand on en vint à Avaricum (Bourges), capitale des Bituriges, les habitants en larmes embrassèrent les genoux de Vercingétorix, conjurant les chefs d'avoir pitié de leur ville. Ils protestaient de la défendre jusqu'à la mort et de la sauver. Le conseil et Vercingétorix lui-même, vaincus par leurs larmes et leur désespoir, cédèrent à leurs supplications. Ces ménagements firent leur malheur. La ville périt de même, mais par César, qui la prit après de prodigieux efforts.

La garnison et la population entière, femmes, enfants, vieillards, furent passées au fil de l'épée. Sur quarante mille, à peine huit cents gagnèrent le camp de Vercingétorix. Il les recueillit au milieu de la nuit, en silence, et les fit disséminer dans les quartiers des différentes nations, car il craignait que leur arrivée et la commisération de la multitude n'excitassent quelque désordre.

Il convoque l'armée le lendemain, la console et l'exhorte à ne point se laisser abattre par un échec. « Les Romains ne devaient point la victoire à leur valeur en bataille rangée, mais à un art et à une habileté dans les siéges inconnus aux Gaulois. Il n'avait jamais été d'avis de défendre Avaricum, l'armée le savait; mais cette perte, il saurait la réparer bientôt. Il travaillait à rallier à la cause de la liberté les nations gauloises jusqu'alors dissidentes, actives ou neutres, dans l'alliance de Rome. Ses mesures étaient prises et leur succès infaillible. Ainsi réunis, les Gaulois formeraient une fédération à laquelle l'univers entier ne résisterait pas; le moment était proche, et il avait presque réussi. »

Grâce au caractère magnanime de Vercingétorix, les revers ne faisaient qu'augmenter son ascendant et raffermir la confiance. L'assurance que toutes les divisions allaient enfin cesser et tous les Gaulois se réunir sous le drapeau d'une liberté commune remplissait les cœurs d'espérance. Ces hommes indociles, turbulents, ennemis du travail, se plièrent à tout ce que leur général exigeait d'eux : ils apprenaient à s'endurcir aux mêmes labeurs que les légionnaires, ils s'exerçaient à retrancher les camps et à construire des machines selon la manière romaine.

Vercingétorix n'avait point mis d'exagération dans ses promesses. Tandis que le siége d'Avaricum absorbait tout l'effort des Romains, il leur avait suscité de nouveaux ennemis. Les Aquitains s'étaient déclarés, ils avaient envoyé de la cavalerie au généralissime. Les Édues eux-mêmes s'étaient détachés de César, et, pendant le siége d'Avaricum, ils l'avaient laissé manquer de blé. Leur défection le priva de sa cavalerie, et il fut obligé d'en faire venir de chez les Germains pour la remplacer. Labiénus, lieutenant de César, eût été accablé dans le Nord s'il ne s'était dégagé par une victoire (entre Lutèce et Melun). César lui-même échoua au siége de Gergovie des Arvernes. L'armée romaine eût été entièrement défaite sans la dixième légion, la légion favorite de César, qu'il avait placée en réserve, et qu'il conduisit lui-même à l'ennemi. Quarante-six centurions étaient restés sur le champ de bataille.

La guerre allait toujours grandissant. La Belgique avait adhéré à la fédération, et une assemblée solennelle des délégués de toute la Gaule se tenait à Bibracte (Autun) pour délibérer sur les opérations ultérieures de la guerre et sur la réélection du généralissime. Trois nations seulement ne s'y firent point représenter, les Rèmes, les Lingons et les Trévires : ceux-ci comme très-éloignés et d'ailleurs empêchés par de nouvelles incursions germaniques, les Lingons et les Rèmes surtout comme contraires à la coalition et amis déterminés des Romains.

Vercingétorix, à la presque unanimité des suffrages, fut maintenu dans le commandement qu'il avait honoré par tant de vertu et de courage.

Chargé du sort de tant de millions d'hommes, il revint à son ancien plan, que l'arrivée subite de César avait fait échouer au commencement de la campagne Tandis qu'il marchait en personne contre les légions réunies dans le Nord, il fit attaquer la province narbonnaise par trois endroits à la fois.

Les affaires de César allaient si mal, qu'il ne pensait plus qu'à se retirer en bon ordre vers le nord de la province, afin de la secourir et de tirer de nouvelles troupes d'Italie. Du territoire des Lingons, il se dirigea vers la frontière séquanaise pour gagner le Rhône. Vercingétorix le suivait à dix milles de distance, attentif à tous ses mouvements ; il l'atteignit avant que César eût passé la Saône.

Ayant appelé au conseil les chefs de la cavalerie : « Le jour de la victoire est arrivé, leur dit-il ; les Romains s'enfuient dans la province et quittent la Gaule. C'est assez pour la liberté du moment ; ce n'est rien pour la paix et la liberté à venir. Bientôt ils reviendront avec de plus grandes forces, et la guerre ne finira pas. Qu'y a-t-il à faire? Tenter un combat de cavalerie, attaquer l'ennemi en pleine marche et embarrassé de ses équipages. Si l'infanterie s'arrête pour les défendre, César ne peut continuer sa route, il est perdu. S'il les abandonne pour songer à sa sûreté, il sortira de la Gaule, mais couvert de honte. »

Tous s'écrient qu'il faut combattre sans délai, tous s'engagent par le serment le plus sacré « à ne point revoir leurs maisons, leurs familles, leurs femmes et leurs enfants, qu'ils n'aient au moins deux fois traversé la ligne ennemie. »

Le combat fut terrible. César y courut les plus grands dangers. Enveloppé par des cavaliers arvernes, il fut presque pris, et son épée resta entre leurs mains. Il eût perdu la journée si les masses compactes de ses légions ne se fussent sans cesse portées, pour soutenir sa cavalerie, partout où le combat était le plus vif.

Enfin, la cavalerie germaine, gagnant une hauteur importante, se précipita avec tant de fureur sur une division gauloise qu'elle la mit en déroute. A cette vue, les deux autres divisions, craignant d'être enveloppées, se mirent à fuir en désordre. Les Romains et les Germains en firent un massacre horrible. Il ne fut plus possible d'arrêter cette panique. Ces esprits mobiles tombèrent alors dans un tel découragement, que Vercingétorix ne put les rassurer qu'en se retranchant sous les murs d'Alésia, ville forte (dans l'Auxois).

César ne perdit pas un instant. Laissant ses bagages sur une colline, à la garde de deux légions, il se mit à la poursuite des confédérés tant que dura le jour, leur tua près de trois mille hommes, et campa le lendemain sous les murs de la place.

Alésia, antique cité, qui passait pour avoir été fondée par les Phéniciens, était bâtie au sommet d'une haute colline, aujourd'hui le mont Auxois, à trois lieues de Semur. Le général gaulois assit son camp sur le versant oriental de la montagne. Sa force en infanterie était de quatre-vingt mille hommes, et il comptait encore dix mille cavaliers échappés au désastre de la bataille et de la retraite.

Une armée si nombreuse, sous une place si forte défiant toute attaque de vive force, César n'hésita point à assiéger cette grande armée et conçut le gigantesque projet d'enfermer à la fois la ville et les troupes gauloises dans une circonvallation de quinze milles flanquée de vingt-trois forts. Ces ouvrages étaient prodigieux : c'étaient d'abord trois fossés, chacun de quinze ou vingt pieds de large et d'autant de profondeur, puis un rempart de douze pieds, huit rangs de petits fossés, dont le fond était hérissé de pieux aiguisés par le sommet et couvert de branchage et de feuilles, des palissades de cinq rangs d'arbres entrelaçant leurs branches. Ces ouvrages étaient commencés du côté de la campagne, afin de mettre le camp à l'abri des attaques du dehors. Tout cela fut terminé en moins de cinq semaines et par moins de soixante mille hommes.

Vercingétorix comprit la faute qu'il avait faite en concentrant toutes ses forces en un seul point. Avant que les lignes des assiégeants fussent terminées, il convoqua sa cavalerie au milieu de la nuit, recommanda à chaque cavalier d'aller dans son pays et d'appeler toute la population en âge de combattre. « Il les conjure de pourvoir à sa sûreté, de ne pas l'abandonner au supplice et à la merci de l'ennemi, lui qui s'était dévoué si pleinement pour la cause publique ; c'était sa vie qu'il fallait sauver, c'était la vie de quatre-vingt mille hommes qui périraient avec lui. » Il ajouta qu'il avait des vivres pour trente jours, qu'à la rigueur même il pourrait les faire durer un peu plus.

Puis, à la seconde veille, il les fait évader par l'intervalle que laissaient encore les ouvrages romains. Il se retire dans la ville avec son infanterie, se fait apporter tout le blé qui s'y trouvait, prononce la peine de mort contre quiconque le recèlerait, et distribue par tête le bétail que les habitants avaient fait rentrer en grande quantité. Ainsi il attend les secours de la Gaule ou les horreurs de la famine.

Les paroles de Vercingétorix retentirent comme le cri de détresse de la patrie elle-même. Depuis la Garonne jusqu'au Rhin, des Alpes à l'Océan, toutes les nations gauloises armèrent en masse pour la délivrance d'Alésia. « Il n'y eut pas, fait observer un historien, jusqu'aux malheureux débris des Helvètes, des Nerviens (exterminés deux fois), des Vénètes, qui ne voulussent prendre part au dernier effort de la liberté : Ambiorix, l'Éburon, parut seul au nom de son peuple égorgé. A cette heure suprême, la Gaule, mutilée, décimée peuple à peuple depuis tant d'années, semblait enfin trouver cette unité nationale dont l'absence avait été si funeste à la Gaule. »

Deux cent quarante mille fantassins et huit mille cavaliers se rassemblèrent sur la frontière éduenne et se mirent en marche vers Alésia. « Ils étaient pleins d'ardeur et de confiance, dit César, car il n'en était pas un qui supposât qu'on pût soutenir le seul aspect d'une pareille armée, surtout dans une double attaque, lorsque les assiégés feraient une sortie et qu'une armée si nombreuse paraîtrait en même temps du côté de la campagne.

Malgré tous leurs efforts, les confédérés laissèrent passer le terme assigné par Vercingétorix, et déjà dans la place la disette devenait extrême. Séparés de toute nouvelle par une double enceinte, les assiégés ignoraient le rassemblement et l'approche de l'armée gauloise.

Voyant tous les vivres épuisés et l'époque plus que passée où devait arriver le secours, Vercingétorix avait assemblé le conseil, et l'on délibérait sur le parti à prendre. Quelques-uns inclinaient à capituler, d'autres à faire une sortie tandis qu'on avait encore quelque vigueur. Critognat, Arverne d'une haute naissance et d'une grande autorité, ouvrit un avis d'une atroce et effroyable énergie.

« Je ne parle point, dit-il, de l'avis de ceux qui prétendent appeler capitulation la plus honteuse servitude. On ne doit, je pense, ni les regarder comme citoyens ni les admettre dans nos conseils; je combats ceux qui proposent une sortie et qui semblent répondre ainsi au souvenir de notre ancienne gloire. Mais ne pouvoir soutenir un peu de disette, c'est faiblesse. Les hommes qui se dévouent à la mort sont moins rares que ceux qui endurent patiemment la douleur. Et moi aussi, qui ai souci de mon honneur, je serais de cet avis, si je n'y voyais d'autre perte que la vie; mais, en prenant un parti, songeons à toute la Gaule que nous avons appelée à notre délivrance. Quel courage auront, croyez-vous, nos parents et nos amis, s'ils sont réduits à combattre sur les cadavres de quatre-vingt mille compatriotes égorgés en un seul lieu? Ne privez donc pas de votre soutien ceux qui, pour vous sauver, n'ont pas craint de s'exposer à tous les dangers; et, soit folie et témérité, soit défaut d'énergie, n'allez pas accabler toute la Gaule et la livrer à un esclavage perpétuel. Parce qu'on n'est pas arrivé à jour fixe, vous douteriez de la constance et de la foi publique! Eh quoi! pensez-vous que ce soit pour se tenir en haleine que chaque jour les Romains ajoutent des fortifications nouvelles? Si, tous les chemins étant fermés, vos amis ne peuvent s'annoncer par des courriers, croyez-en les témoignages, leur arrivée est prochaine : c'est là ce qui effraye les ennemis et les tient jour et nuit à l'ouvrage.

» Quel est donc mon avis? de faire ce que firent nos ancêtres dans la guerre bien différente des Cimbres et des Teutons. Réfugiés dans leurs villes, réduits à la même disette, plutôt que de se rendre, ils soutinrent leur existence avec les corps de ceux que leur âge ou leur faiblesse rendait inutiles à la défense. Et si nous n'avions pas cet exemple, je dirais que, pour la liberté, il serait glorieux de le transmettre à nos descendants. Car, quelle guerre fut pareille à celle-ci? Les Cimbres, quand ils eurent ravagé la Gaule et couvert notre pays de calamités, en sortirent enfin et passèrent sur d'autres terres : ils nous laissèrent nos lois, nos mœurs, nos champs, notre liberté. Mais les Romains, conduits par l'envie, que veulent-ils? que cherchent-ils autre chose que de se fixer dans nos campagnes et dans nos villes et de soumettre à un joug éternel des peuples que la renommée leur disait illustres et belliqueux? Ils n'ont jamais eu d'autre but dans leurs guerres; et, si vous ignorez leur politique chez les nations éloignées, considérez la Gaule qui vous est voisine : son droit et ses lois sont changés, elle est sous la hache et, réduite en province, elle gémit dans une servitude sans terme. »

Les voix recueillies, il fut résolu qu'on ferait sortir de la place toutes les bouches inutiles, et qu'on tenterait tout avant de suivre l'avis de Critognat; cependant, si les secours tardaient trop, on s'y conformerait plutôt que d'en venir à capituler.

Les Mandubiens, citoyens d'Alésia, avec leurs femmes et leurs enfants, se virent chassés de leur ville par les soldats qu'ils y avaient reçus; ils s'avancèrent en pleurant vers les lignes des Romains, « suppliant qu'on les prît pour esclaves et qu'on leur donnât des vivres. » César plaça des postes sur les remparts pour les éloigner à coups de traits. Ainsi rejetée entre la ville et le camp romain, courant tour à tour des portes d'Alésia aux retranchements de César, cette multitude périt en peu de jours de faim et de désespoir.

Cependant l'armée nationale arrive près d'Alésia et campe sur une colline, à moins d'un mille des Romains. Le lendemain la cavalerie se répand dans la plaine, l'infanterie se tenant à quelque distance, cachée derrière les hauteurs. D'Alésia l'on dominait la campagne : à la vue du secours, on s'empresse, on se félicite, on s'exalte. Les troupes sortent et se forment devant la ville ; on remplit le premier fossé de fascines, et l'on se prépare à tout événement pour une attaque décisive.

César disposa ses légions sur les deux lignes de ses retranchements, fit sortir sa cavalerie et engagea le combat. On pouvait le voir des divers camps qui occupaient toutes les hauteurs, et les soldats gaulois et romains, l'âme en suspens, en attendaient l'issue. L'affaire se passant sous les yeux de tous, et nul trait de valeur ou de lâcheté ne pouvant rester caché, l'amour de la gloire et la crainte de l'infamie animaient des deux côtés les combattants. La mêlée fut acharnée depuis midi jusqu'au coucher du soleil, et la victoire restait indécise, lorsque la cavalerie germaine, se serrant sur un point, chargea l'ennemi, l'enfonça et le mit en fuite. Les légions sortirent alors à la poursuite des fuyards et les poussèrent en déroute jusqu'à leur camp sans leur donner le temps de se reconnaître. La garnison d'Alésia, consternée, regagna ses murailles.

Le surlendemain, vers le milieu de la nuit, l'armée extérieure tenta l'assaut du camp de César. Elle s'approcha des ouvrages romains dans le plus grand silence. Là, poussant un cri général pour avertir les soldats de Vercingétorix, elle se mit à jeter des fascines et de la terre dans le fossé. Vercingétorix et les siens accoururent. Mais les deux armées gauloises se brisèrent contre les merveilles de la science militaire et durent se retirer sans avoir entamé les retranchements de César.

Les Gaulois renouvelèrent au point du jour l'assaut qui avait échoué dans la nuit. Cette seconde épreuve était décisive. Le général de l'armée extérieure, Vergasillaun, parent de Vercingétorix, avait fait un long détour avec cinquante-cinq mille hommes, l'élite des troupes confédérées, pour s'emparer d'une colline qui dominait les quartiers romains vers le nord, et que son vaste circuit n'avait pas permis d'enfermer dans les lignes. C'était le côté faible des retranchements, et les Gaulois sentaient qu'ils n'avaient plus d'espoir s'ils ne parvenaient à percer la ligne et à opérer la jonction des deux armées.

Au moment où Vergasillaun commande l'attaque, Vercingétorix, qui le découvre du haut de la citadelle, sort de la ville avec ses troupes, emportant les perchés, les claies, et tout ce qu'il tenait prêt pour un dernier assaut. On se bat partout à la fois ; partout on attaque ; on se jette vers l'endroit qui paraît le plus faible. L'étendue des ouvrages disséminant les Romains, ils ont sur plusieurs points quelque peine à se défendre. Les clameurs qui s'élèvent de l'armée extérieure les inquiètent ; ils vont lâcher pied, lorsque César, placé sur une éminence d'où il pouvait découvrir ce qui se passait sur toute la ligne, envoie des renforts aux endroits les plus menacés.

Sur deux points ses formidables retranchements étaient forcés ; deux corps de troupes fraîches avaient été repoussés par Vercingétorix, quand César lui-même s'élance avec toute sa réserve, rejette les Gaulois hors des lignes, et vole au secours de ses lieutenants qui pliaient devant Vergasillaun.

Avertis de son approche par la vue de son manteau de pourpre, qu'il affectait de porter les jours de bataille, les

Gaulois font les derniers efforts pour emporter la ligne ; un double cri s'élève à la fois des rangs des deux armées. Bientôt, jetant le javelot de part et d'autre, on tire le glaive et on combat corps à corps. Tout à coup les Gaulois voient derrière eux la cavalerie germaine. Ils faiblissent, se rompent, et les Romains en font un affreux carnage. Vergasillaun est pris ; le chef des Lemovikes (Limousins) est tué. La garnison d'Alésia, voyant ce massacre et cette fuite désespérée, abandonne sa position et se retire dans la ville. L'armée extérieure se disperse dans le plus grand désordre.

On rapporta soixante-quatorze drapeaux des nations gauloises à César, et, sur une si grande multitude, fort peu d'hommes rentrèrent au camp sans blessures. Cette armée de la Gaule entière s'évanouit comme un rêve, dit Plutarque.

Dans la nuit qui suivit cette bataille, nuit suprême de l'indépendance gauloise, Vercingétorix pensa que sa mort suffirait peut-être à la vengeance du vainqueur, et que la garnison obtiendrait merci. Au point du jour il convoque ses troupes. Il leur rappelle qu'il n'a point entrepris cette guerre pour son avantage, mais pour la liberté commune ; puisqu'il faut céder à la fortune, il s'offre pour qu'on donne satisfaction aux Romains par sa mort volontaire ou pour qu'on le livre vivant à l'ennemi.

Le conseil députe vers César pour traiter de la reddition. Il ordonne que les ennemis remettent leurs armes, qu'ils livrent leur chef et se rendent à discrétion. Puis il va lui-même en avant du camp, hors des portes, pour y recevoir la soumission des vaincus et prononcer de son tribunal sur leur sort.

Vercingétorix n'attendit point qu'on le traînât enchaîné devant César : il monta sur son cheval de bataille, se revêtit de sa plus riche armure, sortit de la ville et traversa au galop l'intervalle qui séparait les deux camps. Après avoir tourné en cercle autour du tribunal, il sauta de cheval, jeta son épée, son javelot et son casque aux pieds du Romain, sans prononcer une parole.

Le vainqueur se montra moins grand que le vaincu. César éclata en reproches sur son amitié trahie, sur ses bienfaits méprisés. Puis il ordonna à ses licteurs de garrotter Vercingétorix et de l'entraîner dans le camp. Vercingétorix souffrit tout en silence. Il fut conduit à Rome et plongé dans un cachot infect. Il y attendit pendant six ans qu'il pût décorer le triomphe de César. Ce jour-là il rendit sa grande âme sous la hache du bourreau, ne laissant d'autre historien pour faire vivre sa mémoire que son ennemi César.

César fit grâce de la vie à la garnison d'Alésia, mais il la réduisit en esclavage, ainsi que les Gaulois de l'armée extérieure tombés en son pouvoir. Chaque soldat romain eut un captif pour butin. La liberté de vingt mille prisonniers arvernes et édues fut accordée à la soumission de ces deux peuples. Le dévouement de Vercingétorix ne fut pas perdu pour les siens : cette grande victime expiatoire sauva la vie et la liberté de plusieurs milliers de ses compatriotes.

Le désastre de la confédération n'avait que trop démontré aux Gaulois leur impuissance à résister en masse contre les forces de l'armée romaine réunies. Ils sentirent que la guerre partielle et simultanée en un grand nombre de lieux était la seule praticable, et que César n'aurait ni les moyens, ni le temps, ni les forces nécessaires pour se porter partout à la fois. Dans cette lutte à mort, il n'était pas de nation qui ne dût s'exposer à périr même, si, tandis qu'elle arrêterait l'ennemi, les autres pouvaient recouvrer la liberté.

Pour diviser l'effort des légions, dès l'ouverture des hostilités, les chefs gaulois qui survivaient à Vercingétorix établirent trois centres de résistance : un dans le Nord, chez les Bellovaques, un autre dans l'Ouest, chez les Andes, et le troisième au Midi, chez les Cadurces. Les Trévires devaient en outre inquiéter Labiénus et le retenir en Séquanie. Ce plan convenu, on répara les places fortes et l'on amassa des vivres.

Dès que César fut instruit de ces mouvements, il partit, la nuit des calendes de janvier, de Bibracte, où il passait l'hiver, et, ralliant deux légions, se mit à parcourir le territoire des Bituriges, qui, ne voyant chez eux qu'une faible garnison, faisaient des préparatifs de guerre. L'arrivée subite de César surprit la population disséminée dans la campagne et occupée de la culture. Ils ne furent pas même avertis par le signal qui précédait ordinairement César, l'incendie des habitations ; la cavalerie romaine tomba sur eux avant qu'ils pussent se réfugier dans les villes. On enleva plusieurs milliers d'hommes, de femmes et d'enfants, qui furent garrottés et traînés avec le bagage ; les autres, poursuivis de canton en canton, crurent trouver un refuge, mais en vain. César, forçant sa marche, se montre partout à la fois et ne laisse nulle part le loisir de recueillir les fugitifs. Après avoir ainsi pourchassé pendant plusieurs semaines cette population demi-morte de froid, de faim, de fatigue, il la reçoit à composition, exigeant une forte somme pour ses troupes. « Grâce à la clémence de César, dit le continuateur des *Commentaires*, Hirtius, les Bituriges purent rentrer dans leurs foyers dévastés. » Le proconsul renvoya les deux légions chez les Rèmes et rentra lui-même à Bibracte après quarante jours d'absence.

Il y était à peine depuis dix-huit jours, qu'il reçoit la nouvelle de l'insurrection des Carnutes, qui, mécontents de la soumission des Bituriges, étaient entrés sur leurs terres pour les forcer à reprendre les armes. César repart aussitôt avec deux légions cantonnées sur la Saône pour assurer les communications et les subsistances; il court à la chasse aux Carnutes. A son approche, les habitants se cachent et se dispersent au fond des bois, s'abritant à peine dans des huttes construites à la hâte. César s'établit dans Genabum, d'où il lance sa cavalerie sur tous les points où l'on disait que les fugitifs s'étaient retirés. A chacune de ces courses, les Romains enlèvent un grand nombre de captifs et de bestiaux. Exposés à découvert à toutes les rigueurs d'un froid excessif et n'osant demeurer nulle part par la crainte des surprises, les Carnutes périrent en grande partie par l'épée de l'ennemi, par l'âpreté et les pluies de l'hiver; le reste se dispersa chez les nations voisines.

Avant le retour du printemps, César fut obligé de conduire une nouvelle campagne contre les Bellovaques. Ce peuple, qui avait refusé naguère son contingent à la grande armée de Vercingétorix, se vantant, dans son orgueil, de faire à lui seul la guerre aux Romains, s'était mis à la tête d'une nouvelle coalition gallo-belge. Une nombreuse armée de Bellovaques, d'Aulerkes, d'Ambiens, de Calètes, d'Atrebates, s'était réunie sur la frontière des Rèmes, commandée par le Bellovaque Corrée et l'Atrebate Comm.

César accourt en toute hâte avec quatre légions. Il trouve les terres abandonnées. Les hommes en état de combattre s'étaient retranchés sur une colline environnée par des marais et des bois; la multitude sans armes s'était cachée dans des retraites inaccessibles; quelques individus seulement étaient restés dans les champs, moins pour travailler que pour observer l'ennemi.

César alla camper en face de l'armée confédérée. Après plusieurs échecs partiels dans des escarmouches de cavalerie, il fait appeler deux légions nouvelles pour enfermer les Gaulois dans une circonvallation. Ceux-ci, craignant un nouveau siége d'Alésia, renvoient tout ce que l'âge ou le défaut d'armes et de forces rendait inutile. Le jour les surprend tandis qu'ils faisaient défiler cette multitude effrayée et en désordre. César profite de cette confusion, fait jeter des ponts de claies sur le marais, et ses légions gravissent la hauteur en ordre de bataille ; elles coupent la retraite des Bellovaques. Les Gaulois se tirèrent de ce pas critique par un stratagème. Suivant la coutume de ces nations en guerre, ils portaient un faisceau de branches ou de paille sur lequel ils s'asseyaient. Ils les font passer de main en main, les amoncèlent sur leur front de bataille, et au même signal y mettent le feu partout à la fois ; un rideau de flammes les dérobe à la vue des Romains, et ils s'enfuient à toutes jambes. Ils firent dix milles sans perte, suivis à distance par la cavalerie romaine.

Mais ils ne purent longtemps échapper à la défaite. Leur chef Corrée, ayant quitté le gros de l'armée pour surprendre les fourrageurs romains, fut surpris lui-même et enveloppé par toute l'armée ennemie. Vaincus, culbutés, frappés de terreur, les Gaulois s'enfuient au hasard ; les Romains les poursuivent l'épée dans le dos et les massacrent. « Corrée, supérieur à tous les revers, dit Hirtius, ne veut ni quitter la mêlée ni se jeter dans le bois ; vainement on lui crie de se rendre, il continue à se battre intrépidement, blesse, tue, terrasse les soldats qui l'approchent, jusqu'à ce qu'il tombe lui-même sous la grêle de traits dont l'assaillent les Romains furieux. »

Voyant tout contre elle, l'armée bellovaque voulut se rendre. A ce mot, Comm, l'autre chef de l'armée confédérée, monte à cheval, sort du camp, et de forêt en forêt regagne la Germanie, reniant, dit un historien, une patrie qui se résignait déjà à servir, et allant en chercher une autre où ses yeux ne rencontreraient pas un Romain.

Les députés des Bellovaques conjurèrent César « de se

contenter des calamités qu'ils avaient éprouvées. Leur cavalerie était écrasée, leur infanterie d'élite anéantie. Dans un si grand malheur leur défaite était cependant pour eux un avantage, puisque Corrée n'était plus ; lui seul avait été le moteur de la guerre, le boute-feu de la populace ; car jamais, lui vivant, le sénat n'avait eu autant de pouvoir que l'aveugle multitude. »

César répondit « qu'il était commode sans doute d'accuser les morts des fautes commises ; que nul homme, ayant pour lui seulement une misérable populace, n'était dans le cas de soutenir une guerre, malgré l'opposition des principaux citoyens et du sénat ; qu'au reste, il les regardait comme assez sévèrement châtiés. »

La guerre était donc encore une fois comprimée dans le Nord. Mais la domination romaine inspirait une telle haine qu'on désertait en foule les villes et les campagnes. Des bandes passaient le Rhin, renonçant à une patrie asservie. Pour s'opposer à ces migrations, César répand son armée sur différents points, et lui-même, de sa personne, il va ravager et dévaster le pays des Éburons, comme si sa terrible vengeance ne s'était pas encore assez appesantie sur ce malheureux pays. Désespérant de prendre Ambiorix, qui y était revenu, il crut de son honneur, dit un historien romain, de détruire si bien dans le pays les habitants, le bétail et les maisons, qu'Ambiorix, exécré des siens, si par hasard il en survivait encore, ne pût jamais rester dans sa patrie. César fait parcourir aux légions et aux troupes auxiliaires l'Éburonie dans tous les sens : on pille, on ravage, on égorge. Ambiorix lui échappa encore, mais le nom Éburon fut effacé pour jamais de la liste des nations gauloises.

Pendant ce temps, les Andes et les populations de la basse Loire s'étaient soulevés ; mais, divisés entre eux, ils furent écrasés par Fabius lorsqu'ils passaient la Loire.

Les vainqueurs usèrent de la victoire comme ils en usaient d'ordinaire. « On tua, dit l'historien de César, tant que les chevaux purent aller et tant que les bras purent frapper. On massacra plus de douze mille hommes, soit de ceux qui avaient les armes à la main, soit de ceux qui les avaient jetées bas. » Fabius, sans attendre, entra sur le territoire des Carnutes, comptant que tant de désastres coup sur coup les auraient rendus plus faciles à se soumettre. En effet, ce peuple, qui n'avait jamais parlé de paix, courba la tête et donna des otages, et après lui toutes les nations armoricaines.

Il restait l'insurrection du Midi, dont s'était chargé Luctère, le compagnon de Vercingétorix. Poursuivi par Caninius, lieutenant de César, il s'enferma avec ses troupes dans Uxellodunum (le Puy dans le Quercy), place si forte d'assiette par ses escarpements, que, même sans trouver de résistance, des hommes armés eussent eu peine à y monter. Caninius entreprit de la réduire par une circonvallation. Luctère, qui s'était trouvé au siége d'Alésia, redoutant le blocus, voulut pourvoir la ville ; mais, attaqué par les Romains quand il ramenait des convois de blé, il s'échappa et ne rentra point dans son camp. Tout y fut pris ou tué. Drapès, chef des Senons, qui s'était joint à Luctère, fut enveloppé dans le combat et resta prisonnier.

Cependant César, pour prévenir désormais de nouveaux mouvements, parcourait les différentes nations de la Gaule, exigeant des otages, faisant livrer à ses vengeances les instigateurs des soulèvements et les hommes qui s'étaient compromis dans la lutte de l'indépendance. Par une balance de sa politique, en même temps qu'il frappait les meneurs, il cherchait à rassurer l'esprit de la multitude. Arrivé chez les Carnutes, il voulut, dit son historien, les délivrer au plus tôt de la crainte qu'ils avaient d'éprouver le sort des Éburons, et demanda pour l'envoyer au supplice Gutruat, l'agent le plus actif et le plus opiniâtre de la dernière insurrection. Depuis que les Carnutes avaient déposé les armes, Gutruat vivait seul au fond d'une forêt. Ses compatriotes allèrent le chasser dans sa retraite, se saisirent de lui et amenèrent leur ancien chef à César. César, par une hypocrisie qui conciliait son ressentiment avec sa nouvelle politique de clémence, se fit demander son supplice par ses légions. Gutruat mourut sous les verges, et on lui coupa la tête.

Un seul boulevard restait à l'indépendance : Uxellodunum, où deux mille Gaulois, laissés par Drapès et Luctère, étaient résolus à tenir à toute extrémité. Quoiqu'il méprisât cette poignée d'hommes, dit son historien, César jugea que leur obstination méritait un châtiment sévère. Il ne voulait pas que d'autres villes, se fiant sur des avantages de position, tentassent de recouvrer de même leur liberté. Son commandement ne devait plus durer qu'un été, tous les Gaulois le savaient; si donc ils pouvaient résister jusque-là, ils n'auraient ensuite rien à craindre. Il se hâta d'aller lui-même frapper ce dernier coup.

Lorsqu'il arriva devant la place, elle était investie complètement par Caninius. Les assiégés avaient du blé en abondance; César voulut leur couper l'eau. Il réussit d'abord à les priver de l'eau de la rivière qui coulait au fond du vallon. Il leur restait une fontaine au pied même des murailles. Par de prodigieux ouvrages de terrassement poussés avec des peines infinies, l'épée à la main, César rendit l'abord de la fontaine impossible. Le bétail, les chevaux, les hommes, périssaient de soif.

Dans cette extrémité, les assiégés remplissent des tonneaux de bitume, de suif et de poix, puis les roulent tout enflammés contre les ouvrages de la terrasse. Au même moment, ils font une sortie très-vigoureuse, afin d'empêcher par le combat d'éteindre l'incendie. Un grand feu s'élève au milieu des ouvrages, embrasant les machines, les tours par où les Romains voulaient donner l'escalade. Cependant les Romains tenaient ferme, l'action se passait à la vue des deux armées, et chaque soldat, pour faire montre de bravoure, s'offrait le plus ostensiblement possible aux traits et au feu de l'ennemi.

César, voyant qu'il avait déjà beaucoup de blessés, ordonne que toutes les légions montent à l'assaut de tous les côtés à la fois et en poussant de grands cris. Les habitants, en alarme, appellent les combattants et les retirent de l'attaque des ouvrages pour aller border les murailles. Les assiégeants se rendent maîtres de l'incendie, soit en l'étouffant, soit en l'isolant.

Les assiégés pourtant persistaient dans la défense, une grande partie déjà était morte de soif, et le reste s'obstinait toujours; mais une mine, couverte par la terrasse, parvint jusqu'à la source de la fontaine et détourna les eaux de la ville. Le dessèchement subit de cette source intarissable enleva aux assiégés leur dernière lueur d'espérance. Regardant cet événement plutôt comme un décret du ciel que comme une œuvre des hommes, ils se rendirent.

« César, dit le continuateur de ses *Commentaires*, sachant sa réputation de clémence trop bien établie, ne craignit pas qu'un acte de rigueur fût imputé à la cruauté de son caractère, et, comme il ne voyait pas de terme à la guerre des Gaules si de pareilles insurrections venaient à éclater en divers points, il résolut d'effrayer les autres peuples par un exemple. Il fit couper les mains à tous ceux qui avait pris les armes, mais il leur laissa la vie, afin qu'ils fussent un témoignage vivant des châtiments de Rome. »

Drapès, que Caninius avait fait prisonnier, évita la hache du licteur en se laissant mourir de faim.

Luctère, qui s'était échappé après sa défaite et qui sans

cesse changeait de retraite, tomba dans les mains d'un Arverne, grand ami des Romains, qui, sans hésiter, le chargea de chaînes et le conduisit à César.

Labiénus avait battu les Trévires. Leurs chefs étaient dans ses mains, ainsi que l'Éduen Sure, le seul de sa nation qui fût resté en armes contre les Romains. Tous les peuples de la Gaule étaient vaincus et *pacifiés*.

César voulut visiter l'Aquitaine, où il n'était jamais allé lui-même. Il partit avec deux légions et reçut la soumission de toutes les cités, qui lui envoyèrent des députés et lui remirent des otages. Enfin, lorsqu'il vint établir son quartier d'hiver à Némétocène (Arras), il apprit que le dernier et le plus indomptable des chefs insurgés, Comm l'Atrebate, avait mis bas les armes.

Comm s'était fixé en Germanie, car il n'avait plus de patrie en Gaule; mais il n'avait pu se résigner à l'exil et était revenu parmi ses anciens sujets pour les soulever encore contre les Romains. Banni par eux, il erra de forêt en forêt, avec une troupe de cavaliers. Cette poignée d'*outlaws* se trouvait partout à la fois, infestant les chemins, et souvent enlevant des convois pour l'approvisionnement des quartiers.

Marc-Antoine, questeur de César, voulut se défaire à tout prix de Comm l'Atrebate : il envoya à sa chasse un de ses officiers, Volusénus, qui déjà l'avait blessé dans un guet-apens. Longtemps il le poursuivit de forêt en forêt, de plage en plage, l'épiant, l'attaquant, tour à tour battant et battu. Comm tenait prêts quelques navires sur la côte des Morins, afin de passer en Bretagne s'il ne lui restait plus de ressources. Un combat malheureux l'obligea d'y recourir; le vent était favorable, mais la mer était basse et les navires gisaient à sec sur le rivage. C'en était fait si Volusénus approchait. Comm ordonna à ses cavaliers de hisser les voiles au haut des mâts. Les Romains, les voyant de loin déployées, gonflées par le vent, crurent l'Atrebate en mer et retournèrent sur leurs pas.

Comm recommença le duel avec plus d'acharnement que jamais : il voulait se venger de sa blessure et de la perfidie de son ennemi. Un jour qu'après une action fort vive il se retirait avec ses cavaliers, il aperçoit le Romain qui le suivait presque seul : il fait volte-face, et, s'élançant sur son ennemi tête baissée, lui perce la cuisse de part en part.

Sa vengeance était satisfaite; il envoie dire à Marc-Antoine qu'il s'engageait à vivre où l'on voudrait, à faire ce qu'on lui ordonnerait, et à donner pour sûreté des otages; qu'il ne demandait qu'une condition, de ne paraître devant aucun Romain.

Antoine, pressé d'en finir, accueillit la demande.

La Gaule déposait les armes, épuisée de sang pour combattre et de chefs pour la conduire.

« Qu'on se représente, dit un historien ancien, Paul Orose, un malade pâle, décharné, défiguré par une longue fièvre brûlante qui a tari son sang et abattu ses forces pour ne lui laisser qu'une soif importune sans le pouvoir de la satisfaire : voilà l'image de la Gaule épuisée et domptée par César, d'autant plus altérée de la soif ardente de sa liberté perdue que la liberté semble lui échapper pour jamais. De là ses tentatives aussi fréquentes qu'inutiles et hasardées pour sortir de la servitude; de là de plus grands efforts de son vainqueur irrité pour lui rendre le joug plus pesant; de là l'accroissement du mal, la diminution et la perte enfin de l'espérance même. Ainsi, préférant son malheureux sort au danger de remèdes incertains, et n'osant plus entreprendre de se relever de peur de tomber dans des calamités plus profondes, la Gaule demeurait sans chaleur, sans mouvement, accablée, mais non tranquille. »

Plutarque résume ainsi les exploits de César dans les Gaules :

« Durant neuf années de guerre, il prit de force plus de huit cents villes, subjugua plus de trois cents nations, et combattit, à diverses fois, contre trois millions d'hommes, dont un million périt sur le champ de bataille et un million fut fait prisonnier. »

Depuis neuf années que César faisait la guerre dans les Gaules, il n'avait que trop justifié le cri de son ambition personnelle en passant les Alpes. Il avait marché à son but lentement, mais sûrement, et il était maintenant irrésistible. Son armée était plus à lui qu'à la république. Mais il avait en main un ressort plus puissant encore que l'enthousiasme et la fidélité de ses légions : l'argent.

« Son séjour en Gaule n'avait été qu'un long brigandage, dit M. Amédée Thierry dans son *Histoire des Gaulois*. Terres alliées ou ennemies, lieux sacrés ou profanes, trésors privés ou publics, il dépouillait tout. Les richesses qu'il amassa furent immenses. Avec le produit de ses rapines, non-seulement il entretenait son armée et levait de nouvelles troupes, payait les dettes énormes qu'il avait contractées autrefois en Italie, enrichissait ses officiers, fournissait par ses gratifications à leurs débauches et à celles de ses soldats, mais l'or de la Gaule coulait avec non moins de prodigalité à Rome dans le sénat et dans les comices. C'était surtout auprès de César, quand il allait tenir sa cour à Lucques et à Pise, pendant les repos de la guerre, que se déployait avec tous ses scandales la vénalité des consciences romaines. Des consuls, des tribuns du peuple, des sénateurs accouraient se marchander et se vendre. La neutralité du consul Paulus coûta à l'ambitieux proconsul plus de huit millions de notre monnaie, et la connivence du tribun Curion lui en coûta plus de douze. »

On peut dire que César avait conquis la Gaule avec

le fer des Romains, et Rome avec l'or des Gaulois.

La Gaule conquise, César ne voulut point achever la ruine de la Gaule. Il n'oublia rien de ce qui pouvait guérir les malheurs de la guerre. Son administration fut aussi douce que sa conquête avait été violente. Point de confiscations qui livrassent des terres à ses soldats; aucune colonie, même militaire, ne fût établie; les peuples conservèrent leur territoire, leurs villes, la forme essentielle de leur gouvernement. Point de lourd tribut, seulement celui que la province avait consenti elle-même à payer pendant la guerre. Encore les exemptions étaient-elles nombreuses pour les alliés et les villes qui avaient su mériter ce privilége et surtout pour les nobles Gaulois qui devaient former dans chaque cité une faction dévouée et comme un peuple de clients. D'autres villes furent reçues sous le patronage de César; quelques-unes, entre autres Bibracte, prirent son nom. Il évita, avec une connaissance parfaite du caractère de ces peuples, ce qui pouvait blesser des hommes irritables et fiers ; il ne toucha point à leurs monuments nationaux, il respecta même les trophées qui lui rappelaient ses revers. Les Arvernes avaient déposé dans un de leurs temples l'épée que César avait perdue dans sa grande bataille en Séquanie contre Vercingétorix ; il la reconnut un jour, et se mit à sourire, disant à ses officiers, qui voulaient l'enlever : « Laissez-la, elle est sacrée. »

Avec une politique qu'on ne saurait trop faire remarquer, il poursuivit un double but : donner sa conquête pour auxiliaire à sa fortune, et par ses ménagements, par les faveurs dont il comblait les Gaulois, étouffer en eux le patriotisme.

Dans l'intérêt de son ambition personnelle, il se servit de l'esprit militaire et aventureux des Gaulois. Il organisa de ses deniers une légion composée uniquement de vétérans transalpins qui s'étaient distingués durant la guerre de l'indépendance, et la nomma la légion de l'Alouette, parce que les soldats en portaient la représentation sur leurs casques. « Sous cet emblème de la vigilance matinale et de la vive gaieté, dit un historien, ces intrépides soldats passèrent les Alpes en chantant, et jusqu'à Pharsale poursuivirent de leurs bruyants défis les légions taciturnes de Pompée. »

Il enrôla, à titre d'alliés et d'auxiliaires, des corps choisis dans les différentes armes où la Gaule excellait, des archers ruthènes, des fantassins légers de l'Aquitaine et de l'Arvernie, de l'infanterie pesante de la Belgique, et ces hardis cavaliers, dont trente suffisaient pour mettre en fuite deux mille Numides, dont quatre cents paraissaient à Cléopâtre et à Hérode valoir une armée.

César s'armait ainsi contre ses rivaux de l'élite des troupes gauloises, il se procurait des soldats et des otages, il épuisait la Gaule pour la contenir.

Pendant que les Gaulois combattaient pour son empire en Grèce, en Afrique, en Espagne, leurs pères, leurs frères labouraient, trafiquaient avec cette ardeur pour les travaux de la paix qui éclate toujours au sortir des longues guerres. « Cette Gaule, disait Marc-Antoine, qui nous envoyait les Ambrons et les Cimbres, elle est soumise maintenant et aussi bien cultivée dans toutes ses parties que l'Italie même! Ses fleuves se couvrent de navires, non-seulement le Rhône et la Saône, mais la Meuse, mais la Loire, mais le Rhin lui-même et l'Océan. »

César associait sa conquête à son ambition : aux hommes les plus influents de la Gaule il ouvrait les portes du sénat, aux familles nobles et riches il faisait espérer le droit de cité romaine et de plus hautes faveurs encore, si la fortune lui permettait un jour d'en disposer à son gré. Il se créait dans ses ennemis de la veille des instruments intéressés pour l'oppression de leur patrie. C'est ainsi que, pour la rattacher plus étroitement à lui, il fit de la Gaule qu'il avait conquise une seconde province, sous le nom de Gaule chevelue, la distinguant de la province narbonnaise, qui lui était suspecte comme pompéienne.

Ce qu'on rapporte de l'ardeur des soldats de César, de cette soif de péril, de ce dévouement à la vie et à la mort, de cette valeur furieuse, caractérise dans l'homme de guerre le maître consommé des brigues romaines.

« César, dit Plutarque, a toujours trouvé tant d'affection et tant de bonne volonté dans ses soldats, que ceux qui, sous les autres chefs, ne différaient en rien des autres hommes, devenaient invincibles quand il s'agissait de la gloire de César, et couraient tête baissée aux plus grands périls avec une fureur dont rien ne pouvait ni arrêter ni soutenir le choc. Je n'en rapporterai que trois ou quatre exemples :

» Acilius, dans le combat naval qui fut donné près de Marseille, s'étant jeté dans une galère ennemie, eut d'abord la main droite abattue d'un coup d'épée ; mais, avec le bouclier qu'il tenait de la gauche, il poussa toujours sa pointe, et, donnant dans le visage des ennemis, il les renversa tous et se rendit maître de la galère.

» Le centurion Cassius Scéva, au combat de Dyrrachium contre Pompée, ayant eu un œil crevé d'un trait, l'épaule percée d'un javelot et la cuisse traversée d'un autre, ayant reçu sur son bouclier cent trente coups, appela les ennemis comme pour se rendre, et, deux s'étant approchés, il abattit l'épaule de l'un d'un grand coup d'épée, puis, ayant blessé l'autre au visage, il lui fit tourner le dos, et à la fin encore il se sauva, ses compagnons étant accourus à son secours.

» Dans la Grande-Bretagne, les chefs de file s'étant engagés dans un lieu marécageux et plein d'eau, et y étant fort pressés par les barbares, un soldat de César, à la vue de ce général qui était spectateur du combat, se jeta au milieu des ennemis et fit de si grands efforts et tant d'actions d'une valeur éclatante qu'il les obligea à prendre la fuite et sauva ses officiers. Ensuite, passant le marais après tous les autres, avec des peines infinies, au travers de cette eau bourbeuse, partie à la nage, partie à pied, il gagna l'autre rive, mais sans son bouclier. César, plein d'admiration pour son grand courage, courut à lui avec de grands cris de joie et de grandes louanges pour l'accueillir et le caresser. Mais lui, tout morne, la tête baissée et le visage couvert de larmes, se jeta à ses pieds et lui demanda pardon de ce qu'il n'avait pas conservé son bouclier.

» Or, ce grand courage et cette grande ambition de bien faire, c'était César qui les faisait naître et qui les nourrissait en eux par de grandes récompenses et par les grands honneurs dont il les comblait sans aucun ménagement, faisant voir que les richesses qu'il amassait dans toutes les guerres, il ne les gardait ni pour satisfaire son luxe ni pour vivre dans les plaisirs, mais qu'elles étaient chez lui comme des prix en réserve pour la valeur, et qu'il ne se trouvait riche qu'autant qu'il était en état de récompenser ceux de ses soldats qui s'en rendaient dignes ; et ce qui contribuait encore à produire ce bon effet, c'est qu'il s'exposait le premier aux plus grands périls et qu'il ne s'exemptait d'aucun des travaux de la guerre.

» Il est vrai que, pour le mépris des dangers, on n'en était point étonné, à cause de cet ardent désir de gloire dont il était enflammé ; mais pour sa patience dans les travaux, comme elle était beaucoup plus grande que ses forces ne le permettaient, il n'y avait personne qui n'en fût surpris, car il était d'un tempérament très-faible, grêle de corps, d'une chair blanche et molle, souvent travaillé de grands maux de tête et sujet à l'épilepsie, dont il sentit les premières atteintes à Corduba, en Espagne. Cependant il ne tira point de ces indispositions un prétexte de s'efféminer et de vivre dans la mollesse. Au contraire, il chercha dans la guerre un remède à ses indispositions, en les combattant par de longues et fréquentes marches, par un régime simple et frugal, et par des gîtes à l'air, en rase campagne, et en endurcissant ainsi son corps à toutes les fatigues sans l'épargner.

» Quand il se reposait, c'était ordinairement chemin faisant, ou dans un chariot, ou dans une litière, mettant ainsi son repos à profit et le réduisant en action. Le jour, il allait visiter les châteaux, les villes, les camps fortifiés, ayant à côté de lui, dans son chariot, un des secrétaires qu'il entretenait pour faire écrire sous sa dictée en voyageant, et derrière lui un soldat qui portait son épée, et dans cet équipage il faisait une si grande diligence que la première fois qu'il sortit de Rome avec une charge publique, il arriva sur les bords du Rhône le huitième jour.

» Il était très-bon homme de cheval, et cet exercice lui était très-aisé par l'habitude, car il était accoutumé à pousser les chevaux à toute bride en tenant ses mains entrelacées derrière son dos ; et, dans cette expédition des Gaules, il s'accoutuma à dicter les lettres en marchant à cheval, et il fournissait en même temps à deux secrétaires, et à un plus grand nombre encore, selon Oppius. On prétend aussi que César fut le premier qui imagina de communiquer par lettres avec ses amis, ou dans son camp, ou à la ville, lorsque la nécessité des affaires le demandait et que le temps ne lui permettait pas de s'entretenir avec eux de bouche, à cause du nombre infini de ses occupations et de la vaste étendue du camp ou de la ville.

» Un jour, dans un voyage, il survint une si grande tempête, qu'il fut obligé de se retirer dans la chaumière d'un pauvre homme, où, n'ayant trouvé qu'une petite chambre qui suffisait à peine pour un homme seul, il dit à ses amis : « Les lieux les plus honorables, il faut les céder » aux plus grands, et les plus nécessaires aux plus ma- » lades. » Et il laissa la chambre à Oppius, qui était incommodé, et voulut qu'il y couchât pendant que lui et ses amis coucheraient sous un auvent que formait le toit. »

Mais c'est de l'homme surtout que la postérité cherche les traces, à cette distance où elle est aujourd'hui des événements. Elle cherche comment du fond des Gaules, de la Germanie, de la Bretagne, César était plus présent à Rome que dans Rome même.

L'histoire, à cet égard, est pleine de renseignements. D'abord César avait, comme on l'a vu, laissé trois partis dans Rome, également intéressés, l'un à le tenir longtemps éloigné en lui prodiguant toutes les lois, tous les pouvoirs, toutes les légions, tous les subsides qui pouvaient assouvir son autorité presque royale dans les Gaules, c'était celui de Pompée ; l'autre, à le rappeler sans cesse par des éloges, des comparaisons, des regrets, à la mémoire des Romains, afin de miner le sénat et la majesté importune de Pompée, c'était celui de Clodius et des démagogues ; le troisième, enfin, celui de Cicéron et des hommes de paix qui redoutaient au fond César comme le plus dangereux des tribuns, mais qui, à cause de cette crainte même, l'exaltaient jusqu'à l'hyperbole et s'efforçaient de l'endormir dans sa vanité de conquérant, de peur de faire éclater entre lui et le grand Pompée une rivalité et des chocs qui auraient troublé leur quiétude. Si l'on ajoute à la combinaison de ces trois partis le retentissement lointain et perpétuel de ces exploits et de ces conquêtes qui venaient flatter périodiquement l'oreille de Rome, et enfin la nuée d'orateurs et de nouvellistes salariés par César et dont il avait fait, comme les ambitieux de nos jours font des journaux, les porte-voix de son nom, on comprendra que Rome et l'Italie, pendant ces neuf années, ne fut qu'un immense écho, et que César jetait sans cesse d'au delà des Alpes le mot qu'il voulait faire répéter aux Romains.

Il y a de plus, en temps de faction, une popularité dans l'absence. Les peuples froissés par les gouvernements rapprochés d'eux cherchent leur consolation ou leur espérance au loin dans un homme imaginaire à qui ils n'imputent rien de ce qu'ils souffrent, à qui ils supposent toutes les perfections qu'ils rêvent; et si cet homme imaginaire est en même temps un homme réel, un héros qui couvre de gloire sa patrie et dont on attribue l'éloignement à l'envie, l'absence de cet homme devient sa principale force, et le regret qu'on a de lui devient la passion fanatique de l'imagination de la multitude. C'est ce que nous avons vu de nos jours, quand Bonaparte s'était relégué habilement en Égypte, quand l'Europe le reléguait à l'île d'Elbe, et enfin quand la captivité et la mort le reléguèrent à Sainte-Hélène. C'est ce qui entretenait, pendant les guerres fabuleuses des Gaules, la mémoire et l'imagination des Romains du prestige toujours grandissant de César.

Il semblait, avec un art profond, s'étudier à irriter la passion publique en sa faveur, tantôt en se rapprochant de Rome autant que les lois le permettaient à un général d'armée à qui il était défendu de dépasser les limites de sa province, tantôt en s'éloignant tout à coup comme pour tromper le désir qu'il avait allumé et emporter à l'extrémité des Gaules le regret du peuple. Jamais courtisane d'Athènes ou de Rome n'employa plus d'artifice pour l'amour que César pour l'ambition.

Aussi la voix de l'enthousiasme était unanime. Cicéron, le premier des orateurs et des écrivains politiques, se laissait prendre à ces piéges. César entretenait avec lui, comme avec les hommes principaux de Rome, un commerce assidu de lettres qui faisait croire à chacun qu'il avait en lui le plus tendre et le plus confiant des amis. Il avait emmené avec lui le frère de Cicéron, Quintus, et il lui conférait les charges les plus lucratives pour que l'intérêt de Quintus retînt le grand Cicéron dans les intérêts de César. Toute la jeunesse militaire de Rome, appelée par ses faveurs autour de lui, se glorifiait de servir sous César et le préférait ouvertement à la patrie. Les trésors et les dépouilles de la Gaule, rançon des villes et pillage des temples, lui servaient à corrompre tantôt le peuple entier de l'Italie par des libéralités, tantôt les endettés de Rome par les millions qu'il payait pour eux à leurs créanciers. Après avoir été par politique le débiteur de tout le monde, il était devenu le créancier complaisant de tous les jeunes dissipateurs de Rome. La bourse de César était la source intarissable où le tribun Curion, le consul même Paulus, puisaient leur or. Il éblouit le peuple romain de ses dons ; il prête aux sénateurs sans intérêt ; il achète de ses deniers, pour en faire présent à la ville, un terrain pour un nouveau Forum qui lui coûte soixante millions de sesterces ; il fait construire au Champ de Mars un portique couvert, pour les comices, d'un mille d'étendue ; il élève des palais aux colonnes de marbre pour les réunions des citoyens, il envoie des armées de gladiateurs pour les cirques ; il fait présent de milliers d'esclaves aux rois alliés de la république ; il donne asile dans sa province à tous les banqueroutiers et à tous les hommes flétris par des condamnations infamantes ; il appelle à la suite de ses camps tous les aventuriers, sangsues des pays conquis, pour les engraisser de ses rapines. On ne sait si son armée est notée de plus de gloire par ses exploits ou de plus d'infamie par ses mœurs. « Les soldats de César, dit-il complaisamment, peuvent vaincre, quoique assouvis de débauche et de luxe ! »

Il protége ou asservit à son gré les nations ; sans attendre les ordres du sénat, il prend la dictature insolente de la guerre, il enrôle jusqu'à des légions de Gaulois, il triple le nombre des siennes, il leur distribue le blé gratuitement et double leur solde sans consulter Rome ; il fonde des colonies dans la Gaule cisalpine, entre Turin et Milan, et il y appelle tous les hommes suspects de complicité avec Catilina, comme pour se préparer une nation à lui contre la nation légale ; il y laisse fermenter à dessein les doctrines les plus subversives de la vieille constitution de Rome ; à Rome même il soutient de son crédit, contre les honnêtes gens et contre Cicéron lui-même, la bande révolutionnaire de Clodius ; il lui permet de proscrire Cicéron et de brûler les maisons des prétendus ennemis du peuple. Tous les forfaits de Clodius le font sourire d'une perverse indulgence. En vain Cicéron l'élève au-dessus des proportions humaines dans ses écrits : « Les Alpes peuvent tomber, dit-il dans son livre sur les *Provinces consulaires* ; depuis les victoires de César, ce rempart est inutile à l'Italie ! »

Enfin les Ptolémées, ces rois opulents, mais tributaires, d'Égypte, lui payent des millions sans distinguer entre le trésor particulier de César et le trésor de la république. Tout ce qu'il reçoit en concussions, il le reverse à Rome en corruptions. Il achète la république avant de l'enchaîner.

Chaque année, pendant les quartiers d'hiver de ses troupes au delà des Alpes, il s'approche de Rome pour y recevoir la visite du peuple romain. Les magistrats, les sénateurs en masse, les tribuns, les consuls, Pompée lui-même, viennent lui former à Lucques une cour d'adulateurs ou de clients. Rome, pendant ces résidences de César en Toscane, n'est plus à Rome, elle est à Lucques : c'est là qu'il confère avec Pompée, qu'il conspire avec Clodius, qu'il consulte avec ses amis quels consuls et quels tribuns il convient de nommer pour l'année. Ses avis sont des lois ; les grands et le peuple obéissent, dans le sénat et dans les comices, à ses convenances. Pendant neuf ans il est, par ses chefs de brigue et de l'aveu du peuple romain, le grand électeur de Rome.

Quand le peuple, le sénat, la ville et les provinces furent bien façonnés à ce joug suspendu de loin pendant huit années sur la république, César, toujours d'intelligence avec Clodius dans Rome, toléra ou fomenta des agitations, des tumultes et des fureurs populaires de ce tribun, qui indignèrent les hommes de bien et qui firent sentir la mollesse du gouvernement de Pompée. Il faut lire dans Cicéron le récit des attentats de ce favori avoué du peuple, favori secret aussi de César. Clodius, qui avait chassé Cicéron de Rome et démoli ses maisons, s'opposait à ce que le grand orateur, rappelé par le sénat et par le peuple, reconstruisît sa maison dans Rome.

« Le 3 de novembre, les gens de Clodius vinrent les armes à la main chasser les ouvriers qui travaillaient à ma maison. Ils abattirent le portique de Catulus, que les consuls faisaient relever par l'ordre du sénat et qui était presque achevé. S'étant ensuite postés dans la place où était ma maison, ils jetèrent des pierres contre celle de mon frère et y mirent le feu. Une telle violence, commise en plein jour, aux yeux de toute la ville, fit gémir, je ne dirai pas tous les gens de bien, car je n'ose assurer qu'il s'en trouve encore, mais tout le monde généralement. Clodius soutint ensuite par d'autres emportements cette première fureur ; il n'y avait plus que le sang de ses ennemis qui pût l'assouvir. Il courait de quartier en quartier, et, pour grossir son parti, il promettait aux esclaves la liberté. Il voyait qu'il pourrait dorénavant tuer en public tous ceux qu'il lui plairait d'immoler.

» Sur cette assurance, comme je passais, le onzième

de novembre, par la Voie Sacrée, il me poursuivit avec ses gens. Nous entendons tout d'un coup un grand bruit, nous voyons des pierres en l'air, des bâtons levés, des épées nues. Nous nous sauvâmes dans le vestibule de Tertius Damion ; les gens qui m'accompagnaient empêchèrent aisément ceux de Clodius de me forcer ; il ne tint qu'à moi de le faire tuer lui-même, mais je commence à être las des remèdes violents, et je veux en essayer de plus doux. Ce séditieux, voyant que tout le peuple, également animé contre lui, demandait, non plus qu'on lui fît son procès, mais qu'on le menât au supplice, rappela toutes les horreurs des Catilina et des Acilius. Le douzième de novembre, il se mit à la tête d'une troupe de gens armés de boucliers qui vinrent l'épée à la main attaquer la maison que Milon a sur le mont Germanicus ; d'autres tenaient des flambeaux pour y mettre le feu ; il se posta dans la maison de Sylla pour faire cette attaque. Flaccus sortit tout à coup de celle que Milon a eue de la succession d'Annius avec des hommes hardis et vigoureux qui repoussèrent cette troupe de brigands et tuèrent les plus signalés. On chercha Clodius, et on ne l'aurait pas épargné, mais il se cacha dans l'endroit le plus reculé de la maison. »

Cependant Pompée détournait les yeux de ces tumultes, et César refusait de soutenir Cicéron contre l'agitateur de Rome, de peur de diminuer sa propre popularité dans la lie des démagogues de Clodius. Il fallut qu'un citoyen intrépide, mais isolé, Milon, adversaire personnel de Clodius, se chargeât seul de la vengeance publique en tuant Clodius qui cherchait à le tuer. Et on va voir que ce généreux vengeur de Rome, quoique défendu par Cicéron, fut puni par Rome et abandonné par César.

Au Champ de Mars, Métellus fait au peuple des harangues séditieuses ; celles d'Appius le sont encore davantage, et celles de Clodius se ressentent de toute sa fureur. Les consuls sont insultés et poursuivis par lui sur le Champ de Mars. L'excès de ses violences et le courage de Milon relèvent l'esprit public contre lui.

« Le 21, il y eut une foire, et le peuple ne s'assembla point ce jour-là ni le suivant. Aujourd'hui 23 que j'écris cette lettre, à trois heures du matin, Milon s'est déjà posté dans le Champ de Mars. On m'est venu dire qu'il n'y a dans le vestibule de Clodius que quelques malheureux avec une méchante lanterne. Les gens de sa faction disent partout que Milon ne fait que ce que je lui fais faire. Ils devraient savoir que ce héros ne prend conseil que de lui-même, et qu'il est aussi capable d'entreprendre que d'exécuter. Sa valeur est inconcevable ; il fait tous les jours des actions merveilleuses. Mais, sans m'arrêter à ce détail, je vous dirai seulement qu'il n'y a pas d'apparence qu'on fasse l'élection des édiles ; que Clodius sera sans doute mis en justice par Milon, à moins qu'il ne soit tué auparavant, et qu'il pourra bien l'être par le même Milon s'il se rencontre quelque part sur sa route. C'est une affaire résolue ; il se charge de l'exécution et n'en craint pas les suites. Mon exemple ne l'étonne point. Ce qui le rassure, c'est qu'il n'eut jamais d'amis jaloux et perfides, et qu'il n'a garde de se reposer, comme moi, sur un faible protecteur. »

Les honnêtes gens attristés, dont Cicéron était la gloire et dont Caton était la vertu, commençaient à prévoir que de tels excès, commis à Rome en dépit de Pompée et avec la connivence muette de César, amèneraient bientôt un déchirement d'alliance entre ces deux hommes, et qu'il faudrait suivre l'un ou l'autre pour ne pas périr écrasé entre les deux.

« Hélas ! écrit le protégé de Pompée et l'ami de César, depuis que la république est dans un état si déplorable, les amusements et les plaisirs de la vie n'ont plus rien de piquant pour moi, et je ne trouve de ressource que dans mes livres. J'aime mieux être assis dans votre bibliothèque, sur ce petit banc qui est au-dessous de l'image d'Aristote, que dans leurs chaises curules, et me promener avec vous que de marcher avec celui que je vois bien qu'il faudra suivre ; mais remettons-nous-en au sort et aux dieux, s'il en est en effet qui se mêlent des choses d'ici-bas !... Tout est brigue ici : la faction de César porte Memnius pour consul ; cela ne plaît point à Pompée, qui s'indigne et se plaint tout haut ; il s'est déclaré pour Scaurus. Ces troubles ne peuvent aboutir qu'à un interrègne ; on pourrait bien nommer un dictateur. »

Ce mot faisait à la fois méditer César et Pompée.

« Considérez dans de telles circonstances combien il est heureux pour moi d'avoir une si gracieuse bienveillance de César ! Quelle heureuse planche dans le naufrage ! Comme il traite mon frère ! comme il le comble de prévenances, de dignités, d'honneurs ! César vient de lui laisser choisir entre tous les quartiers d'hiver la résidence le plus à sa convenance pour la légion qu'il commande ! Et on n'aimerait pas un tel homme de préférence à tous ceux-ci ? »

Les Romains, en effet, en étaient venus à cet excès de désordre où l'on n'a plus qu'à implorer un maître pour relever la liberté s'il est honnête, pour asservir la patrie s'il n'est qu'ambitieux. Milon venait d'armer populace contre populace, d'arracher Clodius de sa litière sur le chemin de Tibur, et de le tuer dans une rixe, à défaut de justice, pour venger les bons citoyens de ces incendiaires de sa patrie. Le meurtre accidentel ou prémédité de Clodius fit jeter à la multitude de Rome le même cri que la multitude de Paris jeta au meurtre de Marat par Charlotte Corday. Clodius était, en effet, le Marat de Rome. La honte de César fut d'avoir protégé si longtemps et jusqu'à sa mort un pareil scélérat. César ami de Clodius ! Ces deux noms associés par l'histoire des agitations de Rome dévoilent assez toute la part de César dans les calamités intestines qui devaient lui asservir sa patrie.

Julie, fille de César et femme de Pompée, avait été jusque-là, malgré la rivalité politique, le nœud de l'alliance entre ces deux hommes. Leur empire, en se confondant par cette parenté si rapprochée du cœur, était un empire de famille. La mort précoce de Julie relâcha ce lien ; la compétition du pouvoir suprême fit le reste.

César briguait un second consulat ; les lois interdisaient à un général gouverneur d'une province romaine de venir à Rome briguer les honneurs. Pompée, consul avant son refroidissement pour César, avait fait lui-même révoquer cette interdiction en faveur de César. Une loi spéciale, inscrite sur l'airain au Capitole, avait autorisé le vainqueur des Gaules à briguer le consulat sans venir à Rome. César annonçait hautement l'intention de profiter de cette loi pour déclarer sa candidature. César consul était en ce moment, pour le sénat et pour les amis de Pompée, César dictateur. Pompée et le sénat, craignant trop tard de subir la présence et l'autorité de l'homme qu'ils avaient si démesurément grandi, firent révoquer cette loi de faveur dont ils sentaient maintenant l'imprudence, et s'opposèrent légalement ainsi à la candidature de César. L'hostilité secrète se dérobe encore sous l'apparence d'un scrupule de légalité. Crassus, le troisième membre du triumvirat formé entre lui, Pompée et César, avant la guerre des Gaules, maintenait, par son intervention, un certain équilibre. Crassus meurt et ne laisse plus en présence que deux rivaux sans autre intermédiaire que l'ambition qui les dévore et la république qu'ils convoitent. Pendant quelques mois de négociation, l'empire paraît devoir appartenir au plus habile ; il sera bientôt au plus audacieux.

La conduite de César, pendant cette compétition au consulat que Pompée lui dénie, est le chef-d'œuvre de l'habileté humaine. Avant de subjuguer la république, il faut ranger de son côté l'opinion, sans laquelle la victoire même est odieuse. L'obstination inhabile et tracassière de Pompée aigrit les esprits, se refuse aux accommodements, met l'apparence du droit et du grief du côté de César. Pompée a toutes les raisons, et il paraît avoir tous les torts ; il défend la république, et il semble défendre uniquement son propre orgueil ; pour comble d'inconséquence, il assume la guerre civile, et il ne prépare rien pour la soutenir. Après avoir mérité le nom de grand par ses exploits, il mérite maintenant de le perdre par ses fautes ; il ne sait ni se soumettre avec dignité à un plus heureux que lui, ni accepter un égal, ni combattre un compétiteur. Le vertige de sa longue fortune semble l'avoir saisi ; il n'y a plus de lois à Rome que lui-même, et il croit que le fantôme de ces lois évanouies suffira pour arrêter César.

Ces temporisations habiles de César se prolongent pendant deux années entières ; il affecte une modération de désirs, et une déférence envers le sénat qui contrastent avec la toute-puissance d'armes et d'opinion dont il est investi. Le parti de Pompée et le sénat s'y trompent ; ils prennent la lenteur pour hésitation et la déférence affectée pour scrupule. Plus César est humble, plus ils deviennent inflexibles ; Caton lui-même devient provocant et jure par les dieux que, si César ose entrer dans Rome, il portera contre lui une accusation capitale.

Ces défis se brisent contre la longanimité paternelle de César ; il semble n'avoir besoin ni des armes, ni de l'autorité de son titre, ni de ses provinces, ni de ses légions, pour entrer dans Rome. Sûr que sa force est toute dans son nom, il se désarme en face de ses ennemis et de son rival ; il souffre sans représailles que le consul Marcellus, dévoué à Pompée, propose au sénat de le révoquer de son gouvernement et de son commandement dans les

Gaules ; il subit même les outrages que les consuls font à ses clients de la Lombardie en fouettant comme esclaves des citoyens élevés par lui dans la basse Italie au droit de bourgeoisie. Il obéit au sénat qui lui enlève deux de ses légions pour les donner à Pompée, sûr qu'un décret ne donnera pas à son ennemi le cœur de ses troupes ; il offre même de licencier le plus grand nombre de ses soldats et de se démettre du gouvernement des Gaules, pourvu que Pompée abdique celui de l'Espagne. Il se contente du gouvernement subalterne de l'Illyrie et d'une seule légion, six mille hommes, pour y maintenir la police romaine.

Rien ne fléchit le parti patricien, qui, comme tous les vieux partis, prend sa confiance en lui-même pour de la force. César est sommé d'abandonner son armée et de venir rendre compte de sa conduite à Rome, sous peine d'être déclaré rebelle aux lois et ennemi public. La défense de la république et le commandement général de toutes les armées de l'Italie sont remis à Pompée ; le sénat s'exalte, le peuple murmure, les tribuns du peuple, partie intégrante et légale aussi de la constitution, protestent, sont menacés par l'insolence des patriciens, se déguisent en esclaves, sortent de Rome et portent au camp de César, à Ravenne, une apparence ou un prétexte de légalité à la révolte.

Les tribuns, arrivés au camp de César, dépouillent leurs habits d'esclaves sur la tribune aux harangues, devant les soldats, et attestent la violation des droits du peuple en leur personne. Ils se placent sous la protection de l'armée, et conjurent César de marcher sur Rome pour y venger à la fois ses propres outrages et les outrages du peuple romain. César paraît indécis et consterné ; son hésitation simulée accroît l'amour et l'enthousiasme des soldats ; les tribuns déplorent sa timidité, mortelle à la patrie ; ils quittent Ravenne ; ils vont dans les différents quartiers de la Gaule cisalpine et de la Gaule transalpine répéter les mêmes harangues, les mêmes invocations et les mêmes larmes devant les soldats de César. On voit avec quel art l'homme qui méditait depuis tant d'années le renversement de toutes les lois, à l'abri des lois, pousse par sa seule attitude ses ennemis eux-mêmes à les violer contre lui, et fait servir les organes du peuple lui-même à invoquer les armes contre le peuple!

Pendant cette agitation des tribuns dans les camps déjà dispersés de César, Rome attend dans l'anxiété la réconciliation ou la guerre entre les deux rivaux. On espérait encore la réconciliation de la prudence de Pompée et de la longanimité de César.

Cicéron, dans son inappréciable correspondance, éprouve et décrit, dans les transes de son propre esprit, toutes les transes par lesquelles Rome et l'Italie passent en peu de jours entre ces deux ennemis qui se mesurent avant de se frapper. L'histoire vivante et palpitante de cette dernière crise de la liberté romaine est tout entière dans les lettres de Cicéron. Bon citoyen, homme vertueux, attaché à la république, sans partager ni les illusions des patriciens ni les turbulences des plébéiens, client de Pompée, caressé de César et son obligé, admirateur de Caton, égal à tous par l'intelligence, ne prévoyant que des calamités du choc qui menaçait l'Italie, trop honnête pour abandonner Pompée, trop faible pour résister à César, il éprouvait, dans l'agonie de son caractère, l'agonie de la république.

Laissons-le parler :

« C'est aujourd'hui le 15 octobre ; César, dites-vous, doit faire entrer demain quatre légions dans Plaisance pour menacer de plus près. Qu'allons-nous devenir? J'ai envie de me renfermer dans la citadelle d'Athènes!... Nous sommes, je le sens, à la veille d'une guerre civile plus funeste que la guerre des Parthes, à moins que le même Dieu qui a sauvé la république de ses ennemis barbares ne la sauve miraculeusement encore de ses propres fureurs!... Ces craintes et ces calamités sont communes à tous; mais ce qui m'est personnel dans ces conjonctures, c'est que je suis lié à la fois avec Pompée et avec César, à l'un par ma reconnaissance pour les services qu'il m'a rendus, à l'autre par l'immense popularité dont il jouit... Je comptais et je devais ne jamais avoir à prendre parti pour l'un des deux contre l'autre, tant ils paraissaient unis jusqu'à ces derniers temps; et les voilà acharnés à se détruire l'un l'autre! Ils comptent tous les deux sur moi, ou du moins César feint de ne pas douter de mon amitié. Quant à Pompée, il croit sincèrement que sa cause est la mienne, parce qu'elle est en réalité celle de la république. Je reçois des lettres de l'un et de l'autre pleines d'affection et de confiance; comment me conduire? Je ne demande pas cela pour le cas où la guerre aurait déjà éclaté et où l'on en appellerait aux armes pour vider leur rivalité; car, en ce cas, je n'hésite pas à reconnaître qu'il faudrait faire son devoir, et qu'il vaudrait mieux mille fois être vaincu avec Pompée que vaincre avec César. Le plus sage est peut-être de ne pas entrer dans Rome et de solliciter le *triomphe* pour mes campgnes en Asie Mineure, afin d'avoir un prétexte pour n'être pas présent aux délibérations du sénat. »

Cependant Cicéron se rapproche de Rome, traverse l'Adriatique, et débarque à Brindes; il rôde de maison de campagne en maison de campagne autour de Rome sans y entrer. Il déplore en cris chaque jour plus déchirants les malheurs de la patrie.

« Je n'hésiterais pas à me déclarer, s'il ne s'agissait que des intérêts de la république; mais je la vois sacrifiée aujourd'hui à l'ambition de deux compétiteurs. Si l'on n'agit maintenant que pour elle, pourquoi l'a-t-on abandonnée pendant le consulat de César? Pourquoi, l'année suivante, m'a-t-on abandonné moi-même, moi dont les intérêts étaient si fort liés avec les siens? Pourquoi a-t-on fait continuer à César son gouvernement, et pourquoi par de telles voies? Pourquoi s'est-on donné tant de mouvement pour faire proposer par tous les corps des tribuns le décret qui le dispensait de venir à Rome pour demander le consulat? On l'a rendu par là si puissant, que la république n'a plus de ressources que dans un seul citoyen, qui aurait bien mieux fait de s'opposer d'abord à César que de combattre contre lui après l'avoir armé contre nous. Cependant, puisque les choses se trouvent ainsi engagées, je ne demanderai point, pour parler comme vous, où est le vaisseau des Atrides; je n'en connaîtrai point d'autre que celui de Pompée!

» Mais à présent, lorsqu'il faudra opiner dans le sénat, vous me demandez : « Que direz-vous? » Ce que je dirai, le voici en deux mots : « Je suis de l'avis de Pompée. » Je ne laisserai pas en particulier de le porter à un accommodement, car il me paraît que ce serait fort hasarder que d'en venir à une guerre civile. Vous autres qui êtes à Rome, vous en pouvez juger mieux que moi; mais il est certain que nous avons affaire à un homme aussi puissant qu'il est entreprenant et hardi. Il aura pour lui tous les gens condamnés et notés, tous ceux qui méritent de l'être, presque toute notre jeunesse, cette populace qui se plaît dans le trouble, des tribuns qui seront fort puissants, surtout si C. Cassius se joint à eux; enfin tous les gens accablés de dettes, qui sont en plus grand nombre que je ne pensais. Il ne manque à ce parti qu'une meilleure cause, tout le reste s'y rencontre. Ainsi, il n'y a rien qu'on ne doive tenter plutôt que d'en venir à la guerre; le succès en est toujours incertain, et il n'est pas même assez incertain, hélas! dans cette occasion. »

Enfin Cicéron est aux environs de Rome et il voit Pompée qui attend encore quelque composition avec César.

« En m'entretenant des affaires de la république, écrit-il, Pompée n'a pas laissé ignorer que, dans son opinion, on ne pourrait échapper à la guerre ; qu'on ne devait plus espérer d'accommodement ; que depuis quelque temps il voyait bien que César ne voulait plus le ménager, et qu'il en avait eu depuis peu une nouvelle preuve ; que Hirtius, l'ami particulier de César, était venu depuis peu de sa part à Rome sans venir chez lui ; qu'il était arrivé le sixième de décembre au soir, et que, Balbus comptant parler le lendemain de grand matin à Scipion de l'affaire qui l'avait amené, il était reparti la nuit même.

» Pompée regarde cela comme une marque certaine que César veut rompre avec lui. En un mot, la seule espérance qui me reste, c'est qu'un homme à qui ses ennemis mêmes offrent un second consulat, et que la fortune a élevé si haut, ne sera pas assez insensé pour risquer de perdre tant d'avantages ; mais, si cela ne peut l'arrêter, combien vois-je de choses à craindre que je n'ose vous écrire !... Ah ! que c'est s'y prendre tard, s'écrie-t-il ailleurs, pour combattre un homme à qui depuis dix ans nous donnons à plaisir des forces contre nous !

» Il fallait arrêter les progrès de César dans leurs commencements, ce qui était fort aisé. Maintenant il se voit à la tête de onze légions, sans compter la cavalerie, dont il aura tant qu'il voudra ; il a pour lui les villes au delà du Pô, la populace de Rome, la plus grande partie des tribuns, et toute cette jeunesse perdue de débauches ; joignez à cela l'habileté, la réputation, l'audace d'un si grand capitaine. Voilà l'ennemi auquel nous aurons affaire si nous ne lui conservons un privilége qui lui a été confirmé par une loi.

» Il faut, me direz-vous, tout hasarder plutôt que de

recevoir un maître. Oui, afin que, si nous sommes vaincus, il nous en coûte toujours la liberté ! Quel parti prendrez-vous donc? Je ferai comme les bêtes qui suivent leur troupeau : je suivrai les gens de bien ou ceux qui passent pour tels, quelque mauvais parti qu'ils puissent prendre. Mais cela ne m'empêchera pas de voir qu'étant pris si fort au dépourvu, il faut acheter la paix à quelque prix que ce soit. L'événement de la guerre est toujours incertain, mais il est bien sûr que, si César a l'avantage, il n'épargnera pas plus le sang des principaux citoyens que Cinna, et qu'il s'emparera du bien des riches avec autant d'avidité que Sylla.

» Voilà raisonner longtemps de politique, et je continuerais, si ma lampe ne s'éteignait pas!... »

César cependant semblait rester immobile et comme frappé de stupeur à Ravenne, devant le déchirement de la patrie. Il n'appelait à lui ostensiblement aucune des légions dont parle Cicéron. Il n'avait à Ravenne que les débris d'une légion et quelques cavaliers. Mais, au retour des tribuns dans son camp, il rassemble ce petit nombre de soldats, et il les harangue en citoyen consterné des malheurs de sa patrie et de la violation des lois plutôt qu'en général impatient de la servir. Il a noté lui-même le texte de sa harangue dans ses *Commentaires* : étalant devant ses soldats les « violences faites par le sénat à la majesté du peuple, l'expulsion des tribuns, l'autorité dictatoriale usurpée sur les lois sans autre prétexte que la haine et la jalousie contre lui, et conjurant, au nom de ces lois violées et de la liberté de Rome, les soldats d'aller porter secours à la république ! Ce n'est plus sa cause, c'est la cause des dieux, des lois et des hommes ! »

Les soldats, qui avaient pour garants de telles invocations à leur patriotisme la longue patience de César et la présence des tribuns, images vivantes des lois abolies, courent aux armes, entraînent leurs chefs et s'élancent d'eux-mêmes hors de la ville sur la route de Rome. César reste presque seul à Ravenne, comme s'il eût été frappé de vertige à l'aspect de la guerre civile sortant d'elle-même de son camp avec les soldats et les tribuns. Il veut garder aux yeux de l'Italie l'apparence d'un conciliateur que la guerre entraîne malgré lui à sa suite, mais qui la suit encore en la retenant. Il sait que la faveur de l'Italie est à ce prix et qu'il fera retomber ainsi sur Pompée et sur le sénat les malédictions des bons citoyens. Il affecte même de se désintéresser complétement de lui-même, de remettre à un autre la responsabilité de la guerre désormais inévitable, de disparaître de ses camps, de s'ensevelir dans sa douleur, et il dépose le commandement de l'armée des deux Gaules dans les mains d'Hortensius et de Labiénus, deux de ses lieutenants les plus considérés du sénat. Sûr des soldats et des vétérans, il ne craint pas de les confier à des chefs qui tenteraient en vain de les conduire à Pompée.

Cependant les troupes sorties sans son aveu de Ravenne s'étaient arrêtées aux limites de la Gaule cisalpine et de l'Italie romaine, sur les bords d'un petit fleuve nommé le Rubicon, et dont le nom est devenu depuis proverbial, comme celui des résolutions désespérées et criminelles après les longues hésitations de la vertu.

César avait vraisemblablement espéré que l'élan de l'indignation et de l'impétuosité aurait fait franchir à ses soldats cette limite suprême entre l'obéissance et la révolte, mais une inscription lapidaire sur le bord opposé du Rubicon avait intimidé les soldats devant le sacrilége de la patrie violée :

« *Que nul ne passe ce fleuve, limite de la république, avec des armes, des drapeaux et des soldats, sans être maudit des dieux et des hommes!* »

Sans ordre de leur général, sans aveu de leurs officiers interdits devant la sainteté des lois qui protestaient ainsi par la voix de la pierre, de la terre et de l'eau contre leur premier pas dans le crime, les troupes, éparses sur la rive gauloise du Rubicon, attendaient une impulsion des dieux ou des hommes.

César semblait protester lui-même par son absence contre leur sacrilége. Il se tenait enfermé dans sa maison de Ravenne et paraissait plongé dans un abîme d'indécision. Ce n'était pas scrupule : il n'y en a point dans l'âme des hommes qui ne croient ni à l'existence des dieux ni à la conscience humaine, pressentiment de leur justice, ni à l'immortalité de l'âme, répondant dans une autre existence de la moralité de ses actes d'ici-bas. Tous les grands crimes politiques sont commis par les fanatiques ou par les impies ; on a vu que César avouait tout haut son athéisme et ne reconnaissait d'autre dieu que sa *fortune*, c'est-à-dire cette combinaison aveugle, sourde et fatale de circonstances, qui gouverne au hasard la destinée des hommes et qui les fait avec la même impassibilité victimes ou bourreaux, esclaves ou tyrans, heureux ou malheureux sur la terre. Cette doctrine, qui est celle des ambitieux, les absout d'avance de tout ce qu'ils tentent pour leur puissance ou pour leur gloire.

Il n'y avait donc point d'attentat pour César ; mais il y avait en lui trois choses qui agissent à leur insu sur les hommes les plus endurcis aux scrupules et qui les font délibérer profondément avec eux-mêmes au moment de consommer les actes irrévocables de leur vie : l'habitude, la nature de leur caractère et l'incertitude du succès. L'innocence a son agonie comme la vie dans le cœur de l'homme ; il n'est accordé à personne de triompher sans combat de la vertu.

César, né au premier rang d'une république qui l'avait

traité en favori et dont la légitimité, dogme sacré de Rome, coulait avec son sang dans les veines des Romains, avait été élevé dans le préjugé salutaire de l'inviolabilité du sénat et du peuple et dans l'exécration de la tyrannie. Lever la main contre ces fantômes que son ambition jugeait, mais que sa tradition respectait, produisait en lui on ne sait quelle horreur semblable à celle du parricide. Rome était une ruine de liberté et de vertu, il est vrai; mais c'était cependant quelque chose d'énorme, et, pour ainsi dire, de divin ou d'infernal, que de porter le premier la main sur cette ruine et de la faire écrouler sur l'Italie et sur le monde avec un bruit qui retentirait dans tous les siècles.

Et lui substituer quoi? le seul nom de César et la tyrannie d'un homme de génie qui ne laisserait après lui que des hommes médiocres ou pervers pour combler l'abîme qu'il aurait creusé. Il y a dans les institutions même ruinées, mais encore debout, une certaine vertu qui se confond avec la vétusté des choses et avec les souvenirs des peuples, et qui tient au moins la place de ce qui devrait être par l'apparence de ce qui a été. C'est comme la mémoire postérieure des institutions qui impose encore aux peuples, même quand l'âme de ces institutions s'est envolée. Déblayer cette ruine, balayer cette mémoire, souffler ce fantôme et montrer au monde le néant et l'horreur de ce sépulcre vide qui leur dérobait la mort de la république romaine, il y avait là de quoi imprimer une terreur secrète même à un esprit de la trempe de César!

Mais, en supposant que l'esprit de César fût assez supérieur au préjugé et assez résolu pour se jouer de cette superstition de l'habitude, son caractère était tel qu'il devait s'effrayer des torrents de sang dont la déclaration de guerre ouverte à la patrie allait ouvrir la source. Non-seulement César n'avait rien de la férocité de Marius ni de l'implacabilité de Sylla, mais, au contraire, il portait en lui toute la douceur, toute la miséricorde et toute la magnanimité de pardon compatibles avec les succès de sa fortune. Il ne reculait devant aucune immoralité et devant aucun crime, mais il était capable de reculer devant le sang. Ce n'était pas vertu, c'était répugnance. Son âme était impitoyable, ses sens étaient humains; les champs de bataille, les supplices, les proscriptions, les cris des victimes, les larmes des vaincus, l'amollissaient comme une femme. Il détournait les yeux et la pensée de ce champ de carnage, aussi vaste que l'univers romain, sur lequel il allait déchaîner le fer et le feu non-seulement des Romains, mais des barbares qu'il avait enrôlés le premier contre Rome.

On ne saurait ratifier cependant ce préjugé historique de la douceur des mœurs de César qu'en se reportant au temps et aux mœurs du peuple où César paraissait doux aux Romains. C'était une douceur par comparaison. Après deux bourreaux tels que Marius et Sylla, les Romains appelaient doux et humain le meurtrier de la Gaule et de l'Espagne, dont le sang ne comptait pas à leurs yeux parce que c'était du sang barbare. On ne doit jamais oublier que le peuple romain était dans l'origine et avait continué d'être depuis un peuple d'oppresseurs et de meurtriers, qui avait mis hors la loi de l'humanité tout ce qui n'était pas Romain, c'est-à-dire le genre humain tout entier.

Certes, si les infortunés Gaulois, immolés et mutilés par centaines de mille autour des murs de leurs villes auxquels César avait fait clouer leurs mains coupées comme des trophées; si les Espagnols, dont les soixante mille cadavres amoncelés et cimentés avaient formé des remparts dérisoires autour de leur camp; si les deux cent mille alliés tués à Pharsale, en Égypte, en Afrique, à Munda, avaient écrit l'histoire de leur bourreau, il est à croire que la douceur proverbiale de César aurait reçu de sanglants démentis. Mais l'histoire romaine fut écrite par des Romains, par des ennemis de la république et sous les yeux des héritiers de César. Les modernes copièrent les anciens, et la renommée de douceur s'établit par désuétude dans l'histoire; mais les faits protestent.

On peut croire que l'image de Pompée lui-même, vaincu, dégradé et peut-être immolé par César, lui apparaissait dans ses réflexions comme un reproche, sinon comme un crime. Pompée avait été le plus vénéré des Romains. Il avait été de plus son protecteur d'abord, son allié politique ensuite, son gendre enfin; ces deux cœurs s'étaient confondus dans le cœur de cette Julie, qu'ils aimaient d'un égal amour, l'un comme père, l'autre comme époux. Elle semblait du fond de sa tombe à peine fermée reprocher à César le meurtre de celui qu'il lui avait donné lui-même à aimer. César ne haïssait de Pompée que sa grandeur; comme général, il l'estimait; comme homme, il était plutôt enclin à l'aimer; comme dictateur, il lui devait sa fortune; comme gendre, il lui avait dû le bonheur de sa fille.

Pour fouler aux pieds tant de sentiments innés et pour tourner le fer de ses légionnaires contre celui qui lui avait prêté ses légions, pour abattre une telle fortune, pour arracher à un tel homme sa majesté, sa grandeur, sa patrie, et peut-être sa vie, il fallait que l'ambition de César livrât dans son cœur de bien sinistres assauts à la nature. On ne peut s'étonner qu'il se renfermât pendant tant de jours à Ravenne pour cacher à son armée ses combats, sa rougeur et peut-être ses larmes; car César était aussi capable d'attendrissement que d'ingratitude. La grandeur de l'univers romain lui cachait à peine l'immensité de son forfait.

Enfin, l'incertitude du succès devait également faire réfléchir un homme qui, dans les événements humains, ne croyait qu'à la fortune. Sans doute sa popularité était grande ; mais la majesté du peuple romain, la sainteté des lois, l'antiquité des institutions, la souveraineté du sénat et du peuple, la grandeur de Pompée, la noblesse du patriciat romain, l'hostilité unanime des hommes de bien, la vertu de Caton, l'opposition de Cicéron, le nom auguste de la république, étaient de taille à se mesurer avec l'ambition d'un général qui allait tourner les armes de la patrie contre la patrie. Une harangue de Cicéron, un mot de Caton, un geste de Pompée, un scrupule de Labiénus ou d'Hortensius, ses propres lieutenants, dont il n'avait osé encore faire ses complices, l'horreur de ses légions contre le parricide, pouvaient faire tomber les armes de leurs mains.

César ne se dissimulait évidemment aucun de ces périls de sa situation ; mais l'homme qui avait pleuré de jalousie à Cadix devant le buste d'Alexandre voulait le monde pour conquête, et le monde valait bien un péril d'une heure et mille crimes en un ! Or, le monde pour lui était à Rome ; le nœud des chaînes dont la république avait enchaîné l'univers était au Capitole. En le saisissant, ce nœud, dans la capitale du monde romain, César saisissait du même coup l'Italie, les Gaules, l'Illyrie, l'Espagne, l'Afrique, la Grèce et l'Asie. Alexandre avait été obligé d'aller chercher sa puissance, sa gloire et son nom de désert en désert, de champ de bataille en champ de bataille, depuis la Macédoine jusqu'à l'Indus ; César, plus habile et plus heureux, trouvait déjà Rome asservie, et, en subjuguant Rome, il subjuguait en un seul jour les quatre continents. Le conquérant de Rome était, sans se déplacer, le conquérant de l'univers : une telle proie aurait tenté un plus vertueux.

Elle décida César. Les nouvelles qu'il reçut du Rubicon et l'étrange hésitation de ses troupes devant un scrupule qu'il croyait déjà sans doute franchi avec ce ruisseau, changèrent soudainement son attitude à Ravenne. Il sentit que l'exemple d'hésitation donné au Rubicon par sa légion favorite (la dixième) à ses autres légions pouvait être contagieux, et que, pour recueillir le fruit si longtemps mûri du crime, il fallait enfin l'accomplir lui-même. On va voir quel subterfuge il autorisa ou il machina de Ravenne pour fasciner et entraîner ses soldats le pied toujours suspendu sur le bord gaulois du Rubicon.

Le soir du jour où il se décida à tout oser, comme il avait tout arrêté pour son dessein, il feignit de vouloir oublier dans une nuit de fête les longs soucis du moment présent. Après avoir passé la journée, assis dans le cirque de Ravenne, à contempler avec une apparente liberté d'esprit un combat de gladiateurs qu'il donnait au peuple et aux soldats, il convia à un souper splendide les principaux magistrats de la ville et les officiers de l'armée qui étaient accourus depuis quelques jours à son quartier général pour épier ses irrésolutions. Là, dans l'abandon simulé du repas, du vin, de la musique et de la danse, il ne parut absorbé que par la jouissance du luxe et par les délices du bain et de la table avec ses convives; puis, à l'heure où les affaires l'appelaient ordinairement à son conseil, il se leva de table et sortit de la salle du festin, priant ses convives de continuer sans lui à vider des coupes, et assurant qu'il allait rentrer bientôt pour achever avec eux la nuit déjà avancée dans les entretiens et dans les plaisirs.

Mais, soit qu'il ignorât réellement encore les dispositions où il trouverait ses soldats campés au Rubicon, soit qu'il voulût simplement tromper les espions de Pompée qui pouvaient informer Rome de sa marche, César, presque seul, sortit par une porte dérobée de sa maison, et, se glissant à la faveur de l'obscurité dans les rues de Ravenne, rejoignit, dans un lieu convenu, hors de la ville, le petit nombre des officiers confidents de son dessein. Un chariot de louage, qui l'attendait là, l'emporte rapidement par des chemins peu frayés vers le Rubicon. Il y arrive à l'heure où le clairon du matin appelle les soldats mal éveillés hors de leurs tentes. Son cheval favori lui est amené par son écuyer sur une petite colline boisée au sommet et gazonnée sur sa pente, qui s'incline vers le ruisseau.

« C'était, dit Suétone, un cheval unique dans son espèce, qui semblait, comme le Bucéphale d'Alexandre, avoir été prédestiné par le prodige de sa conformation aux prodiges de la destinée de son maître. Ses sabots, au lieu d'être un seul bloc de corne ferré pour résister aux rochers, étaient divisés en doigts articulés qui mordaient le sol et assouplissaient ses mouvements sous le cavalier. Sa tête, sa taille, son encolure et sa crinière répondaient par leur force et par leur grâce à ce miracle de la nature. César, qui l'avait dompté le premier et qui le montait de préférence dans les batailles, l'aimait tellement qu'il lui fit élever un tombeau avec une épitaphe, comme à un compagnon regretté de fortune et de gloire. »

« Quand il fut arrivé, dit Plutarque, d'après les mémoires de ceux qui assistèrent à cette dernière heure de la république romaine, il commença à faire de grandes réflexions; car, plus il approchait du danger, plus il était combattu et agité par la grandeur et par l'audace de son entreprise. Il s'arrêta donc tout à coup, et, fixe dans la même place, il repassa dans son esprit tous les inconvénients de son dessein, et, plongé dans un profond silence, il changea et rechangea d'avis une infinité de fois avec beaucoup d'agitation et de trouble : c'était comme le flux et le reflux de la mer. Il communiqua même ses angoisses à ses amis qui étaient présents et au nombre desquels était Pollion, et leur fit part de ses doutes et de ses incertitudes, en rappelant tous les grands maux que ce passage de la rivière allait faire aux hommes et le grand sujet de discours qu'il allait fournir à la postérité. »

Ses soldats, l'ayant reconnu, se pressaient en foule autour de lui, et semblaient, par leur attitude et leur silence, partager les fluctuations d'esprit de leur général; mais tout atteste que ces fluctuations feintes n'avaient d'autre but que de s'innocenter davantage aux yeux de l'opinion et qu'une scène préparée par un de ses confidents devait faire violence à ses incertitudes et précipiter, par une impulsion soudaine et irréfléchie, ses soldats sur le sol interdit à leurs pas.

On entendit tout à coup sortir des roseaux au bord du fleuve les sons rustiques d'un chalumeau qui firent prêter l'oreille aux soldats étonnés de cette harmonie pastorale au milieu de l'appareil de la guerre. Un jeune homme d'une taille colossale, d'une beauté imposante et d'un costume statuaire, se leva tout à coup du milieu des roseaux et continua à jouer merveilleusement de sa flûte. Les bergers des bords gaulois du Rubicon et les soldats, étonnés du prodige, s'attroupèrent en foule autour de lui pour l'entendre. Quand l'étranger, sans doute un gladiateur ou un musicien gaulois aposté par César, vit l'armée assez nombreuse et assez émue pour lui imprimer un élan décisif, il jeta sa flûte, arracha un clairon des mains d'un musicien de la légion qui l'écoutait avec ravissement, et, sonnant la marche et la charge avec cet instrument plus sonore, il traversa le fleuve, entraînant à sa suite comme un troupeau d'hommes les soldats fascinés par leur instrument de guerre, par l'ivresse de la musique et par l'exemple du berger.

Arrivés sur l'autre rive, leurs acclamations sollicitèrent leur général de les suivre où le miracle les avait comme malgré eux transportés.

« Allons donc, s'écria César, comme s'il cédait à l'obsession de sa fortune et comme s'il croyait aux prodiges et aux dieux; allons où nous appellent la voix des dieux et l'iniquité de nos ennemis. *Alea jacta est! Le sort en est jeté!* »

Mot irrévocable prononcé depuis par tous les hommes qui, ne trouvant plus de fond dans leurs pensées et contraints de choisir entre deux périls suprêmes, prennent leur résolution dans leur caractère, ne pouvant la prendre ailleurs, et se jettent à la nage sur le Rubicon du hasard pour périr ou pour se sauver par le sort!

Ainsi Rome périt au son de la musique qui avait sauvé Sparte. Ce berger, ce musicien ou ce gladiateur qui, à l'instigation de César, passa le premier sur la rive sacrée de l'Italie, n'était pas seulement un hasard, c'était un symbole. Il représentait dans sa personne ces *colons* des provinces opprimées et déshéritées par le sénat, dont César avait embrassé la cause et qui, à leur tour, embrassaient la cause de ses soldats prêts à leur conquérir les droits de la patrie.

L'irrésolution qui avait paru faire chanceler César sur le rivage gaulois cessa dès qu'il eut touché la rive romaine. Il n'y avait plus de retour pour lui, il lui fallait l'empire ou la tombe. Son crime était derrière lui, Rome devant lui; il marcha avec la rapidité de la foudre sur sa proie.

Ses ordres donnés d'avance et les lieux de rassemblement assignés prouvent que sa temporisation de Ravenne n'était que le calcul des jours de marche nécessaires pour concentrer ses légions sur l'extrême limite de la Gaule cisalpine. Vingt-quatre heures après le passage du Rubicon, il était déjà entré à Rimini, première ville forte de l'Italie. Au premier moment, tout se retira de lui et de son avant-garde de six mille hommes comme d'un sacrilége, mais nul ne se présenta pour le combattre.

Quand il y eut enfin, à Corfinium, un coup à porter contre les légions de Pompée, il fit porter le coup par un autre. Il s'éloigna, pour qu'une tache de sang romain ne rejaillît pas sur son nom. Il traita avec bonté le lieutenant vaincu de Pompée et le renvoya libre à Rome, pour encourager la défection par la magnanimité. Peuple et légions, tout revenait à lui après le premier mouvement d'effroi peint par Tite-Live. Tout ce qui ne pouvait ni résister ni se soumettre se sauvait dans Rome comme dans le dernier asile de la patrie.

« Après la prise de Rimini, raconte Plutarque, comme si la guerre à portes toutes ouvertes se fût répandue et sur la terre et sur la mer, et comme si César, en franchissant les bornes de son gouvernement, eût franchi en même temps celles de toutes les lois de sa patrie, vous eussiez vu, non les hommes et les femmes, comme cela est ordinaire, courir par toute l'Italie dans un mortel effroi, mais les villes entières, se levant de leur place, prendre la fuite et se transporter d'un lieu à un autre. Rome même fut remplie comme d'une inondation de peuples fugitifs, qui affluaient de tous les environs, tellement qu'il n'était plus au pouvoir d'aucun magistrat de la contenir, ni par raison, ni par autorité, dans une tourmente si grande et dans une si violente agitation, et qu'il s'en fallut bien peu qu'elle ne se détruisît elle-même par ses propres mains. Car, dans toute la ville, il n'y avait pas un seul endroit qui ne fût agité et ébranlé par des passions contraires et par des mouvements violents, ceux qui se réjouissaient de ce désordre ne pouvant se tenir en repos, mais allant de place en place et insultant partout avec fureur ceux qui s'affligeaient des succès de César. »

Les lettres de Cicéron sont le journal de cette panique romaine qui fit courir le frisson de l'horreur sur toute l'Italie et qui stupéfia Pompée lui-même, immobile comme la statue de la patrie devant l'homme qui venait renverser la république. La Providence avait décrété la fin de la liberté, puisque pour défenseur elle lui donnait Pompée et pour ennemi César. Rome périt de l'inertie de l'un et de la promptitude de l'autre. Écoutons les témoins et les amis de Pompée.

Il était sorti de Rome avec la sainteté de la cause de Rome, avec le sénat et les hommes de bien; il se retirait avec les dieux et les lois vers la mer de Naples.

« Est-il rien de plus déplorable que l'état où nous voilà! écrit Cicéron. Privés de nos biens, nous errons avec nos femmes et nos enfants; nos espérances ne sont fondées que sur la vie d'un homme qui, tous les ans, est menacé de la mort. Ce n'est point par la force des armes que nous avons été contraints d'abandonner notre patrie; ce sont nos chefs mêmes qui nous en ont fait sortir, non pas pour nous la conserver, mais pour la livrer à l'avarice et à la fureur de nos ennemis. Tous ses quartiers sont remplis de sénateurs; et Rome, ses faubourgs, ses dehors, tout est désert; ceux qui y sont encore seront bientôt obligés d'en sortir. On ne nous laisse même pas à Capoue, on nous mande à Lucérie, nous allons abandonner cette côte, et nous attendons Afranius et Pétreius; quant à Labiénus, il n'en faut rien attendre de considérable.

» Dans le trouble où me jette le déplorable état où nous sommes, ne pouvant vous consulter de vive voix, je vais le faire par écrit. Il s'agit de décider si je dois suivre Pompée en cas qu'il abandonne l'Italie, comme il y a toute apparence; et, afin que vous puissiez plus facilement me déterminer, je vais vous exposer en peu de mots les différentes raisons qui partagent mon esprit.

» D'un autre côté, lorsque je trouve en Pompée et mon libérateur et mon ami particulier, lorsque je considère surtout que sa cause est celle de la république, il me semble que je ne puis prendre d'autre parti que le sien ni suivre d'autre fortune. De plus, si je demeure en Italie et si je me sépare de tant de citoyens distingués par leur rang et par leur vertu, il faut que je reconnaisse un maître. Il est vrai que César me donne beaucoup de marques de bienveillance et que j'ai eu soin, comme vous le savez, de le ménager de longue main dans la crainte de l'orage qui est prêt à tomber sur nous; il faut néanmoins examiner d'abord si je puis me fier entièrement à lui, et ensuite, quand j'en serai tout à fait sûr, si un homme de cœur et un bon citoyen peut demeurer soumis à un pouvoir arbitraire dans une ville où il a rempli les premières places, où il a fait des actions éclatantes, et où il est actuellement revêtu d'une dignité auguste et sacrée. D'ailleurs, je risquerais beaucoup, et ce ne serait pas sans quelque honte, si Pompée venait à rétablir les affaires. Voilà les raisons qu'on peut alléguer d'une part, voici maintenant celles qu'on peut leur opposer :

» Pompée, jusqu'à présent, n'a montré ni prudence ni résolution; j'ajoute qu'il n'a eu aucun égard à tous mes avis. Je pourrais rappeler le passé et faire voir que c'est lui qui a donné à César des forces et des armes contre la république; qu'il lui a inspiré l'audace de se servir des armes pour faire passer des lois; qu'il a fait joindre au gouvernement de César celui de la Gaule transalpine; qu'il a recherché son alliance; qu'il fit les fonctions d'augure lorsque Clodius fut adopté par un plébéien; que, s'il a contribué à mon rappel, il ne s'était pas opposé à mon exil; qu'il a fait continuer à César son gouvernement; enfin qu'il l'a servi en toute occasion. Et même, pendant son troisième consulat, lorsqu'il eut commencé à soutenir les intérêts de la république, il voulut absolument que les dix tribuns proposassent le décret qui permettait à César de demander le consulat sans venir à Rome, ce qu'il confirma encore par une de ses lois. Ne s'est-il pas opposé depuis à M. Marcellus lorsqu'il voulut, le 1er mars, faire nommer un gouverneur pour les Gaules? Mais, sans m'arrêter à tout cela, vit-on jamais rien de plus indigne et de plus mal concerté que cette retraite, ou, pour mieux dire, cette fuite honteuse? Quelles conditions ne devrait-on pas accepter plutôt que d'abandonner sa patrie? Elles étaient fort mauvaises, je l'avoue; mais est-il rien de pire que l'état où nous sommes? Pompée, dira-t-on, pourra se relever. Quand et comment se relèvera-t-il? Quelles mesures a-t-on prises? N'avons-nous pas perdu le Picenum? Le chemin de Rome n'est-il pas ouvert à notre ennemi? Ne lui avons-nous pas livré tout le bien des particuliers et tout l'argent du trésor public? Enfin, nous n'avons point de parti formé, nous manquons de troupes, nous n'occupons aucun poste où puissent se rassembler ceux qui sont bien intentionnés. On s'est retiré dans la Pouille, qui est la province la plus dénuée de subsistances, la plus faible et la plus reculée de l'Italie. On montre sa terreur en se ménageant ainsi d'avance la retraite honteuse par la mer dont on se rapproche. Si nous suivons Pompée au delà de la mer, César s'en vengera sur nos biens et nous épargnera moins que les autres, parce qu'il pensera se populariser dans la multitude en sévissant contre nous!...

» Quoi de plus ignominieux, continue l'interprète de toute l'opinion des honnêtes gens de Rome, quoi de plus lamentable que cette situation et ce caractère? Voilà Pompée qui, après avoir fomenté César dans son sein, s'avise tout à coup de le craindre! Il veut la guerre et il ne prépare rien pour la faire! Il abandonne Rome elle-même! Et, pendant qu'il écrit aux consuls une lettre où l'on s'attend qu'il va relever leur courage et faire face au crime avec la conscience de sa bonne cause, le voilà qui abandonne tout à coup la Campanie elle-même et la Pouille, et qui appelle les sénateurs, les consuls, la patrie entière à Brindes pour fuir avec lui!

» Mais, dites-moi, n'est-ce pas une chose déplorable que César, avec la plus mauvaise cause du monde, s'attire des applaudissements, pendant que Pompée avec la meilleure se rend odieux? que le premier pardonne à ses ennemis, pendant que l'autre abandonne ses amis? J'ai pour Pompée toute l'amitié que je dois avoir; mais comment l'excuser d'avoir abandonné tant d'illustres citoyens? Si c'est par crainte, quelle lâcheté! et si, comme le prétendent quelques-uns, il a cru que leur mort rendrait sa cause meilleure, vit-on jamais une plus cruelle politique? Mais laissons là ces tristes idées, qui ne servent qu'à aigrir ma douleur.

» Le 24 au soir, le jeune Balbus passa chez moi; il courait en diligence et par un chemin détourné après Lentulus, à qui il porte une lettre de César; il est aussi chargé de lui promettre un gouvernement pour l'engager à revenir à Rome. Je ne crois pas qu'on en puisse rien obtenir sans une entrevue. Le même Balbus m'a dit que César ne souhaitait rien tant que de joindre Pompée, je le crois sans peine, et de se raccommoder avec lui, c'est ce que je ne crois pas; et j'ai bien peur qu'il n'ait épargné jusqu'à présent le sang de tant d'autres citoyens que parce qu'il n'en veut qu'à Pompée. Balbus, l'oncle du premier, m'écrit aussi que César ne pense qu'à vivre en repos sans disputer à Pompée le premier rang. Vous croyez cela, n'est-il pas vrai?

» Pompée doit être arrivée à Brindes aujourd'hui, vingt-cinquième de février; car il a devancé, avec peu de troupes, les légions qu'il avait à Lucerie. Mais César est un prodige de vitesse, d'activité et de vigilance; les dieux savent ce qui nous attend. »

On voit, par l'interrogation ironique de Cicéron sur la bonne foi de César qui ne demandait, les armes à la main, que la paix, et n'aspirait, en frappant Pompée, qu'à vivre en humble citoyen sous Pompée, ce que l'opinion publique pensait de la sincérité et de l'abnégation de César.

Plus le départ de Pompée approche, plus l'opinion, en effet, se prononce à Rome et en Italie contre lui. Cicéron, prêt à le suivre, ne peut s'empêcher de l'accuser dans le secret de ses entretiens.

« Non, cet homme, dit-il, ne s'est jamais proposé le bien public, et dans cette occasion moins que dans aucune autre. Il ne cherche, aussi bien que César, qu'à se rendre le maître, et non pas à nous rendre heureux et à établir un bon gouvernement. S'il a abandonné Rome, ce n'est pas qu'il ne pût la défendre, et ce n'est pas non plus par nécessité qu'il abandonne l'Italie; mais c'est que, dès le commencement, il a eu le dessein de soulever et la terre et la mer, de faire prendre les armes à des rois étrangers, d'inonder l'Italie de nations barbares, et d'avoir à sa disposition de puissantes armées. Il pense depuis longtemps à s'élever où était monté Sylla, et il a avec lui bien des gens qui le souhaitent.

» Croyez-vous qu'il ait été impossible de trouver des voies d'accommodement? Cela ne l'est pas encore; mais ces deux concurrents ne veulent point de paix, et ils ont résolu de nous sacrifier à leur ambition. Voilà, en peu de mots, comme vous l'avez souhaité, ce que je pense des malheurs présents. »

L'angoisse de la situation des honnêtes gens rendait Cicéron injuste envers le chef de son parti. L'ambition insouciante de Pompée n'était que celle d'un grand citoyen qui veut être le premier dans sa patrie libre, mais non la renverser ni l'asservir; celle de César était l'ambition d'un conspirateur armé qui veut le premier rang, non pour la république, mais pour lui. Il est vrai que Pompée, n'ayant pas eu la prévoyance, l'activité et l'énergie nécessaires pour fermer à son rival l'accès de l'Italie et de Rome, voulait accroître l'horreur des citoyens contre le sacrilége de César en emmenant avec lui hors de Rome et de l'Italie tout ce que Rome et l'Italie comptaient de magistrats, de sénateurs illustres et de citoyens intègres, et en faisant e vide autour de l'usurpateur abhorré de sa patrie.

Cicéron, en cela, ne se trompait pas, tout le témoigne ; mais cette politique extrême de Pompée était désormais la seule qui lui restât à suivre après tant d'inertie qui l'avait rendue nécessaire. Il savait bien, en effet, qu'il était plus facile de vaincre César en Asie ou en Grèce qu'à Rome, où des milliers de colons des provinces, cinq cent mille prolétaires de la plèbe révolutionnaire dans Rome, et au besoin des millions d'esclaves soulevés à sa voix, feraient à César, non plus une armée, mais une nation de partisans et d'auxiliaires. Quand les patriciens veulent un champ de bataille contre les plébéiens, ce n'est pas dans une capitale pleine de plèbe qu'ils doivent le choisir. Pompée en cela était plus politique que Cicéron. Aussi n'écouta-t-il point ses doléances : il entraîna à sa suite au delà des mers les consuls, le sénat, les légions fidèles de la république, les citoyens illustres, la jeunesse patricienne, Caton, Brutus, toutes les lois et toutes les vertus de Rome, la république enfin, et il alla lui chercher un champ de bataille chez les alliés de Rome de l'autre côté de l'Adriatique.

Pendant cette émigration complète de la république avec Pompée, César, n'ayant plus à craindre de résistance en Italie, traversait Rome en éblouissant tous les cœurs de son audace et de sa douceur ; il laissait habilement en suspens sur ses desseins tous les citoyens qui, comme Cicéron, n'avaient pas encore rejoint Pompée en Grèce et qui erraient à demi cachés autour des murailles de Rome.

« Voyez, je vous prie, à quel homme la république a affaire ! Quelle pénétration ! quelle activité ! que de prévoyance ! S'il ne fait paraître ni cruauté ni avarice, il aura bientôt l'affection de ceux qui le redoutaient le plus. J'entends souvent raisonner les citoyens de ces quartiers et les gens de la campagne ; ils ne se mettent en peine que de leurs champs, de leurs métairies et de leur petit bien. Quel changement ! ils craignent maintenant celui qu'ils exaltaient hier. Les villes d'Italie, malgré ses attentats, le reçoivent comme un dieu, et cela avec une apparence d'ivresse égale à celle qu'elles témoignaient naguère au rétablissement de la santé de Pompée. On tient compte à ce nouveau Pisistrate de tout le mal qu'il ne fait pas ! On espère maintenant autant de sa clémence que l'on redoute de la colère de Pompée. Quelle foule vient partout au-devant de lui ! Quels honneurs ne lui rend-on pas ? Sa modération, quoique feinte et étudiée, ne laisse pas de rassurer...

» J'attends aujourd'hui, quatrième jour de mars, des nouvelles de Brindes ; mais, hélas ! quelles nouvelles ! comment l'un aura fui lâchement, comment l'autre sera entré dans la ville sur ses traces ! César m'écrit qu'il veut me voir, en allant à Brindes, pour me faire intervenir comme négociateur entre lui et Pompée ! S'il vient par la voie Appienne, j'aurai soin, pour l'éviter, d'aller à Arpinum. »

En attendant les nouvelles de Brindes, Cicéron, à l'exemple de Caton, de Brutus, de Scipion, de tous les citoyens cherchant dans ces ténèbres où est, non le salut, mais le devoir, examine, dit-il, dans les perplexités de sa patrie, « si l'on peut demeurer dans son pays lorsqu'il est tombé sous la puissance d'un tyran ? si l'on doit employer toutes sortes de moyens pour le délivrer de la tyrannie, quand même cela l'exposerait à une entière ruine ? si l'on ne doit pas prendre garde que celui qu'on oppose au tyran ne s'élève lui-même trop haut ? si l'on ne peut pas attendre quelque circonstance favorable pour servir sa patrie et tenter plutôt des voies d'accommodement que la voie des armes? s'il est permis à un bon citoyen, pendant ces temps de troubles, de se retirer dans quelque lieu écarté? si, pour recouvrer sa liberté, on doit s'exposer aux plus grands périls? si, pour délivrer son pays d'un tyran, on doit y allumer la guerre et venir même assiéger sa patrie? si ceux qui sont d'un sentiment contraire doivent néanmoins s'engager avec ceux du bon parti? si, dans les dissensions publiques, on doit suivre la fortune de ses amis et de ses bienfaiteurs, lors même qu'ils ont fait des fautes essentielles et décisives? si un homme, qui, pour avoir rendu à sa patrie de grands services, s'est vu exposé à la haine, à la jalousie et aux traitements les plus indignes, doit s'exposer une seconde fois à des maux qu'il peut éviter? ou si, après avoir tant fait pour sa patrie, il ne peut pas faire quelque chose pour lui-même et pour sa famille, laissant à ceux qui sont en place le soin du gouvernement? »

L'homme qui, comme César, pose de telles questions devant la conscience de citoyens vertueux, est plus qu'un tyran, il est le corrupteur de toute vertu civique.

Enfin la terrible nouvelle arrive. « Pompée s'est embarqué à Brindes avec toutes les troupes au nombre de trente mille hommes. Les deux consuls, les tribuns du peuple et les sénateurs, qui étaient à Brindes, se sont aussi embarqués avec leurs femmes et leurs enfants. Ils ont fait voile le quatrième de mars, et, depuis ce jour-là, le vent du nord a toujours soufflé. On dit qu'il a fait mettre en pièces ou brûler tous les vaisseaux qui restaient dans le port. Ces nouvelles ont été mandées ici à L. Métellus, tribun du peuple, par Clodia, sa belle-mère, qui s'est aussi embarquée. »

L'Italie reste tout entière aux mains de César. Il écrit en courant à Cicéron qu'il retourne à Rome, où il le convie à le rejoindre pour lui confier des négociations et des plans favorables à tous les bons citoyens. Ce billet caressant de

César, un des rares monuments de sa politique qui nous restent de lui, témoigne assez du prix qu'il attachait à se rallier les hommes de bien après les avoir consternés. C'est la marche et la contre-marche de tous les usurpateurs.

« Comme je cours, dit-il, pour rejoindre mon armée, que j'ai fait partir avant moi, je n'ai pu voir votre ami Furnius qu'en passant, et je n'ai pas eu le temps de l'entretenir à loisir; mais, tout pressé et tout affairé que je suis, je dérobe néanmoins un instant pour vous écrire, et j'envoie exprès Furnius pour vous porter les remercîments que je vous dois; ce n'est pas la première fois que je vous en fais, et la manière dont vous agissez à mon égard me fait espérer que ce ne sera pas la dernière. Le plus grand plaisir que vous puissiez me donner maintenant, c'est de vous rendre à Rome, où je serai moi-même bientôt; vos conseils, votre crédit, votre rang, votre autorité, m'y seront merveilleusement utiles pour finir comme j'ai commencé. Excusez-moi si je ne vous en dis pas davantage. Furnius achèvera. »

Un autre billet de César, de la même date, montre combien la victoire modifie à l'instant sa politique. Il ne songe plus qu'à se faire pardonner ses attentats pour légitimer sa puissance.

« Certes, et par les dieux! écrit-il, je me réjouis que vous approuviez ma conduite généreuse envers les lieutenants de Pompée à Corfinium; je suivrai d'autant plus volontiers vos conseils de douceur qu'ils sont plus d'accord avec ce que j'avais résolu moi-même de me montrer le plus miséricordieux et le plus accommodant des hommes, et même de tendre à une réconciliation avec Pompée; oui, tâchons ainsi de reconquérir toutes les volontés en notre faveur, et de jouir d'une victoire durable, puisque ceux qui avant nous se sont fait abhorrer par leur cruauté n'ont pu retenir longtemps leur puissance, excepté le seul Sylla, que je ne veux pas prendre pour modèle. Que cette modération et cette humanité soient pour moi de nouveaux moyens de tout vaincre! J'ai déjà imaginé quelques mesures dans ce sens, pensez-y de votre côté; on peut en imaginer encore d'autres.

» Pompée devrait bien être convaincu, enfin, par mes égards envers ses lieutenants et par vos exhortations, qu'il vaudrait mieux être mon ami que l'ami de tous ces gens qui furent toujours mes ennemis et les siens, et qui, par leurs artifices, ont précipité la république dans l'état où vous la voyez! »

De nouvelles terreurs saisirent l'Italie après le moment de détente qui suivit l'embarquement des consuls, de l'armée et du sénat avec Pompée. On ne se dissimulait pas que la guerre, quoique éloignée de Rome, allait prendre les proportions du monde romain où Pompée et César l'avaient transportée.

« Je vois la république, écrit Cicéron, à la veille d'une guerre funeste que Pompée commencera en affamant l'Italie, et je suis fâché néanmoins de n'être point avec ceux qui ont formé un dessein si barbare. En effet, si c'est un crime que de laisser dans le besoin son père et sa mère, comment appellerons-nous le dessein qu'ont formé nos chefs de faire périr par la faim leur patrie, qui doit être encore plus sacrée et plus respectable? Ce ne sont point là de vaines terreurs et de simples conjectures; je le sais de nos chefs mêmes. Ces vaisseaux qu'on rassemble de tous côtés, d'Alexandrie, de la Colchide, de Tyr, de Sidon, d'Arade, de Chypre, de la Pamphilie, de la Lycie, de Rhodes, de Chio, de Byzance, de Smyrne, de Milet, de Cos, c'est pour empêcher qu'il ne passe du blé en Italie ou pour se rendre maître de toutes les provinces d'où elle en tire. Mais lorsque Pompée y viendra descendre, qu'il fera paraître de colère, surtout contre ceux qui avaient le plus à cœur de la sauver, comme s'il avait été abandonné par ceux qu'il a abandonnés lui-même ! Ainsi, lorsque je délibère sur le parti que j'ai à prendre, c'est particulièrement mon inclination pour Pompée qui me détermine à le suivre ; sans cela, j'aimerais mieux mourir dans le sein de ma patrie que de la détruire sous prétexte de la défendre. Enfin il me semble qu'il n'y a plus de soleil dans le monde. »

Mais pendant que les bons s'éloignaient, que les faibles gémissaient, que les ambitieux flottaient, que la république, selon l'expression de Plutarque, n'avait de *patrie que dans la fuite*, César, maître en soixante jours de toute l'Italie, revenait de Brindes à Rome pour constater et pour tenter de légaliser son usurpation. Il n'y restait que quelques magistrats secondaires, décidés à braver seuls, et sans espoir pour l'honneur de la liberté, le violateur de la patrie ; quelques-uns de ces sénateurs pour lesquels rien n'est criminel de ce qui réussit, et qui, après avoir reconduit Pompée avec deuil, s'empressaient d'aller au-devant de César avec joie ; enfin ce peuple flottant et ballotté au gré des événements sans les comprendre, comme l'écume s'élève à tous les vents. Cette multitude de cinq cent mille prolétaires dont César avait affecté de prendre en main la cause, ne lui demandait ni des lois ni des libertés, mais l'humiliation de l'aristocratie, les dépouilles de la patrie, le froment gratuit, des gladiateurs, des spectacles et des licences.

Pour satisfaire à cette exigence de la populace romaine et de la solde des Gaulois qu'il avait enrôlés en légions contre l'Italie, il lui fallait de l'or. Les subsides et les rapines de la Gaule étaient épuisés. César ne pouvait puiser que dans le trésor public, que les lois et les mœurs avaient rendu jusque-là sacré et inviolable, même aux dictateurs, comme la propriété des morts, des vivants et de la postérité. Un jeune homme, le tribun Métellus, gardien de ce dépôt, refusait obstinément d'ouvrir les portes du temple où le trésor était sous la garde des dieux; il objectait les lois divines et humaines.

« Le temps des armes et le temps des lois sont deux temps, lui dit rudement César; si mon sacrilége te fait horreur, tu n'as qu'à te voiler la face et à te retirer, car la guerre ne s'accommode pas de ces libertés et de ces résistances. Lorsque nous aurons déposé les armes et que l'ordre sera rétabli, tu pourras venir me faire à ton aise tes harangues. Et quand je te parle ainsi, continua-t-il avec un accent plus âpre, je veux bien que tu saches que je te fais grâce, car tu es à ma discrétion, et toi et tous ceux qui, après avoir combattu mon parti, sont tombés entre mes mains! »

Comme l'intrépide patriote s'opposait seul encore à ce que les serruriers appelés par César enfonçassent les portes de fer du trésor, César s'emporta jusqu'à tirer l'épée contre Métellus et à le menacer de mort. « Et tu n'ignores pas, jeune homme, ajouta-t-il en se calmant, qu'il me serait aussi facile de le faire que de le dire! »

Cette violence émut plus l'Italie que le passage même du Rubicon. On sentit que la modération ne serait que dans les paroles, mais que tout obstacle paraîtrait crime à une si implacable volonté. Les amis mêmes de César se confièrent en secret leur horreur.

« Il ne rêve plus rien que d'atroce, écrit Célius; il ne parle plus que par menaces, il ne croit plus avoir besoin de son masque de douceur, il oublie son rôle d'homme clément avec Métellus, d'homme intègre en pillant le trésor public : une telle tyrannie ne peut pas durer six mois! Il mérite le nom de tyran, et ouvertement il l'accepte; il n'a voulu paraître un moment modéré que parce que la modération était populaire! »

Comme si ces murmures avaient importuné ses oreilles,

César se hâta d'y échapper pour aller soumettre en Espagne les légions que Pompée y avait impolitiquement laissées, inutiles à Rome, à l'Italie et à lui-même. On ignore par quel motif, impossible à comprendre de si loin, César, peu sûr encore de l'Italie, au lieu de marcher droit et vite à Pompée lui-même en Grèce et d'anéantir à la fois tout le parti de la république dans une seule défaite, commença par une campagne hasardeuse et inutile contre les lieutenants de Pompée en Espagne. Dans tout autre homme, ce serait une faute; dans César, aussi soldat que politique, on doit présumer que ce fut une combinaison de génie. Peut-être craignait-il que Pompée ne rappelât ces légions aguerries d'Espagne en Grèce; peut-être voulut-il, selon son expression pittoresque, en partant de Rome, « aller d'abord combattre en Espagne une armée sans général, pour revenir ensuite en Grèce combattre un général sans armée. »

On ne peut, en effet, s'étonner assez de l'impéritie de Pompée laissant ses légions de vétérans combattre pour lui et sans lui au delà des Pyrénées, pendant qu'il restait lui-même en Grèce à la tête d'une armée de jeunes patriciens sans habitude des armes, et de volontaires plus citoyens que soldats.

César, portant rapidement en Espagne des légions de Gaulois et de Germains aguerris dans ses camps; mal combattu par les lieutenants de Pompée, plus mal par les Espagnols, cher aux soldats mêmes, qui résistaient par devoir, mais dont sa renommée embauchait les cœurs, vainquit, subjugua, pacifia en peu de mois l'Espagne romaine, et put écrire à Rome le fameux symbole de l'éclair :
« *Veni, vidi, vici.* J'ai paru, j'ai vu, j'ai vaincu. »

A son retour, Pompée n'avait plus d'armée qu'en Grèce. Mais il avait profité de l'absence, du temps, de la diversion hasardeuse de César en Espagne pour rallier à sa cause et à celle de la république l'Albanie, la Macédoine, la Grèce, l'Asie, la Syrie, l'Égypte, l'Afrique entière, tous les alliés, peuples ou rois, de la république. Ce fut le premier symptôme de cette rupture en deux parts du monde romain qui fit depuis une Rome d'Orient et une Rome d'Occident. Pompée donna l'idée à Constantin ; l'usurpation de César avait désorienté le monde.

Neuf légions de vétérans, rappelées par Pompée de toutes les colonies d'Europe, d'Asie et d'Afrique, où il les avait réparties après ses campagnes contre Mithridate, formaient le noyau de l'armée républicaine. Sept mille hommes de cavalerie grecque et une nombreuse cavalerie romaine, composée de la fleur de la jeunesse patricienne de Rome, complétaient ses légions ; cinq cents galères armées étaient à l'ancre dans les anses de la mer Adriatique en vue de son camp ; ces galères devaient fermer le continent aux débarquements de César.

Pompée, ainsi adossé aux montagnes de la Grèce, inabordable par les défilés faciles à défendre de l'Albanie, secouru de subsides, de vivres, d'auxiliaires étrangers, par les rois alliés de Rome et qui voyaient en lui Rome elle-même, entouré d'une armée de terre de cent vingt mille hommes, éclairé sur la mer par une flotte de quarante mille, paraissait invincible à tout autre qu'à César. Il se comparait lui-même, dans cette situation à la fois continentale et maritime, à un Thémistocle romain attendant les Perses sur terre et sur mer dans le golfe de Salamine et commençant par les disperser sur les flots avant de les achever sur le rivage. « Le plan de notre général est thémistocléen, » disaient ses amis à Rome.

Son quartier général était Dyrrachium, ville fortifiée de la côte, Rome en abrégé avec son sénat, ses consuls, son patriciat, son dictateur ; Caton et Brutus y étaient avec tous les grands hommes de bien de Rome. Cicéron, honteux d'hésiter si longtemps entre un homme et la patrie, avait fini par y venir, il se repentait déjà d'y être venu : honnête homme, mais incapable de se faire à lui-même un caractère de la trempe de sa vertu! César n'était pas un de ces fantômes de conspirateur qu'on peut vaincre avec une harangue, comme Catilina.

César avait ramené ses légions décimées d'Espagne; il en avait rappelé d'autres de la Gaule et de l'Illyrie; il en avait onze comme Pompée, mais ces onze légions mal recrutées ne lui fournissaient que quarante mille combattants. Il n'avait point de flotte pour les transporter au delà de l'Adriatique, il n'avait pas le temps d'en construire. L'Italie, épuisée par la guerre civile, commençait à se défier de sa fortune. Il fallait se presser de frapper à la tête; la tête, c'était Pompée et le sénat. Il chargea Antoine de lui recruter rapidement une autre armée. Antoine, son lieutenant, était lié avec lui par de tels attentats qu'il ne pouvait trouver son salut que dans le dernier crime.

Sans attendre Antoine, César, avec vingt mille vétérans d'élite seulement, s'embarque à Brindes, échappe à Bibulus, amiral de la flotte de Pompée, et descend de nuit sur une côte voisine de Dyrrachium. Ses vétérans murmurent :

« Où cet homme veut-il donc nous mener? se disent-ils. Quand cessera-t-il de nous traîner par toute la terre en se servant de nous sans ménagement, comme si nous étions des corps de fer? Cependant le fer lui-même s'use à force de frapper. César ne s'aperçoit-il donc pas, à nos blessures, qu'il commande à des hommes mortels? Et c'est dans la saison même des tempêtes qu'il nous force à braver les vents et les frimas avec une telle précipitation, qu'il semble moins poursuivre que fuir! »

César, sourd à ces témérités comme à ces lassitudes de ses vétérans, les tenait renfermés dans Apollonie, autre ville de la côte, en attendant ses principales forces, qu'Antoine devait lui amener d'Italie. Il interrogeait sans cesse des yeux l'horizon de l'Adriatique pour y apercevoir les voiles de la flotte de son lieutenant. Mais Bibulus, amiral de Pompée, avec ses cinq cents galères, interceptait complétement l'Adriatique.

Le temps se consumait; Pompée se fortifiait; la disette menaçait Apollonie; César accusait de timidité la prudence et la lenteur d'Antoine. Il résolut d'aller lui-même, au risque de sa vie, presser le rassemblement et l'embarquement de son armée d'Italie. Il s'embarqua seul, à l'insu de ses soldats, déguisé en esclave, sur une barque de douze rames, dont le pilote ne le connaissait pas, espérant échapper, à la faveur des vents, des ténèbres et de la petitesse de sa barque, aux croisières de Bibulus.

« Dès que la nuit fut venue, il prit un habit d'esclave, monta dans la barque, se jeta là comme un homme de néant auquel personne ne prend garde, et se tint en repos sans dire une seule parole. La barque était portée à la mer par le fleuve de l'Anius, dont l'embouchure était ordinairement fort aisée et fort tranquille, parce qu'il se levait tous les matins un petit vent de terre qui repoussait les vagues de la mer et en facilitait l'entrée au fleuve. Mais malheureusement cette nuit-là il se leva un vent marin si violent qu'il amortit le vent de terre. Le fleuve, irrité par le flux et par la résistance des vagues qui combattaient contre son courant, devint dangereux et terrible; ses eaux étant forcées de remonter vers leur source avec des tournoiements affreux et avec un mugissement horrible, il était impossible au pilote de surmonter cette violence et de gouverner. C'est pourquoi il commanda aux rameurs de ramer vers la poupe pour remonter le fleuve.

» Ce que César ayant entendu, il se lève tout à coup, se montre, et, prenant la main du pilote surpris et étonné

de voir là César : « Marche, mon ami, lui dit-il, ose tout
» et ne crains rien, tu mènes César et sa fortune. » A ce
mot, les matelots oublient l'hiver et ses tourmentes, et,
ramant avec un merveilleux courage, ils s'efforcent de
surmonter la violence des vagues. Mais l'embouchure ne
pouvant être franchie par aucun effort, César, qui voyait
sa barque faire eau de tous côtés et prête à couler à fond,
permit au pilote, quoique avec peine, de retourner en
arrière.

» Quand il eut regagné son camp, ses soldats vinrent en
foule au-devant de lui, se plaignant hautement et lui
témoignant leur douleur de ce qu'il ne s'assurait pas de
vaincre avec eux seuls, et que, plein de chagrin et d'inquiétude, il exposait sa personne aux plus grands dangers
pour aller chercher les absents, comme se défiant de ceux
qu'il avait avec lui. »

Antoine trompa enfin, à la faveur de cette tempête,
la surveillance de Bibulus, dont les vaisseaux avaient été
dispersés par le vent. L'armée entière fut débarquée à
Apollonie.

L'arrivée de ces troupes força César à livrer une première bataille dans une position mal choisie, où son armée
échoua contre les fortifications de Pompée. Il ne rallia ses
soldats en déroute qu'à force d'intrépidité personnelle.
Ayant saisi de sa propre main un de ces colosses gaulois
pour lui faire honte de sa fuite et pour le forcer à faire face
à l'ennemi, le soldat, éperdu, tourna son épée sur la poitrine de son général et il allait le tuer, quand un écuyer de
César abattit d'un coup le bras du soldat. Heureusement
pour César, l'indolent Pompée n'acheva pas sa victoire.
César s'écria, en rentrant dans son camp retranché d'Apollonie : « Aujourd'hui la victoire était à nos ennemis s'ils
avaient eu un homme qui sût vaincre. »

Mais Pompée espérait vaincre sans combat : la faim

combattait pour lui. César, isolé sur la côte de la Grèce, au milieu d'un pays possédé tout entier par son ennemi, ne pouvait ni rester impunément à Apollonie ni forcer Pompée dans ses retranchements inexpugnables. Il raconte lui-même ses insomnies pendant qu'il délibérait avec ses angoisses. S'il se rembarquait, il avouait sa défaite; s'il tentait l'assaut du retranchement de Pompée, il donnait la victoire certaine à son rival; s'il restait immobile, son armée périssait de faim.

Son audace le secourut une fois de plus. Scipion, lieutenant de Pompée, occupait, avec une armée romaine, la Macédoine. César résolut de marcher à Scipion, malgré le danger de se trouver ainsi entre deux ennemis. Son instinct militaire lui disait que, si Pompée sortait de ses retranchements pour le suivre, il lui livrerait bataille en rase campagne avec la supériorité de ses vétérans aguerris contre des citoyens novices dans les armes, et que, si Pompée ne le suivait pas, il rencontrerait l'armée de Scipion et nourrirait facilement sa propre armée dans une province riche en villes et en récoltes.

L'expérience de Pompée le détournait du piége; il voulait conserver l'admirable position qu'il avait choisie et fortifiée mûrement, à l'imitation de Thémistocle; le temps était pour lui; l'Italie, abandonnée à elle-même, commençait à éprouver le remords de sa servitude; la Grèce, l'Asie, l'Afrique, l'Égypte, lui fournissaient des recrues, des vivres, des armes, des trésors, des vaisseaux; les villes fortes de la Macédoine et de la Thessalie étaient gardées pour lui par ses lieutenants.

César, au contraire, errait loin de ses renforts et de ses vaisseaux, sans asile, sans alliés, sans pain pour ses troupes. Les jours l'usaient sans qu'il y eût besoin des armes. Ces motifs allégués pour l'inaction par Pompée, dans le conseil de guerre et devant le sénat, furent en vain appuyés de l'éloquence patriotique de Caton, qui voulait épargner le sang romain et laisser le crime et la témérité de César combattre seuls avec les dieux contre César.

La fougue et la jactance des jeunes patriciens du camp de Pompée, enhardis par un premier avantage, l'emportèrent sur la sagesse de Caton et sur l'autorité militaire de Pompée. Le général, vaincu par cette jeunesse, sortit avec le pressentiment de sa ruine du camp de Dyrrachium et suivit César dans la plaine de Pharsale. Scipion l'y rejoignit avec l'armée de Macédoine.

La jonction de ces deux armées exalta jusqu'au délire la confiance des patriciens : ils se partageaient déjà entre eux les dépouilles et les honneurs de César. La bataille, tant provoquée par César, tant évitée par Pompée, s'engagea d'elle-même par la présomption des jeunes républicains de l'armée de Pompée.

Deux cent mille hommes s'entre-choquèrent pendant quelques heures, dans cette plaine ignorée jusque-là du monde, pour décider de la vie ou de la mort de la république maîtresse du monde. Pompée, découragé d'avance, abandonna la bataille à elle-même comme un homme qui a livré sa fortune à des insensés. César ordonna la manœuvre et la dirigea avec la certitude d'un général qui compte sur les fautes de son ennemi présomptueux. Son génie ne le déçut pas.

La cavalerie patricienne de Pompée, croyant envelopper et enfoncer les légions de l'aile droite de César qui fléchissait par feinte sur les montagnes, se heurta contre six cohortes placées en réserve sur un mamelon, se brisa, et, se retournant vers le camp, donna le signal et l'impulsion de la déroute. La vieille infanterie de Pompée soutint seule jusqu'à la mort le choc des deux cent mille légionnaires de César et couvrit de ses morts la plaine de Pharsale.

A l'aspect de cette cavalerie en fuite, Pompée, sans rien tenter pour sa gloire, remonta à cheval et rentra dans le camp. Enfermé dans sa tente et comme désintéressé des autres et de lui-même, il entendit des cavaliers de César qui galopaient déjà à travers les tentes renversées. « Quoi! jusque dans mon camp? » s'écria-t-il. Puis, dépouillant ses insignes de général et de dictateur, il se revêtit d'un costume qui n'appelait plus les regards sur lui, remonta à cheval, et s'éloigna au pas, suivi de quelques esclaves muets, par la route de la mer.

On sait comment il s'y jeta dans une barque de pêcheur, qui le porta, le lendemain, sur un navire marchand; comment, relâchant à Mitylène pour y prendre sa jeune épouse Cornélie, il fut assassiné à son premier pas sur le rivage d'Égypte par l'ingratitude de Ptolémée; comment sa cendre, consumée pendant la nuit sur un bûcher d'emprunt par les soins d'un vétéran charitable, fut dispersée par le vent du matin sur ces mers et sur ces continents couverts, quelques jours auparavant, de ses flottes et de ses armées.

La journée de Pharsale fut la dernière heure de la liberté. Le sénat, les lois, le peuple, les mœurs, le monde romain, étaient anéantis avec Pompée. César n'était pas seulement le premier comme il avait voulu être, il était le seul. Il n'abusa pas de la victoire, il ne reconnaissait d'ennemis que ceux qui lui disputaient l'empire. Il offrit son indulgence et même sa faveur à tous ceux qui n'avaient plus d'armes pour lui résister. Il incorpora les légions de Pompée dans les siennes; il caressa Brutus, qu'il avait ordonné avant la bataille d'épargner dans le combat : il se croyait le père de ce jeune républicain, fils de Servilie, la plus chère de tant de femmes qu'il avait enlevées dans sa jeunesse à leurs maris. Il voulait rendre à Servilie le fruit de leurs amours, égaré par sa naissance dans le camp des patriciens, mais qu'il espérait facilement ramener à sa cause.

Chacun des hommes illustres, des sénateurs et des citoyens du parti de Pompée, suivit, après la bataille de Pharsale, l'instinct de sa lâcheté ou de son courage; le plus grand nombre s'embarquèrent avec quelques débris des légions sur la flotte intacte de Bibulus, qui les transporta en Afrique pour y continuer la guerre désespérée; beaucoup se réconcilièrent avec le vainqueur; Caton s'obstina dans son amour de la liberté; Cicéron rentra en Italie, heureux d'être soulagé, par la décision de la fortune, de l'indécision de son caractère. Il alla honteusement représenter à Rome, sous une tyrannie qu'il détestait, on ne sait quelle dignité accommodante du citoyen qui blâme tout bas et qui flatte tout haut l'oppresseur de la patrie.

César, sans flotte par la fuite de Bibulus en Afrique, ne pouvait saisir sa proie après l'avoir abattue. Il ne voulait pas donner cependant à la république le temps de se reconstruire, ne fût-ce que sur une plage de l'Asie ou sur un rocher de l'Afrique. Il crut à son nom plus qu'à une flotte et à une armée.

Il laisse ses légions à Antoine, il traverse la Macédoine avec trois mille hommes et quelques cavaliers, il surprend dans le Bosphore une escadre de la flotte de Pompée à l'ancre, il s'y embarque avec cette poignée de soldats, et arrive à Alexandrie d'Égypte presque aussitôt que le bruit de sa victoire.

Un jeune Ptolémée, pupille et client de Pompée, régnait en Égypte : c'étaient les lâches ministres grecs de cet adolescent qui avaient fait égorger Pompée, leur bienfaiteur, pour capter d'avance par ce service présumé la faveur de César. Ils lui présentèrent à son débarquement la tête de son rival; César, soit feinte, soit attendrissement, pleura en voyant le visage inanimé de celui qui avait été son protecteur, son allié, son gendre ; peut-être aussi pleura-t-il à cette image de l'instabilité du bonheur ! Il y a au sein même de la victoire des retours semblables vers le passé et vers l'avenir, dans le cœur des ambitieux assouvis; César était plus capable qu'un autre de ces inconséquences de larmes dans la joie, car il y avait autant de mouvements involontaires de sensibilité que d'emportements d'ambition dans sa grande âme.

Il fit recueillir et honorer ce qu'on put retrouver de la cendre de Pompée ; il désavoua et poursuivit ses meurtriers : il voulait bien qu'on l'aidât à vaincre, mais non qu'on déshonorât sa victoire par des assassinats commis en son nom. On ne sait ce qu'il ambitionnait le plus de la gloire ou de la puissance. Le sang de Pompée tachait cette gloire dans la postérité ; il le rejetait avec horreur à ses bourreaux.

Pendant qu'il équipait une flotte pour aller chercher son armée à Pharsale et qu'il attendait les vents obstinés contre lui, l'Égypte, en proie à une anarchie dynastique, se déchirait sous ses yeux.

Une jeune et séduisante reine, sœur et femme de Ptolémée, et ayant les mêmes droits que lui au trône, avait levé une armée contre son frère et son mari, et, soutenue dans sa compétition par Sextus Pompée, parent et lieutenant du grand Pompée, elle assiégeait Alexandrie. Dans le premier rayonnement d'une beauté dont l'irrésistible séduction se confond avec la fable, douée d'un esprit, d'une éloquence et d'une passion qui ressemblaient au sortilége, reine, politique, courtisane à la fois, Cléopâtre voyait son sort dans les mains du maître du monde. Elle ne doutait pas d'exercer sur l'arbitre de son trône l'empire de ses larmes, de ses entretiens et de son amour.

Aussi confiante dans sa séduction que César l'était dans sa fortune, la jeune reine congédie ses troupes, s'embarque presque seule sur une nacelle que le Nil porte la nuit sous les murs du palais des Ptolémées, où César était bloqué par le peuple, se fait envelopper des plis d'un tapis de Perse et porter comme un fardeau inanimé sur les épaules d'un robuste esclave jusque dans l'appartement de César, l'enivre de cette audace, de ce subterfuge et de ses attraits.

L'amour, dès cette apparition, devient toute la politique de César ; il soulève contre lui et contre les Romains l'Égypte entière, en embrassant la cause de son amante ; il oublie son armée, Rome, le monde, il s'oublie lui-même, pour s'ensevelir avec Cléopâtre dans les délices d'un amour effréné ; il croit n'avoir jamais connu que l'ombre de la passion avant cette Égyptienne qui lui prodigue à la fois son empire et ses charmes. Le monde se demande où est César ? Il est enseveli dans un palais assiégé, aux pieds d'une courtisane, reine d'Égypte.

L'extrémité du péril lui rend seul le courage, mais non la raison ; il combat en héros avec une demi-légion et trois cents cavaliers contre les Égyptiens d'Alexandrie et contre vingt mille vétérans romains de l'armée de Sextus Pompée. Il s'enferme dans le théâtre, devenu la dernière citadelle du vainqueur de Pharsale. Sa flotte est incendiée sous ses yeux. Il passe à la nage un bras de mer, tenant ses papiers d'une main, au-dessus des flots, pour gagner une île fortifiée avec les débris de sa légion.

Sextus lui ferme l'Égypte, les vaisseaux des Ptolémées lui ferment la mer. Enfin, des légions appelées à son secours arrivent par la Syrie. Il anéantit dans une seconde Pharsale l'armée d'Égypte ; il consolide Cléopâtre sur un trône désormais incontesté, il s'enivre lentement du double triomphe de l'amant et du héros, il s'arrache avec effort des bras de la reine, et lui laisse dans le petit *Césarion* un gage avoué de son amour, qui fera régner son sang un jour sur le royaume des Ptolémées.

Il quittait l'Égypte après y avoir perdu dix mois pour sa gloire. Il avait mérité dix fois d'y perdre l'empire. Il fallait que Rome fût bien dépourvue de patriotes et que l'ombre de César fût bien présente aux provinces et aux armées pour que l'Italie, les provinces, les armées, attendissent, immobiles, pendant un an, qu'il plût à César de sortir des festins et du lit de Cléopâtre. Mais César avait bien jugé son temps, en le croyant soumis aux caprices d'un débauché et d'une courtisane.

Avant de rentrer en Italie, il marche à travers la Syrie vers le royaume de Pont, contre Pharnace, fils parricide du grand Mithridate, qui recommençait la guerre contre les Romains. « Heureux Pompée, s'écria-t-il après une facile victoire en Asie, de n'avoir eu à triompher que de tels ennemis! » Les campagnes contre les Asiatiques amollis lui semblaient des jeux après ses campagnes contre les barbares, mais belliqueux Gaulois.

De Rome il repart avec une autre armée pour anéantir en Afrique les débris de l'armée de Pharsale, reconstituée sous Métellus. Scipion, Caton, Labiénus, le premier des généraux après César, y commandaient quatorze légions et la cavalerie numide du pays. Un chef manquait seul à cette dernière armée des républicains pour lui donner l'espérance, ce mobile du courage. La rivalité et la médiocrité de tous ces chefs, l'indiscipline et l'infidélité des Numides, l'orgueil du roi Juba, sur le territoire duquel ils empiétaient, et qui prétendait les traiter en auxiliaires et non en maîtres, condamnaient cette armée à une défaite.

César l'affronta, comme il avait affronté l'Italie, Pharsale, Alexandrie, avec une poignée d'hommes et avec sa garde de Gaulois, véritables béliers vivants, sous les coups desquels il enfonçait tous les obstacles.

Le matin de la bataille, saisi d'un accès d'épilepsie, sa maladie fatale, il se contenta de donner pour mot de reconnaissance à ses soldats le mot de sa destinée : *bonheur!* Et il resta couché sous sa tente, sans douter du sort.

En quelques heures, ses trente mille hommes en dispersent cent quarante mille à Thapsus, ville qui donne son nom à la dernière victoire de César. Sa clémence, qui n'était jusque-là qu'une séduction pour les vétérans de Pompée, se dément quand il voit qu'elle est inutile devant leur obstination à la république. Il les fait désarmer, cerner et massacrer de sang-froid après la bataille. Tous les chefs prisonniers sont tués par ses ordres ou le préviennent en se frappant eux-mêmes. L'histoire, éblouie par la puissance de César et de ses successeurs intéressés à déshonorer la république expirante, a trop peu remarqué ce grand suicide des défenseurs de Rome qui ne voulurent pas survivre à la liberté de leur patrie.

Quelques-uns des vaincus s'étaient retirés sur les galères à l'ancre, non pour fuir, mais pour mourir plus paisiblement. Ils s'y entretenaient en défiant la fortune. Les soldats de César approchent d'une de ces galères où l'on supposait que le général des vaincus, Métellus, cherchait à fuir. « Où est le général? criaient les Gaulois. — Il est à l'abri de vos coups, » leur répond Métellus en leur montrant l'épée sanglante dont il venait de se percer la poitrine.

Le roi Juba, aussi Romain que les Romains, avait fait dresser, avant la bataille, un bûcher dans son palais de Zama, sa capitale, pour s'y brûler avec ses femmes, ses enfants, ses trésors, plutôt que de survivre au triomphe de César. Zama lui ayant fermé ses portes après sa défaite, pour éviter la colère de César, Juba et Pétrius, un des généraux vaincus, résolurent de se délivrer de la vie en combattant l'un contre l'autre, non pour la victoire, mais pour la mort. L'Africain tua le Romain; Juba, désespéré de n'être pas tombé sous une main libre, supplia son esclave de le percer de son épée.

Quelques rares fugitifs parvinrent à entrer dans la ville fortifiée d'Utique, où Caton commandait la réserve des républicains.

Caton, comme beaucoup d'hommes supérieurs en leur temps, craignait tout de César et n'espérait rien de son propre parti. Il restait fidèle à la république, ou plutôt au nom de la république, par devoir et non par illusion. Il était las du monde où sa vertu n'avait plus de place dans la corruption ou dans la lâcheté générale. Si les républicains de Pompée triomphaient, il était décidé à s'exiler lui-même pour n'être pas témoin de leurs dissensions et de leurs vengeances; si César était vainqueur, il était décidé à mourir pour ne pas plier sous la fortune du coupable. Son âme, fortifiée par une philosophie stoïque, était incompatible avec la corruption de la république, comme avec la tyrannie de son destructeur. On peut croire que ce ne fut pas pour lui une douloureuse nécessité que celle de mourir. Il était de ces hommes sans alliage qui semblent toujours vivre à contre-temps, parce qu'ils ne savent se conformer à aucun temps, excepté à des temps chimériques. Hommes admirables de savoir mourir, plus admirables et plus véritablement vertueux s'ils savaient vivre!

Il faut lire sa mort pour bien connaître Caton et pour bien mesurer le crime de César, condamnant de tels hommes à s'avilir ou à mourir. L'histoire ne nous a laissé manquer d'aucune information sur les dernières heures d'Utique et sur le dernier soupir de Caton; car Caton a eu ce bonheur de personnifier, dans son agonie, l'agonie de la république.

A l'arrivée des fugitifs qui lui annoncent la défaite irrémédiable des républicains et leur suicide à Thapsus, Caton fait fermer les portes de la ville, et convoque les trois cents membres de la colonie romaine qui était établie à Utique et qui formait le sénat d'Afrique, pour délibérer sur ce qui reste à faire. La ville avait dans ses murs et autour de ses murs des forces suffisantes pour une héroïque défense ou pour un mémorable écroulement. La république était si vivante encore dans le cœur de ces trois cents citoyens romains, et la cause de César était si impie à leurs yeux, que nul d'entre eux n'hésita à se rendre à la convocation de Caton.

Pendant qu'ils se rassemblaient et s'encourageaient mutuellement à la constance, Caton, le visage calme, la démarche lente, ayant à la main l'état des troupes, des armes et des approvisionnements, s'avançait vers les portes de ce sénat, rassurant la foule par sa contenance. Le discours qu'il leur adressa et qui nous a été conservé ne trahit ni l'abattement d'un homme qui sent sa cause s'écrouler sous lui et qui veut ensevelir avec lui les autres, ni la jactance d'un fanatique qui dissimule le danger et qui exagère l'espérance.

« Non, leur dit-il, si c'est votre disposition d'esprit de céder à la fortune, je considérerai cette résolution de votre part comme l'œuvre de la nécessité ; que si, au contraire, vous voulez prendre le parti de vous roidir contre l'adversité et de défendre jusqu'à extinction de force votre liberté, non-seulement je vous louerai et j'admirerai votre vertu, mais je resterai à la tête des citoyens et des soldats pour faire une dernière fois ensemble l'épreuve suprême de la fortune. Et peut-être nous récompensera-t-elle de n'avoir désespéré ni d'elle, ni de la justice, ni de la Providence, ni de notre patrie. Car la patrie n'est ni Thapsus ni Utique, mais Rome, qui souvent s'est relevée de plus grandes chutes par sa seule force et par sa propre vitalité.

» Tout n'est pas perdu : notre meilleure chance de salut est que nous résistons à un homme que la nécessité de ses affaires appelle en plusieurs lieux à la fois. L'Espagne vient de se révolter contre son joug et de se jeter avec son peuple et ses légions dans la cause du fils de Pompée. Rome elle-même n'a pas encore accepté le frein; elle commence à s'indigner et à se cabrer contre la tyrannie. Ne craignons pas d'exposer nos biens et notre vie pour ce qui vaut mieux que la vie et les biens, et suivons l'exemple de notre ennemi, qui ne craint pas d'exposer tous les jours sa tête pour le succès du plus grand des attentats. Une vie heureuse nous est assurée si nous triomphons; une mort honnête et glorieuse si nous succombons. Cependant, délibérez mûrement et librement avec vous-mêmes, et priez les dieux de vous inspirer ce qu'il y a de plus sage et de plus saint. »

Les trois cents sénateurs semblaient avoir respiré l'âme de Caton dans ses paroles; ils décidèrent à l'unanimité de résister à César par les moyens les plus désespérés, demandant même qu'on donnât la liberté et des armes à tous les esclaves, pour doubler les forces des républicains. Mais Caton, qu'inquiétait cette émancipation en masse et sans indemnité des esclaves, propriété sacrée dans l'antiquité, quoique inique, repoussa cette spoliation extrême des citoyens et ne voulut adjoindre à l'armée que les esclaves qui seraient volontairement affranchis pour le salut commun par leurs maîtres, préférant la justice même à la victoire. Les sénateurs, empressés à donner l'exemple, affranchirent à l'instant tous leurs esclaves, et Caton leur donna des armes.

Mais à peine avaient-ils fait ce sacrifice à la patrie et à l'éloquence de Caton, que l'enthousiasme dont ils avaient été saisis en sa présence se refroidit après qu'il fut sorti, et qu'ils commencèrent à se demander s'il était vraiment prudent et raisonnable à quelques citoyens isolés, et trafiquants comme eux dans une colonie d'Afrique, de résister, jusqu'à la perte de leurs biens, de leurs esclaves et de leurs vies, à celui à qui ni Rome, ni l'Espagne, ni la Gaule, ni l'Asie, ni l'Afrique ne résistaient plus, et s'il y avait réellement du devoir dans l'impossible, de la honte dans la nécessité, et s'il ne valait pas mieux implorer et recevoir le salut de la clémence des vainqueurs en envoyant des députations à César.

Pendant ce revirement du sénat, les troupes fugitives de Thapsus, campées sous les murs d'Utique, refusent d'y entrer, dans la crainte d'y être cernées par César et de partager le sort d'une multitude mobile et lâche, ne sachant ni se défendre ni se soumettre à propos. Elles demandèrent séditieusement que Caton les commandât et les conduisît dans les montagnes rejoindre l'armée numide de Juba. Caton s'efforça de les retenir ainsi que les membres du sénat de Rome qu'ils entraînaient déjà loin de la ville avec eux; ses objurgations et ses larmes les émurent. Il rentra avec ces débris dans la ville, et les distribua, les uns aux portes, les autres dans la citadelle.

Mais le sénat municipal d'Utique, moins compromis dans la guerre que ces restes du sénat de Rome, s'alarma de voir sa ville au pouvoir des soldats et des sénateurs républicains. Ils envoyèrent sommer Caton de se rendre de nouveau dans leur conseil. Caton, désarmé, sortit de la citadelle avec confiance et se livra à eux. Son immense considération lui servait d'escorte et d'otage. Les notables d'Utique lui annoncèrent qu'ils avaient renoncé à se défendre, qu'ils envoyaient des députés à César, qu'ils imploraient sa clémence et qu'ils lui demandaient, pour première condition de la reddition d'Utique, le pardon et la vie de Caton.

Caton ne combattit point leur résolution nouvelle; il comprit que le devoir pour les hommes était proportionné à la vertu, et que ce qui convenait à Caton pouvait ne pas convenir à des marchands d'Afrique.

« Faites, leur dit-il sans aucun reproche, ce qui peut assurer vos vies et vos fortunes, mais gardez-vous de rien stipuler pour moi; car c'est aux vaincus, ajouta-t-il, de demander grâce, et aux criminels d'implorer le pardon. Quant à moi, je ne suis pas vaincu, puisque je succombe avec la liberté et la justice; c'est César qui est le véritable vaincu et qui s'avoue lui-même aujourd'hui le grand coupable, puisque, après avoir si longtemps nié qu'il tramât rien contre sa patrie, il est pris aujourd'hui en flagrant délit et en plein soleil la main dans les lois, dans la liberté et dans le sang de Rome. »

Ayant laissé après ces paroles les trois cents sénateurs d'Utique à leur délibération, il rentra dans la citadelle et conjura les sénateurs de Rome de chercher leur salut sur terre et sur mer et de sortir d'Utique avant que l'avant-garde des troupes de César leur fermât la fuite. Il leur fit équiper des galères; il présida lui-même à la retraite des cavaliers de Métellus, qui s'obstinaient à aller rejoindre les Numides de Juba.

Son aspect cependant faisait rougir la multitude de la lâcheté de ses chefs; le peuple et les esclaves s'insurgeaient pour la liberté, abandonnée par les hommes libres et par les puissants. Ils menaçaient les trois cents notables de les immoler à leur honte. Caton, comme s'il eût été désintéressé dans l'une et l'autre cause, convoqua le peuple et les esclaves sur la place publique, les harangua, leur montra le danger de l'insurrection civile et de l'anarchie en face d'un ennemi prêt à forcer leurs portes, et les conjura de laisser leurs principaux citoyens, arbitres de leur sort, négocier avec César pour le salut commun. Quand à lui, son indifférence et sa tranquillité annonçaient qu'il avait pourvu au sien.

Il conduisit ensuite les sénateurs romains jusqu'aux galères et les embrassa en leur souhaitant une meilleure fortune sous d'autres cieux. Il combattit même avec force quelques exagérations d'héroïsme inutile dans les jeunes gens qui s'obstinaient à imiter inutilement son stoïcisme. De ce nombre était Statilius, ennemi personnel de César, qui refusait de s'embarquer avec les autres pour subir le sort de Caton. « Désenflez ce jeune homme de son excès et de son exagération de vertu, dit-il au philosophe Apollonides, son ami, et portez-le à des résolutions plus sensées et plus utiles. » Il ne craignit pas même, tant il était sûr de lui, de fléchir sa rigidité pour les autres.

Lucius César, parent de l'usurpateur de la république, mais fidèle à la liberté, était dans Utique. Il consultait Caton sur une harangue pathétique qu'il comptait adresser au vainqueur de Thapsus pour en obtenir la vie; « et, si j'obtiens ma grâce, je parlerai aussi pour vous, dit-il à Caton.

» — Si je voulais tenir la vie de César, lui dit Caton, je n'aurais qu'à me rendre à son camp sans avoir besoin d'autre intercesseur que moi-même ; mais je ne veux pas reconnaître un tyran en recevant de lui ce qu'il n'a pas le droit de donner. Car de quel droit accorde-t-il la vie et la liberté à ceux qui ont le droit de vivre et d'être libres plus que lui? Mais quant à vous, examinons ensemble comment vous lui parlerez pour en obtenir votre amnistie et celle des Romains d'Utique. » Et il compatit à la faiblesse de Lucius César, comme s'il avait été son maître d'éloquence.

César n'en fit pas moins égorger Lucius, trouvant plus crime dans un parent ce qui n'était que patriotisme dans les autres.

Toutes ces sollicitudes étant accomplies pour la ville, pour les sénateurs, pour les fugitifs, et l'avant-garde de César étant déjà campée en vue des remparts, Caton parut détendre un moment son esprit comme un homme qui n'a plus qu'à se reposer dans sa conscience. Il convoqua les principaux citoyens du conseil d'Utique, quelques philosophes et quelques amis à souper dans la citadelle; il s'y étendit, pour la première fois depuis la bataille de Thapsus, sur un lit, à la manière des Romains, car jusque-là il n'avait mangé que debout. A la fin du souper et au moment où la chaleur du vin anime et ébruite les conversations, il parla avec une divine éloquence et avec une conviction anticipée sur la liberté de l'homme de bien et sur la servitude des méchants asservis en réalité à leurs passions ; puis, craignant d'avoir fait soupçonner, par l'exaltation de son accent, le dessein couvé dans son âme, il redescendit aux choses humaines, s'informa des affaires publiques et privées de ses hôtes, et tranquillisa, par sa liberté d'esprit, ceux qui craignaient de lui un projet sinistre.

Après le départ des convives, il continua de se promener dans la salle avec ses amis, il donna les ordres pour la nuit et pour le lendemain aux commandants des portes de la ville. Ses amis retirés, il se coucha et lut, en attendant le sommeil, le dialogue de Platon sur l'immortalité de l'âme. Puis, s'étant aperçu que son épée, soustraite à sa main par la vigilante tendresse de son fils, n'était pas suspendue comme à l'ordinaire au-dessus de son chevet, il appela un esclave pour la lui rapporter.

L'esclave, d'intelligence avec son fils, tarda à lui obéir, dans l'espoir que le sommeil enlèverait à Caton la pensée de son arme. Il continua à lire en effet le dialogue de l'immortalité, et son âme était déjà si plongée dans ce monde supérieur dont il sondait avec Platon les mystères, qu'il lut le livre tout entier jusqu'à la dernière ligne, et que la première lueur de l'aube dans le ciel commençait à teinter l'horizon quand il rappela l'esclave pour lui redemander encore son épée.

Dans sa colère contre l'importune prudence de son fils et de ses serviteurs, qui l'exposaient, disait-il, à être livré désarmé à ses ennemis, il s'emporta jusqu'à frapper l'esclave qui lui refusait l'instrument de sa délivrance :

fatal emportement qui laisse éclater dans cette belle mort une explosion de brutalité au milieu de la sérénité de la raison! Il ne tarda pas à en rougir.

Son fils et ses amis veillaient sur ses mains pour l'empêcher d'accomplir le dessein qu'ils lui supposaient. Ils se précipitèrent dans sa chambre et l'enlacèrent de leurs bras en pleurant, comme pour le retenir par tant de liens à la vie.

Mais lui, les repoussant avec douceur et se levant sur son séant : « Depuis quand donc, dit-il à son fils et à ses amis, m'a-t-on vu donner des signes d'un esprit qui ne se possède pas soi-même, pour me désarmer ainsi comme un insensé? Que ne me fais-tu lier aussi les mains derrière le dos, ô mon fils, jusqu'à ce que César vienne et qu'il me trouve à sa merci, sans défense? Mais crois-tu que j'aie besoin du fer pour m'ôter la vie, si j'en avais pris la résolution? Ne me suffirait-il pas, pour mourir, de retenir seulement un peu de temps mon haleine ou de me briser la tête contre cette muraille? »

Son fils, qui l'adorait, ne put supporter ces images sans fondre en larmes et sans sortir éperdu de la chambre pour laisser éclater ses gémissements et ses sanglots.

Plus libre avec ses amis, Caton leur parla à cœur plus ouvert, mais toujours avec une tendresse où respirait l'amertume du reproche.

« Et vous aussi, leur dit-il, vous restez donc là pour surveiller en silence ma main et pour retenir malgré lui dans la vie un homme déjà si avancé d'années que je le suis? Ou bien, continua-t-il avec une ironie douce, m'apportez-vous donc quelque belle démonstration pour me convaincre qu'il n'est ici ni déplorable ni déshonorant pour Caton, lorsqu'il n'a plus d'autre moyen pour défendre sa vie, de la recevoir de l'ennemi de sa patrie? Que ne vous efforcez-vous de me pénétrer de cette belle morale et de me détromper de ma longue erreur, afin que, démentant toutes les autres opinions dans lesquelles nous avons jusqu'ici vécu, et convertis à d'autres maximes par la vertu de César, nous nous repentions et nous lui rendions grâce de nous avoir dessillé les yeux? Mais non, ajouta-t-il en reprenant un ton plus sérieux, je n'ai rien arrêté encore définitivement avec moi-même, j'en délibérerai encore mûrement avec vous, et par les arguments dont nous nous servons dans nos entretiens philosophiques; mais allez consoler mon fils et dites-lui bien que, s'il ne peut persuader son père, il ne faut pas qu'il tente de le contraindre. »

Ses amis, convaincus qu'il n'y avait rien à attendre d'un pareil homme que ce qu'on obtiendrait de lui-même, sortirent les larmes aux yeux et lui renvoyèrent son épée. Seulement, par une ruse inaperçue de la tendresse de son fils, ils la lui firent rapporter non par un homme fait, dont l'aspect aurait pu le soutenir dans une résolution trop virile, mais par un petit enfant. Ils espéraient que cette image de l'innocence et de la douceur, contrastant avec l'épée que ses petites mains lui présenteraient, rappelleraient à Caton son propre fils et le détourneraient de laisser un orphelin sur la terre.

Caton sourit en effet à l'enfant, plaça l'épée sur son chevet, rouvrit son livre, le lut une seconde fois jusqu'à la fin, puis s'endormit d'un sommeil paisible, comme un homme qui a déposé enfin un grand souci ou qui a trouvé le mot d'une grande énigme. Il ne se réveilla qu'au jour; il appela alors un de ses confidents et lui commanda d'aller vers le port s'assurer si tous les fugitifs étaient en sûreté sur les galères et si le vent et les flots leur étaient propices.

Ce confident revint lui dire que tout le monde était embarqué, mais qu'une violente tempête ballottait les galères et déchirait les voiles; il soupira, sans rien dire, de pitié sur les périls et sur les souffrances des passagers, et renvoya une seconde fois un autre serviteur au port pour voir si quelque navire en détresse ne s'était pas échoué sur la côte et si les naufragés ne réclamaient pas secours.

Rassuré par le retour du messager sur cette crainte, il lui ordonna de sortir et de fermer la porte, puis s'enfonçant, comme pour reprendre un sommeil interrompu, sous ses couvertures, il parut se rendormir.

Les oiseaux commençaient déjà à gazouiller au soleil levant, dit Butas, le dernier de ses familiers auquel il ait adressé la parole, quand, la tête enveloppée de ses couvertures, il se plongea le fer dans les entrailles. Une convulsion involontaire le précipita de sa couche sur le plancher. Ses amis, qui veillaient dans la chambre voisine, accoururent au bruit ; il les regarda d'un œil fixe sans proférer ni parole ni plainte ; son médecin rentra ses intestins qui s'échappaient avec son sang de sa blessure, recousit la peau et replaça le corps sur le lit ; mais, aussitôt que Caton eut repris ses sens, il s'obstina à la mort avec la même résolution qui la lui avait fait méditer, et, déchirant de ses propres mains ses entrailles, il expira muet, mais laissant protester à jamais le silence et le sang d'un juste contre la fortune d'un tyran.

On l'ensevelit sur le rivage de la mer. On y vit longtemps sa statue avec le visage morne d'un homme qui n'espère plus rien de la vertu de son pays, et pressant contre les plis de sa robe le glaive libérateur que les anciens invoquaient comme la Providence des vaincus, et et que les modernes plus religieux rejettent comme l'instrument du désespoir : faiblesse héroïque mais faiblesse des impatients ! Honneur à cette philosophie de la résignation qui, après la perte de toute puissance d'action, a fait une dernière vertu de l'espérance !

César n'en avait pas fini avec la liberté. Elle renaissait de son sang. Les fils de Pompée, ayant rallié treize légions de vétérans et tous les républicains du midi de l'Italie en Espagne, menaçaient de rentrer avec la liberté et le sénat à Rome. Tout ce qui avait échappé à Pharsale et à Thapsus allait rejoindre ce grand nom.

César, vaincu en Espagne dans tous ses lieutenants, court à Cordoue en sortant d'Utique. Il combat à Munda, non plus pour l'empire, mais pour la vie ; ses légions, un moment enfoncées par les vétérans de Pompée, l'abandonnent sur le champ de bataille. Il descend de cheval, prend un bouclier de soldat, lutte avec une poignée d'hommes contre des légions, cherche la mort, et, ne pouvant la recevoir, tourne son épée contre lui-même pour se la donner. Désarmé par ses Gaulois qui donnent à ses légions l'exemple et le temps de se rallier, il tire la victoire du sein de la défaite.

Les cadavres de trente mille vétérans de Pompée et de trois mille chevaliers, fils de la bourgeoisie militaire de Rome, furent liés les uns aux autres par une chaîne de javelots entrelacés et construits comme un rempart funèbre autour de la petite ville de Munda, assiégée par César. César avait pris en Gaule les mœurs barbares des Gaulois. Les républicains survivants et réfugiés dans la ville après la bataille ne furent point épouvantés par cette circonvallation de cadavres ; ils préférèrent la mort à la tyrannie. Il n'y avait que quelques Catons en Afrique après la bataille de Thapsus, il y en eut quatre-vingt mille en Espagne après la bataille de Munda. La liberté était aussi désespérée que l'ambition.

Les historiens vendus au succès et aux Césars ont accusé la république d'être morte à Rome avant que César l'eût ensevelie. C'est une calomnie. Corfinium, Thapsus, Munda, protestent ; quatre armées de deux cent mille hommes, deux flottes, l'émigration en masse de tout ce qui constituait le sénat, les magistratures, la cité politique, quatre années d'agonies convulsives sur trois continents quand l'Italie manqua aux combattants, enfin six cent mille cadavres de citoyens romains et trente suicides d'hommes libres, confondent les sophismes historiques des écrivains ; une telle agonie prouve une vie encore robuste et profonde. Non, la liberté romaine ne mourut pas de sa propre mort, comme on l'a écrit pour excuser ou flatter les imitateurs de César ; elle fut tuée, et César fut le meurtrier.

Les fils de Pompée s'évadèrent presque seuls de Munda, non par lâcheté, mais par courage ; ils voulaient conserver un grand nom à la liberté et combattre avec acharnement jusqu'au dernier soupir, au lieu de mourir vainement pour elle. L'aîné, Cnéius Pompée, fut tué en défendant l'entrée d'une caverne des montagnes aux bourreaux de César ; le second parvint avec quelques braves vétérans en Portugal, y arma quelques galères et combattit en corsaire sur les flots, puisque la terre lui manquait contre César.

Il faut se défier des histoires écrites sous les descendants des usurpateurs de leur patrie. En histoire comme en guerre, *malheur aux vaincus!* Ce ne sont pas les contemporains seuls qui sont adulateurs des crimes heureux, l'avenir l'est aussi. Il y a dans l'humanité tout entière une certaine inclination lâche ou perverse, qui la porte à donner raison à ce qui a force et à condamner sans examen ce qui a succombé. C'est contre cette lâcheté de la postérité que les philosophes impassibles et les historiens justes ont la mission de protester avec la conscience et avec la vérité.

César revint triompher insolemment de sa patrie dans Rome. Plutarque, si indulgent pour la gloire, ne peut s'empêcher de murmurer contre tant d'insolence.

« Ce fut là, dit-il, la dernière des guerres de César. Le triomphe qu'il s'arrogea pour avoir exterminé les quatorze légions romaines des fils de Pompée et toute la jeunesse patricienne et plébéienne de Rome consterna plus les Romains qu'aucune chose qu'il eût encore osée ; car il ne triomphait pas pour avoir vaincu des rois et des généraux étrangers, mais pour avoir ruiné les enfants de Rome et détruit la race du plus grand personnage que Rome eût porté et que la fortune eût jamais précipité de plus haut dans l'abîme. Tout le monde trouvait que c'était une chose indigne que de triompher des calamités de sa patrie et de se réjouir de victoires qu'on devait plutôt déplorer, et que ni les hommes ni les dieux ne pouvaient excuser.

» Cependant, ajoute-t-il avec tristesse, les Romains, pliant sous la grande fortune de cet homme et recevant le frein, persuadés que le seul moyen de respirer et d'assoupir toutes ces guerres civiles et toutes ces convulsions, c'était de se soumettre à un seul, le nommèrent dictateur perpétuel, et c'était là la plus palpable et la plus inouïe des tyrannies, puisque, à l'autorité absolue et souveraine, à la pleine et personnelle toute-puissance de la monarchie, on ajoutait de plus le droit de n'en être jamais dépossédé. »

Cependant le droit, la légitimité, le respect manquaient tellement à cette usurpation de César, que ses soldats eux-mêmes, en suivant au Capitole son char de triomphe, tournaient en dérision le maître qu'ils imposaient ainsi aux citoyens. Ils le montraient du doigt à la population, avec des railleries soldatesques sur son front chauve, sur ses mœurs efféminées, sur ses adultères, sur son impiété, sur les turpitudes de sa jeunesse chez Nicomède, sur tous les vices qu'ils couronnaient effrontément sur la tête de leur général. C'est le comble de l'ignominie, pour un peuple, de mépriser celui qu'il subit. Cette ignominie ne fut pas épargnée aux Romains par les vétérans et les Gaulois de César.

Mais l'expiation marchait du même pas que le cortége du triomphe.

A peine César fut-il parvenu au sommet convoité depuis tant d'années, qu'il parut saisi du vertige de sa propre élévation, qu'il fut comme frappé d'indécision et d'immobilité entre les différents partis qu'il avait à prendre. Dès qu'il eut le monde tout à lui, il ne sut plus qu'en faire. C'est la vengeance des ambitions criminellement satisfaites. Elles ne peuvent plus monter, elles ne peuvent que redescendre ; elles s'affaissent sur elles-mêmes et tombent dans le découragement des passions assouvies.

L'histoire n'a pas assez remarqué, selon nous, cette inaction complète et pour ainsi dire fatale de César, du jour où il fut maître absolu de Rome et de l'univers. Il ne fit plus rien qu'un grand rêve de guerre asiatique, imité d'Alexandre, contre les Parthes, et, de ce rêve, la mort le réveilla en sursaut.

Trois grands partis s'offraient à lui et pouvaient tenter également son génie, sans être au-dessus de ses forces :

Rétablir et réformer la république en réconciliant le peuple et le sénat, les patriciens et les plébéins par une loi électorale plus élargie et plus équitable, créer un sénat national au lieu d'un sénat aristocratique, et rendre aux consuls nommés par ce sénat souverain l'autorité républicaine, à l'abri de la dictature courte qu'il aurait, comme Washington, déposée après la réforme. On a vu qu'il existait assez de civisme et de patriotiotisme républicain à Rome pour que la république réformée pût se gouverner ainsi longtemps elle-même en démocratisant son gouvernement.

Faire une révolution sociale, c'est-à-dire tenir les promesses téméraires dans la paix, mais réalisables dans un bouleversement général dont ses armées le laissaient l'arbitre ; abattre entièrement l'aristocratie ; élever tous les colons, tous les vétérans, tous les habitants des villes municipales, aux droits complets de citoyens romains; nationaliser les affranchis; émanciper des millions d'esclaves; distribuer, par la plus large et la plus utile des lois agraires, les territoires stériles de l'Italie et des provinces conquises, en propriété, aux citoyens, aux soldats, aux municipes, aux alliés; transformer le Code; être le législateur de la justice civile, le Solon de l'Italie; faire, en un mot, des Romains un peuple au lieu d'une oligarchie de tribuns de Rome, la tête d'un monde au lieu d'une ville, et de son sénat municipal le sénat d'un univers représentatif : c'était grand sans doute, mais ce n'était pas plus grand que le génie et la toute-puissance de l'autocrate de Rome.

Enfin anéantir de nom la république, comme il l'avait anéantie de fait, la transformer hardiment en monarchie héréditaire du monde romain, à l'exemple des grandes monarchies asiatiques, et construire ainsi l'ordre monarchique sur les débris de l'ordre républicain : une telle monarchie, instituée mûrement par un Numa posthume ou par un Charlemagne précoce, valait mieux que la tyrannie élective et personnelle qui n'allait être après lui que le règne des casernes romaines et l'interrègne de toutes les lois. Si le titre de roi, odieux au préjugé populaire, répugnait aux Romains, le titre d'*imperator* héréditaire ne leur répugnait pas; le nom même de César ne pouvait-il pas devenir et ne devint-il pas le plus grand des titres?

Le premier de ces partis était le plus honnête; le second était le plus humain; le troisième était le plus superbe.

Entre ces trois partis, César n'osa en choisir aucun : c'était le pire. Jamais homme parvenu au faîte des choses humaines ne parut se désintéresser davantage de ce qui adviendrait après lui de sa patrie et de l'humanité. Il était, selon son mot dans la bourgade des Alpes, le premier dans

Rome, le seul dans le monde : cela suffisait à l'univers. Plus le vide qui se creuserait après lui serait grand, plus on admirerait l'homme qui l'avait comblé seul de son nom et de son génie. Cela était impie. L'égoïsme est la politique de l'impiété.

Voyons dans l'état de Rome, au retour de César, ce qui pouvait concourir à nuire, dans les dispositions de l'Italie, à l'une ou l'autre des grandes combinaisons politiques qui s'offraient au choix de César.

Dans le parti des hommes de bien, tout était mort, banni ou absent ; l'indignation sourde avait succédé à la guerre ouverte ; Cicéron et Brutus étaient les seuls qui fussent rentrés en Italie et qui conservassent quelque commerce avec le destructeur de leur parti. Encore avec quelle défiance parlent-ils de César ! « Brutus prétend, écrit Cicéron, que César apporte de bonnes dispositions pour les gens de bien. Mais les gens de bien, où les trouvera-t-il ? A moins qu'il n'aille les chercher dans l'empire de la mort, où il les a tous envoyés ! Sa tyrannie n'est que trop bien affermie dans ce monde-ci. »

Cependant César flattait avec affectation ces restes du parti du sénat pour dissimuler, aux yeux de l'opinion publique, le vide d'honneur et de vertu qui se faisait autour de lui, et pour essayer de présenter au peuple un fantôme d'institutions libres sous la servitude. Il permettait à Cicéron de publier un éloge de Caton, et il publiait lui-même l'*Anti-Caton*, livre dans lequel il louait beaucoup Cicéron, tout en le réfutant, comme s'il ne s'agissait que d'une lutte philosophique et littéraire entre la république et César. Il poussait la déférence jusqu'à rendre visite à Cicéron dans sa maison de campagne, à prendre le bain et à se promener au bord de la mer, dans des entretiens familiers, avec l'ami de Caton.

Ces caresses lui reconquéraient non les cœurs, mais les

lâchetés du parti républicain. On feignait de croire, contre toute évidence, à son dessein de relever la république de ses ruines et de se réconcilier avec les patriciens, dont il avait maintenant besoin contre le peuple. « La crainte de nouvelles tables de proscription, dit-il lui-même dans ses *Commentaires*, qui suivent ordinairement les guerres civiles et les dissensions de pouvoir, glaçait les citoyens. »

Quant à son propre parti, Salluste, son flatteur, le dépeint ainsi en s'adressant à César lui-même :

« Des hommes souillés de dissolutions et d'opprobres, qui te croyaient prêt à leur livrer la république, sont venus en foule dans ton camp, menaçant les citoyens paisibles de brigandage, de meurtre, de tout ce qu'on peut attendre d'une âme dépravée. Mais quand ils ont vu que tu ne les dispensais pas de payer leurs dettes, que tu ne leur livrais pas les citoyens comme des ennemis, ils t'ont quitté. Un petit nombre seulement se sont crus plus en sûreté dans ton camp que dans Rome, tant ils avaient peur de leurs créanciers! Mais il est incroyable combien d'hommes et quelles gens ont déserté ta cause pour celle de Pompée et choisi son camp comme un inviolable asile pour les débiteurs. »

Ce parti, dit l'auteur de l'étude la plus approfondie sur la politique de César, M. de Champagny, demandait avec insistance des tables de proscriptions nouvelles, des lois agraires, l'abolition des dettes, la suppression du prix des loyers et des fermages : c'est le cri de la faim qui se mêle partout et toujours aux cris des révolutions.

Ce parti, en l'absence de César pendant sa campagne d'Espagne, avait tout obtenu d'Antoine et de Dolabella, ses deux lieutenants à Rome. Il y avait eu deux camps dans la ville, celui des propriétaires et celui des prolétaires; on s'était combattu sur le Forum, les uns pour la propriété, les autres pour la spoliation; les légions romaines, sans solde pendant ces agitations qui faisaient disparaître l'or, avaient murmuré et avaient ajouté leur indiscipline aux désordres de la place publique. Antoine et Dolabella, deux forcenés de popularité à tout prix et deux séides à tout faire de César, n'avaient rien à ménager ni dans la fortune ni dans l'honneur; ils avaient fomenté et secondé à l'envi ces turbulences de la plèbe romaine.

Deux traits peignent dans Cicéron l'orgie d'Antoine et de Dolabella, ces deux vice-rois de César, peu de temps avant sa rentrée à Rome.

« Antoine, dépravé par l'habitude des proconsulats et par l'exemple des mœurs asiatiques dont il rapportait les scandales dans sa patrie avec la tolérance de son patron, voyageait de ville en ville, en Italie, dans un char traîné par des lions. Sa femme Fulvie, veuve du démagogue Clodius (qui devait plus tard percer de l'aiguille qui relevait ses cheveux la langue de Cicéron), suivait Antoine dans une litière; une seconde litière portait sa maîtresse avouée, la courtisane Cythéris; c'est à cette courtisane, mal déguisée sous le nom patricien de Volumnia, qu'il forçait les magistrats des villes d'adresser leurs hommages, se complaisant ainsi à avilir le respect par l'autorité, bafouant lui-même les déférences qu'il exigeait des citoyens au nom de César; ses compagnons de débauche et sa propre mère, flétrie par ce contact infâme, occupaient une troisième litière; enfin, une bande d'histrions, de danseurs, de joueurs de flûte et de soldats, l'épée nue à la main, escortaient ce cortége, faisant tour à tour trembler et mugir les citoyens. »

Jamais la démagogie moderne n'a mêlé ainsi le vin et le sang. On a, dans le précurseur de César à Rome, le pressentiment de Claude et de Caligula. Ivre des coupes de la nuit, disent tous les historiens du temps, il montait chancelant sur son tribunal en plein Forum et vomissait dans le pan de sa robe le vin surabondant de la nuit. Ses facéties amusaient la ville.

Un jour qu'il avait laissé sa femme Fulvie à Rome, indignée de ses adultères et décidée à se séparer de lui, il veut éprouver la sincérité de l'amour de Fulvie et se réconcilier avec elle, si cet amour lui paraît survivre à sa colère. Il part de Narbonne seul et déguisé en courrier gaulois, dans un chariot de louage. Arrivé aux portes de Rome, il attend dans une taverne de faubourg que la nuit favorise son passage furtif dans les rues. Vêtu de la chlamyde et des longues guêtres de cuir du paysan de la Gaule, le visage souillé de poussière et voilé de ses longs cheveux, il se fait annoncer dans la propre maison de sa femme comme un messager secret d'Antoine. Il lui remet une lettre de son mari, dans laquelle Antoine, plus épris d'elle et plus repentant de ses infidélités que jamais, lui jure une passion retrempée par l'absence et lui promet de congédier Cythéris.

Fulvie, trompée par l'apparence sauvage du messager, pâlit, rougit et pleure d'attendrissement en lisant la lettre amoureuse; Antoine, convaincu qu'il est encore aimé, se jette dans les bras de Fulvie et la couvre de baisers et de larmes.

Le bruit de l'arrivée soudaine du vice-roi de César se répand dans Rome par les domestiques de Fulvie; le peuple s'ameute en foule à sa porte, et l'amant heureux de Fulvie est forcé de monter au Forum sur son tribunal pour annoncer aux Romains que l'Italie est tranquille, que César est vainqueur et qu'Antoine a passé une bonne nuit!

« Quant à Dolabella, l'autre Éphestion de César, ruiné par le jeu, il détestait tout haut la fortune d'autrui, dépouillait les fils de l'héritage de leurs pères, vendait les biens des proscrits à vil prix pour se refaire un patrimoine;

proclamait effrontément la doctrine du communisme romain, l'abolition des dettes, la suppression des loyers de maison, et prêtait les soldats de César aux prolétaires contre les résistances des citoyens. »

Tel était le parti de César à Rome, quand César y rentra après le meurtre en masse des soldats de la république à Munda. Les légions gauloises et romaines qu'il ramenait d'Espagne s'avançaient à sa suite non en soldats de la patrie, mais en bandes effrénées qui venaient conquérir et opprimer l'Italie. L'indiscipline, suite de l'indulgence qu'un chef de parti doit à ses partisans en retour de leurs services, travaillait ces légions du même esprit qui travaillait les *trois cent mille* ouvriers, la plèbe, les démagogues et les prolétaires affamés de Rome. Elles ravageaient toute l'Italie sur leur passage.

« Chacune d'elles, dit Suétone, avait ses systèmes, ses exigences, ses prétentions, ses tribuns différents; l'Italie était menacée de dépossession tout entière, la chose publique était perdue. »

César, sous peine de n'être plus qu'un chef de brigands, devait réfréner son parti ou s'ensevelir déshonoré dans le gouffre qu'il avait lui-même creusé. Ce fut de ce jour qu'il perdit sa popularité dans la multitude et dans la soldatesque, sans pouvoir la recouvrer dans le parti des bons citoyens. Après avoir enlevé aux Pompéiens leur idole, aux républicains de Caton leur liberté, au sénat son autorité, aux patriciens leur puissance, aux plébéiens leur paix, aux lois leur empire, il était forcé d'arracher aux soldats leur proie et aux prolétaires les chimères qu'il leur avait longtemps laissées pour jouet; il ne lui restait que le prestige de ses victoires, le dévouement intéressé de ses lieutenants, le trésor public et les provinces à distribuer aux démagogues qui suivaient ses camps pour ramasser les dépouilles du monde, cette faveur peureuse d'une bourgeoisie affamée de repos et d'affaires qui feint d'adorer le tyran pourvu que la tyrannie feigne de la protéger contre l'anarchie, enfin une politique de dissimulation, de mensonge et d'équilibre entre une armée dont on se défie, une populace qu'on redoute et une aristocratie qu'on a blessée au cœur.

En examinant bien, les récits contemporains sous les yeux, la situation de César rentrant à Rome après dix ans de complicité avec les démagogues, dix ans de gloire militaire dans les Gaules, et cinq ans de crimes heureux contre la république dans les guerres civiles, voilà littéralement l'impasse politique où son immorale ambition l'avait enfermé. Il ne pouvait s'en tirer que par une audace supérieure à toutes ses audaces et par un génie supérieur à son génie, soit, comme nous l'avons montré, en se déclarant le second fondateur et le législateur populaire de Rome, soit en se couronnant *imperator* héréditaire et absolu de l'univers romain.

Il n'en fit rien, il eut une défaillance de caractère ou une défaillance d'ambition. Il faut le reconnaître, soit à la gloire de la morale qui se venge toujours, soit à la honte de César, malgré le préjugé de génie qui s'attache à ce nom, toute la conduite de César à Rome, depuis le jour où il fut maître de Rome, porte l'empreinte de l'indécision, de l'inertie, et, disons le mot, de la médiocrité. N'avançant plus, ne trouvant aplomb sur rien, il ne pouvait manquer de s'écrouler bientôt, ou par l'insatiabilité de l'armée, ou par le désenchantement de la multitude, ou par la vengeance muette des patriciens.

Que fit-il pour signaler sa toute-puissance?

Il demande le privilége de porter une couronne de laurier sur sa tête nue pour cacher son front chauve, puérilité qui rappelle le favori de Nicomède et l'amant de Cléopâtre plus que le tyran de l'univers. Il apaise les légions indisciplinées en leur jetant l'or à pleines mains et en leur promettant des guerres prochaines pour leur faire prendre patience par la perspective de nouvelles dépouilles ; il convoque une ombre de sénat qui lui enlève de l'indépendance et qui ne lui prête que de l'obséquiosité d'hommes discrédités dans Rome par leur fluctuation de Marius à Sylla, de Sylla à Pompée, de Pompée à César ; il se fait nommer consul et dictateur pour dix ans ; il se laisse voter une statue d'or en face celle de Jupiter : « A César presque Dieu! » commencement de divinité des tyrans qui déshonore les dieux sans sanctifier la servitude ; il donne à chaque habitant de Rome dix boisseaux de blé, dix livres d'huile et une poignée de *sesterces*, commencement de solde aux prolétaires pour en acheter la paix ; il amuse et il corrompt la ville par quarante-quatre jours de fêtes continues qui apprennent au peuple que les gouvernements sont faits pour l'amuser à tout prix, et qui lui ôtent le besoin et le goût du travail ; il lui bâtit des portiques et des jardins comme à un roi qu'on veut amollir ; il lui fait célébrer les obsèques de sa fille comme pour l'apparenter à lui par ce deuil ; il dédie un temple à Vénus, mère fabuleuse de la famille des Césars ; il s'étale sur un char traîné par quatre chevaux blancs, votés par le sénat, à l'envi du char de Jupiter ; il fait spectacle au peuple des charmes, des larmes, de la pudeur des prisonnières qu'il a ramenées à Rome, et même de la pudeur de la jeune Égyptienne Arsinoé, sœur et rivale de sa propre maîtresse Cléopâtre ; il fait sculpter et ciseler les images de ses batailles et de ses villes conquises sur le bronze, sur le bois, sur l'écaille ; il élève au rang de citoyen romain ces barbares gaulois dont le glaive étranger lui a ouvert le chemin de Rome ; il s'en fait une garde étrangère comme tous les ambitieux qui se défient du patriotisme sous les armes ; il place Balbus, un aventurier espagnol, à l'administration du trésor romain ; enfin, il réforme le calendrier et des erreurs d'astronomie, au lieu de réformer la république.

Il conserve en les corrompant quelques formes des institutions républicaines, des élections, des comices, en se réservant le droit de recommander impérativement ses candidats aux tribuns, détestable comédie qui laisse subsister l'appareil de la souveraineté populaire, à condition qu'elle soit une dérision convenue entre le peuple et lui; il remplit le sénat de mimes, d'affranchis d'hier, de lutteurs qui ont combattu dans le cirque devant le peuple pour lui complaire; il ordonne aux chevaliers romains, fils de la haute bourgeoisie, officiers de la cavalerie romaine, de donner eux-mêmes des leçons de gymnastique aux écoles de gladiateurs qu'il multiplie pour divertir le peuple romain; il double les charges et les appointements pour s'attacher plus de créatures; il pardonne à Antoine et à Dolabella leurs spoliations, à condition d'en restituer quelque chose aux Pompéiens, qui se résignent à sa domination; il relève même les statues de Pompée, comme dit Cicéron, pour affermir les siennes contre les vicissitudes des réactions futures. Il ne proscrit plus, parce qu'il n'y a plus rien à proscrire et que cinq cent mille républicains se sont proscrits eux-mêmes à Pharsale, en Afrique et en Espagne, pour ne pas vivre sous le destructeur de la république.

D'un autre côté, il passe au peuple et aux vétérans tous leurs caprices et toutes leurs violences compatibles avec son autorité. « Il se passe bien des choses, écrit Cicéron, alors plein d'ingulgence, de réticences et de complaisance pour le tyran, il se passe bien des choses qui ne plaisent pas à César, mais que voulez-vous ? C'est le sort des guerres civiles, que non-seulement il faut après obéir au vainqueur, mais que le vainqueur lui-même est obligé à son tour d'obéir aux auxiliaires qui lui ont donné la victoire. »

Ces auxiliaires, c'étaient, pour César, les démagogues de Rome, les continuateurs de Clodius, les provocateurs de la loi agraire, de l'abolition des dettes, de la spoliation des possesseurs de maisons par la suppression des loyers, la plèbe famélique qu'il fallait assouvir sans cesse de froment, d'huile, de spectacles, de sang, de gladiateurs, d'animaux étrangers, éléphants, girafes, amenés à grand prix du fond des déserts, de triomphes où l'orgueil romain se dilatait des larmes des captifs ; c'était l'armée substituée à tout, sénat, lois, peuple ; enfin, c'étaient les hommes qui, tels que Dolabella, Antoine, avaient passé des crapules de leur jeunesse à Rome dans les camps de César, avec leurs dettes et leurs vices, qui n'avaient de réhabilitation que dans sa fortune et de salut que dans sa tyrannie militaire, et à qui il était obligé, faute d'instruments plus honorables, de confier les provinces, les légions et le gouvernement même de Rome.

Tel était surtout Antoine, sorte de César de caserne et de populace, qui le servait par son zèle en le compromettant par ses excès. César ne pouvait pas avoir d'instruments honnêtes dans la plus déshonnête des entreprises, celle de la tyrannie ; il ne craignait pas Antoine, parce que ses vices le déshonoraient trop pour qu'il pût jamais prétendre par lui seul à la domination. Entre l'empire et Antoine il y avait le mépris public ; César le montrait avec complaisance aux Romains comme une espèce de brute féroce et monstrueuse qu'il savait seul museler ; il n'était pas fâché que les Romains vissent par le contraste la différence qu'il y avait entre un maître couvert de gloire, doux, poli, élégant, miséricordieux comme César, et un maître brutal, soldatesque et populacier comme Antoine. L'un relevait l'autre.

Antoine était l'ombre qui faisait ressortir dans la lumière la figure de César.

Un seul homme donnait alors à César et à son parti un reflet de considération et de vertu antique : c'était Cicéron. Mais Cicéron, entraîné malgré lui par son indécision dans l'écroulement de la république, n'était plus lui-même qu'une ruine vénérée et déplacée dans le sénat césarien où il avait eu la faiblesse de venir reprendre sa place. Son éloquence y était aussi posthume que sa vertu. Il l'employait à faire des harangues, belles mais sans nerf, dans lesquelles il se croyait quitte envers lui-même quand il avait donné quelques vagues conseils de vertu au vice, de liberté à la tyrannie. L'ami honnête et timide de Caton et de Brutus était devenu l'apologiste de César, l'homme du panégyrique face à face, donnant avec grâce et dignité aux Romains le ton et le tour de l'adulation qui plaisait au maître.

Il sentait lui-même cet abaissement. « J'étais naguère (sous la république) au gouvernail, dit-il, et je suis maintenant dans la *sentine* du vaisseau de l'État... Mais que voulez-vous? reprend-il ailleurs, César est encore le meilleur des hommes de son parti. » Et pendant qu'il loue tout haut le chef : « Prends garde à tes biens et à ta vie, écrit-il à Marcellus, car ce parti est celui des brigands ; César seul est modéré parmi ces bandits. »

Il commençait en effet à refréner avec plus de vigueur la multitude et à se tourner, comme tous les révolutionnaires assouvis, vers l'aristocratie, qui seule consolide et décore les parvenus des révolutions. Pour faire oublier au peuple ce qu'il lui retirait en concessions, il l'enivrait de nouvelles fêtes. La dernière de ces fêtes, déjà impériale, décrite par M. de Champagny dans son livre *des Césars*, rappelle Babylone.

« Pendant que César, à la lueur de quarante lustres portés par des éléphants, monte à genoux les degrés du Capitole, les jeux commencent par toute la ville. Dans tous les quartiers, des bouffons débitent leurs lazzis dans toutes les langues à cette multitude cosmopolite. Au cirque, agrandi par César, la jeune noblesse conduit des chars et des chevaux; au Champ de Mars, luttes d'athlètes pendant trois jours; au delà du Tibre, dans un lac creusé de main d'homme, combat naval entre la flotte d'Égypte et celle de Tyr; à l'amphithéâtre, combats de bêtes pendant cinq jours; et à la fin, pour mettre le comble à la joie du peuple, bataille sérieuse entre mille fantassins, cinq cents cavaliers, quatre éléphants; le sang coule, les hommes périssent. César est un bon maître, il a voulu indemniser son peuple qui ne vit pas les massacres de Thapsus et de Pharsale. Et dans Rome tout entière, vingt-deux mille tables se dressent, chacune de trois lits; le peuple et l'armée, cent quatre-vingt-dix-huit milles convives y prennent place; le falerne s'y distribue par amphores, le vin de Chio par tonneaux. »

Par un autre coup de balancier, il se fait adresser par Salluste, son confident, au nom des patriciens, des conseils publics pour la réforme des mœurs et pour la dignité de son gouvernement.

L'historien de Catilina, un peu revenu de sa foi aux panacées politiques, de publiciste se fait moraliste. Il ne cache point à César que son parti n'est pas composé des plus honnêtes gens du monde, qu'autour de lui on pousse à la confiscation et à la tyrannie, qu'on blâme sa clémence, que les vainqueurs réclament leur butin, et que pourtant les vaincus sont des citoyens.

« Mais, dit-il, tu es le maître; fais en sorte que le peuple qui t'obéit soit le meilleur possible; le malhonnête homme n'est pas un sujet docile. Ne rends pas, comme les barbares, meurtre pour meurtre, sang pour sang; continue à être clément, quoi qu'on en dise; ôte la liberté du brigandage; ôte, pour y parvenir, la liberté des profusions et du luxe; sans reprendre toutes les lois anciennes, règle les penses privées ; assure à chacun son patrimoine, en le défendant et contre les rapines d'autrui et contre sa propre folie. Pour sauver la jeunesse de sa ruine pécuniaire et, par suite, de toutes les voies de désordre où elle s'engage (*pravæ artes*), supprime l'usure ; pour sauver le peuple et le soldat de la pauvreté et de la sédition, supprime les distributions qui le corrompent, et que chaque chose reprenne sa place ! »

César suit ces conseils.

« Les exilés rentrent, écrit Cicéron, César s'adoucit, revient à sa propre nature. On élève un temple à sa clémence ; il est maintenant entouré de nos Pompéiens ; il faut bien espérer du rétablissement de la république. Cassius est remis à la tête de ses légions, Sulpicius reçoit le gouvernement de la Grèce, Brutus gouverne pour César la Gaule cisalpine. »

Puis, comme si César se fût repenti tout à coup de ces retours au passé, il se fait décerner les honneurs divins, le nom de *Jupiter-Julius*, et raillant insolemment un tribun du peuple qui parlait avec trop de liberté devant lui :

« Tribun, lui dit-il d'un ton sévère, que veux-tu ? Viens-tu donc me redemander la république ? La république n'est rien, c'est un nom. Sylla n'a été qu'un imbécile quand il a abdiqué. Je veux qu'on me parle désormais avec plus de crainte, et que mes volontés soient toutes les lois ! » (Suétone.)

Il laisse murmurer autour de lui que Rome, la vieille capitale de la liberté, ne convient plus pour être la capitale monarchique du monde césarien, et qu'il faut la transplanter à Byzance ou à Troie, sur la côte d'Asie. Le sénat délibère, sous l'inspiration d'un de ses affidés, « une loi qui autorise César à épouser autant de femmes qu'il lui conviendra, afin de mieux assurer sa dynastie. » Il appelle à Rome et il reçoit dans sa maison, à côté de sa femme Calpurnie, fille de Pison, la belle Égyptienne Cléopâtre, dont la passion l'enivre toujours, et son fils Césarion, pour le montrer aux Romains. Il fait répandre dans le peuple que l'Asie et les Parthes ne peuvent être subjugués que par un héros qui portera le titre de roi, afin de donner un prétexte à la couronne qu'il convoite et qu'il n'ose ceindre encore. On trouva un matin sa statue au Forum couronnée de bandelettes en forme de diadème. Les tribuns firent enlever le diadème et conduire en prison l'homme vendu qui avait prêté la main à cette insinuation par symbole. César parla rudement aux tribuns et les destitua de leurs fonctions, en apparence parce qu'ils lui ravissaient l'honneur du refus, en réalité parce qu'ils avaient préjugé le refus du peuple.

Antoine et ses amis lui faisaient honte de ses tâtonnements et de sa réserve. Une fois qu'il rentrait à Rome de sa maison d'Albe, ils apostèrent des groupes de soldats qui le saluèrent roi! « Je ne suis pas roi, je suis César, » répondit-il pour édifier le peuple. Mais les applaudissements du peuple à ces paroles le mécontentèrent; il voulait qu'on lui imposât la royauté, afin d'avoir aux yeux des vieux Romains le profit sans le reproche.

Sa popularité baissait en proportion de l'élévation de ses désirs et de la grandeur de son pouvoir; il avait laissé passer le moment de l'enthousiasme et de la terreur qui permet tout aux ambitieux; les démagogues comprimés détestaient le transfuge, le peuple honnête haïssait l'usurpateur, les patriciens le flatteur du peuple, les républicains le sacrilège, le sénat même l'homme qui l'avait flétri en le relevant. Il n'avait plus de faveur que dans la populace et dans l'armée, il avait dans la plèbe et dans les légions les deux forces matérielles; mais l'opinion, la force morale se retirait. Ses hésitations l'avaient fait réfléchir. « Il ne faut pas, dit Machiavel, laisser réfléchir sur les mauvais desseins. »

Son propre courage semblait l'abandonner en même temps que sa popularité; soit assouvissement d'une ambition qui n'avait plus rien à désirer que l'impossible, soit lassitude d'action dans une âme qui avait tant agi et qui avait usé ses ressorts par la guerre, par la politique, par l'intrigue, par l'éloquence comme par la volupté, soit atteintes, plus fréquentes avec l'âge, de ces accès d'épilepsie auxquels succédaient des mélancolies pensives, il paraissait découragé de vivre, mais non encore de régner. La couronne lui aurait rendu la vie.

Il autorisa sans aucun doute, disent tous les contemporains, Antoine et ses amis à faire une dernière tentative indirecte auprès du peuple romain pour obtenir, ou par l'applaudissement ou par le silence au moins, le diadème, signe de la monarchie sur sa tête.

Il n'obtenait rien : le peuple s'obstinait à subir la tyrannie, mais non à en concéder le signe. Quand il n'y a plus de liberté dans le peuple, il y a encore l'indignation de l'avoir perdue et la jalousie d'en conserver les apparences. Le peuple romain et César semblaient se porter mutuellement le défi, l'un de prendre, l'autre d'accorder la majesté suprême. Par une puérilité qui annonçait en lui l'affaiblissement du génie, César s'irritait également et du refus de la tyrannie et du soupçon d'y prétendre. Maître du monde, il voulait encore paraître calomnié, quand on l'appelait tout-puissant. Il affectait envers le sénat tantôt l'insolence, tantôt l'humilité: malheureux dans une de ces affectations comme dans l'autre.

Un jour que les sénateurs étaient venus en grand cortége lui offrir des respects et des honneurs, le vertige dont il était souvent saisi inopinément l'empêcha de se lever pour les recevoir; le peuple remarqua cette inconvenance et en murmura tout haut. Il rentra désespéré dans sa maison, se lamentant sur ces murmures, se découvrant la gorge et suppliant ses amis de le percer de leurs épées, puisqu'il était assez malheureux pour que chacune de ses actions fût l'objet des malveillantes interprétations du peuple.

Antoine, qui était alors consul, se décida à entraîner, par son exemple et par l'exemple des soldats et de la populace ivre de servitude, le peuple à son propre avilissement.

C'était aux jours des Lupercales, sorte de carnaval romain, pendant lequel les jeunes patriciens et les magistrats les plus augustes eux-mêmes couraient demi-nus ou entièrement nus dans la ville, en frappant, par badinage, les passants et les femmes avec des lanières de cuir fourrées, pour porter bonheur, par cette superstition, à ceux qu'ils rencontraient. César, en qualité de dictateur, assistait dans une tribune à cette fête, assis sur une chaise curule d'or et dans ses habits de triomphateur. Antoine, fendant la foule qui se pressait sous la tribune du dictateur, tendit hardiment à César un diadème entrelacé d'une couronne de lauriers.

« A ce geste, dit Plutarque, on entendit d'abord un battement de mains sourd et concentré dans un groupe aposté pour la scène, comme l'assentiment d'un petit nombre d'affidés chargés de donner l'exemple aux autres; cet applaudissement ne se propageant pas, César repoussa politiquement le diadème. Le peuple en masse applaudit alors avec unanimité à ce geste de déférence pour la république; Antoine s'obstine, les mêmes applaudissements gagés l'encouragent; César refuse de nouveau, la même approbation éclate de toutes les mains dans l'immense Forum. Ce dialogue muet entre l'ambitieux déçu et le peuple rebelle au signe de la tyrannie démontre à César l'invincible répugnance de la multitude pour la monarchie; il dissimule sa déception sur son visage, il feint d'applaudir lui-même à l'austérité du peuple romain; il se lève de son siége et il ordonne de porter aux dieux, dans le Capitole, une couronne qui n'est pas faite pour le front d'un citoyen. »

Ce refus forcé ne trompa personne et décida, par l'imminence de la tyrannie, les ennemis de César et les derniers amis de la liberté à prévenir le diadème par le poignard. Les murmures du peuple à la scène vainement préparée des Lupercales apprirent à un petit nombre de républicains conjurés qu'ils avaient Rome presque entière pour complice.

De ce jour, la conspiration latente qui n'était que dans les cœurs s'ourdit dans les conciliabules et devint une conjuration à peine couverte par le mystère. Les conjurés s'enhardirent par la certitude que l'âme du peuple conspirait tout entière avec eux. La haine privée et la haine publique se rencontrèrent dans la même pensée de vengeance : les uns voulaient venger leurs amis, les autres voulaient venger la république.

Mais, il faut le reconnaître à l'atténuation du crime des conspirateurs contre César, une philosophie stoïque, un patriotisme vengeur que les modernes appellent justement crime aujourd'hui et que les anciens appelaient vertu parce qu'il était plus haut que nature, fut le troisième et principal mobile de la conjuration contre le tyran. Le meurtre de César est peut-être la seule conspiration philosophique dont l'histoire ait donné l'exemple au monde, qui se soit armée du poignard par raisonnement, qui ait frappé par devoir et assassiné par vertu. Voilà pourquoi ce grand meurtre, absous par les uns, exécré par les autres, n'est pas encore jugé par tous.

Nous allons en raconter les circonstances, en scruter la nature et en exposer autant qu'il est en nous, sur la foi des contemporains et des acteurs, la cause, le caractère et la criminalité.

Quand les peuples commencent à s'indigner en secret contre leurs tyrans, et quand, de confidence en confidence à voix basse, chacun est à peu près sûr d'avoir un complice dans tous, il se prépare en bas contre la tyrannie une de ces explosions d'opinion publique qui ne se révèlent que sur la physionomie muette du peuple, mais où le silence et les yeux baissés couvrent la résolution commune. Les peuples sont naturellement pusillanimes, parce que, tout en désirant passionnément d'être délivrés, aucun des hommes isolés qui composent la foule n'est chargé spécialement de la responsabilité de la patrie et ne sent en soi le dévouement nécessaire pour se compromettre et pour se sacrifier, inutilement peut-être, au salut de sa cause et de son pays. Voilà ce qui rend les tyrannies si durables, et ce qui fait que les murmures précèdent de si loin les explosions. Les révolutions sont déjà mille fois accomplies dans tous les cœurs avant que les mains s'arment pour frapper la tyrannie.

Dans une situation semblable à celle que nous venons de décrire, tous les yeux se portent instinctivement sur l'homme que la conformité d'opinion, le génie, l'intégrité, le courage, désignent de plus haut à la pensée publique comme l'homme d'action et de salut. On espère vaguement en lui sans l'avoir interrogé ; on le nomme tout bas, on se repose en lui, on s'irrite de sa lenteur, on l'objurgue, on le provoque, on lui fait des signes d'intelligence ; on finit, à force d'insinuations, par faire naître dans le cœur de cet homme une pensée qu'il n'avait pas lui-même au commencement, par le charger tacitement de la colère et de la délivrance communes, par lui imposer en quelque sorte ou la responsabilité de l'oppression soufferte ou le devoir du coup d'État de la liberté.

Un tel homme existait : c'était Brutus. Pour bien le comprendre, il faut remonter jusqu'à son berceau.

De toutes les femmes que César avait aimées dans sa jeunesse, Servilie, avant Cléopâtre, avait été sa plus tendre inclination. Cette jeune Romaine, d'une haute naissance, d'une beauté majestueuse et d'une éducation virile, descendait de Servilius Ahala, qui avait, dans les commenments de Rome, assassiné un tribun turbulent du peuple pour rendre l'ordre et la paix à sa patrie. Comme Charlotte Corday, Judith du démagogue Marat, l'aïeul de Servilie s'était dévoué à la mort pour délivrer la multitude de la pire des tyrannies, la tyrannie des instigateurs au crime. Elle avait donc dans les veines du sang qui savait couler pour la vertu.

Servilie avait épousé un patricien d'un âge avancé, de l'illustre maison des Brutus. Ces Brutus descendaient eux-mêmes du Brutus, fondateur de la liberté, qui, après avoir chassé les rois, avait supplicié ses propres fils pour avoir conspiré contre leur patrie la restauration des rois. Le jeune Brutus, fils au moins de nom de ce Brutus, mari de Servilie, avait donc à la fois dans ses traditions paternelles et maternelles les inspirations et les exemples des grands complots et des cruels sacrifices pour la patrie. Nous disons au moins de nom, car le jeune Brutus, né sans doute de l'adultère pendant les amours de Servilie avec son corrupteur César, passait pour fils du dictateur de Rome. Servilie s'honorait ouvertement de ce fruit de sa passion pour César; César se complaisait à voir son propre fils dans Brutus.

On a vu qu'après la victoire de Pharsale, César n'avait pas eu de plus vive sollicitude que de sauver Brutus du fer de ses Gaulois, qu'il l'avait caressé non comme un ennemi auquel on pardonne, mais comme un enfant qu'on délivre des mauvais conseils de son parti, qu'il l'avait ramené à Servilie dans Rome, qu'il lui avait donné le gouvernement de la Gaule cisalpine pour le rattacher à lui par les bienfaits comme par le sang.

Brutus, issu de deux si nobles races auxquelles l'amour

de César pour sa mère ajoutait une illustration illégitime mais aristocratique, était digne par sa nature de repréter le type de la noblesse romaine. Il n'avait rien dans le caractère ni dans les traits qui rappelât l'antique férocité de mœurs de ses aïeux. La grâce de sa mère, l'élégance de César, se retraçaient dans sa physionomie ; seulement la gravité de Caton, son oncle, frère de Servilie, y ajoutait une maturité précoce et un peu austère, qui révélait le républicain philosophe dans le neveu et dans le pupille du grand Caton. Sous ce maître de mœurs, de vertu et de patriotisme que la parenté lui avait donné, mais que la nature lui aurait fait choisir, le jeune Brutus avait étudié avec les plus rapides progrès les lettres grecques, la philosophie platonicienne qui place le souverain bien dans l'honnête et la vraie gloire dans la vertu, l'éloquence dont Cicéron, son modèle, lui enseignait les préceptes et les exemples, enfin les armes que les Romains mêlaient à tout et dont il avait pris les leçons sous le maître de la guerre, César.

Brutus était donc à la fleur de ses années le modèle, l'admiration et l'envie de la jeune aristocratie romaine. Il avait tous les dons, tous les talents, et de plus toute la pureté de son âge. La chasteté de sa vie, surveillée par Caton, faisait contraste et reproche aux débauches des César, des Catilina, des Dolabella, des Clodius, des Antoine, les impies et les corrompus du temps. Un chaste et mutuel amour, cimenté par les mêmes goûts studieux et par la même philosophie religieuse, l'attachait à Porcia, sa cousine, fille de Caton, que Caton lui avait donnée pour épouse. Il n'y avait peut-être dans Rome que Porcia digne de Brutus et que Brutus digne de Porcia.

Cette union avait resserré encore les liens de sang et de déférence qui l'attachaient à Caton, son oncle. Ces mêmes liens l'avaient naturellement aussi retenu dans le parti de Pompée, qui était celui de la république. Entre la société de Servilie, sa mère séduite, de César, son séducteur, et la société de son oncle devenu son beau-père, il n'avait pas hésité à choisir celle de Caton. Sa vertu comme celle de son maître, trop mêlée de vaine gloire, ne péchait que par la roideur et l'exagération qui la faisaient trop ressembler à l'effort. C'était comme un défi orgueilleux et perpétuel à la faiblesse humaine et aux mollesses du temps.

Un vaste génie relevait ces qualités et ces défauts de sa nature. Il le cultivait sans cesse avec les philosophes grecs de l'école antérieure même à Platon, dont sa maison était l'académie à Rome. Il recherchait, à leur exemple, le laconisme substantiel, cette plénitude sans débordement du discours. Ses plaidoyers et ses lettres aux provinces dont il était le patron, ses harangues militaires à ses légions, renfermaient plus de sens que de mots. La brièveté était pour lui le stoïcisme de la parole. Cette affectation et cette recherche des formes laconiques d'exprimer sa pensée n'en excluaient pas l'étude et l'élégance. Ses discours, comme ceux de Démosthène, sentaient la lampe des veilles qu'ils lui avaient coûtées; on le verra, à la fin de sa vie, préparer, polir et repolir pendant trois ans le discours qu'il devait prononcer devant le peuple romain, le poignard sanglant à la main, pour justifier le meurtre de César. La rhétorique se mêlait à tout, même à l'héroïsme, dans ces contrées où la tribune était souveraine.

Au moment où César passa le Rubicon, Brutus, quoique assuré de sa faveur et peut-être héritier naturel de ses crimes, gouvernait comme préteur la Sicile. Il n'hésita pas à se prononcer pour la république contre son père. Il n'examina pas, comme Cicéron, les chances du succès, mais la légitimité de la cause. Il se rendit auprès de Pompée, à Pharsale, pour combattre ou pour mourir avec le droit. Sa renommée précoce était telle que Pompée, en le voyant entrer dans sa tente, se leva de son siége, et, oubliant tous les personnages considérables auxquels il donnait audience, courut à lui, l'embrassa et félicita hautement la république de l'accession du jeune Brutus comme du signe le plus certain du droit et de la sainteté de sa cause.

Après Pharsale, il avait suivi César comme captif plus que comme fils. La mort de Pompée, l'anéantissement de ses fils en Espagne, la bataille de Thapsus, le suicide de Caton, le triomphe fatal, mais universel, de César sur la république, l'avaient sinon converti, du moins réduit en apparence à la domination du dictateur. César, habile à séduire comme à vaincre, l'avait persuadé, dans ses entretiens intimes avec lui, qu'il n'avait d'autre but que de rétablir, après la paix imposée aux partis, les institutions, le sénat, l'aristocratie, la république ; il avait fini par lui faire accepter, par le gouvenement de la Gaule, un rôle dans sa tyrannie.

Brutus avait eu la faiblesse d'y consentir et de croire que la même main qui renverse les lois peut les relever. Il s'était lavé autant qu'il l'avait pu à ses propres yeux de sa participation malséante au règne de César, par la justice et la douceur de son administration dans la Gaule romaine. Il y était adoré comme le contre-poids de la tyrannie de César ; il y attendait avec une confiance douteuse que César exécutât ses promesses pour la restauration de la liberté. Toutes les lettres qui lui venaient depuis quelque temps de Rome, toutes les tentatives d'Antoine, tous les pas de César vers la monarchie, tous ses sacriléges contre les consuls, le sénat, les tribuns, le peuple, l'avaient enfin détrompé sur la feinte républicaine du dictateur. Il était revenu à Rome, l'oreille ouverte aux gémissements de la patrie, le cœur aigri par les déceptions du tyran ; il rougissait d'avoir été dupe, d'avoir aliéné dans cette expectative déçue une partie de sa vertu, aux yeux des républicains stoïques ; il détestait plus encore dans César le trompeur que l'ambitieux, il ne lui pardonnait pas de l'avoir dénaturé aux yeux des Romains; il cherchait de l'œil une occasion, aussi grande que son âme, de recouvrer, par quelque acte mémorable pour la patrie, l'innocence, la réputation et la vertu, dont le contact avec un tyran avait obscurci l'éclat sur son nom.

Le peuple, qui pénètre plus qu'on ne pense dans le secret des âmes héroïques, ne s'était pas trompé cependant au rapprochement apparent de Brutus et de César. Il voyait un voile sur le visage du républicain favori de César, comme il avait vu le masque de l'idiotisme sur le visage du premier Brutus pour cacher la haine et la mort des rois; mais derrière ce voile, comme derrière ce masque, le peuple de Rome pressentait un libérateur de son pays.

Brutus ne pouvait ignorer longtemps lui-même ces dispositions du peuple à tout lui pardonner et à tout espérer de lui. Il recevait sans cesse des billets anonymes, où des citoyens inconnus lui rappelaient la source de son sang et lui faisaient honte de ressembler si peu à ses frères. Ses amis et ses parents ne cessaient de lui dire qu'il était peu séant à un neveu et à un gendre de Caton d'être le favori de César, ajoutant « qu'il ne devait pas se laisser apprivoiser et tromper par un tel homme, mais, au contraire, se préserver de tout contact avec les grâces et les caresses par lesquelles, disait-on, le maître de Rome cherchait bien moins à honorer son rare mérite qu'à lier par la reconnaissance son courage et à endormir son patriotisme. »

A mesure que la haine publique montait davantage contre César, ceux qui espéraient en Brutus multipliaient le murmure sourd et les objurgations à demi-voix à ses oreilles, pour le forcer à les entendre. Ces symptômes d'une opinion qui s'aliène, et qui cherche un centre illustre pour s'y grouper, ne pouvaient échapper à César. Il n'était pas ombrageux; il était trop accoutumé à tout soumettre par la violence pour redouter beaucoup les embûches; d'ailleurs, il aimait par mollesse d'âme à se faire une fausse sécurité, pour que la terreur de la mort ne corrompît pas trop ses plaisirs. « Il vaut mieux mourir une fois que craindre tous les jours de mourir, » disait-il à ses familiers. « La meilleure et la plus douce des morts, disait-il à d'autres, est la plus inattendue et la plus soudaine. »

Au lieu d'éloigner Brutus de Rome et de prendre des précautions contre lui, il ne cherchait à prendre des précautions que dans son cœur. Sans lui avoir jamais dit qu'il était son fils, sa prédilection avouée disait assez à Brutus que César se considérait comme son père. Une circonstance accidentelle vint afficher plus ouvertement cette faveur, poussée jusqu'à l'injustice, du dictateur pour le fils de Servilie. La *préture urbaine*, sorte de préfecture de Rome, était vacante; c'était à César à y pourvoir. Un jeune sénateur de haute naissance et d'ardente ambition la briguait avec tous les titres pour l'obtenir. « Cassius a tous les droits, dit César à ses amis, mais je donne la préture à Brutus. »

Ce mot, sans lui faire un ami de Brutus, lui fit de Cassius un ennemi mortel; Cassius, quoique moins pur d'intérêt personnel dans son opposition à César, était un homme dangereux à irriter par un tel mépris. Dès son enfance, il avait trahi son antipathie contre les tyrans de toute race et de toute faction. Le fils de Sylla, son compagnon d'école, ayant, par piété filiale, préconisé l'autorité absolue qu'avait exercée son père dans Rome, Cassius, révolté de ce panégyrique de la monarchie dans la bouche d'un républicain, se leva de sa place et alla frapper au visage le fils de Sylla. Cités par les magistrats, les deux jeunes gens comparurent devant Pompée, qui leur demanda comment la querelle s'était engagée. « Allons, Sylla, dit avec défi Cassius, redis devant cet homme, si tu l'oses, ce que tu as dit devant moi et ce qui a levé ma main contre toi, afin que je te frappe encore au visage. »

Du jour où César eut adjugé la préture à Brutus au détriment de Cassius, Cassius ne s'irrita pas contre Brutus, mais contre César. Il détesta moins en lui son rival préféré, qu'il n'aima dans ce rival l'homme qui donnait le plus à sa patrie l'espérance de la délivrer de la tyrannie. Il commença à cultiver, dans un intérêt de vengeance supérieure, l'heureux compétiteur dont il voulait faire un complice.

La préture ainsi accordée à Brutus comme un signe de la faveur croissante de César ne découragea pas les républicains de bien espérer de lui. Cette magistrature, qui le plaçait en évidence et en contact perpétuel avec les citoyens, fut au contraire pour lui l'occasion d'un redoublement de popularité dans la ville. Cette popularité sévère prenait toujours les formes du reproche. Un jour, on trouvait affiché sur le piédestal de la statue du premier Brutus ces mots qui devaient poigner le cœur du moderne Brutus : « *O Brutus! plût aux dieux que tu vécusses dans tes descendants!* » Un autre jour, sur le socle du tribunal où le préteur rendait la justice : « *Où es-tu, Brutus?* » Ailleurs : « *Tu dors, Brutus! Non, tu n'es pas des vrais Brutus!* »

Le bois et la pierre prenaient ainsi des voix pour accuser le jeune préteur de la servitude impunie des Romains. Chaque matin, quand il montait à son tribunal, on y trouvait en foule des billets, des inscriptions, des adjurations semblables, déposés pendant la nuit. C'en était trop pour laisser dormir plus longtemps la conscience d'un homme à qui ses préceptes philosophiques avaient inculqué, comme première vertu, le sacrifice de la reconnaissance et même de la nature au devoir. Depuis qu'il s'était convaincu qu'une plus longue patience à attendre la restauration de la liberté par son bienfaiteur et son père était une illusion et une complicité, il n'hésitait plus à méditer le renversement du dictateur, il espérait seulement que d'autres mains le dispenseraient d'un acte qui ressemblait trop à l'ingratitude et au parricide.

Mais les partis ne dispensent d'aucune extrémité l'homme unique dont ils ont besoin pour leur œuvre. Aucun autre ne pouvait remplacer Brutus ; sa vertu même, qui le désignait entre tous par son nom aux républicains, était sa condamnation au crime. Il y avait de la superstition et de la fatalité, aux yeux des Romains, dans ce nom ; il fallait, selon eux, qu'il désavouât sa race ou qu'il imitât ses ancêtres.

On soupçonna ce qui se passait dans l'âme de Brutus, et on lui mit avec tant d'art et d'obstination le poignard à la main qu'il ne pouvait le rejeter sans perdre ses amis et sans se trahir lui-même. Un petit nombre de patriciens républicains, l'élite de la jeunesse romaine, Statilius, philosophe de la secte d'Épicure, Favonius, le disciple et l'imitateur de Caton, Labéon, Casca, hommes de conseil extrême et d'exécution intrépide, se rassemblaient mystérieusement dans la maison de Cassius pour épier l'heure de la liberté et pour concerter le meurtre du tyran, seul obstacle à la résurrection de la république. César, en n'édifiant aucune institution qui pût lui survivre, était à lui seul la tyrannie tout entière. Lui mort, il n'y avait plus que Rome, et Rome paraissait impatiente et capable de renaître à l'antique liberté.

Mais aucun de ces conjurés, quelque importants qu'ils fussent dans le sénat et dans le peuple, n'avait une popularité et une autorité morale suffisantes pour imposer au peuple le respect de l'attentat qu'ils méditaient. Le premier venu peut frapper un tyran et appeler un peuple à la liberté ; mais il faut un homme éclatant et prédestiné pour changer le meurtre en révolution. Ce n'est pas l'assassin, c'est l'homme d'État qui justifie le coup et qui le fait sanctionner par la conscience publique comme une délivrance ou comme une justice. Brutus seul avait ce crédit dans Rome. Les conjurés, tout en se défiant encore de lui, se sentaient subalternes devant lui; un acte que Brutus n'approuverait pas paraîtrait un crime au peuple; sa conscience seule légitimerait tout acte auquel il aurait participé. Pénétrés de ce sentiment qui les humiliait sans les décourager, ils résolurent unanimement de donner à leur complot un chef, une âme, une sainteté dans Brutus. Cassius, quoique son rival depuis la préférence injurieuse de César, se chargea de sonder jusqu'au vif la faiblesse ou la vertu du neveu de Caton.

Il se rendit inopinément chez Brutus, étonné d'une telle déférence dans un homme dont il croyait n'avoir à attendre que l'envie. Après avoir motivé sa visite par l'attrait invincible qu'il avait toujours ressenti pour le neveu de Caton, malgré leur conflit accidentel de candidature pour la préture, il lui dit que les circonstances de la république étaient trop suprêmes pour que deux hommes tels que Brutus et lui affaiblissent plus longtemps le parti de la liberté et de la gloire de Rome par une puérile dissension qui diviserait encore la république prête à succomber sous la convoitise des ambitieux. Il scella, avec l'accent de la franchise et de la cordialité la plus tendre, la réconciliation qu'il venait solliciter, sans rougir d'aucune déférence quand il s'agissait de Brutus. Puis, changeant de ton, et comme pour entrer dans les généralités d'un entretien qui s'épanche au hasard, il demanda à Brutus s'il ne comptait pas assister à la séance du sénat du 15 mars, dans laquelle on devait, disait-on, proposer d'ajouter à tous les honneurs de César le titre de roi et les attributions de la royauté.

Brutus répondit négligemment qu'il ne comptait pas se trouver au sénat ce jour-là.

« Eh quoi! reprit Cassius, vous abandonneriez la république le jour où on veut lui porter le dernier coup? Mais, si on vous appelle à consentir à un tel attentat, que ferez-vous?

» — Alors, répliqua Brutus, mon devoir sera de me prononcer, de parler, de repousser de toutes mes forces l'établissement de la royauté dans Rome, et de mourir le même jour que la liberté.

» — Vous, mourir? s'écria Cassius ravi, avec l'accent de l'incrédulité; et quel est donc le Romain qui vous laisserait mourir? Ne vous connaissez-vous donc pas vous-même, Brutus? et ignorez-vous seul ce que vous êtes pour Rome? Pensez-vous donc que ces adjurations anonymes qui pleuvent toutes les nuits sur votre tribunal soient l'œuvre des artisans et d'une vile populace, et qu'ils ne sont pas plutôt la voix mystérieuse, mais unanime, des premiers, des plus honnêtes et des plus illustres de nos citoyens? Ne vous y trompez pas, Brutus : le peuple attend des autres préteurs des largesses, des jeux publics, des combats de gladiateurs; mais il attend de vous l'acquittement d'une dette contractée par le nom de vos pères, par le nom que vous portez : l'abolition de la tyrannie? »

En finissant de parler, il embrassa Brutus, en inondant son visage de ces larmes d'enthousiasme qui sont le trop-plein de la passion.

Brutus avait enfin consenti.

Du jour où la conjuration put compter sur Brutus, elle cessa de se cacher dans l'ombre comme un crime; elle s'afficha presque comme une vertu. Sans avoir besoin de se donner les uns aux autres d'autres raisons et d'autres gages que le nom de ce grand homme de bien, un autre Brutus (Décimus Brutus), familier de César, Tribonius Cimber, tous les amis de Pompée, tous les adorateurs de Caton, tous les patriciens humiliés, tous les chevaliers romains avilis, tous les citoyens de la bourgeoisie, qui déploraient la souveraineté républicaine absorbée dans un homme ; enfin, tous les hommes vertueux, à qui la tradition romaine et la philosophie grecque avaient enseigné à confondre, comme Cicéron, Scipion, Caton, la vertu et la liberté dans le seul mot patrie, s'avouèrent à demi-voix leur commune pensée. Soixante sénateurs, sans prêter sur le poignard aucun de ces vains serments qui lient les courageux et qui ne lient ni les espions ni les lâches, autorisèrent Brutus à compter sur eux. César lui-même fixa le jour de sa mort, en fixant au 15 des ides de mars le jour de la convocation du sénat, pour entendre, de la bouche de ses affidés, la proposition de lui décerner le titre de la royauté, le bandeau de pourpre autour du front.

L'opinion était si établie, la résolution était si ferme, le dessein paraissait si honnête que, sur ce grand nombre de conjurés à qui on n'avait demandé que la prudence, aucun ne trahit même par une indiscrétion le complot. Ce n'était pas même un complot dans leur pensée ; c'était le coup d'État de la république, le juste talion de la liberté. César seul devait expier pour tous. Brutus, dans la réunion où l'on délibéra si l'on ferait mourir ses principaux partisans, s'opposa à tout autre meurtre qu'à celui qui paraissait nécessaire à la liberté de tous. Il sauva même Antoine, plus instigateur encore de monarchie que César ; il représenta avec raison qu'Antoine était plus méprisable que redoutable, plus vaniteux que féroce, qu'il jouissait, comme consul sur le peuple et comme général sur les légions, d'un crédit qui pourrait aider les conjurés à faire accepter le meurtre de César une fois accompli, et qu'après avoir aidé à renverser la république, ce soldat dissolu et versatile serait tout aussi tenté de participer à la gloire de la rétablir. Quant à Cicéron, bien que Brutus fût le plus respectueux de ses amis, uni depuis son enfance à ce grand homme par la philosophie, l'éloquence, les lettres, l'honnêteté, il engagea les conjurés à ne pas lui confier l'entreprise. On ne doutait pas de son opinion, mais de son courage.

On ne pouvait, en effet, douter de l'opinion de Cicéron, qui écrivait peu de jours après la mort de César : « On ne peut assez louer les deux Brutus; ils nous ont délivrés du tyran. Défendons en eux nos libérateurs, et consolons-nous de tout en pensant au 15 mars (jour où César avait expiré). » Mais on pouvait douter de la constance et de la fermeté de l'homme qui, après avoir suivi Pompée et pleuré Caton, vivait familièrement avec le meurtrier de ces deux victimes.

Une sollicitude plus tendre empêcha Brutus de faire confidence de la conjuration à sa femme, Porcia; non qu'il craignît d'être détourné par cette femme héroïque d'un dessein qu'il jugeait magnanime pour sa patrie, mais afin de lui épargner les transes et les terreurs inséparables de la longue attente avant les grandes résolutions.

Mais la tension d'esprit de Brutus pendant le jour, ses insomnies pendant la nuit, ses agitations inusitées pendant son sommeil, n'échappèrent pas à la tendresse attentive de la jeune femme. Elle soupçonna que son mari roulait quelque lourde pensée dans son âme et que c'était ce poids qui causait cette agitation maladive de ses sens; avant de lui demander son secret, elle voulut s'éprouver secrètement elle-même, afin de savoir si elle était capable de surmonter la douleur et les supplices pour garder, jusqu'à la mort, le mystère qu'on aurait versé dans son sein.

Après que Brutus fut sorti du lit, elle ordonna à ses esclaves de la laisser seule; et, s'armant d'un petit ciseau aigu à deux lames dont les barbiers romains se servaient pour tailler les ongles, elle se l'enfonça profondément dans les chairs et resta sans crier, à demi morte, baignée sous ses couvertures dans son sang. Brutus accourut à la nouvelle de la maladie de sa femme, sans savoir, non plus que toute sa maison, la cause de sa pâleur et de sa fièvre. Porcia, à son approche, ayant fait retirer tous les assistants, demanda à lui parler sans témoins.

« Brutus! lui dit-elle dans un entretien littéralement conservé par les *Mémoires* de son propre fils, Brutus, je suis la fille de Caton, et je vous ai été donnée par lui, non pas pour être seulement compagne de votre couche et commensale de votre table, comme les concubines, mais pour partager, en tout, vos biens ou vos maux. De votre côté, vous ne m'avez jamais donné le moindre sujet de me plaindre de mon union avec vous. Mais quelle marque puis-je donc à mon tour vous donner de mon amour et de ma reconnaissance, si je ne suis capable ni de partager avec vous une extrémité pénible et cachée, ni de supporter pour vous, comme votre plus chère confidente, le secret périlleux d'une entreprise qui demande de la fidélité et de la constance? Je sais bien qu'en général on considère le caractère des femmes comme trop faible pour qu'elles gardent avec une sûreté parfaite un mystère qui leur est confié. Mais, Brutus, la bonne éducation et le commerce des hommes sages et vertueux ont quelque pouvoir et quelque influence sur les mœurs; fille de Caton, épouse de Brutus, ces deux titres me commandent d'être digne d'eux; cependant je ne me suis pas encore assez fiée à ces garanties de mon devoir, que je n'aie voulu, avant de vous demander votre secret, faire sur moi-même l'épreuve de ma constance; maintenant je suis sûre, et j'ai appris, par ma propre main, que la douleur ne peut rien sur moi! »

A ces mots elle souleva ses couvertures et montra à son mari la blessure d'où coulait son sang. Brutus, extasié d'admiration, lève ses mains au ciel, s'écrie et prie les dieux de l'inspirer d'assez de constance et de vertu dans son entreprise pour qu'on le déclare un jour digne d'avoir été l'époux d'une femme telle que Porcia! Il avoua tout à une femme qui savait s'infliger à elle-même des supplices qui bravaient d'avance la main et le fer des bourreaux.

Cependant, le jour des ides de mars approchait, et la physionomie seule de Rome inspirait aux familiers de César on ne sait quel vague pressentiment de péril invisible, mais oppressif comme l'atmosphère d'un grand crime. On lui conseillait de se défier de tels et tels jeunes patriciens, hardis en paroles, et même de quelques amis de sa fortune, comme Antoine et Dolabella. « Non, non, dit-il, ce ne sont pas ces visages gras et bien peignés, ce sont ces visages maigres et pâles (en désignant du geste Brutus et Cassius) qui sont capables de funestes résolutions et qu'il faut craindre. » Mais il avait tant à craindre de tous côtés par les représailles provoquées contre sa vie, qu'il avait pris le parti de ne plus rien craindre; la vie lui pesait, la possession du monde le trompait, comme elle trompe tous ceux qu'elle allèche; les accès de sa maladie mentale se multipliaient et l'amaigrissaient comme un squelette.

Un jour qu'on lui disait encore de se défier de Brutus : « Bah! répondit-il en découvrant sa poitrine et ses flancs devenus grêles par les soucis de l'empire; pouvez-vous penser que Brutus n'aura pas la patience d'attendre que ce corps miné tombe de lui-même en ruine? »

Mais l'ambition effrénée survivait à la vie. On lui conseilla en vain d'ajourner une aspiration à la royauté qui n'ajoutait rien à sa puissance et qui lui aliénait le peuple romain; il s'obstinait à ce titre, parce que les augures le disaient nécessaire au vainqueur des Parthes, et qu'il voulait la guerre pour distraire Rome de la tyrannie; il la désirait aussi dans l'espoir que l'activité des camps rétablirait sa santé, toujours plus chancelante dans l'inaction de Rome.

Le 15 mars resta fixé pour la délibération du sénat sur le titre à donner à César.

Cassius, pour motiver la réunion ce jour-là, dans sa maison, de tous les conjurés et de tous les sénateurs confidents du complot, fixa au même jour la cérémonie de la robe virile à faire revêtir solennellement à son fils. Un nombreux cortége d'amis, de clients, d'affranchis des principales familles de Rome pouvait ainsi, sans éveiller les soupçons, l'accompagner au Forum et jusqu'au portique de Pompée. Le portique de Pompée, choisi comme sous le doigt d'une fatalité par César pour une assemblée nombreuse du sénat, était un vaste édifice entouré de vestibules, où la foule s'encombrait, sans les obstruer, autour des tribunaux des préteurs. Une salle circulaire immense, autour de laquelle étaient étagés les bancs des sénateurs, occupait le centre de ces portiques. La statue de marbre de Pompée, l'épée de général dans la main, comme si elle eût fait le signal de la vengeance à ses amis, s'élevait au milieu de la salle. On montre encore aujourd'hui à Rome cette statue tachée aux pieds de quelque rouille indélébile que la tradition dit être un jet du sang de César.

Le matin du jour des ides, Brutus cacha un poignard sous sa tunique et rejoignit sous les portiques le groupe des conjurés, aussi armés sous leurs habits, et le cortége de Cassius. Impassibles de visage sous l'agitation de leurs pensées, les deux préteurs, en attendant l'arrivée de César, montèrent sur leurs tribunaux et s'occupèrent à entendre des causes et à rendre des jugements. Les sénateurs confidents du drame remplissaient en foule les vestibules, sans donner d'autre signe d'agitation que leur attroupement aux portes et leurs pas d'une place à l'autre.

César tardait plus que de coutume; le jour s'avançait; les uns murmuraient contre son insolence, qui se jouait de l'attente d'un corps aussi auguste que le sénat; les autres affirmaient que, retenu par sa maladie ou par son hésitation croissante, il avait résolu d'atermoyer sa résolution et de congédier le sénat en le remettant à un autre jour.

Ces retards étonnaient les indifférents et inquiétaient les conjurés. Casca, l'un d'eux, avait rencontré en route un importun qui s'était penché à son oreille et qui lui avait dit : « Tu m'as caché en vain ton secret, Casca! Brutus m'a tout dit! » Casca avait failli se trahir par son trouble, mais, en interrogeant l'importun, il avait heureusement découvert qu'il s'agissait d'une futilité n'ayant aucun rapport avec la conjuration.

D'un autre côté, un des sénateurs les plus initiés aux secrets de la haute politique, nommé Popilius Lenas, s'était approché, en traversant les portiques, de Brutus et de Cassius. « Que les dieux vous secondent dans le généreux dessein que vous méditez! leur avait-il dit à voix basse; mais hâtez-vous, car votre projet n'est plus un mystère pour personne. » Popilius Lenas les quitta sans que la foule et l'heure permissent aux deux chefs du complot de lui demander l'explication de ces paroles. Ils crurent un moment la conjuration éventée.

Porcia, l'épouse de Brutus, voyant aussi s'écouler les heures sans qu'aucun messager lui rapportât des nouvelles du sénat, commença à craindre qu'un si long retard ne fût la suite de la découverte du complot, du salut de César et de la perte de son mari. Moins stoïque contre l'anxiété de son âme qu'elle ne l'avait été contre la douleur de son corps, elle ne cessait d'aller et de venir du vestibule de sa maison dans la rue et de la rue dans ses appartements.

« Que fait Brutus? » demandait-elle à tous les passants qui revenaient de l'assemblée. Au moindre bruit qui s'élevait par hasard dans la ville, elle croyait reconnaître dans les acclamations ou dans les malédictions de la foule le nom de Brutus; elle dépêchait confidents sur confidents aux abords du sénat pour connaître plus tôt son sort; enfin, ne pouvant contenir son angoisse, elle s'affaissa sur elle-même à la porte de sa maison, devant les passants, qui la rapportèrent à ses serviteurs évanouie et la croyant morte.

Le bruit de cet évanouissement en public ou de cette mort de sa femme parvint rapidement de bouche en bouche à Brutus. Dans la crainte plus grande de manquer au salut de sa patrie, il surmonta en apparence la crainte qu'il avait sur l'évanouissement de Porcia. Il attendait César, et la liberté attendait sa main. Il demeura immobile sur son siége au sénat.

Cependant César, malade, inquiet des transes et des rêves de sa femme Calpurnie, le plus tendre et le plus sûr des augures, avait renoncé en effet à se rendre au sénat, et il donnait contre-ordre à son cortége.

Mais au moment où il cédait aux avis et aux songes de Calpurnie, et où il remettait à un autre jour ce qu'il avait déjà tant de fois remis, un de ses familiers les plus agréables, Décimus Brutus, surnommé Albinus, parent du chef des conjurés, conjuré lui-même, et le plus perfide de tous, entra et lui fit honte de son hésitation. Après s'être moqué des rêves de femmes et des prophéties des augures payés pour mentir et mentant pour être payés, il parla à César un langage plus sérieux en apparence. Chargé de le pousser dans le piége où l'attendaient ses amis, Décimus Brutus lui représenta qu'il allait donner, par cette absence, un nouveau texte aux murmures du sénat et du peuple contre lui.

« Les sénateurs, lui dit-il, ne se sont rassemblés que sur votre convocation, pour vous déclarer monarque de tout l'empire romain hors de l'Italie, et pour vous accorder le privilége d'y porter le bandeau et le diadème; à présent qu'ils ont pris depuis longtemps leur siége dans le portique de Pompée, si quelqu'un vient leur dire qu'ils n'ont qu'à se retirer et à attendre que Calpurnie ait eu des songes plus favorables, quel sujet de plainte ne donnerez-vous pas à vos envieux? Et comment vos amis eux-mêmes pourront-ils pallier dans l'opinion une servitude plus insolente et une tyrannie plus dédaigneuse? Si vous voulez absolument remettre la délibération à un autre jour, allez-y au moins vous-même, et faites l'honneur au sénat de le congédier de votre propre bouche! »

En parlant ainsi, il tirait César par la main et lui faisait autant violence par le geste que par le discours. César, sans aucun soupçon de l'affection et de la sincérité d'Albinus, à l'amitié de qui il croyait tellement qu'il l'avait nommé le second de ses héritiers dans son testament, se laissa entraîner hors de son palais et prit le chemin du portique de Pompée.

A peine était-il dans la rue, qu'un philosophe grec de l'intimité de Brutus, qui venait de flairer quelque vent de la conjuration, accourut un papier à la main, et, se penchant vers sa litière, lui dit à l'oreille : « *Lisez seul et vite;* il s'agit de choses graves et urgentes! » César prit le papier pour le lire; mais, interrompu à chaque instant par la foule des solliciteurs qui jetaient des suppliques sur sa litière ou qui lui adressaient des salutations et des vœux, il ne put lire le papier d'Artemidon, et arriva aux portes du sénat en le tenant non encore déployé dans la main.

Les vingt-trois principaux conjurés attendaient sous le portique, comme pour lui faire cortége, mais en réalité pour l'envelopper d'un cortége pressé de meurtriers. Ils auraient pu le frapper dans cette mêlée qui obstruait les portes, mais ils voulaient le tuer en plein sénat, afin que le meurtre parût au peuple, non un homicide, mais un jugement à mort ordonné ou acclamé par le sénat lui-même. Pour que la chute du tyran fût la fin de la tyrannie, il fallait, selon Brutus, que le coup de poignard fût un coup d'État.

César entra au milieu de ses assassins, le sénat se leva tout entier à son aspect; il alla s'asseoir en face des sénateurs, sur un siége isolé, près de la statue de Pompée, séparé du sénat par l'espace vide qui s'étendait entre sa place et les pourtours de la vaste enceinte. Pendant le moment de confusion et de bruit qui suit l'entrée de l'homme principal et qui précède la délibération, Popilius Lenas, ce même sénateur qui avait dit en passant un petit mot énigmatique à Brutus, s'approcha de César ; par respect et par discrétion les amis du dictateur s'éloignèrent de quelques pas pour ne pas entendre une conversation confidentielle entre deux hommes si importants.

L'entretien, vif et à mots pressés sur les lèvres, fit redouter un moment aux conjurés attentifs que ce ne fût une révélation du complot soupçonné, mais non confié à ce sénateur. Déjà Brutus cherchait de la main son poignard, sous sa robe, pour s'en frapper lui même plutôt que d'attendre l'ignominie du supplice, quand l'insistance obstinée et les gestes suppliants de Popilius Lenas lui firent conjecturer que ce n'était pas une délation, mais une supplique que le sénateur adressait au dictateur. Brutus regarda Cassius avec un visage rassuré, et Lenas, baisant la main de César, se retira de lui et remonta à son banc.

A peine César était-il assis que Trébonius, un des confidents du complot, chargé d'éloigner sans affectation les défenseurs du tyran, entraîne Antoine hors de la salle et le retient dans les vestibules, sous prétexte d'affaires graves à lui confier. Dès que Trébonius, à qui Cicéron, dans une de ses harangues, reproche comme un crime d'avoir ainsi préservé Antoine de la mort, fut sorti, tous les conjurés descendirent en foule de leurs places et se pressèrent, sous l'apparence d'un respectueux concours, autour de César, pour le séparer ainsi de tous ses amis. Feignant tous d'avoir, à l'envi les uns des autres, des félicitations ou des requêtes à lui adresser, ils formèrent autour de son siége un attroupement et un tumulte d'empressement simulé qui ne laissait ni voir, ni entendre, ni discerner ce que chacun d'eux avait à lui dire.

Cimber était chargé de donner le signal de frapper, par un geste convenu d'avance avec ses amis. Il s'était jeté aux genoux du dictateur, il les embrassait en demandant avec instance le rappel de son frère proscrit ; sans se rebuter du refus, et comme si l'ardeur de la supplication eût égaré ses mains agitées, il saisit tout à coup les bords supérieurs de la robe de César, et, les rabaissant violemment, il découvrit à nu le cou et les épaules de la victime. A ce signal, Casca frappa par derrière d'un coup mal asséné la nuque de César ; César se retourna, et, saisissant de la main droite le manche du poignard qui l'avait blessé : « *Scélérat de Casca*, s'écria-t-il, *que fais-tu?*

» — *A moi, mon frère !* » cria Casca en langue grecque ; et il cherchait à arracher son arme de la main de César.

A ce cri, à ce sang, tous les conjurés à la fois, tirant leurs poignards de leur sein, fondirent sur le dictateur encore debout, et, dans cette mêlée de bras et de fers, ne trouvant pas assez de place pour leurs coups, se blessèrent eux-mêmes en perçant à l'envi le corps de César.

César, frappé de tant de glaives, cherchait à travers cette voûte d'acier, en s'élevant sur la pointe des pieds, s'il n'y avait nulle voie à la fuite et nul secours de ses amis, quand, pour unique sauveur, il aperçut parmi ses assassins Brutus ! Brutus, blessé à la main par le fer d'un de ses complices, dans la confusion des premiers coups, brandissait encore dans sa main saignante la pointe du poignard qui cherchait le cœur de César.

A l'aspect de Brutus, soit horreur de reconnaître son fils

parmi ses assassins, soit conviction soudaine qu'il n'y avait rien à espérer d'une conjuration dans laquelle un homme aussi décidé que Brutus trempait le fer et la main : « *Et toi aussi, Brutus!* » s'écria César d'un accent de reproche consterné. Et, renonçant aussitôt à se défendre, lâchant la lame du poignard de Casca qu'il tenait encore, il rabattit sur son visage le pan de sa robe en forme de voile ; puis, arrangeant de ses propres mains les plis de son manteau autour de ses jambes, comme pour mourir avec décence ou pour s'ensevelir lui-même avec dignité, il s'affaissa et il expira comme Pompée, d'un seul et long soupir, aux pieds de Brutus.

Ainsi était vengé un crime par un crime, le parricide de la patrie par le parricide de la nature. L'égorgeur et l'égorgé se disputaient l'horreur de ce meurtre et de cette mort.

« *Le tyran est mort, meure la tyrannie!* » s'écriaient les conjurés en brandissant leurs poignards teints du sang de César et en montrant les vingt-trois blessures où chacun d'eux avait voulu signer dans le sang la délivrance de Rome et la renaissance de la république. Ils s'attendaient que le sénat, demeuré immobile de consternation pendant le meurtre, allait leur répondre par un cri unanime de liberté pour Rome et de gloire pour ses vengeurs.

Leur premier supplice fut de voir qu'ils avaient vengé de la tyrannie un sénat qui n'osait regarder, même mort, le cadavre d'un tyran. Brutus, étonné de ce silence et de cette horreur, s'avança au milieu de la salle ; il voulut prononcer devant ses collègues la harangue qu'il avait préparée toute chaude d'invocation à la liberté, pour expliquer le meurtre au sénat. Nul n'était plus là pour l'écouter. La consternation, l'effroi, la crainte d'être compromis par la présence seule dans un meurtre dont on ignorait le contre-coup sur le peuple, avaient fait déserter l'enceinte.

Tous les sénateurs avaient comme fui la contagion de ce sang.

Aux premiers retentissements du meurtre hors de la salle, Antoine lui-même, croyant que le fer le cherchait aussi, s'était évadé déguisé en paysan de la Sabine, et avait cherché un asile dans la maison d'un affranchi. Brutus et ses complices se trouvèrent seuls en face de leur victime. Il n'y avait personne pour protester, personne non plus pour accepter le crime : il avait fait place à la république, et la république reculait d'horreur.

Après avoir délibéré un moment entre eux dans le désert, ils résolurent, déjà tristes et abattus, de provoquer du peuple cette approbation du meurtre et cette ivresse de liberté qu'ils n'avaient pu arracher du sénat. Ils sortirent en groupe, Brutus à leur tête, du portique de Pompée, et se dirigèrent vers le Capitole en brandissant leurs poignards dans leurs mains rougies du sang de César et en appelant le peuple à la liberté.

On les regarda passer avec curiosité, mais en silence, comme des hommes dépaysés qui parlent une langue étrangère à leur pays. A peine deux ou trois sénateurs, trop timides pour avoir participé à l'acte, trop ennemis du tyran pour désavouer ses meurtriers, se joignirent-ils à eux dans leur marche au Capitole. Le reste du peuple, riches, pauvres, citoyens, prolétaires, magistrats, plèbe, couraient au hasard, d'une maison à l'autre, comme des hommes saisis de vertige, s'interrogeant les uns les autres, sans que personne osât prendre l'initiative de se réjouir ou de s'affliger, avant que l'impression générale eût éclaté par la douleur ou par la joie de tous.

Brutus cependant avait atteint avec ses amis le Capitole. Le Capitole était une sorte de citadelle fermée par un mur que le peuple ne pouvait escalader. On pouvait néanmoins haranguer de la tribune la multitude sur la place, au pied du mur. Le peuple, dont le rassemblement tumultueux remplit bientôt cette place, sur la trace de Brutus et des conjurés, attendait que Brutus lui expliquât l'événement. Ce discours, médité, écrit, raturé, appris de mémoire depuis de longs mois, était toute la vie de Brutus; il n'y avait rien omis de ce qui pouvait, par la hauteur des maximes, par la majesté des ancêtres, par la philosophie de la vertu, par la contagion de l'héroïsme, par le dévouement à la patrie, justifier sa main, glorifier son acte, exalter le peuple au niveau de la destinée qu'il venait de lui rouvrir.

Ce discours, plus long et plus étudié que ne le comportait une circonstance où tout ce qui ne brûle pas les âmes les refroidit, fut écouté sans applaudissement et sans murmure. On respectait l'homme, on ne ratifiait pas son acte. Cette froide estime de la foule pour le nom et pour la vertu de Brutus le préserva seul des huées et des exécrations de l'auditoire. On le laissa redescendre sans que le peuple lui révélât encore l'énigme inconnue à lui-même de ses dispositions : c'était déjà une chute; car, dans ces extrémités des sensations de la multitude, tout homme qui ne l'entraîne pas au délire du crime ou de la vertu n'est plus bon ni à la vertu ni au crime. Tout ce qui languit meurt dans les émotions de la place publique.

Un autre orateur, Cinna, voulut réchauffer la langueur que le discours trop littéraire de Brutus laissait dans la foule. Il le remplaça à la tribune et vomit d'éloquentes invectives contre César; mais ces invectives, qui auraient été acclamées la veille par le peuple, César vivant, parurent un sacrilége contre le cadavre de César mort et noyé dans son sang. Déjà la pitié, cette vengeance infaillible que l'assassinat prépare aux morts, avait succédé à la haine. La multitude s'indigna contre Cinna, et, le couvrant de malédiction et d'infamie, força les conjurés à chercher leur salut dans le silence et dans la retraite au Capitole. Le respect personnel pour Brutus couvrit seul encore cette retraite et empêcha la populace de massacrer les conjurés.

Pendant ces anxiétés des meurtriers et ces hésitations de la foule entre la joie et la pitié de la mort de César, la nuit était descendue sur la ville. L'inaction des conjurés laissait cette nuit aux amis de César, au sénat et aux consuls, pour ressaisir le sang-froid qui leur avait manqué et le pouvoir échappé avec la vie des mains du tyran. Dans le premier trouble causé par le premier bruit du meurtre du dictateur, on s'était attendu à voir éclater une révolution aussi terrible que la conjuration paraissait profonde, vaste et atroce. On croyait que les conjurés, presque aussi nombreux que le sénat lui-même, allaient égorger, proscrire, incendier les maisons des partisans de leur victime, relever on ne sait quel pouvoir aristocratique sur les ruines de la tyrannie, et recommencer en grand le règne sanguinaire de Sylla.

Mais quand on vit que les sénateurs, aussi étonnés que le peuple, s'étaient enfuis d'horreur dans leurs maisons sans être immolés en route ; que ni légion, ni peuple, ni magistrats ne se déclaraient pour les meurtriers ; que les conjurés en groupe, impuissants par leur voix et par leurs gestes, au lieu de s'emparer de la ville, se réfugiaient dans le Capitole, comme dans un lieu d'asile, attestant ainsi eux-mêmes l'incertitude où ils étaient d'être condamnés ou absous par la multitude ; qu'enfin le discours de Brutus n'avait produit qu'un muet étonnement dans le peuple, et celui de Cinna qu'un soulèvement d'indignation, alors les hommes exercés à juger les cœurs par les symptômes se rassurèrent, se rapprochèrent, se concertèrent pendant la nuit, puis convoquèrent hardiment le sénat au lever du jour, pour aviser, sur le cadavre de

César, à remplacer César ou par la liberté antique ou par une nouvelle tyrannie.

Antoine, caché au premier moment chez un affranchi sous le costume d'un prolétaire, profita, avec une rare inspiration d'habileté, des temps et des forces que les conjurés lui laissaient comme lieutenant de César et comme consul, puisqu'on respectait en lui ces deux titres. Il agit à la fois, dans la nuit, comme général et comme magistrat, courut au camp hors de la ville, harangua les légions, les émut de pitié sur le sort de César, les conjura néanmoins d'attendre sous les armes la volonté du peuple et les décrets du sénat ; puis, rentrant dans la ville, il déclara sa déférence complète aux ordres du sénat, sa sollicitude pour éviter à Rome une guerre civile, son amour d'une pacification générale des partis réconciliés dans le sang de César, et, s'entourant des meilleurs citoyens, il prit, pour ainsi parler, la dictature de la concorde.

Cicéron, humilié mais heureux de n'avoir pas été mis par les conjurés dans la confidence du meurtre, proposa une amnistie générale, et contre ceux qui avaient participé à la tyrannie du mort, et contre ceux qui l'avaient tué. Antoine sut assez dominer au commencement sa colère pour envoyer à Brutus au Capitole des paroles de paix, pour lui donner son propre fils en otage, pour aller de sa personne s'entretenir avec lui dans un souper qui réunit le meurtrier et le vengeur de César. Antoine, malgré sa douleur, ne pouvait se dissimuler que l'événement lui remettait l'arbitrage et peut-être la dictature d'où le poignard des conjurés venait de précipiter son patron. L'ambition fut son génie dans cette nuit suprême, il mérita d'être et il fut en effet le sauveur de l'ordre et bientôt l'arbitre des amis et des ennemis de César. Jamais César lui-même, son maître, n'avait conçu, agi, parlé, négocié, avec un coup d'œil plus rapide et un maniement à la fois plus ferme et plus délicat de la situation. Cet interrègne fut la candidature d'Antoine à l'empire du monde ; si ses dissolutions n'avaient pas prévalu plus tard sur sa politique, Antoine aurait vaincu Octave en intrigue et en gouvernement des partis.

Sûr, par son entrevue avec Brutus, de la faiblesse et de l'inaction des républicains protégés alors par lui-même, Antoine se rendit au sénat. Le sénat était embarrassé de savoir s'il traiterait César mort en tyran renversé de la tyrannie ou en victime immolée criminellement par des assassins ; avant de se prononcer, ce corps timide, encore tout garrotté des honneurs et des salaires de César, voulait sonder la véritable impression du peuple. Se tromper, c'était s'exposer ou au mépris des républicains ou à la colère de la multitude.

Antoine, consommé en expédients, demanda qu'avant tout on lût publiquement devant le peuple le testament de César. Il savait que ce testament était plein de largesses faites aux citoyens par le dictateur, et que la reconnaissance et l'intérêt plaideraient dans le cœur des Romains la cause du testateur. Il insista aussi pour des funérailles publiques, dont le spectacle et l'émotion ne pouvaient manquer de produire une explosion d'attendrissement et de fanatisme en faveur de la victime. La tyrannie morte devait indubitablement ressortir de ce bûcher. Brutus lui-même, présent au sénat, fit la faute, ou par générosité, ou par peur, ou par défi, d'appuyer la motion d'Antoine. C'était le vengeur qui se posait en coupable devant ceux qu'il avait délivrés. Le sang de César donnait le vertige à son meurtrier.

Ce qu'Antoine avait prévu, ce que Brutus devait prévoir, arriva. A peine Antoine, monté à la tribune aux harangues sur le Forum, eut-il fait lire le testament par lequel César donnait à chaque citoyen une somme de soixante et quinze drachmes pour se souvenir de lui, et au peuple romain les magnifiques jardins qu'il avait au bord du Tibre, que l'éloge et le regret de César éclatèrent dans toutes les bouches ; il traitait le peuple comme il aurait fait un fils ; les citoyens se sentaient en parenté avec ce grand homme.

Antoine, qui épiait le sentiment public, fit exposer le corps sur un bûcher élevé en face de la tribune. La mort a son éloquence irrésistible sur les hommes assemblés ; un cri sortait avec le sang de ces vingt-trois blessures béantes par où la vie de César avait coulé. On oubliait sa tyrannie, on ne se souvenait que de sa gloire. Antoine, développant alors aux yeux du peuple la robe de César percée de ces vingt-trois coups de poignard qui attestaient l'acharnement de tant d'assassins contre un seul cœur, et feignant d'être emporté au delà de ses pensées par sa douleur, adressa à la multitude une des harangues les plus pathétiques par les accents, par les sanglots, par les gestes, qui aient jamais été prononcées. Si Brutus avait ainsi parlé et agi la veille au Capitole, la république était sauvée et le corps du tyran traîné aux égouts.

Cette robe ensanglantée, ces accents, ces larmes, ces gestes, après avoir arraché des sanglots au peuple, changèrent en fureur sa pitié ; une émeute de douleur et de rage éclata autour de ce cadavre. La populace et la soldatesque, indifférentes à la liberté, adoraient César, qui donnait aux soldats la licence, aux armées l'empire, aux ambitieux le monde, aux prolétaires du pain, à la multitude des spectacles, des fêtes, des jeux. D'abord étonnée, bientôt attendrie, puis furieuse, elle se répandit en imprécations contre les conjurés ; elle invoqua la vengeance contre les meurtriers de son idole ; elle courut à leur demeure, des brandons à la main, pour les incendier ; puis, démolissant les boutiques, les bancs des marchands, les portes des temples qui étaient sur la place, et faisant de tous ces débris de sa demeure un immense bûcher, elle y brûla le corps de César dans un incendie de Rome plutôt que dans un bûcher funèbre. Donnez donc la liberté au peuple pour qu'il en fasse l'apothéose de la tyrannie !

La rage du peuple contre ceux qui avaient cru l'affranchir était telle, qu'un sénateur, ami de César, nommé Cinna, qui était malade, ayant voulu assister aux obsèques du dictateur, fut massacré et traîné en lambeaux dans les rues de Rome, parce que, sur une ressemblance fatale de nom, le peuple l'avait pris pour Cinna, l'ami et le complice de Brutus.

Brutus lui-même, quoique respecté seul encore par le peuple, qui ne pouvait imputer à crime l'erreur d'une si rare vertu, sortit de Rome, se proscrivant lui-même et méditant amèrement sur l'inanité des assassinats. On agita, il agitait lui-même dans sa conscience le droit ou le crime d'immoler les tyrans. On les immole toujours en vain. Le fantôme qui se leva devant Brutus, la veille de la bataille de Philippes, n'était autre que son remords. Le premier supplice du crime, c'est d'être toujours trompé.

Certes, César avait trop bien mérité les vingt-trois coups de poignard qui l'étendirent sans vie aux pieds de la statue de Pompée et du sénat asservi par lui.

Il l'avait mérité en soulevant la démagogie romaine pendant ses premières années contre la liberté régulière pour la jeter sciemment dans la licence qui appelle toujours l'épée du dictateur, ce niveau de fer sous lequel tout est petit.

Il l'avait mérité en se faisant, dans les Gaules, une milice personnelle et soldatesque des légions que la république lui avait confiées pour agrandir et préserver Rome.

Il l'avait mérité en ne voulant souffrir aucun égal dans

le pouvoir et dans la gloire, en insurgeant l'opinion et bientôt les armées contre son bienfaiteur et son gendre, le grand Pompée, qui n'était grand que par la légitimité de sa grandeur.

Il l'avait mérité en faisant passer le Rubicon non-seulement aux légions romaines, mais aux légions de barbares gaulois et espagnols auxquels il apprenait le premier le chemin de Rome.

Il l'avait mérité en traitant sa patrie en pays conquis, en violant le sénat, le peuple, le trésor, les temples, en forçant les consuls et les citoyens à une immense proscription en masse qui ne laissait en Italie que la populace, les Gaulois, les prétoriens espagnols et lui !

Il l'avait mérité en poursuivant de continent en continent, de champ de bataille en champ de bataille, cette république errante; en contraignant Pompée à la mort, Caton au suicide, Cicéron à la bassesse, Brutus même, son fils, à la dissimulation et à l'assassinat.

Il l'avait mérité en couvrant Corfinium en Italie, Pharsale en Grèce, Alexandrie en Égypte, Thapsus en Afrique, Munda en Espagne, de sept cent mille cadavres de Romains immolés par des Romains à sa voix.

Il l'avait mérité en corrompant Rome jusqu'à la moelle pour l'assouplir à la servitude, en ne lui donnant pour institutions que des jeux, des triomphes, des gladiateurs, des orgies, mœurs des peuples qu'on veut désarmer.

Il l'avait mérité, enfin, en n'osant pas même accomplir ce qu'il avait rêvé pendant tant de crimes : saisir la monarchie héréditaire, servitude au moins paisible des citoyens dégradés par lui.

Il l'avait mérité en ramenant tout à lui-même, à lui seul; en prenant l'univers romain en viager sur sa tête et en ne se préparant d'autre héritier possible que l'anarchie.

Était-ce assez de crimes pour mériter les vingt-trois

coups de poignard des conjurés républicains? Il n'y a pas une conscience, républicaine ou monarchique, peu importe, mais seulement honnête, qui ne condamne à mort le meurtrier de sa patrie; qu'est-ce donc quand cette patrie c'est l'univers, et quand ce meurtrier c'est le favori de l'univers?

Mais ces considérations sont-elles de nature à légitimer l'acte de Brutus et à justifier l'assassinat même du tyran?

L'antiquité le croyait dans sa moralité imparfaite, qui jugeait les actes par le patriotisme, au lieu de les juger par la conscience. Nous ne le croyons plus, parce que l'intérêt de la patrie n'est pas pour nous le type de la justice. Le type de la justice moderne est plus haut et plus large que la patrie : c'est le devoir. Les règles du devoir ne sont pas écrites pour nous de mains de patriotes, mais des mains de Dieu. Ces règles ne remettent aucune vie, pas même celle de l'usurpateur, du tyran, du meurtrier, à l'arbitraire erroné ou fanatique de celui qui croit venger la liberté, la patrie, l'espèce humaine. Elles ne la remettent qu'aux lois, expression de la conscience souveraine et légitime de la patrie.

Rome avait le droit de révolution; Brutus, isolé, n'avait pas le droit de meurtre. Il ne l'avait pas comme patriote, il l'avait moins encore comme fils, peut-être ne l'avait-il pas comme politique. Il n'avait reçu mandat que de son fanatisme pour la liberté de son pays; mais le fanatisme n'est que le mandat d'une opinion, d'une haine, quelquefois d'une démence, et, si Brutus avait quelque doute sur la légitimité de son assassinat, il n'avait qu'à interroger sa conscience sur la moralité des moyens qu'il était forcé d'employer pour l'accomplir. Ces moyens étaient le mystère, qui, à lui seul, accuse l'acte qui a besoin de se cacher: on conspire à l'ombre, on sauve son pays et son opinion au grand jour; c'était ensuite l'usurpation sur la volonté légale de son pays, il ne la savait pas, il ne pouvait que la présumer, on ne tue pas par présomption et par hypothèse; c'était enfin la dissimulation de la perfidie, il endormait César, il lui dérobait l'embûche, et le jour il cachait son poignard sous sa robe, il souriait du visage en immolant du cœur, il envoyait Albinus, l'ami de César, tirer César par des caresses de sa maison et le pousser au piége en le couvrant de mensonges et d'adulations.

Si de tels moyens ne sont pas innocents, l'acte qui les nécessite est-il honorable? La vraie vertu emprunte-t-elle jamais ses moyens au crime? Et la même conscience peut-elle à la fois déshonorer la route et glorifier le but? Non, c'est une contradiction que l'homme invente par des sophismes politiques, mais que Dieu n'a pas faite et que la conscience n'absout jamais.

Brutus était donc vertueux d'intention, criminel de fait; il risquait de plus d'être parricide. Que le fanatisme loue! la conscience réprouve et la nature frémit. Brutus s'est trompé en droit, il s'est trompé en moyens, il s'est trompé en meurtre.

Mais, disions-nous tout à l'heure, il s'est trompé peut-être en politique? Expliquons ici ce mot pour qu'on saisisse bien notre pensée en résumant cette vie et cette mort de César.

On a beaucoup innocenté César dans la première moitié de ce siècle et beaucoup calomnié la liberté régulière parce que la liberté avait succombé et que les théoriciens politiques ont des sophismes, des doctrines et des adulations au service de tous les succès. On a beaucoup agité si la république romaine aurait vécu, même dans le cas où César ne l'aurait pas tuée. « Il était légitime de la tuer, dit-on, parce qu'elle ne pouvait plus vivre longtemps. »

C'est comme si l'on disait qu'il est innocent de tuer une

chose ou un homme mortels parce que cette chose ou cet homme mortels sont condamnés par la nature à mourir un jour! Sophisme et iniquité! Ce n'est pas celui qui veut sauver, c'est celui qui tue qui est le meurtrier. César était d'autant plus criminel de porter le dernier coup aux institutions de son pays, que la république était plus chancelante et qu'elle avait moins de force et moins de vertu publique pour se défendre. La lâcheté se trouvait en cela réunie à l'attentat.

Mais est-il bien vrai qu'il n'y eût plus ni vertu, ni énergie, ni républicains dans la république romaine, quand César, tournant contre elle les légions, les barbares, les Espagnols et les Gaulois, vint l'égorger dans son berceau, à Rome?

Que sont donc ces sept cent mille citoyens romains, et ces quatorze légions de Pharsale, et ces quatre légions d'Égypte, et ces douze légions d'Afrique, et ces douze légions d'Espagne, qui combattent jusqu'à la dernière goutte de leur sang pour elle? Que sont donc les Pompée, les Bibulus, les Scipion, les Cassius, les Brutus, les Caton, la bourgeoisie et la noblesse tout entière de Rome, qui désertent l'Italie, leurs foyers, leurs biens, leurs temples, leurs fortunes, pl tôt que de consentir à l'asservissement de la république, et qui combattent et meurent pendant sept ans pour aller partout où une plage d'Europe, d'Afrique et d'Asie leur laisse assez de place pour combattre et pour mourir? Une république qui se défend ainsi et qui, à l'exception de Cicéron, ne rend la liberté qu'avec le dernier soupir, après une si héroïque agonie et après de si solennels suicides, était-elle une république déjà morte, une république sans volonté de vivre, sans énergie et sans vertu? Les casuistes de la tyrannie le disent, mais le sang de ces millions de citoyens de Rome, et des premiers et des meilleurs citoyens, proteste. Fouillez

Pharsale, Thapsus, Munda : vous y trouverez, dans les ossements de ces millions de républicains romains, l'histoire vraie de la vitalité obstinée de la république. César ne l'a pas ensevelie seulement, il l'a égorgée : voilà la vérité.

Sans doute elle était en décadence, mais qui peut dire ce que des hommes tels que César, Labiénus, Pompée, Caton, Brutus, Scipion, Cicéron, s'ils s'étaient ligués pour la réformer, la relever, la soutenir, auraient pu pour le salut de la liberté? Qui peut le dire si César, au lieu de dévouer son génie à la détruire, avait consacré son ambition à la diriger? Des hommes tels que César sont plus puissants qu'on ne le croit sur la destinée de leur pays : il y a des temps où un pays vit dans un homme. Que serait devenue l'Amérique si Washington avait manqué à sa vertu? Il était plus aisé de ne pas opprimer Rome que de fonder l'Amérique libre.

Il y avait donc plus de vertu, de vitalité et d'énergie dans la république romaine quand César la corrompit et la tua qu'il n'en fallait à un homme de bien pour régénérer la liberté. Rome s'humiliait et se dégoûtait rapidement de César, quand Brutus raviva malheureusement sa popularité posthume par l'immense horreur de l'assassinat et par l'immense pitié d'un cadavre. Mort dans son lit et dans sa décadence, César eût été peut-être moins funeste au peuple romain. C'est son ombre longtemps que le peuple attendit et que les légions irritées voulurent surtout venger par Octave, son neveu : l'empire sortit des funérailles de César. Cet empire se ressentit toujours de son origine. Né d'une ligue entre la populace et la soldatesque, il avilit et il opprima jusqu'à sa fin.

Tel fut l'héritage de César, immense génie employé à agiter, à corrompre, à enchaîner son pays, grand général, habile démagogue, exécrable citoyen, brillant fléau de toute moralité et de toute liberté sur la terre, illusion de l'histoire, exemple des ambitieux, nom d'autant plus funeste au monde que les tyrans s'en font une excuse, les soldats une idole, les peuples un éblouissement.qui sous la gloire leur cache la servitude et sous le triomphe leur fait oublier la vertu !

TABLE

DES MATIÈRES CONTENUES DANS CE VOLUME

	Pages.
HOMÈRE.	3
CICÉRON.	41
CÉSAR.	154

FIN DU TRENTE-QUATRIÈME VOLUME.

www.ingramcontent.com/pod-product-compliance
Lightning Source LLC
Chambersburg PA
CBHW071858230426
43671CB00010B/1394